森　茂暁著

中世日本の政治と文化

思文閣史学叢書

思文閣出版

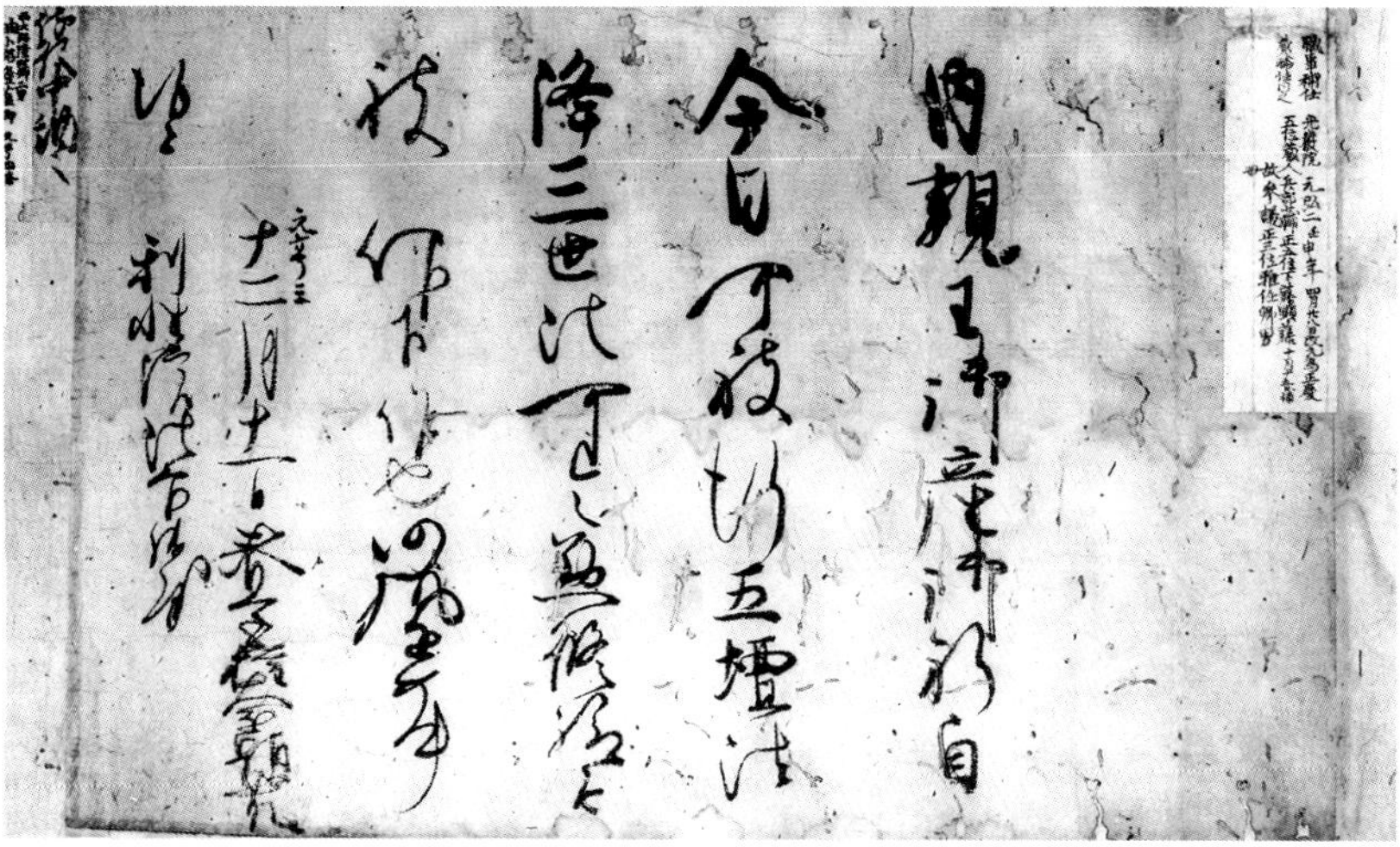

口絵1　元亨3年12月11日後宇多上皇院宣
（国立歴史民俗博物館所蔵「田中穣氏旧蔵典籍古文書」）本書232頁参照

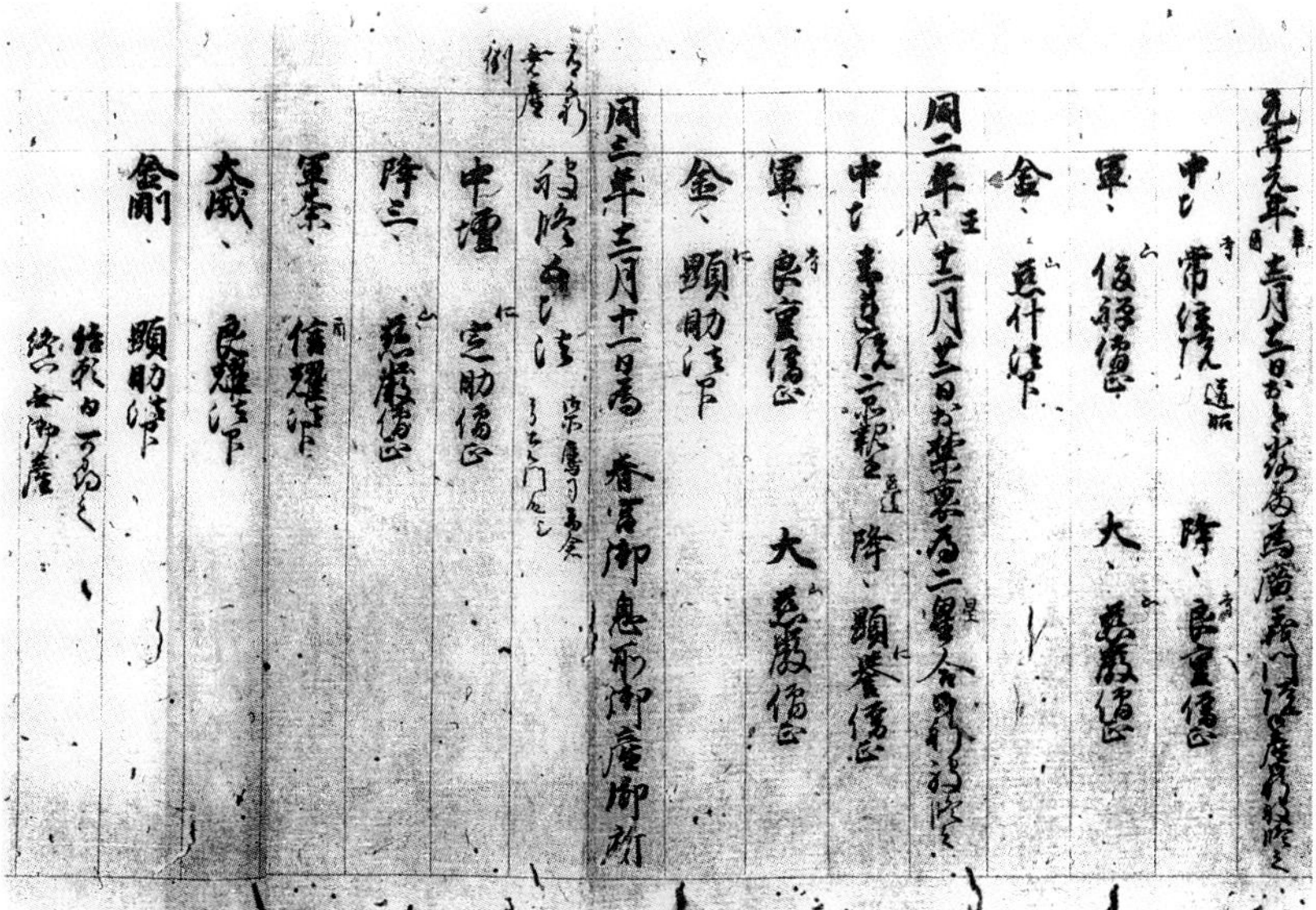

口絵2　五壇法修法の記録
（宮内庁書陵部「五大成」下）本書233頁参照

はしがき

本書は、筆者がこれまで執筆した論文のうち、特に中世日本の政治と文化に係わる十五本を選び、三つの章に編成したものである。それらは、成稿順に並べてみると、平成二年から同十八年までの十六年間に執筆されていることがわかる。

筆者の年来の研究テーマは、おおざっぱにいうと、中世日本の政治と文化である。鎌倉時代末期から室町時代前半期にいたる、中世の政治と制度、および政治と不可分の関係にある宗教、特に天台・真言といった旧仏教との関係を主軸として追究してきたつもりである。加えて、『増鏡』や『太平記』などといった中世文芸、およびそれが成立した時代の政治との関係についても意識的に考察を加えてきた。中世日本の実相を、政治と宗教それに文芸を統合させることによって、より生き生きと描き出そうと考えたためである。

以上のような構想のもとに編まれた本書の内容は、以下のとおりである。

第一章「政治と支配」では、政治と支配に係わる内容の論文を収めた。具体的には、南北朝時代の、社会的な立場と活動の場を異にする親王たち（護良・懐良、加えて邦省）の足跡、さらに時代がやや下って足利義持の近臣（「近習《きんじゅう》」）の一人赤松持貞の動向をとおした義持政権論、それに足利義満から同義教に至る室町時代前期の歴代将軍・室町殿の元服事情からみた政治的背景の特徴について述べたものである。

第二章「政治と宗教」では、王法（俗界の政治権力）と、祈禱をもってこれに奉仕する仏法（聖界の仏教勢力、特に密教）との関係について、特に「五壇法」と「護持僧」とをキーワードに考察した論文を収めた。そこで、「五壇法」の生成から消滅までの歴史的経緯と「護持僧」の具体的役割について考え、政治権力と「五壇法」「護持僧」との歴史的な関係を明らかにした。さらに、武家権力と密教勢力との関係緊密化において、醍醐寺三宝院の地位の重さがうかがわれ、また賢俊（南北朝時代）と満済（室町時代前期）という醍醐寺を活動拠点とした聖界のリーダーの果した役割の大きさを知ることができた。この章の最末尾に、「五壇法修法一覧」として平安時代から戦国時代にいたる五壇法修法の事例を整理し、その修法の変遷をたどれるようにした。五壇法はまさに中世に独特の祈禱修法であることがわかった。

第三章「政治と文芸」では、政治と文芸の関係についての論文を収めた。ふつう歴史物語・文芸書として扱われることの多い『増鏡』や『太平記』を取り上げ、歴史の文脈のなかでその成立事情、内容的・構造的な特質を考えてみた。その結果、それらの作品は、実際の歴史過程と密接な関係を有し、歴史的な事実をちりばめていることがわかった。さらに鎌倉時代最末期の筑前国博多の軍事状況を描く「博多日記」を検討し、この書が『太平記』の素材として使用された形跡のあることを指摘した。「博多日記」は軍記物の展開史上に置いて考えてよい史料である。

このような構成内容の本書は、もとより、当該期の諸問題を網羅的に取り扱ったものではない。テーマはかなり限定されているけれども、政治と文化とは常に一体的に、有機的な関係を保ちつつ展開・推移するものだということを理解できたように思うのである。

中世日本の政治と文化　目次

第三章　政治と文芸

第一章　政治と支配

第一節　大塔宮護良親王令旨について

はじめに

護良親王とはいうまでもなく後醍醐天皇の皇子であり、その宮としての順について『太平記　巻一』は「第三宮」とする。生年は延慶元年（一三〇八）と推定される。

筆者はすでに、後醍醐天皇の皇子たちの動向を南北朝史に位置づける作業を行ったが、護良についてもそこであらかたの整理を済ませている。(1) しかしながら、護良の動向を調べるための基本史料となる同親王の令旨については、そこでは書物の性格上これを詳述することができず、論証ぬきの結論のみを示すにとどまった。本稿はこの点を補うために執筆するものである。

したがって、本稿の主眼は護良親王令旨の古文書学的検討を通じて、同親王の動向を概観し、もって、『太平記　巻一二』が建武新政樹立と護良の功績との関係について「抑《そもそも》今兵革一時ニ定《しづまっ》テ、廃帝(後醍醐天皇)重祚ヲ践《ふま》セ給フ御事、偏《ひとえ》ニ此宮(護良親王)ノ依二武功一事ナ」(2)りと評する理由を考察することにある。

そもそも、後醍醐天皇の皇子たちに関する研究文献は決して少なくないが、親王や女院などの意をうけて発せられる令旨の分析をとおしての考察は、ほんのわずかしかない。[3] 懐良親王に即してのものがその一つであるが、懐良の残した令旨は現在四十五年間にわたる百五十通あまりが確認されており、諸皇子のなかで懐良の令旨についての研究がなされる理由はある。

一方、護良の令旨についてみれば、令旨発給の事実は六十例ほどが知られ、令旨自体も四十通あまりが正文や案文・写の形で現存している。しかもそれらは、元弘二年（一三三二）半ばから翌三年十月までの一年数カ月の間に出されたものであるから、発給の密度の点からみれば、懐良の場合を優にしのいでいる。つまり、護良の動向をその令旨を通じて考えることは充分可能なわけである。

護良親王令旨の発給一覧を本文末尾に付した。適宜参照いただきたい。

一　「綸旨ノ文章」の令旨

『太平記　巻七』は、上野国の御家人新田義貞が討幕側に転ずる際に護良親王から賜わったという次の文書をのせている。

被二綸言一称（偁）、敷レ化理二万国一者明君徳也、撥レ乱鎮二四海一者武臣節也、頃年之際、高時法師一類、蔑二如朝憲一、恣振二逆威一、積悪之至、天誅已顕焉、爰為レ休二累年之宸襟一、将レ起二一挙之義兵一、叡感尤深、抽賞何浅、早運二関東征罰策一、可レ致二天下静謐之功一者、綸旨如レ此、仍執達如レ件、

元弘三年二月十一日[4]　左少将

新田小太郎（義貞）殿

新田義貞の側ではこの文書を令旨として受けたのであるが、「開《ひらい》テ是ヲ見《みる》ニ、令旨ニハアラデ、綸旨ノ文章ニ書レ」ており、「綸旨ノ文章、家ノ眉目ニ備ツベキ綸言ナレバ、義貞不斜《なのめならず》悦テ、其翌日ヨリ虚病シテ、急ギ本国ヘゾ被下ケル」と、『太平記』の同巻はしるす。

右の文書は、文中に「綸旨如此」とあるように、書式からみればまがうことなく綸旨である。つまり護良は伯耆船上山[5]の父後醍醐天皇をよそに、自ら天皇文書たる綸旨を発したと記されているのである。奉者の左少将は、のちに述べるように、護良の側近四条隆貞、もしくは某定恒といったところであろう。

文言は綸旨として見劣りしない。護良が実際綸旨を出したとすればおもしろいが、しかし、他に類例もなく、そのように速断するわけにもゆかない。あるいは、『太平記』の作者が新田義貞の転身の理由を説明するために、このような綸旨を作ったのかもしれないが、それにしても、文言には当時の護良の令旨と共通する点もあり、全く何もないところで作成されたものとも思われない。そこになくてはならないものは、綸旨のごとき護良の強大な権威であろう。義貞の転身を語る『太平記』のこの段は、当時の討幕運動における護良の存在の絶大さをうかがわせる。

さてここで、次の護良親王令旨をみよう。「古筆写」[6]に収まっているもので、先に示した新田義貞あて令旨とほとんど同時期のものである。おそらく未刊の史料である。

伊豆国在庁北条遠江前司時政之子孫東夷高時相模入道一族等、奉蔑如朝家、悩宸襟乱国之条、下剋上至、甚奇恠之間、代天所加征伐也、早相催一門之輩、率軍勢可令馳参摩耶城(摂津)、勧賞宜依請者、依大塔二品親王令旨之状如件、

元弘三年三月六日　　左少将(定恒)(花押)

治部法橋幸賀館(7)

護良親王令旨には比較的長文にわたるものと、反対にすこぶる短文のものとがあるが、この一通は前者のグループに属する。この令旨は『太山寺文書』所収、元弘三年二月二十一日付大山寺衆徒中あての令旨(8)と内容的によく似ており、北条高時一族を「東夷」と指弾する点など文言上の共通点も少なくない。

しかし、右に掲げた令旨の文言で、注目すべき、他にみられぬ独特の表現は「代天所加征伐也」の個所、特に「天に代りて」の字句である。この令旨の顕著な特徴はここにあるといってよい。「天に代りて」朝敵北条高時一族を征伐するという意識は、護良が自身を天皇に擬した事実なしには生まれないであろう。この令旨の発給が先の『太平記』所載の綸旨と数日ちがいであることを考慮すれば、両文書を共通の土壌の中で考えることが可能となり、「綸旨如此」なる文言が全くの荒唐無稽ではないことに気付く。

では、そのような護良の自負と権勢はどのような過程を経て形づくられ、また消えうせていったのだろうか。その辺のところを令旨に探ってみよう。

二　護良親王令旨の登場

元弘元年（一三三一）九月末の笠置城陥落のとき、かろうじて同城を脱出して逃げのびた護良は、その後しばらく畿南の山間に潜伏していたが、翌二年六月にはすでに討幕活動の再開が史料の上に知られる。護良がまず期待をかけたのは、承久の乱のときの後鳥羽上皇がそうであったように、紀伊熊野の僧兵であった。

『花園天皇宸記』正慶元年（元弘二）六月六日条裏書には、「自熊野山執進大塔宮令旨、相憑当山之由云々(9)」と記されており、護良が助力を求めるべく熊野山に発した令旨が、協力の意思のなかった同山より六波羅探題に届け出られたことが知られる。現在知ることのできる護良親王令旨発給の初見はこれである。

また、同記六月八日条には、「大塔宮等隠居京中由風聞、仍武家禁遏頸帽子云々、依是所々多喧嘩云々」[10]とみえ、護良親王が京中に潜伏しているといううわさが流れるなど、同親王の存在に対する京都の朝廷・幕府側の不安が高まってゆく様子をうかがうことができる。

さらに、同記六月二十九日条には、熊野山より大塔宮の令旨を帯びた竹原八郎入道が大将軍として軍勢を率いて伊勢国に侵入、これを防いだ「地頭両三人被打取、守護代宿所被焼了」[11]という幕府側惨敗の情報が京都朝廷に伝えられたことが記されている。

元弘二年中の令旨発給の所見は五例ほどしかみいだせない（一覧の1〜5）。その内容は、すでに述べたものも含まれるが、紀伊の熊野山や高野山金剛峯寺、それに和泉の松尾寺・久米田寺などの寺社に対して祈禱や勠力を要請するものである。護良の働きかけの対象となった寺社は畿南以外の地域にはみられない。しかも、それらの寺社に対する要請が容易に聞き容れられなかったことは、先の熊野山の対応や、高野山の大衆が協力要請を拒否した事実[12]に明らかである。

このようなとき、護良は紀伊丹生明神の宝前に所願の成就を祈願した。次に示すのは今日知られる唯一の護良親王願文である。「所願」が鎌倉幕府の討伐であることはいうまでもない。

　所立願状如件、

今度所願令成就者、於丹生明神之宝前、以十二禅侶、可始長日不断之護摩、且如旧可専人法仏法之紹隆、仍

　　元弘弐年十二月廿五日

　二品親王（花押）[13]

護良の祈りが奏功してか、元弘二年末ともなると、令旨の効き目が次第にあらわれ始めた。久米田寺が護良の誘引に応じて祈禱の忠勤を致したのはその一例である。(14)

以上の事実によって、元弘二年六月、紀伊の山中から討幕活動を再開した護良は畿南地域で局地戦を展開しつつ、牛歩ながらも確実に討幕勢力を組織していた様子をうかがうことができる。

三　六波羅探題の陥落まで

元弘三年（一三三三）に入ると、祈禱を命じ軍勢を募る護良の令旨は一転して広範囲にわたって発せられるようになる。本項では、これより同年五月七日の六波羅探題の陥落までの護良親王令旨についてみよう（一覧の6〜38）。

この時期に発された令旨にはいくつかの特徴がある。まず第一に、戦時状況を反映して、その内容がほとんど軍勢催促や祈禱命令、それに行賞関係のことがらであること。討幕運動の推進・展開に護良の令旨がいかに大きな役割を果したかということがわかる。

第二に、どのような階層の者たちに対して令旨を発し勠力を要請したかといえば、高野山や松尾寺など紀伊・和泉の寺院はもとより、元弘二年中にはその例をみなかった畿内近国の武士、それに遠国出身の武士に対して令旨が発されている点が注目される。なかでも越後の三浦和田氏、薩摩の牛屎氏、筑後の三原氏にあてられたものなど、護良親王の討幕運動の飛躍的進展をうかがわせる令旨が少なくない。一覧表に掲げた62および64の例はいずれも九州の武士に対してあてられたものであるが、おそらくこの時期のものであろう。むろん、この時期の討幕運動の高まりは鎌倉幕府の支配体制の動揺という側面からも考えなくてはなるまい。参考までに右のうち、三浦和田氏あてと牛屎氏あての二通を掲げておこう。

今度忠功□（殊）以神妙之□（条カ）、先於本領□（者カ）、悉可令知行、至恩賞者、追可有御沙汰之由、依二品親王令旨、執達如件、

元弘三年正月廿日　左少将（中院定平）（花押）

三浦和田三郎館(15)

為追討東夷、所被召軍勢也、早相率勇健之士馳参、可致合戦之忠節、於勲功者、可被宛行牛屎院地頭職也者、大塔二品親王令旨如此、仍執達如件、

元弘三年二月六日　左少将隆貞奉

牛屎郡司入道館(16)

そして、第三に、令旨自体に即して古文書学的観点からみれば、書き止め文言にいくとおりかのタイプがみられるようになること。一覧に示した6～38の令旨の中で、書き止め部分が明らかな全二十四例についていえば、

A　「依（大塔）二品親王（大塔宮）令旨」＋

a　「之状如件」……六例

b　「執達如件」……三例

c　「以状、悉之」……二例

B　「依大塔二品親王御気色之状如件」……一例

C　「（大塔）二品親王令旨如此」＋

a　「仍執達如件」……………………………四例
b　「悉之、以状」……………………………一例
c　「仍状如件」………………………………一例
d　なし…………………………………………一例

D　「(大塔)二品親王令旨所候也」＋
a　「仍執達如件」……………………………一例
b　なし…………………………………………一例

E　「(大塔二品親王)御気色(如此)、悉之」……………二例

F　「大塔二品親王令旨如件」……………………一例

以上の六種十二とおりに分かれる。書き止め文言では、「(仍)執達如件」と「(之)状如件」とが最多で、これに「以状、悉之」が大差をつけられて続く。書き止め文言における礼の厚薄については、すでに相田二郎氏が「綸旨の例に就いて見ると、悉之が最も下で、この上が悉之以状、それから状如件、それから例の仍執達如件である」[17]と指摘された。この指摘は先の令旨の場合にも適用することができよう。

令旨の書札礼の厚薄は右のように、その書き止め文言にあらわれるのであるが、厚薄の差は詮ずるところ発する側と受ける側との身分や力の関係に起因するといえる。

そこで、どのような人々に対していかなる書き止め文言が使用されているかに注目すれば、「(仍)執達如件」という比較的厚礼とされる文言は、三浦和田三郎館・牛屎郡司入道館・木本孫三郎・結城上野入道(宗広)館・和田修理亮(助家)館・岡本観勝房(良円)・英積太郎兵衛尉館などといった、討幕側への参加を期待された武士

たちに多用されており（ただし、原田大夫種直跡人々中・治部法橋幸賀館・熊谷小四郎（直経）館・忽那孫九郎（重明）館あてでは「状如件」）、一方、粉河寺行人等中・大山寺衆徒中・箕面寺衆徒中など畿内近国の中小寺院の衆徒たちには、もっぱら「状如件」が使用されているようである。護良は右記の武士たちにことさらの期待をかけていたのであろう。

さて、『太平記　巻九』は「六波羅攻事」の段で、六波羅探題が討幕軍の総攻撃をうけて壊滅する様子を描くが、その冒頭部分で六波羅側の守備配置について次のように述べている。

去程《さるほど》ニ六波羅ニハ、六万騎ヲ三手ニ分ケテ、一手ヲバ神祇官ノ前ニ引《ひか》ヘサセテ、足利殿ヲ防ガセラル。一手ヲバ東寺ヘ差向テ、赤松ヲ防ガセラル。一手ヲバ伏見ノ上ニ向テ、千種殿ノ被レ寄竹田・伏見ヲ被レ支。巳ノ刻ノ始ヨリ、大手・搦手同時ニ軍始マ（ツ）テ、馬煙南北ニ靡キ時ノ声天地ヲ響カス。

右の記事のなかに、護良の名は出てこない。しかし、この戦いに護良がかかわらなかったはずはない。元弘三年（一三三三）六月、護良が大和志貴山での軍陣を解き平和裡に入洛したとき、その行列の一番に千騎で前陣をつとめたのが赤松円心であったことから考えれば、六波羅攻めの諸軍勢のうち東寺方面より攻め入るとみなされた赤松の軍の背後に護良がいたとみるべきであろう。

六波羅探題は元弘三年五月七日、本拠鎌倉や鎮西探題に先んじて陥落した。

四　征夷大将軍就任と失脚

『増鏡　第一七』（月草の花）に次のような記述がある。

十三日（元弘三年六月）、大塔の法親王（尊雲＝護良）宮こに入給。この月比《ころ》に、御髪《ぐし》おほして、えもいはずきよらかなる男になり給へり。

唐《から》の赤地の錦の御鎧直垂といふ物奉りて、御馬にてわたり給へば、御供にゆゝしげなる武士《もののふ》どもうち囲みて、御門の御供なりしにも、程々劣るまじかめり。すみやかに将軍の宣旨をかうぶり給ぬ。(18)

護良親王の意気揚々たる入京のさまをあますところなく伝えているが、ここでは護良が将軍、つまり征夷大将軍になったとしるされていることを確認すればよい。問題は将軍になった時期である。『大日本史料』第六編之一は、右にあげた『増鏡』や『太平記』などの記事によって、護良の入京と将軍任命を元弘三年六月十三日としている。(19)

しかしながら、護良の令旨を編年に並べてみれば、この日を待つまでもなく、すでに五月十日付の令旨で自ら「将軍宮」と称していることがわかる。ここで、一覧にあげた39および40の連続する二通の令旨を示そう。

度々合戦捨身命致軍忠之刻、去四月三日・同八日・廿七日等合戦之時、子息已下良(郎)従討死之条、尤以不便次第、所有御感也、早可有恩賞者、大塔二品親王令旨如此、悉之、以状、

元弘三年五月八日　　左少将(定恒)(花押)

備後国因嶋本主治部法橋幸賀館(20)

摂津国三ケ庄事、任貞観之宣旨、被管領可全所務、宜奉祈当今皇帝御願、且度々合戦軍忠之条、奉公異于他、云彼云惟、忠功異于他、向後弥可奉祈国家者、依　将軍宮仰、御下知如件、

元弘三年五月十日　　左少将在判

勝尾寺住侶等中(21)

前者では「大塔二品親王令旨如此、悉之、以状」と、そして後者では「依　将軍宮仰、御下知如件」と書き止

められている。両者の日付の間に、護良の地位に大きな変化があったことはほぼ疑いあるまい。また、その変化が五月七日の六波羅陥落と深く関係しているであろうことも推測にかたくない。

この元弘三年五月十二日令旨（「久遠寺文書」、一覧の41）の書き止めは五月十日のそれと同様であるが、その次の同年五月十四日令旨（『師守記』紙背文書、[22]一覧の42）では従来の「二品親王令旨如此、仍執達如件」の形が顔を出しており、当初、書き止め文言は必ずしも一定してはいない（43・44も同様[23]）。しかし、筆者の収集によれば、おそくとも元弘三年五月二十一日令旨（『金剛寺文書』、一覧の45）より以降は「依将軍家仰（令旨）、……」（52は「依　宮将軍令旨」）という表現に変わり、同年八月下旬まで続いている。

一覧にみるように、右の文言を具備する令旨を目下十四通あつめえたが、上の句に続く下の書き止め文言についてみれば、以下のようになる。

A　「（仍）執達如件」……………………………………十例[24]
B　「（御）下知如件」……………………………………三例
C　「（如此）、悉之、以状」……………………………一例

この書き止め文言の書き方の傾向は、すでにみた六波羅陥落以前の場合とだいたい同じである。ちなみに、『花押かがみ　四』では、護良の令旨のうち、「依　将軍家仰」などの文言を持ち、親王将軍の立場から発されたものを「将軍護良親王令旨」と称している。妥当な表記であろう。

さて、問題としてきたのは、『増鏡』などが護良の将軍宣下を元弘三年六月十三日としていることと、その令旨に即してみればすでに同年五月十日付のものに「依　将軍宮仰」とみえている事実との関係をどう理解するかである。

筆者は以下のように考える。まず前提となるのは、護良自身が強く征夷大将軍のポストを望んだであろうこと、そしてそれは第二の武家政権樹立をもくろむ足利高氏（尊氏）の動向を制御する意味も持ったと考えられること、である。武門の統括をめざしていた護良は六波羅探題の陥落を契機に、その後まもないころから将軍を自任した。しかもそれは父帝の暗黙の了解を得たうえでのことと考えて少しもおかしくない。父帝の隠岐配流中、京都の周辺で討幕勢力の最高指揮者として獅子奮迅の活躍を遂げ、討幕に大功のあった護良にしてみれば、それは至極当然のはからいとみなされたであろう。六月十三日の将軍宣下は、いわば形式的なセレモニーであったと思われる。

いっぽう、寺社や将士に対する所領の給付・安堵についての令旨が六波羅探題陥落後目立って多くなっている事実も見落とすことはできない。一覧に見るように、対象となった所領は和泉・紀伊といった畿内近国にほぼ所在し、護良の勢力範囲と重なっている。ここで注目すべきは、元弘三年五月十日、摂津国三ケ荘（美河原・外院・高山）の領有を護良令旨（一二頁既出）によって認められた摂津勝尾寺のように、のち建武新政府の裁判所における訴訟で逆転敗訴したケースの存在である。[25] 護良が安堵令旨を下すとき、相伝の理非より軍事的必要性を優先させたことによる当然ともいえる結果であった。このような不首尾は当事者に不信感をいだかせるのみならず、広く社会的混乱を巻き起こす一因となったであろう。護良の令旨発給が新政府の主催者たる後醍醐天皇の施政にとって障害となるというようなことがままあったものと思われる。

護良が将軍のポストを剝奪されたのがいつか明証はない。しかし、管見の範囲では、その令旨における「依将軍家仰、……」の表現が元弘三年八月二十二日付（「歓喜寺文書」、一覧の59）を最後に消滅し、同年九月二日付（「久米田寺文書」、一覧の60）では単に「依令旨、……」となっている。将軍の解任はこの間にあったものと思われる。しかも、将軍となる以前の令旨には「一品親王令旨」[26] と記されていたことを想起すれば、将軍職解任と同時に二品の位階をも奪われた可能性も否定できない。

管見の限りでは、最後の令旨は次のものである（「久米田寺文書」、一覧の61）。

和泉国上下包近名事、為往古寺領、各別進止、無相違之条、寺家所進證文等分明也、而混三ケ里地頭職、乱妨当名云々、事実者、太以不可然、早任先度令旨、可被全所務者、依令旨執達如件、

元弘三年十月三日左少将（四条隆貞）（花押）奉

久米多（田）寺明智上人御房[27]

護良の最末期の令旨が彼の最後のとりでともいうべき和泉国関係[28]、しかも討幕の旗揚以来むすびつきの深かった久米田寺あてである事実は、護良の置かれた立場をこのうえもなく雄弁に物語っている。

護良の失脚はこうして始まった。これ以降のことについては、注(1)所引拙著の該当個所に譲り、ここでは再説を控えたい。

五　護良親王令旨の奉者

護良親王令旨の奉者は同親王の側近である。護良にはどのような側近がいたのか、令旨の奉者をとおしてみてみよう。

一覧の奉者欄に明らかなように、奉者の官名はすべて左少将か右中将である。それらの中には、実名のわかるものとそうでないものとがある。欄中の（　）付きの名は、花押の照合などによる比定である。一覧にあげた令旨は左に示す三人の奉者によって奉じられている。

（イ）四条隆貞（左少将）……一覧の5～7・11・13・14・22・26・28～31・37・42・44～46・52・53・55・

60・61

四条隆貞は南朝公卿として著名な四条隆資の子息。『尊卑分脈』には「隆定祗候兵部卿（護良）打死」とみえ、[29]『楠木合戦注文』によれば、元弘三年正月十九日天王寺に攻め寄せた討幕軍の大将軍として「四条少将隆貞中納言隆亮子」がみえる。[30]

四条隆貞の花押は『花押かがみ　四』にみるように、微妙に変化している。[31] 一例として示した花押Aは元弘三年十月三日令旨（「久米田寺文書」、一覧の61）のそれである。

花押A　四条隆貞

花押B　某　定恒

花押C　中院定平

奉者としての活動を最も早くから開始し、しかも一番最後まで続けているのは隆貞であり、三人の中で最も多くの令旨を奉じている。『尊卑分脈』の記事にみるように、隆貞は護良に仕えて「打死」したというのであるから、文字どおり護良の股肱の臣であったのだろう。

ちなみに、隆貞は少なくとも元弘三年十一～十二月の間、和泉国の国司としての足跡を残している。[32] このことはその背後で護良が同国の知行国主であったろうことを示唆している。

（ロ）某　定恒（左少将）……一覧の16・19～21・34・35・39・40・43・49・59

隆貞について多くの令旨を奉じているのは、姓不詳の定恒という人物である。「定」の文字からの推測と察せられるが、吉田氏とみるむきもある。[33] しかしながら、それには確証がなく、目下姓不詳としておくほかない。

定恒の花押も『花押かがみ　四』にみるように、微妙に変化している。[34] 一例として示した花押Bは、元弘三年三月六日令旨（「古筆写」、一覧の21、五～六頁で全文掲載）のそれである。

一覧にみるように、定恒の奉ずる令旨は隆貞のそれにややおくれて、元弘三年二月下旬ころからあらわれている。管見におけるその初見は元弘三年二月二十一日令旨（「太山寺文書」）である。これより同年八月までの間、特定の時期にかたよることなくコンスタントに発給されている。定恒の行動は、隆貞同様、主護良と終始ともにあったものと察せられる。

定恒の活動は令旨の奉者としてのみにとどまらない。元弘三年五月に和泉国御家人和田助家と備後国踊喜《ゆき》村一部地頭職城（源）頼連とが別個に提出した軍忠状の袖に証判を加えていることがひとつ。(35)いまひとつは、丹後国志楽荘にかかげられた元弘三年六月日禁制木札を出したことであるが、そのことについてはすでに言及したことがあるので、(36)くりかえさない。

（ハ）中院定平（左少将・右中将）……一覧の8・33・50

花押Cは元弘三年正月二十日令旨(37)（「中条家文書」、一覧の8）の奉者左少将のそれである。

実は、この花押はこれ以降の二通の令旨にもあらわれる。ひとつは元弘三年四月二十一日令旨（「岡本文書」、一覧の33）の奉者右中将の花押、いまひとつは元弘三年六月五日令旨（「小松文書」、一覧の50）の奉者右中将の花押である。つまりそれら三通は同一人によって奉じられたのである。この人物は中院定平とされており、(38)彼は同年正月二十日から四月二十一日までの間に、左少将から右中将に昇進したことになる。(39)

中院定平の令旨の奉者としての所見は以上にとどまるが、他方、九州の武士たちが提出した着到状に証判を加えた事実もみおとせない。現在筆者は元弘三年七月から十一月までの間の、七点の着到状証判の事例をあつめている。(40)護良親王の側近たちは単に令旨を奉ずるのみならず、他の面でもその手足となって活動していたのである。

六　後醍醐天皇綸旨との関係

護良親王令旨が出はじめる元弘二年（一三三二）六月の時点では、父後醍醐は依然として隠岐にあった。護良の討幕運動は父帝とは没交渉のまま独自の方針で進められたものと察せられる。

しかし、元弘三年閏二月、後醍醐が隠岐を脱し伯耆船上山に拠って、天皇文書たる綸旨の発給を再開すると、両者はいやおうなく関係をもつようになってくる。ことに、同年六月五日、後醍醐が京都・二条富小路内裏に帰還し、本格的な天皇親政を開始すると、それまで綸旨のごとき役割を果してきた護良令旨はにわかに後醍醐綸旨との関係を調整する必要に迫られたであろう。

まず、『唐招提寺史料　第一』の「八幡古文書」に収められた、石清水八幡宮御祈禱文書案(41)という名で一括された三通の文書のうちの二通についてみよう。

①□《（御）》祈禱事、自今日被始行之様、可有御下知之由、天気所候也、仍執達如件、

「元弘三年」卯月十六日　　　　左近中将忠顕

謹上　殿法印御房

②就御祈禱事、　綸旨如此、今日自十六日可被始行一字金輪護摩・同供幷尊勝仏頂法等、十二口僧侶厳蜜《（マヽ）》可令勤修給之由、大塔二品親王令旨所候也、

元弘三年卯月十六日　　　　左少将隆貞判

少輔律師御房

右のうち、①は後醍醐天皇綸旨案、②は護良親王令旨案である。両文書を手がかりにして、後醍醐―護良の関

係の一端に迫りたいが、その前に①の宛所の「殿法印御房」とは一体何者かを調べておく必要がある。結論から先にいえば、「殿法印」とは関白二条良実の孫にあたる良忠であろうと筆者は考える。良忠は『太平記』に「殿法印良忠」の名で登場し、討幕側の一味として六波羅探題に捕らえられたり、[42]脱獄して再び討幕軍を率いて戦ったりしているが、六波羅陥落後は足利尊氏と対立する一方、護良との関係を一層深めている。[43]

殿法印良忠の足跡は『太平記』という軍記物の世界だけにとどまるのではなく、『毛利家文書』に収める元弘三年（一三三三）五月日城頼連軍忠状・建武元年五月日同申状案のなかに、討幕戦を指揮した勇将としてその名があらわれる。[44]そのうち後者の申状では「殿法印御坊外題案」一通が副進されているのである。殿法印は護良の有力な側近の一人とみられる。

殿法印についての以上のことがらを念頭において、先掲①の綸旨をみよう。後醍醐天皇が石清水八幡宮に対して祈禱を命じようとしたとき、その旨をしるした綸旨は殿法印に対して出されているのである。同日付②の護良親王令旨が①をうけて出されたことは、「就御祈禱事、　綸旨如此」という文言に明瞭である。

以上のことから知られるのは、石清水八幡宮に対する護良の影響力が大きいこと、護良の命令伝達機構の一つの窓口に側近の殿法印良忠がいたこと、である。①・②の文書は鎌倉幕府倒壊以前の元弘三年四月のものであるが、当時、後醍醐と護良との関係は比較的に相互連携的であり、護良が築き上げた権力は後醍醐によっていちおう認められていたと察せられる（なお、当時両人の居場所を考慮すれば、①・②の日付が同じである点は検討の余地あり）。

さて、両者のこのような関係は幕府の滅亡後どのようになるのだろうか。「綸旨」という文字を文中にふくむ、次の二通の護良親王令旨をみよう。

①信濃国伴野庄、任綸旨、管領不可有相違者、依　将軍家仰、執達如件、

元弘三年七月六日　　　左少将（四条隆貞）（花押）

宗峯（妙超）上人御房(45)

②紀伊国且□（来庄事）、任　綸旨、可被□者、依　将軍家□（仰カ）如件、

元弘三年七月十三□（日）　□

主税頭殿(46)

右の二通の令旨はいずれも後醍醐天皇綸旨を施行したものであって、発給者同士の関係は発令―施行の安定した様相を呈している。日付の接近した両令旨は、元弘三年七月の時点で、後醍醐と護良の政務上の関係が一時的ではあれ調整・修復されていたことを示すものではあるまいか。

信濃国伴野荘と紀伊国且来《あっそ》荘の知行にかかる綸旨を施行した護良の立場も当然考慮されねばならない。①は、唯一の信濃国関係、しかも大徳寺領荘園にかかる令旨である点に大きな特色がある。②は、当時護良が知行国主であった紀伊国(47)に関しての令旨である。綸旨の施行がもしその権限にもとづくものであるとすれば、①の信濃国についても同様のことがいえるのではあるまいか。ともあれ、元弘三年七月の時点で、護良が東国方面にまで支配権を及ぼしていたとみられる点は注目に値しよう。

わずかな史料で、綸旨と令旨の機能面における関係をくまなく知ることはできない。先に元弘三年四月と同七月の時点で両者の政務上の関係は比較的に安定・連携的と述べたが、それはあくまで一時的かつ表面上のことであり、両者は基本的には相容れぬ性格のものであったと考えられる。現に、後醍醐は元弘三年六月十六日に宣旨(48)を発し、「不帯綸旨、致自由妨輩」、すなわち護良の令旨をふりかざして濫妨をはたらく者たちをとりしまろうと

しているのである。

やがて、護良親王令旨は父天皇の綸旨との間に一層大きな摩擦を引き起こし、ついには、後醍醐によって令旨の無効宣告が断行されるのである。その時期は明確ではないが、元弘三年八月末の将軍職剝奪とほぼ同じころだろうと推測される。

おわりに

護良親王の勇猛果敢にして、しかも悲劇的な生涯は南北朝時代史の一つの縮図である。その生涯は討幕の一事にかけられたといっても過言ではあるまい。

本稿では、その護良親王の動向を令旨という文書を通して考えてみた。令旨が護良の動向をうかがうための確実な文書史料であるだけに、同親王の歴史的役割を考えるさいの基礎的事実のいくつかを提示できたように思う。

護良親王令旨発給一覧

	年月日	奉者	内容	宛所	備考（書止文書など）	出典
1	元弘2・6	（四条隆貞カ）	「自熊野山執進大塔宮令旨、相憑当山之由云々」	熊野山		『花園天皇宸記』同年六月六日条
2	〃		「自熊野山帯大塔宮令旨、竹原八郎為大将軍襲来云々」			同右同年六月二九日条
3	〃2・6・27		御祈禱ノ忠ヲ致スベシ	松尾寺	建武元年五月日松尾寺住侶等申状ニ引用	和泉松尾寺文書
4	〃2・8・27	（四条隆貞カ）	高野山金剛峯寺ニ兵ヲ出サシメントス	高野山	「大衆不肯之」	高野春秋

5	〃2・12・26	左少将隆貞（四条）	和泉国久米田寺住僧等ノ御祈禱ノ忠懃ヲ賞シ、当寺・寺領に於ケル官兵ノ狼藉ヲ止メシム	明智上人御房	「依大塔二品親王令旨、執達如件」	久米田寺文書
6	〃3・1・10	〃	馳参ヲ賞シ、又参ゼシム	粉河寺行人等中	「依□□二品親王令旨之状如件」	高野山文書
7	（〃3）1・11	左少将（隆貞）	来ル十五日御用事ニツキ、急ギ馳参セシム	〃	「□品親王御気色、悉之」	粉川寺文書
8	〃3・1・20	左少将（中院定平）	今度ノ忠功ヲ賞シ、本領ヲ知行セシメ、恩賞ニ於テハ追テ沙汰センコトヲ約ス	三浦和田三郎館	「依二品親王令旨、執達如件」	中条家文書
9	〃3・1・21以前		軍勢催促	赤松円心		太平記六
10	〃3・1・30		〃（大和萊山合戦ニ参加）	高間行秀・快全	（『大日本史料』六―一、七〇頁）	妙厳寺文書
11	〃3・2・5	左少将（隆貞）	合戦ノ忠懃ヲ賞シ、向後弥々忠節ヲ尽サシム	粉河寺行人等中	「依二品親王□□、以状悉之」	高野山文書
12	〃	左少将	忠節ヲ賞ス	渡辺三位	「二品法親王令旨、以状悉之」	座摩宮古記
13	〃3・2・6	左少将隆貞	東夷ヲ追討センガタメ軍勢ヲ召スコトヲ告ゲ、勇健ノ士ヲ率テ馳参シ、合戦ノ忠ヲ致サシム	牛屎郡司入道館	「大塔二品親王令旨如此、仍執達如件」	牛屎院文書
14	〃3・2・7	〃	北条高時法師一族凶徒ヲ征伐センガタメ、赤橋英時・桜田師頼以下ノ輩追討ノ兵ヲ挙ゲシム	原田大夫種直跡人々中	「二品親王令旨如此、仍状如件」	三原文書
15	〃3・2・19		「於宿老者致御祈禱、至若輩者帯弓箭、可馳参金峯山」	松尾寺	3ト同ジ	和泉松尾寺文書
16	〃3・2・21	左少将定恒	今月二五日軍勢ヲ播磨赤松城ニ出サシム	大山寺衆徒中	「依大塔二品親王令旨之状如件」	太山寺文書
17	〃3・2・25	左少将	大和波津坂合戦ニ於ケル忠節ヲ賞ス	木本孫三郎	「二品親王令旨如此、仍執達如件」	師守記紙背

18	〃3・閏2・10		「可致東夷征罰御祈禱由事」	丹生社神主	高野山丹生社神主恒信申状ノ具書目録	宝簡集19
19	〃3・閏2・21	左少将定恒	当今皇帝ノ還幸御祈禱ノ忠懃ヲ致サシム	箕面寺衆徒中	「依大塔二品親王御気色之状如件」	滝安寺文書
20	〃3・3・3	〃	御祈禱ノ忠ニヨリ、丹生国和崎庄ヲ寄進ス	大山寺々僧中	「大塔二品親王令旨如此」	太山寺文書
21	〃3・3・6	左少将(定恒)	北条高時一族等ヲ征伐センガタメ、一門ノ輩ヲ相催シ、軍勢ヲ率テ摩耶城ニ馳参セシム	治部法橋幸賀館	「依大塔二品親王令旨之状如件」	古筆写
22	(〃3)・3・15	左少将隆貞	伊豆国在庁高時法師等ヲ討タシム	結城上野入道(宗広)館	「依大塔宮令旨、執達如件」	伊勢結城文書
23	〃3・3・26		武家ノ追討ヲ要請	延暦寺		太平記八
24	〃3・3・28		高野行秀ノ戦功ヲ賞ス		「史料綜覧五」、七八五頁	妙厳寺文書
25	〃3・3		千早攻囲ノ関東勢攻撃ヲ命ズ	吉野・十津川ノ野伏		太平記七
26	〃3・4・1	左少将隆貞	伊豆国在庁時政子孫北条高時ヲ討ツタメニ馳参セシム	熊谷小四郎(直経)館	「依大塔二品親王令旨之状如件」	熊谷家文書
27	〃	左少将	祈禱ノ精誠ヲ致サシム	永光寺(能登)	「依二品親王令旨之状如件」	能登永光寺文書
28	〃	左少将隆貞	26ト同ジ	伊予国忽那孫九郎(重明)館	「依大塔二品親王令旨之状如件」	忽那家文書
29	〃3・4・3	左少将(隆貞)	「東関之凶徒」ヲ追討シ、「報国之忠節」ニ励ムベシ	和田修理亮(助家)館	「二品親王令旨如此、仍執達如件」	天龍寺真乗院文書(尊経閣古文書纂20)
30	〃3・卯・16	左少将隆貞	一字金輪護摩・同供幷尊勝仏頂法等ヲ修セシム	少輔律師御房	「大塔二品親王令旨所候也」	八幡古文書(『唐招提寺史料第一』)
31	〃3・4・18	左少将(隆貞)	紀伊平田庄ヲ粉河寺行人等中ニ与フ		「御気色如此、悉之」	粉川寺文書

32	〃3・4・19		祈禱ヲ命ズ	松尾寺	3ト同ジ	和泉松尾寺文書
33	〃3・4・21	右中将(中院定平)	高時法師以下朝敵ノ凶徒ヲ誅伐センガタメ、一門軍勢ヲ相催シ、合戦ニ参加セシム	岡本観勝房(良円)(陸奥)	「依二品親王令旨、執達如件」	岡本文書
34	〃3・4・27	左少将定恒	高時法師一族東夷征伐ノタメ、一門ノ輩ヲ引率シ、馳参スベシ	伴彦三郎館	「大塔二品親王令旨如件」	大阪・青山短大所蔵文書
35	〃3・4・28	左少将(定恒)	和泉国御家人和田修理亮助家子息助康ノ合戦軍忠ヲ賞ス	和田修理亮(助家)館	「大塔二品親王令旨所候也、仍執達如件」	和田文書
36	〃3・5・2	従五位下左少将	播磨国明石郡大山寺ノ寺領ヲ定メ、乱入狼藉ヲ禁ゼシム	大山寺々僧等中	「大塔二品親王令旨如此、悉之、以状」	太山寺文書
37	〃	左少将隆貞	東夷追討ノタメ馳参セシム	英積太郎兵衛尉館	「二品親王□□如此、仍執達如件」	安積文書
38	〃		祈禱ヲ命ズ	松尾寺	3ト同ジ	和泉松尾寺文書
39	〃3・5・8	左少将(定恒)	軍忠ヲ賞ス	備後国因嶋本主治部法橋幸賀館	「大塔二品親王令旨如此、悉之、以状」	因島村上文書
40	〃3・5・10	左少将(定恒)	摂津国三ケ荘ヲ安堵セシム	勝尾寺住侶等中	「依将軍宮仰、御下知如件」	勝尾寺文書
41	〃3・5・12	左少将	祈禱ノ忠ニヨリ、尾張国松葉荘以下三ケ所ヲ与フ	日像上人庵	「依将軍宮令旨、下知如件」	久遠寺文書(「甲州古文書二」)
42	〃3・5・14	左少将隆貞	軍忠ヲ賞ス	木本新左衛門尉館	「二品親王令旨如此、仍執達如件」	師守記紙背
43	〃3・5・16	左少将(定恒)	金子三郎ノ兵ヲ徴セシム	金子三郎館	「大塔二品親王令旨如此、悉之、以状」	金子文書
44	(〃3)・5・21	左少将隆貞	摂津国野鞍荘ニオケル忠節ヲ褒ス	仏名院法印御房	「大塔二品親王令旨如此、仍執達如件」	源喜堂古文書目録三
45	〃3・5・21	左少将(隆貞)	播磨国西河井荘ヲ寄付シ、御祈願所トシテ仏法興隆ヲ専ラニスベシ	金剛寺衆徒中	「依将軍家□(仰カ)、□□(執達カ)如件」	金剛寺文書

46	〃3・5・24	左少将隆貞	御願成就ヲ祈ラシム	中納言法印御房	「依将軍家仰、執達如件」	源喜堂古文書目録三
47	〃3・5・27	左少将	「度々聖断」ニ任セ、紀伊国和佐荘内下・南両村ヲ安堵セシム	歓喜寺上人御房	「依将軍家仰、執達如件」	歓喜寺文書
48	〃3・5		讃岐極楽寺ノ寺領ヲ復セシム			紫雲山代々旧記
49	〃3・6・4	左少将(定恒)	宮内丞為成ニ和泉国上泉郷梨本里内黒鳥村ヲ与フ		「依将軍家仰、下知如件」	脇文書
50	〃3・6・5	右中将(中院定平)	東大寺ノ学侶・衆徒ヲ寺院本房ニ還住セシム	東大寺衆徒等中	「依将軍家令旨、執達如件」	小松文書・古筆写
51	〃3・6・15	左少将	淀関所ノ替トシテ近江国善原・河内国高柳両荘ヲ与ヘ、安堵セシム	一山住侶等中	「依将軍家令旨如此、悉之、以状」	八幡古文書(「唐招提寺史料第一」)
52	〃3・6・16	左少将(隆貞)	本願寺及ビ久遠寺ヲ御祈禱所トナシ、親鸞ノ影堂敷地及ビ留守職等ノコトヲ管セシム	中納言法印(宗昭)御房	「依宮将軍令旨、執達如件」	本願寺文書
53	〃3・6・27	左少将(隆貞)	備前国軽部荘ヲ元ノ如ク知行セシム	兵部卿僧都御房	「依将軍家仰、執達如件」	鹿王院文書一
54	〃3・6以前		是ヨリ先、備前国沙弥行西、大塔宮ノ御方トシテ軍忠ヲ抽デ、「御感令旨」ニ預ル		元弘三年六月日沙弥行西申状ニ見ユ	紀伊国続風土記付録
55	〃3・7・6	左少将(隆貞)	綸旨ニ任セ、信濃国伴野庄ヲ安堵セシム	宗峯上人(妙超)御房	「依将軍家仰、執達如件」	真珠庵文書以函
56	〃3・7・13	□	綸旨ニ任セ、紀伊国且□(来荘)ヲ知行セシム	主税頭	「依将軍家□(仰カ)、□□(執達カ)如件」	壬生家文書
57	〃3・8・17以前		紀伊国生馬荘ヲ安堵セシム		元弘三年八月一七日河合盛房契状ニ見ユ	小山文書
58	〃3・8・18	左少将	軍忠ヲ致スニヨリ、紀伊芋畑村白鬚一党等ニ諸方給主公事等ヲ免ズ		「依将軍家仰、執達如件」	佐々木文書
59	〃3・8・22	左少将(定恒)	後鳥羽院菩提料所紀伊国和佐荘内下・南両村等ニ於ケル武士・甲乙人等ノ乱入狼藉ヲ停止シ、知行ヲ全クセシム	歓喜寺賢心上人御房	「依将軍家仰、執達如件」	歓喜寺文書

60	(〃3)9・2	左少将(隆貞)	和泉久米田寺領ニ対スル鞆淵百姓等ノ濫防ヲ停止シ、所務ヲ全クセシム	久米多寺明智上人御房	「依令旨、執達如件」	久米田寺文書
61	〃3・10・3	左少将(隆貞)	久米田寺領和泉国上下包近名ニ対スル乱妨ヲ止メ、所務ヲ全クセシム	〃	「依令旨執達如件」	〃
62	〃3		阿蘇惟直、大塔宮ノ令旨ヲ奉ジテ挙兵ス	(阿蘇惟直)		阿蘇家譜
63	?		「為御題寺可停止甲乙人等濫防之由事」	(円応寺カ)	志摩円応寺雑掌慈哲申状(後欠)の具書目録	光明寺古文書(『日本塩業大系史料編古代・中世(二)』)
64	?		薩摩渋谷鬼益丸、「大塔宮令旨」ヲ受ク	(渋谷鬼益丸)	建武元年一二月一九日鬼益丸代藤原家綱等和与状ニ見ユ	薩藩旧記
65	?		「可有恩賞由事」	(源頼連)	建武元年五月日源頼連申状案の具書目録	毛利家文書四

【追記】右の「護良親王令旨発給一覧」に、左の元弘三年六月二十七日護良親王令旨写を追加する。これは、『今治郷土史　第二巻　資料編　古代・中世』(平成元年)所収の「乗禅寺文書」(乗禅寺は愛媛県今治市所在、宗派は真言宗)第三号文書として収録されるもので(七七四頁)、同書では「足利尊氏御教書(写)」と命名している。この文書名は、包紙上書の「弐　尊氏将軍御教書写」という文言に引きずられたものであるが、少し誤写を含むものの、本文書はまがうことなく護良親王令旨の写とみなされる。本文書の存在については、吉原弘道氏の御教示を受けた。宮内庁書陵部所蔵「伊予乗禅寺古文書写」に収録。

(包紙上書)「弐　尊氏将軍御教書写」

伊予国乃万郡乗禅寺者、御祈願所也、仍可停止甲乙人等乱入幷□□之由、依将軍家仰、執達如件、

元弘三年六月廿七日　(左少将)奉行　判

乗禅寺方丈

さらに44・46については、新井孝重氏の御教示を得た。

(1) 拙著『皇子たちの南北朝　後醍醐天皇の分身』(中公新書、昭和六十三年)。また、拙稿「護良親王――「不吉」の還俗将軍――」(『歴史読本』三四巻七号、平成元年)参照。
(2) 日本古典文学大系34『太平記　一』(岩波書店、昭和三十五年)四三一頁。
(3) 茨木一成氏「令旨の世界――建武元年五月「松尾寺住侶等言上状案」について――」(『中世社会の成立と展開』所収、吉川弘文館、昭和五十一年)、川添昭二氏「懐良親王をめぐる九州の南北朝――令旨の分析を中心として――」(『歴史公論』四六、昭和五十四年)。なお、川添氏には「後征西将軍宮発給文書考」(『古文書研究』一九、昭和五十七年)という関連論文もある。
(4) この文書の日付のうち「二月」が「三月」の誤りであることは、『太平記　一』二二六頁頭注一〇の指摘するところである。
(5) 『史料綜覧　巻五』は、『増鏡』『元弘日記裏書』その他によって、元弘三年閏二月二十八日に係けて「後醍醐天皇、伯耆大坂港ニ幸シ給フ、名和長年、迎ヘテ船上山ニ奉ジ、挙族擁衛ス」という綱文を立てている。
(6) 東京大学史料編纂所架蔵影写本。
(7) 宛名の「治部法橋幸賀」とは「村上文書　二」(『日本塩業大系　史料編　古代・中世㈠』四三〇~四三一頁)所収の元弘三年五月八日令旨の宛名「備後国因嶋本主治部法橋幸賀」と同一人であろうから、両文書は出所が同じということになる。ちなみに、この五月八日令旨の写真版が相田二郎氏『日本の古文書』上巻(岩波書店、昭和二十四年)四三六頁にのせられている。
(8) 兵庫史学研究資料第五集『太山寺文書』(兵庫史学会編、昭和三十二年)一八号文書。
(9) 『史料纂集　花園天皇宸記　第三』二八一頁。
(10) 注(9)に同じ。
(11) 同右、二八四頁。
(12) 「高野春秋編年輯録　巻第十」(『大日本仏教全書』第一三一冊、二〇三頁)に、
(元弘二年)秋八月廿七日、大塔二品護良親王使㆔左少将隆貞付㆓与御令旨㆒、是欲㆘当山大衆為㆗朝敵追罰之援兵㆖、然大衆不㆑肯㆑之、非㆓僧作㆒故、

とみえる。

(13)『大日本古文書　高野山文書之一』五二三頁。

(14)「久米田寺文書」元弘二年十二月二十六日護良親王令旨（一覧の5）に、「和泉国久米田寺住侶等、抽御祈禱之忠懃候上者……」とみえることによる。

(15)「中条家文書」（『新潟県史　資料編4　中世二』三六八頁）。なお、同巻付録に写真版が収められている。

(16)「牛屎院文書」（『熊本県史料　中世編五』六五頁）。

(17)注(7)所引相田二郎氏著書、四二五頁。

(18)日本古典文学大系87『神皇正統記　増鏡』（岩波書店、昭和四十年）四八六頁。

(19)東京大学史料編纂所編『大日本史料』第六編之一、一〇一～一〇九頁。

(20)「村上文書　二」、注(7)参照。

(21)「勝尾寺文書」（『箕面市史　史料編一』三三九頁）。なお、この文書の写真が『大阪府史　第3巻　中世Ⅰ』（昭和五十四年）六〇九頁に載せられている。この文書自体は写であるが、これには「勝尾寺住侶等中　左少将（花押）」としるされた包紙が付いている。この包紙について『箕面市史』は「包紙は原本」と注記している。そこで、東京大学史料編纂所所蔵の写真版によって見れば、包紙の花押は後述する護良親王令旨奉者のうちの一人定恒（姓不詳）のものであることがわかる。本紙の奉者「左少将」は同人と見てよいと思われる。一方、包紙が原本かどうかについては、即座にこれを断ずることはできないが、筆跡から見るところ、本紙の宛所のそれと同筆のようにも見受けられ、どうも原本ではなさそうである。

(22)『史料纂集　師守記　第一』五四頁。

(23)一覧の43、元弘三年五月十六日令旨（「金子文書」）は以下のような内容である。東京大学史料編纂所架蔵影写本より採ったものを以下に示す。

為征夷凶徒等、率一族、可被馳参者、大塔二品親王令旨如此、悉之、以状、

元弘三年五月十六日　左少将（定恒）（花押）

金子三郎館

(24)　一覧の45と56に欠損部があって文言が明確ではないが、いちおうAのグループに含めておいた。
(25)　このことについては、『大阪府史　第3巻　中世Ⅰ』六〇八～六一〇頁に記述がある（宮川満氏執筆）。
(26)　護良（尊雲）は元徳二年三月二十七日に二品に叙せられた。注(1)拙著、一六頁参照。
(27)　『大日本史料』第六編之一、二三一～二三二頁。
(28)　「和田文書　二」に、護良側近の一人四条隆貞の袖判がすえられた元弘三年十二月二十七日和泉国宣が存在することから、和泉国は少なくとも元弘三年末までは護良の知行国であったと考えられる。
(29)　『新訂増補国史大系　尊卑分脈　第二篇』三七一頁。
(30)　岡見正雄氏校注『太平記(一)』（角川文庫）付録所収、五一〇頁。
(31)　東京大学史料編纂所編、昭和六十年、二一五～二一七頁の二九九二号花押。
(32)　「久米田寺文書」元弘三年十一月二十六日和泉国宣の袖判、「和田文書」同年十二月二十七日和泉国宣の袖判はいずれも四条隆貞のものである。
(33)　注(7)所引相田二郎氏『日本の古文書』上巻、四三六頁、下巻、一九〇頁、それに注(8)所引『太山寺文書』一八号文書などでは、吉田とみなされている。
(34)　注(31)、二一〇～二一一頁の二九八五号花押。
(35)　「和田文書　二」に収める和田助家軍忠状、「毛利家文書」（『大日本古文書　毛利家文書之四』四〇四頁）に収める城頼連軍忠状。
(36)　注(1)拙著、五〇～五二頁。五一頁には木札の図版をのせている。
(37)　注(15)参照。
(38)　花押Cは『国史大辞典3』（吉川弘文館）「花押」の項目に付された諸花押の図版のなかの、中院定平の花押（一一〇三―①）と合致する。本辞典の花押がどこから採取されたか明示されておらず、即座に確認するすべはないが、いましばらくこの見方に従っておくことにする。なお、これら三通のうち、元弘三年正月二十日令旨はすでに本文中で掲出しておいたが、これを収める『新潟県史　資料編4　中世二』三六八頁では、その奉者の花押をすでに中院定平のそれとみなしている。定平の名は『尊卑分脈　第三篇』五四五頁（村上源氏）にみえる。
(39)　注(1)拙著初版本では、一覧の33の「岡本文書」所収の令旨（文面のみは『福島県史　七』二一九頁にのせる）

の奉者右中将の花押を確認することができないまま、33の右中将を8・50の左少将・右中将（同一人）とは別人とみなし、「同親王（護良）令旨の奉者には、すでにふれた四条隆貞と姓不詳の定恒、それに左少将某・右中将某の四名が確認される」（拙著四九頁）としるした。しかし、先日、東京大学史料編纂所において同所所蔵の「岡本文書」（番号四〇七一―一四）を閲覧したところ、33の花押は8・50の花押と同じ形であることを知った。これによって、8・33・50の令旨の奉者は同一人ということがわかり、しかも注(38)で述べたように、その名は中院定平とみてよいようである。つまり、護良親王令旨の奉者は目下三人が知られるということになる。以上のように訂正することにしたい。

(40) 拙稿「建武政権と九州」（『九州中世史研究』第二輯、文献出版、昭和五十五年）一二一～一二三頁、および一七五頁の注(56)参照。本文でいう中院定平はこの注(56)でいう側近Bに相当する。

(41) 奈良国立文化財研究所史料第七冊『唐招提寺史料　第一』（昭和四十六年）二七六～二七七頁。

(42) 良忠は『尊卑分脈　第一篇』九五頁にみえ、「元弘依一天大乱時分、私猶企謀叛之宿意、後日露顕、被召出六波羅、禁闈」「忽破閣戸遁出、参候大塔宮之仁也」「公尋僧正付法、大力勇健猛将也」としるされている。

(43) 注(1)拙著、五七～五九頁参照。

(44) 『大日本古文書　毛利家文書之四』四〇四～四〇七頁。前者の城頼連軍忠状では、「……自最初令馳参御方、於殿法印御房御手、構播磨国苔縄城、去(元弘三年)二月廿六日押寄高田城……」とみえ、また後者の同申状案では、「……率群勢馳参　御坐船上山、付御着到之後、則企上洛、重属殿法印御房御手、度々致合戦忠節之間、(元弘三年)四月廿九日預　御感令旨、……」とみえている（傍点筆者）。

(45) 「真珠庵文書　以函」（東京大学史料編纂所写真帳）。

(46) 図書寮叢刊『壬生家文書　一』一四九頁（宮内庁書陵部所蔵「官務家所領関係文書」古二二三五）。

(47) 佐藤進一氏『日本の歴史9　南北朝の動乱』（中央公論社、昭和四十年）六四頁。

(48) 「結城文書」（『大日本史料』第六編之一、一二三三～一二三四頁）。

第二節　令旨の書き止め文言

――征西将軍宮懐良親王と大塔宮護良親王――

はじめに

『南北朝遺文――九州編――』にはいろいろな種類の文書が収録されているが、その中で真っすぐ通った一本の柱のような役割を果しているのは懐良親王令旨だろう。後醍醐天皇は皇子懐良を征西将軍に任命し、九州鎮撫の任を与えた。延元三年（一三三六）九月のことだった。懐良が艱難辛苦の末、大宰府を拠点にして、九州に征西将軍の王国を樹立し、十二年の間これを維持したことは周知のところである。

その懐良親王の歴史的役割についての包括的研究としては、藤田明氏『征西将軍宮』（大正四年）があり、名著の誉れ高いが、今日の研究段階からみれば問題点も少なくない（『日本歴史』三四五、〈昭和五十二年〉所載の村井章介氏の書評参照）。

筆者がここで注目したいのは、令旨の書き止め文言である。南北朝時代には南朝皇子たちが目一杯活躍しただけに、その足跡としての令旨が多く残存している。そのうち最も多数の令旨を残したのが懐良であり、それだけに懐良の令旨は、文言の変化を政治的・軍事的動向と関連させて古文書学的に検討する場合好個の素材となる。

懐良が九州下向の途について以降、筑後矢部で没するまでの四十五年間に発給した令旨は、目下百五十余通が確認されている。懐良令旨を素材として、征西将軍宮懐良の動向を究明したほぼ唯一の研究成果としては、川添昭二氏「懐良親王をめぐる九州の南北朝――令旨の分析を中心として――」(『歴史公論』四六、昭和五十四年)があり、九州南北朝史の展開を踏まえた上で、令旨発給を五つの時期に区分して詳細に論じられている。川添氏の五期にわたる段階区分は適切と思われるので、小稿においてもこれを踏まえることとしたい。なお、懐良が九州下向以前に出した令旨については検討の必要があるが、今は触れない。

一　征西将軍宮懐良親王令旨

さて、前置きはこれくらいにして、本論に入ろう。筆者が着目したいのは、令旨の文言(特に書き止め)の変化と懐良の政治的・軍事的立場の変動との関係である。

懐良親王令旨の書き止め文言は、細かくみれば三十通りぐらいある(書き止め文言と令旨の内容との間には明確な相関関係は認められない)。紙幅の関係からすべてについて詳述することは困難だから、段階的におおまかな特徴点のみを指摘するにとどめたい。

第一期は、出発(伊勢出航)より忽那島滞在が終わるまで。つまり延元三年(一三三八)九月以降約四年間。懐良令旨の初見は(延元三年)十二月三十日付(『阿蘇文書』)。この間の令旨として川添氏は、感状五通、軍勢催促状二通の計七通を指摘された(以下、通数は同氏の指摘による)。書き止め文言としては、「征西将軍令旨所候也(如此)、仍執達如件(悉之、以状)」の表現が使用されている。

第二期は、興国三年（一三四二）五月の薩摩上陸から正平三年（一三四八）正月肥後宇土経由で同国菊池に入るまでの約六年間、いわば薩摩谷山在城時代である。この間の令旨は全二十通、すべて『阿蘇文書』に収まる。阿蘇氏にあてた軍勢催促状・感状、それに所領の宛行状・安堵状である。書き止め文言の形は、基本的には第一期のそれと同じだが、「所被仰下也（其沙汰候也）、仍執達如件」「可被下令旨之由、依仰執達如件」といった「（征西）将軍」の文字抜きの表現も登場する。

第三期は、正平三年（一三四八）正月より同十六年八月大宰府に入るまでの十三年半の間。いわば肥後菊池時代である。この間の残存令旨は約五十通。正平五年までは『阿蘇文書』所収のものが圧倒的だが、それ以降の分には他家・他寺社のものの混入が少なくない。内容では、軍勢催促・感状・所領安堵などが多い。この時期は征西府の王国樹立にとって準備段階としての意味を持つ。令旨の書き止め文言は、第二期の特徴を受け継ぐ一方で、「依（征西大）将軍宮（家）御気色（仰）、執達如件」「……候歟、仍執達如件」などの異型も現れる。注目すべきはだいたい正平十年ころより、第二期でみた「……、依仰執達如件」、それに先ほどの「……、仍執達如件」の書き止めが大きな比重を占めてくることである。この形が武家文書に特徴的なのはいうまでもない。これは、正平八年の筑前針摺原《はりすりばる》での大勝利を契機に、懐良の九州経略が力強く推し進められた歴史過程に相応ずる現象と考えられる。

第四期は、大宰府入り以降、文中三年（一三七四）ごろ征西将軍職を良成親王に譲るまでの約十三年間。この間の文中元年に大宰府は陥落した。残存令旨約七十一通で、広範囲に及んでいる。書き止め文言は、第三期で指摘した武家様が圧倒的に多く、この時期が基本的には第三期の発展延長線上で理解すべきであることを示しているが、「令旨如此、悉之、以状」「……由（旨）、被仰下状如件」などの形も現れている。

ちなみに、この時期に属する建徳二年（一三七一）七月二十四日付（『禰寝文書』）と同三年三月二十四日付（『阿蘇文書』）の二通の令旨に「征夷大将軍宮令旨（仰）」の文字が見える。これについて『大日本史料』は「夷」を「西」の誤写と見做しているが、村井章介氏はこれを生かした上で、征西将軍宮に比して「はるかに強い自立性の主張」を読み取っている。

第五期は、それより以降弘和三年（一三八三）三月に筑後矢部で没するまでの九年間。残存令旨七通。この時期には同将軍職を継いだ良成親王令旨も混在する。懐良は一品親王としての立場から令旨を発しているが、その書き止め文言はさまざま。懐良令旨の最後は天授三年（一三七七）十二月十三日付（『櫛田神社文書』）で「一品親王御気色如此、悉之、以状」と書き止めている。

二　大塔宮護良親王令旨

ここで思い合わされるのは、懐良にとっては異母兄にあたる護良親王の令旨である。目下、筆者は元弘二年（一三三二）十二月二十六日付（『久米田寺文書』）より同三年十月三日付（同文書）まで十カ月にわたる全五十点弱の同親王令旨原文を集めているが、護良の令旨は短期間ながら密度の高い残り方を呈しているので、懐良の場合とは違った意味で検討の素材となりうる。

護良親王令旨に即した筆者の古文書学的検討は、小川信氏古稀記念論文集、小川信編『中世古文書の世界』（吉川弘文館、平成三年）に載せており（「大塔宮護良親王令旨について」——本書第一章第一節）、詳しくはそちらをご覧いただきたいが、もっとも注目すべき点のみについて簡単にふれよう。

護良親王令旨を編年に並べて、その形態上の変化をたどれば、元弘三年五月七日の六波羅探題陥落が重要な画期となっていることに気付く。この日、鎌倉幕府の京都出先＝六波羅探題は護良の指揮する討幕軍などの一斉攻撃をうけて滅び去る。護良令旨で「将軍宮」の表記が表れる最初は元弘三年五月十日付の、勝尾寺住侶等にあてて寺領を安堵する令旨であるが、そこでは「依将軍宮仰、御下知如件」と書き止められている（『勝尾寺文書』）。「将軍宮（家）」という言い方が固定化するのは同年五月二十一日付令旨（『金剛寺文書』）以降で、同年八月二十二日付（『歓喜寺文書』）までは続き、次の同年九月二日付（『久米田寺文書』）では消え、単に「依令旨、執達如件」となっている。その次にくるのが、同年十月三日付（同文書）であるが、書き止め文言は同じ。これは管見の範囲における護良親王令旨の最後である。

『太平記』『増鏡』は護良の将軍宣下を元弘三年六月十三日とし、『大日本史料』第六編もそれに依拠して綱文を立てているが、護良はそれより一カ月以上前から将軍を自称していたことが右の令旨の書き止め文言の検討によって知られるわけである。

詳しいことを述べる余裕はないけれども、元弘三年五月から八月にかけての時期は、護良の処遇について父後醍醐天皇が最も苦慮した時期だった。討幕の実績に押し切られて護良の将軍職を追認したものの、後醍醐は漸次巻き返しを断行した。同年八月末には護良の将軍職は剝奪されたと考えられる。このように、令旨の書き止め文言の変化は、護良の政治的立場の変動を何よりも雄弁に物語っている。

いま一つ、護良令旨の文言上の特徴点を挙げれば、「……執達如件」という表現の多用である。この表現は後醍醐天皇綸旨にも見られるが、こと護良令旨についていえば、将軍を称すようになって以降多用され、「依将軍家仰、執達如件」などという表現が頻出する。これに類した表現に「依将軍家仰、下知如件」というものもある。このような書き止め文言は、鎌倉幕府下で多く出された関東御教書や関東下知状のそれと酷似しており、一歩すすんで、むしろそれらの影響を受けてできた表現ではないかと思いたくなってしまう。護良は尚武精神の持ち主で、武門の統括を意図していた。そんな護良が旧幕府の公文書制度の影響を多分に受ける可能性は十分にあったとみなければなるまい。そうだとすれば、護良令旨の形態も懐良令旨同様、親王自身が置かれた政治的・軍事的立場に影響されたとみなせよう。

おわりに

南朝皇子たちはむろん社会階層のうえでいえば公家側に属する。平時ならば、歴史の檜舞台に登場することのない人たちである。しかし鎌倉時代末期から南北朝時代にいたる熾烈で長い戦乱は南朝皇子たちをいやおうなくその渦中に巻き込み、いくさに参加させた。彼らが発給した令旨に武家文書的な要素・性格を付与したのはこのような時代性だと考えて不自然ではあるまい。ここでふれた懐良と護良という二人の後醍醐天皇の皇子の令旨は、その政治的・軍事的立場の変動と発給する文書の様式の変化との相関関係を具体的に考えるための素材としても貴重というべきだろう。

第三節　邦省親王の悲願——もう一つの大覚寺統分枝——

はじめに

日頃恩恵をこうむっている『大日本史料』の第六編之三一、応安二年（一三六九）十一月十三日条（一〇六〜一〇七頁）には、「邦省親王、御相伝ノ文書等ヲ御子廉仁王ニ譲与シ、皇統継嗣ノコト及ビ御領ノコトヲ申置セラル」という綱文のもとに、「三条西家所蔵文書」として応安二年十一月十三日邦省親王の置文が収録されているが、その中に、以下のような部分がある。

□□(後宇)多院皇流事、前坊邦良親王雖□(為)後二条院長嫡、依御病躰難被定申□□□(御相続)之器用之間、愚身為第二之皇胤、□(任)□□(代々)佳例、被思食定皇嫡、以村上天皇先蹤、清涼殿首服以下、為後宇多院御計、被致慇懃之御沙汰之条、勅書并後山本左大臣(洞院)実泰公状等炳焉也、随而後宇多院被申置西花門院後二条院御母儀之趣、委細被載女院御文之上、嘉元二年被進後二条院御治天御譲状伝賜訖、此等之次第、去嘉暦四年達遣関東之時、(北条)守時進返報、立坊事雖挙申、後醍醐院被閣之畢、当武家同経再往之沙汰、後宇多院御跡皇嫡不可有相違由令承諾、御遺領内歓喜光院領可被成勅裁之旨雖挙申公家、以無理之儀、及御抑留訖、凡愚身理運之次第、度々有沙汰、去貞和四年九月光厳院御治天之時、立坊事雖令奏聞、上杉重能籌策之間、依令障导、于今不達所存之条、宿執之至無力哉、

（下略）

この記事の解読に入る前に、この置文を書いた邦省親王がいかなる人物であるかを述べておく必要がある。邦省は、後二条院と参議藤原宗親の女との間の皇子で、[1]後宇多院にとっては孫にあたる。邦省には、右掲の史料中にも見える邦良という名の同母兄がおり、「前坊」と記されているように、邦良には皇太子の経歴がある。邦良・邦省を生んだ藤原宗親の女の実名は不詳である。ちなみに、邦省親王は鎌倉時代末期から南北朝時代にかけて、令旨数点を残している（「天龍寺文書」等）。

なぜこの記事に注目するかというと、鎌倉時代末より南北朝時代にいたる長期間、皇位の獲得に執念を燃やした邦省という名の親王の遺言とでもいうべきこの置文を通して、複雑な皇位継承問題の一端を政治史とのからみでうかがうことができるからである。「一代の主」後醍醐天皇の登場のいきさつとも関係している。

この史料はこのような観点からみるとすこぶる興味深い内容をもっているのであるが、ほとんど注目された形跡はない。むろん、邦省親王の側の文書なので、その主張が公正かどうかについては注意を要するが、事実関係に大きな問題はなく、まずは信頼の置けるものと考えられる。

一　邦省と邦良、後醍醐

大覚寺統天皇家の長である後宇多院が長子邦治親王を皇儲と定め、立太子・即位させたところまでは問題がない。邦治はすなわち後二条天皇である。この後二条が延慶元年（一三〇八）八月二十五日、二十四歳で没したこ

とが、大覚寺統内に皇位継承をめぐる深刻な問題を生じさせた。後宇多院には次子として邦治より三歳年下の尊治親王があったが、邦治が元気なうちは尊治に出番はなかった。

後二条天皇（邦治）が没すると、後宇多院は急遽、大覚寺統の態勢固めを計らざるをえなかった。誰を主軸として同統を運営させるか。後二条没の翌日（八月二十六日）花園天皇を践祚させて政務の実権を回復した持明院統天皇家（その中心は伏見院）も自派の勢力拡大をはかっている。幕府との関係もなおざりにできない。後宇多にとって問題は山積していた。

後宇多院は、大覚寺統での皇位は嫡流に、と考えていた（なぜそうなのかについては別途考察の余地がある）。後宇多が最も期待を寄せる嫡孫邦良（後二条の長子）は健康の面に不安があった。そこで後宇多院は、ひとまず次子尊治親王を立て、急場をしのごうと考えた。後二条がなくなった翌月の延慶元年（一三〇八）閏八月には、尊治は後宇多院の所領を譲り受け[2]（周知のようにこれには条件が付されていた）、翌九月には立太子、次代の天皇の地位が約束された。十年後の文保二年（一三一八）二月に尊治は践祚、後醍醐天皇の登場である。翌月邦良が立太子したことは見逃せない。嫡孫に皇位をという後宇多院の執念があらわれているからである。

この辺の経緯については、北畠親房著「神皇正統記」後醍醐天皇条に次のような叙述がある。

（前略）後二条世ヲハヤクシマシ〳〵テ、父ノ上皇《（後宇多）》ナゲカセ給シ中ニモ、ヨロヅコノ君《（尊治親王）》ニゾ委付シ申サセ給ケル。ヤガテ儲君ノサダメアリシニ、後二条ノ一ノミコ邦良親王ヰ給ベキカトキコエシニ、オボシメスユヘアリトテ、此親王《（尊治）》ヲ太子ニタテ給。「カノ一ノミコオサナクマシマセバ、御子ノ儀ニテ伝サセ給ベシ。モシ邦良親王早世ノ御コトアラバ、コノ御スエ継体タルベシ。」トゾシルシヲカセマシマシケル。彼ノ親王鶴膝ノ御病アリテ、アヤウクオボシメシケルユヘナルベシ。[3]

「此親王ヲ太子ニタテ給」とは、延慶元年九月十九日の尊治立太子をいう。上掲の記事のうち、ここまではわりと客観的な記述である。しかし、それ以下の部分、特に邦良がもし早世するようなことがあれば、「コノ御スエ継体タルベシ」、つまり後醍醐の子孫が皇位を継ぐように、と後宇多院の書き置きがあったとは、著者北畠親房の属する後醍醐天皇側の恣意的な拡大解釈といわねばならない。(4) 最後の一文、邦良が「鶴膝ノ御病」をわずらい、後宇多院はこれを心配していたというのは事実で、しかも病名については他史料にない所見である。

こうしたことがらを踏まえて、冒頭にかかげた邦省親王置文を検討しよう。まずこの置文は後二条天皇の次子（置文では「第二之皇胤」とみえる）である邦省が、祖父後宇多院によってのちの皇儲と指名され（と主張する）ながら、後醍醐天皇の治世下で立太子できず、さらに北朝の光厳院の治世下の貞和四年（一三四八）九月にも立太子するチャンスを逸したこと（貞和四年十月崇光天皇の践祚にともない直仁親王が皇太弟となった）などを述べている。この置文は、立太子の悲願を子息廉仁王にかなえさせようという目的のもとにしたためられた。そのためにも、理不尽なこれまでの処遇のされかたを総括して、廉仁にきちんと伝えておく必要があったのである。

まず、邦省と邦良との関係について、置文には、最初に、後宇多院が長子邦治、孫邦良・邦省に対して行った種々の措置が書き連ねられているが、時間的にもっとも早いのは「嘉元二年被進後二条院御治天御譲状」である。つまり嘉元二年（一三〇四）後宇多院が後二条天皇に進めた譲状である。当時後宇多院は治天下として院政を担当しており、その院が長子の後二条に譲状を与えたということになる。譲状の内容は不明だが、所領関係の譲りだろう。譲るという行為についていえば、後宇多院は延慶元年（一三〇八）閏八月には次子尊治に譲状を与えている。二つの譲状の関係も不明だが、あえてうがった見方をすれば、この頃後宇多院は所領を譲る意思をいだき、まず嘉元二年長子後二条天皇に譲ったが、やがて後二条が没したので、譲与の行為は反故になり、後宇多はこれを尊治に譲り直したのではあるまいか。嘉元二年の譲状は後二条流に伝わり、後二条の長子邦良の早世後は次子邦省に伝わったものと考えられる。

この置文にも邦良は「御病躰」と記され、先に示した「神皇正統記」の記述と符合するが、病の発症の時期についてははっきりしない。邦省は、邦良は「後二条院長嫡」であるが「御病躰」により「御相続之器用」に定め申され難しとし、「第二之皇胤」たる自分が「代々佳例」に任せて皇嫡に「思し食し定め」られ、後宇多院の計らいとして「清涼殿首服」を加えられるなど「慇懃之御沙汰」を致されたことは、「勅書」「後山本左大臣実泰公状」に明瞭だ、そして後宇多院が西華門院（源基子。後宇多の妃。後二条の母。邦省の祖母にあたる）に申し置いた事柄は女院（西華門院）の御文に載せられている、とも述べている。「勅書」とは後宇多院の勅書、「後山本左大臣実泰公状」とは洞院実泰の書状と考えられる。

邦省の皇位継承者としての登場の仕方を考えるとき問題となるのは、邦省の存在が一躍クローズアップされるのはいつかということである。このことについては、後宇多院による「慇懃之御沙汰」の主たるものが首服（元服）であり、それは元亨元年（一三二一）三月十九日のことだから、(5)「御沙汰」は後醍醐天皇の在位中のことで、しかも後宇多院政が停止する少し前（同上皇の院政は同十二月に停止）であったことが知られる。つまり、後宇多院が邦省に目をかけ始めたのは、邦良が立太子した文保二年より三年後の元亨元年だということになる。院政をやめようと考え始めた後宇多院は、病弱の長子邦良にかわる邦省に期待をかけはじめたものと思われる。洞院実泰は、後宇多によって邦省の後見のような役割を負わされたのだろう。

ここで、邦省を含めた複数の皇子たち（具体的に名を出せば、邦省・恒明・量仁）による激しい皇位争奪戦の一面をあらわすと思われる史料をあげよう。宮内庁書陵部所蔵「古文書雑纂」(6)に、以下の文字が記された文書断簡が入っている。後の方は欠落して現在冒頭の一紙分しか残っていない。

式部卿宮可有立太子之由、被申　禁裏之旨、有其聞、為　亀山院御末流、御競望之条、頗可謂沙汰外事歟、縦雖達遠聞、定不可有許容乎、後二条院第二御子帥宮又以可被（以下欠）

筆者はこの文書断簡について以前考えたとき、これは①嘉暦元年（一三二六）三月から七月の間のものであること、②差出人は西園寺実衡であり、皇太子邦良親王の没後、皇太子候補として「式部卿宮」（恒明親王。亀山院皇子。母は昭訓門院瑛子）のみならず「後二条院第二御子帥宮」（邦省親王）の不適格を幕府に進言したもの、③実衡が皇太子候補として推薦したのは持明院統の量仁親王（後伏見院の皇子）で、そのことは欠落した部分に書かれていたろう、とみておいた。(7)

ここに出てくる「後二条院第二御子帥宮」邦省に注目しよう。要するに、邦省は嘉暦元年当時の関東申次西園寺実衡の目にかなっていなかったのである。事実としては、この年七月量仁親王が十四歳で立坊する。憶測だが、西園寺実衡と邦省の後見たる同門の洞院実泰との関係は冷ややかなものだったのではないか。

邦省はすでに嘉暦元年の皇太子選びの際に一候補として名乗りをあげているのである。したがって、恒明といい、邦省といい、大覚寺統天皇家には皇位継承をめぐって抗争が生じていた。邦省に期待を寄せていた祖父後宇多院が、すでに正中元年（一三二四）六月に崩じていたことは、邦省にとって痛手だったろう。

二　嘉暦四年・貞和四年の立太子工作

前掲の邦省の置文に「去嘉暦四年達遣関東之時、守時《北条》進返報、立坊事雖挙申、後醍醐院被閣之畢」とあることから、邦省が嘉暦四年関東（幕府）に立坊の斡旋を依頼したこと、幕府の執権北条守時はこれをうけて後醍醐天皇に申し入れたが、同天皇はこれを受け入れなかったことが分かる。当時量仁親王という皇太子がいたから、邦省の立坊申し入れはすなわち、後醍醐天皇に対する退位要求を意味した。ひそかに幕府転覆をもくろんでいた同天皇がおいそれと退位に応ずるはずもない。

置文はさらに「当武家同経再往之沙汰、後宇多院御跡皇嫡不可有相違由令承諾」と続いている。「当武家」とは幕府以外に考えられないから、幕府は邦省の愁訴をうけて、後醍醐と交渉して、「後宇多院御跡皇嫡」すなわち邦省を筆頭とする後宇多院の孫子たちの皇位継承権をないがしろにしないという約束を後醍醐にのませようとした、と解釈することができる。邦省に対する幕府のせめてもの慰撫と考えられる。

後醍醐の政権および所領に対する執着にはすさまじいものがあったようで、政権を手放さないばかりか、邦省が領有を主張する「御遺領内歓喜光院領」についても、幕府が間に入って、その旨の「勅裁」を成すよう「公家」（後醍醐の政権）に「挙申」したにもかかわらず、後醍醐は「無理之儀」をもって抑留したままであった。歓喜光院領は延慶元年閏八月、尊治親王（後醍醐天皇）が後宇多院から譲り受けた所領群の中に入っている。(8) 邦省がこれの領有を主張した根拠は、おそらく先にのべた嘉元二年に後宇多院が後二条院（邦省の父）に与えた「御治天御譲状」あたりにあるのではないか。

失意の邦省にとって、後醍醐天皇の治世、建武の新政の時代はまさに逼塞の時期だったことは推測に難くない。同じ大覚寺の系統とはいえ、後醍醐とあいいれない邦省に出番はなかった。南北両朝の対立時代に入ると、おなじ境遇の恒明親王（亀山天皇の皇子）と同様に、持明院統系の北朝公家社会に身をおいたのはそのような理由からであった。

置文に「去貞和四年九月光厳院御治天之時、立坊事雖令奏聞、上杉重能籌策之間、依令障㝵」とあるように、邦省は北朝光厳上皇院政下の貞和四年（一三四八）九月、新帝崇光天皇の践祚にともなう皇太子選びの際、悲願の立坊を申し出たが、今度は上杉重能の「籌策」にあい、失敗した。上杉重能といえば足利直義の腹心である。足利直義が貞和四年当時幕府の執政として幕府政治をリードし、対公家政策においても強力な発言権をもっていたと考えられることから、上杉重能の「籌策」の背後には足利直義がいたと想定できるのではないか。このとき、花園院の子直仁が光厳院の皇子に擬されて皇太子にすえられたが（近年では直仁を光厳の実子とみている＝筆者補注）、治天下光厳院の甥にあたる直仁をわざわざ引っ張り出すという異例の措置をとったのは、邦省の立太子を排除するためだった可能性も高い。北朝嫡流の皇子に適当な人がいなかったこともあるが、おそらく直義は、邦省の立太子（多分に将来即位する）が幕府の擁する北朝の皇位継承に問題を引き起こすとみてこれを避け、できるだけ北朝嫡流に近い血縁の皇子を選んだのではあるまいか。

おわりに

以上みたように、立太子することは邦省親王の執念だったが、しかしこの悲願は実現しなかった。邦省の苦渋は察して余りある。

皇太子邦良親王が没した嘉暦元年三月以降、皇太子のポストは大覚寺・持明院両統間で争われた。邦良の属した大覚寺統では、現職天皇後醍醐が自らの皇子を立てようと考えても不自然ではないし、邦省親王もチャンスをうかがっていた。亀山院の皇子恒明親王も同様である。他方、持明院統が好機到来とみて量仁親王を推したのは当然のことである。

邦省は嘉暦四年（元徳元＝一三二九）にもチャレンジしたが、軽くいなされてしまった。歳月がたつにつれ次第に傍流の悲哀を濃くする邦省の立場が不利になったことは推測に難くない。兄邦良の遺子康仁親王の成長も邦省にとって脅威だったろう。こちらが後二条流としては嫡流だからである。元弘元年（一三三一）八月の後醍醐天皇の笠置出奔をへて、同九月皇太子量仁が践祚し（光厳天皇）、皇太子選びが行われるが、同十一月に指名されたのは康仁だったのである。鎌倉時代に立太子できなかった邦省にとって、次の南北朝時代の北朝に望みを託すしか方法はなかった。しかし、そこでも邦省に出番はめぐってこなかった。

冒頭にあげた邦省の置文は、寄る年波に抗しえず自分の代における立太子をあきらめた邦省が、次代を生きる子廉仁王にこの悲願の由来を伝え、それをかなえさせるために、最後の力をふりしぼって書いた実質的な遺言だったのである。

近衛道嗣の日記『後深心院関白記』（別名愚管記）の永和元年（一三七五）九月十七日条の裏書に以下の記事がみえる。[9]

伝聞、入道式部卿邦省親王薨云々、後二条院皇子、続千載以来○〈至新拾遺〉五代作者也、頗其例稀歟、今度勅撰不被待付奏覧、無念也、

邦省はこの日没した。続千載和歌集（元応二年＝一三二〇完成）から新拾遺和歌集（貞治三年＝一三六四完成）までの五つの勅撰集に入集したが、後円融天皇の勅命に成る新後拾遺和歌集（永和元年撰集開始、永徳三年＝一三八三完成）への入集まで命がもたなかった。[10]邦省の詠歌の心は立太子への執念と表裏一体だったとみてよい。そのような観点から邦省の歌を解釈することもできるのではあるまいか。皇位継承をめぐる抗争が、中世の歴史の展開におよぼした波紋は大きい。

後宇多院の周辺

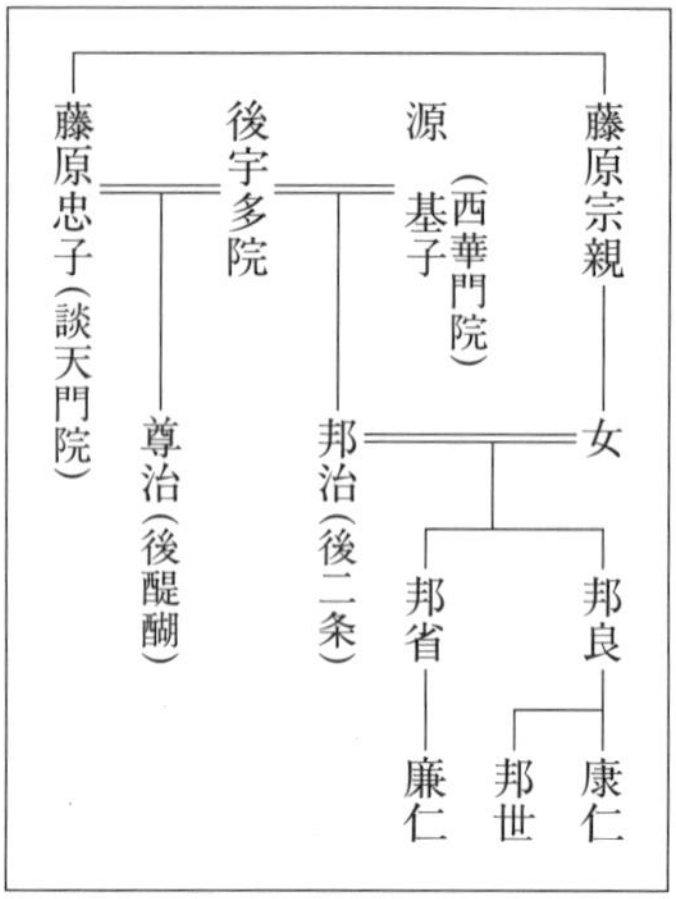

(1)「本朝皇胤紹運録」(『群書類従　第五輯』八三～八四頁、続群書類従完成会、昭和五十二年)。『系図纂要　第一冊』(名著出版、昭和四十八年)三七〇頁。なお、藤原宗親は参議五辻忠継の子息で、仁治二年(一二四一)生まれ。後醍醐の母談天門院忠子(文永五年＝一二六八生まれ)とは兄妹の関係にある(『新訂増補国史大系　尊卑分脈　第一篇』吉川弘文館、昭和五十二年、二〇一～二〇二頁)。宗親は弘安十年(一二八七)正月非参議・従三位に叙され、乾元元年(一三〇二)十二月前参議・正二位で薨じている(『公卿補任　第二編』吉川弘文館、昭和四十九年、三二八、三六四頁)。

(2)徳治三年閏八月三日後宇多上皇譲状案。『鎌倉遺文』二三三六九(第三〇巻、三三〇～三三一頁)。

(3)日本古典文学大系87『神皇正統記　増鏡』(岩波書店、昭和四十年)一七一頁。

(4)注(3)補註四五(二〇八～二〇九頁)参照。

(5)「花園天皇日記」元亨元年三月十九日条(『史料纂集　花園天皇宸記　第二』、一三二頁、続群書類従完成会、昭和五十九年)。

(6)架蔵番号　谷三六八。拙著『鎌倉時代の朝幕関係』(思文閣出版、平成三年)七六頁で紹介。

(7)注(6)拙著、七六～七八頁。

(8)注(2)に同じ。

(9)『後深心院関白記　二』(陽明叢書一一、思文閣出版、昭和六十一年)五五七頁。『大日本史料』第六編之四四、一九四頁。

(10)『和歌文学大辞典』(明治書院、昭和三十七年)所載「勅撰作者部類」の邦省親王(くにみしんのう)の項によれば、邦省の歌の入集状況は、続千載和歌集に三首、続後拾遺和歌集に二首、風雅和歌集に三首、新千載和歌集に九首、新拾遺和歌集に十首、新後拾遺和歌集に三首、そして永享十一年(一四三九)に完成した新続古今和歌集に八首、総計三十八首である。

【追記】①四二頁に釈文を掲げた「古文書雑纂」収録史料については、その後、この断簡文書の二つのツレが発見され（鶴見大学所蔵「西園寺実衡消息断簡」および根津美術館「文彩帖」所収文書）、今では三つの断簡を並べて総合的に検討することが可能となった。その検討結果については、拙著『後醍醐天皇――南北朝動乱を彩った覇王――』（中公新書、平成十二年）六二～六五頁、『南朝全史――大覚寺統から後南朝へ――』（講談社、平成十七年）六〇～六一頁において既述しているのでくりかえさない。
②四四頁において「邦省の苦渋は察して余りある」と書いたが、以下にあげる邦省の和歌はその邦省の胸中の思いを凝縮している。

題しらず　　　式部卿邦省親王
世中をはかなき夢ときゝながら　いつまでさめぬ心なるらむ
（『新続古今和歌集』哀傷歌、『新編国歌大観　第一巻』所収）

第四節　赤松持貞小考——足利義持政権の一特質——

はじめに

室町幕府の政治史についての研究は、その前期において比較的に厚く、後期においては手薄といってよい。前期において、特に第三代将軍足利義満の時代は比較的研究者の関心を引く模様で、多くの研究がこの時期に集中している。むろん、足利義満の時期についてもまだ論ずべき点は少なくないが、その次の代の第四代将軍足利義持の時期については、ほとんど研究の空白といって過言ではない。(1)

室町幕府政治は、足利義満の時期を一つの画期とするものの、なおも継続的に運営されたことはいうまでもない。しかも、次代を担当した足利義持の政治には、父義満が推進した路線に逆行する面のあったことは、すでに指摘されているところである。

本稿の目的は、この足利義持政権の特質を垣間みることに置かれている。足利義持の政治運営の特質を究明する方法として、赤松持貞という名の、義持に仕えた一人の近習をとりあげることにしたい。赤松持貞の官途は越

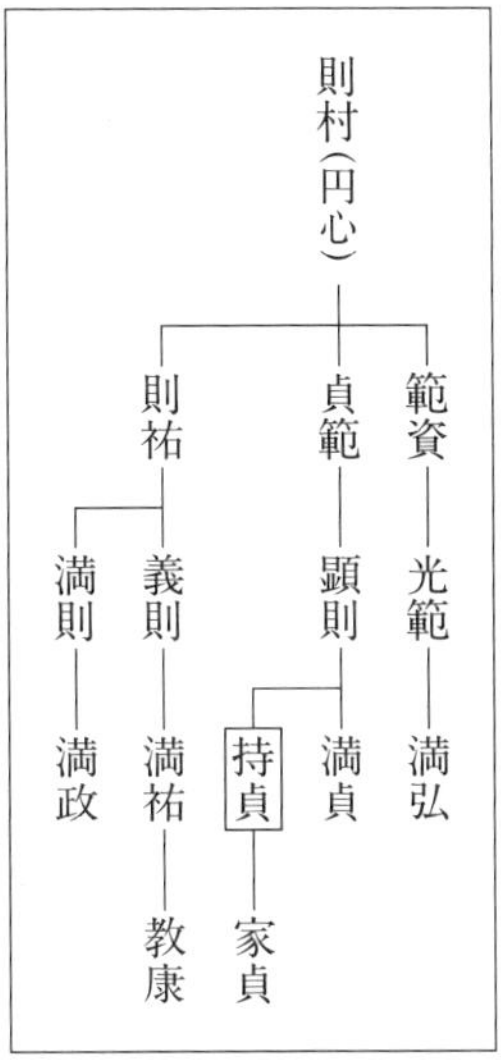

赤松氏略系図

後守。したがって史料中では「赤松越後守」「赤松越州」、あるいは単に「越後守」「越州」という表記で登場する。持貞という諱の「持」字が将軍足利義持の偏諱であることは疑いない。

　赤松持貞の動向と役割、それに持貞に対する足利義持の処遇を具体的に検討することによって、将軍近習の存在形態を明らかにし、さらに足利義持政権の政治体制としての特質にまで及ぶことにしたい。

　赤松氏というと、中世の播磨国の有力な豪族であること、一門の赤松則村（法名円心、生存期間〈一二七七―一三五〇〉）が元弘の乱で討幕軍の武将として頭角をあらわし、南北朝時代には足利尊氏に属して播磨守護となり繁栄の基礎を作ったこと、のち子孫則祐―義則はさらに勢力基盤を強化したが、その強大化は彼らの上に立つ室町将軍を警戒させることになったこと、義則の子満祐は粛静されるのを察知して将軍に先制攻撃を加えて討たれたこと（嘉吉の乱）、そしていったん家門は断絶したがやがて再興されたこと、くらいのことは知られている。

　本稿で検討しようとする赤松持貞は、赤松氏の嫡流の系譜上に登場する人物ではない。赤松則村の子息の一人に春日部を名乗った貞範という人物がいるが、その貞範の孫がくだんの持貞である。赤松氏の系図は『新訂増補国史大系　尊卑分脈　第三篇』（吉川弘文館）、『続群書類従　第五輯』（続群書類従完成会）、それに『系図纂要第九冊』（名著出版）などに収められているが、いま参考のためにそれらによって必要範囲内での略系図を作成し、持貞周辺の人物の系譜関係を示しておく（赤松氏略系図参照）。

　赤松持貞という人物はこの略系図からわかるように、庶流のその庶流であるところから決して著名とは言い難く、どちらかというと、マイナーな存在である。このため、吉川弘文館刊行の『国史大辞典』や平凡社刊行の『日本史大事典』などの代表的な大型日本史辞典に立項されていない。

しかしながら、やはり例外はあるもので、朝日新聞社刊行の『朝日日本歴史人物事典』だけには、きちんと「赤松持貞　あかまつ・もちさだ」が立項され、かなりのスペースをさいて要領よく説明されている。(2) そこでは、後述する赤松持貞の死罪（応永三十四年〈一四二七〉十一月十三日のこと）について「足利将軍専制化の一端を示す事件」と評価されている。筆者は、この事件は足利義持政権の特質を象徴するできごとであると考える。

結論を先にいうと、筆者は、足利義持は最終的に専制化の道を志向したが、有力守護大名たちの連合に阻まれ、寵臣赤松持貞を犠牲にすることによって当座の修復を図ったと考えている。足利義持政権の特質はやはりこういうところにあったとみるべきであろう。将軍専制の実現は、次代の将軍足利義教にとっても大きな課題だったといえる。

一　赤松持貞の具体的動向

赤松持貞の動向については、これまで赤松満祐による嘉吉の乱（嘉吉元年＝一四四一）生起の前提部分として論じられた。応永三十四年（一四二七）十月の赤松満祐下国事件については、早く青山英夫氏の論文がこれを多面的に論じ、これが受け入れられて通説化した観があるが、(3) 赤松持貞その人に焦点をあてた専論は見当たらない様子である。

以下述べるように、将軍近習としての赤松持貞の史料上での明確な活動期間は、応永二十三年（一四一六）から同三十四年（一四二七）までの約十年である。この間に、足利義持から子息義量への将軍職交替（応永三十年三月)、新将軍足利義量の早逝(同三十二年二月)を経て、将軍職が空位となるなど、幕府はかつてない異常事態を迎えた。加えて関東には不穏な空気があり鎌倉公方足利持氏の動きも予断を許さないし、後南朝の動静も無視できない。[4]さらに畿内近国の土一揆の問題もある。足利義持の治世の後半は、このような政治・社会上の難題山積の時期だったといえる。この時世に赤松持貞はどのように対処したのであろうか。

本稿では、まず、赤松持貞の動向を徹底的、かつ具体的に追跡してみることにしたい。

赤松持貞に関する史料は決して多く残存しているとはいえない。第一、直接史料としての発給文書が数える程度しか探しえない(後述するように、現時点で全四点の発給文書を確認)。したがって文書には期待できないので、いま一方の記録に頼るしかない。もっとも多くのしかも良質の関係史料を提供するのは、醍醐寺三宝院の満済大僧正の日記『満済准后日記』[5]である。同日記の紙背文書も活字化されたが、[6]紙背文書はほとんどが断簡であり、しかも意識的に選別されて内容的な「生臭さ」が消されているので、[7]これといった目新しい知見を導くことは難しい。

また後世に成立した「南方紀伝」(『改定史籍集覧　三』所収)、「嘉吉記」(『群書類従　第二〇輯』所収)、また「赤松略譜」(『続群書類従　第五輯下』所収)などの史書・系譜類にも関係記事がある。しかし、特に「嘉吉記」と「赤松略譜」には、明らかに後世特有の尾ひれがついており、このような記事に信をおくことはできない。

室町将軍の身辺に近仕する武将たちには、相伴衆と近習とがあった。このうち相伴衆は「将軍の諸大名家へ御成の時に行動を共にしたり、柳営での盃酒・椀飯の際に相伴に伺候したりする」「有力守護大名」であり、[8]他方、近習は「日常的に将軍の身辺警固の役を勤め、戦時には親衛軍の役割を果た」し、「御料所の代官職に任ぜられ、その財政維持に寄与し」、その人的構成は、「(一)外様を主とする守護大名の庶流、(二)足利氏の根本被官および家僚的奉行人の家柄、（三）有力国人領主」の三つに分類されている。[9]

実際の史料上でも、両者は明確に区別されている。次に示すのはいずれも『満済准后日記』の記事である。

①（応永三十年正月十一日条）　御評定始、（中略）、其後渡御此門跡（法身院）、（中略）、御相伴、管領（畠山満家）・右京大夫（細川満元）入道・山名右衛門佐（常熙）入道・畠山修理大夫（満則）入道、以上四人御前着座、（下略）[10]

②（応永三十年六月十七日条）　御所様渡御法身院門跡、（中略）、御供近習、細河兵部少輔・同民部少輔・赤松越後守（持貞）・同弥五郎・山名刑部少輔等也、（下略）[11]

右のうち、①の面々は相伴衆、そして②の面々は近習だということになる。①は管領を筆頭としたまさに有力守護大名たちであり、②はそれよりランクの落ちる武将であることは容易に察しがつく。現に、当の赤松持貞は②の中にその名を見せている。②の「御供近習」という表現は、近習の将軍との人身的一体感を集約的にあらわしている。

以下、赤松持貞の活動を時間的、かつ段階的に整理しておこう。

⑴早い時期の史料所見

赤松持貞の歴史上の登場、活動の開始時期を知るために、まず史料上の初見を示しておこう。赤松持貞の名が登場する最初は、伏見宮貞成親王の日記『看聞御記』応永二十三年（一四一六）十月七日条である。[12]

七日、晴、室町殿（足利義持）大光明寺光臨、（中略）、御共申大名、管領子息（細川持元）・畠山子息（持国）・山名子息（持豊）・一色（義範カ）・赤松越州（持貞）・富樫兵部大輔（満成）、近習十余人云々、（下略）、

応永二十三年十月七日、将軍足利義持が管領子息細川持元以下十余名の近習を連れて、京都南郊の伏見にあっ

た伏見宮家の大光明寺[13]に遊んだことが知られる記事である。この時足利義持に供奉した近習たちの一人に「赤松越州（持貞）」の名が書きとめられている。この所見が赤松持貞が史料に登場する最初である。[14]

この後の動向を少したどってみよう。翌応永二十四年（一四一七）十月には、赤松持貞は、「管領」（細川満元）や「左衛門督」（畠山満家）らとともに、将軍足利義持に供奉して洛南の醍醐寺を訪れ、遊宴のひとときを過ごしている。[15] 応永二十六年（一四一九）二月には、北野参籠を終えた足利義持が北野を出て直ちに赤松持貞亭に行ったことが知られるし、[16] 同年五月には、足利義持は宇都宮使者□（山カ）臥が進上した馬を赤松持貞亭で見分しているし、[17] また同年十～十一月には、満済が足利義持から山科地頭職・久世郷を拝領するにあたって持貞が介在した事実がある。[18]

要するにここでは、赤松持貞の登場の時期が応永二十三年（一四一六）十月をさほどさかのぼらないであろうこと、赤松持貞の将軍近習としての動向を見渡したとき、登場後しばらくの間（応永二十八年ころまで）は近習としての活動に顕著な特徴は認められないことを確認しておきたい。

(2)「赤松越後守奉書」

将軍近習赤松持貞が足利義持の仰せをうけて発給する文書は「赤松越後守奉書」と呼ばれている。[19] この表記の史料的初見は『満済准后日記』応永二十九年（一四二二）六月三十日条である。[20] 以下のように登場する。

（上略）、祈雨事、自今日可始行由、以赤松越後守（持貞）奉書、被仰出、則水天供勤仕、

雨が降らないので、足利義持は、雨を降らせる祈禱を満済に命じようとした。その仰せをうけた赤松持貞は奉書を発してその旨を満済に伝えた。満済は早速祈雨の祈禱としての水天供を勤修した。満済はこの時の奉書を

「赤松越後守奉書」と呼んでいる。

「赤松越後守奉書」はこのような用途に用いられた。いわば、持貞が将軍義持の意思を外に伝達する手段としての文書である。『満済准后日記』による限り、このような奉書は応永三十四年（一四二七）二月一日条の「越後守奉書」[21]まで所々に見られ、日常的に使用された模様である。[22]

史料表現として、他に「赤松越後守承」[23]や「赤松越後守為奉行被仰出」[24]のような形で足利義持の仰せが伝えられるケースもある。このケースが具体的にどのような場合に採用され、いかなる方法をとったか、右記の「奉書」と同じか異なるかは明確でないが、あるいは「奉書」に比べて軽微な事項を伝達する場合であったかもしれない。

いずれにせよ、将軍にもっとも近く仕える管領が将軍の意を受けて発する将軍家御教書や管領施行状、それに将軍の吏僚というべき幕府奉行人が将軍の仰せを受けて発する室町幕府奉行人奉書といった室町幕府のすぐれて公用の文書のほかに、このような近習が発する奉書があったことに注目すべきであろう。近習は将軍の寵臣として公私にわたる様々の将軍の意思の伝達に即応したし、また彼ら近習の発する奉書は、用途の上で小まわりが可能だったから、将軍の身辺の諸事を迅速に処置するうえで、必要不可欠の存在であったろう。

(3)赤松持貞の職務内容

次に、赤松持貞の職務内容を史料によって探ってみよう。持貞の職務は、その内容によっておおよそ七つに分けて考えてよいと思われる。出典はほとんど『満済准后日記』である。赤松持貞は将軍の身辺にあって祈禱関係の職務を主として取り扱ったから、真言宗門のトップとして醍醐寺座主や東寺長者の座にあった満済とは日常的に職務上の交渉があったし、そのことが満済の日記に赤松持貞を頻繁に登場させる原因となった。いわば、赤松持貞は役職上、将軍足利義持と三宝院満済とをつなぐ立場にいたのである。

(ア)祈禱巻数の受け取り

満済ら祈禱僧は将軍や天皇・上皇のために祈禱を行うと、その祈禱に使用した「撫物」[25]や読誦した経典・陀羅尼などの種目や回数を記した目録、すなわち「巻数」を祈禱の依頼主に進めた。巻数は木の枝に結んだので、一枝、二枝というふうに数えた。

足利義持の近習たる赤松持貞は、幕府の要請などで満済が行った祈禱の撫物・巻数を受け取っている。祈禱催行担当の近習というべき赤松持貞の諸職務のなかで、この仕事に関する所見がもっともコンスタントに史料の上にあらわれる。おそらく、職務の基本はここにあったのだろう。

『満済准后日記』によると、赤松持貞が巻数の受理に係わったことを示すもっとも早い記事は以下のとおりである。

(応永二十八年十二月二十六日条)　変異御祈御留守中延行、今日結願、御巻数付進赤松越州《(持貞)》方同□[26]、

太白星（金星のこと）が哭星を犯すという天体現象の変異をうけて、応永二十八年（一四二一）十二月十一日より「変異御祈」として愛染護摩による祈禱が開始された（『満済准后日記』同日条）。将軍足利義持は同月十五日より石清水八幡宮の善法寺坊（宋清法印）に滞在していたから、京都の御所にはいなかった。史料中の「御留守中」とはそのことをさしている。将軍は京都を留守にしていたが「変異御祈」は続けられ、同月二十六日に結願を迎えたのである。

この事例を嚆矢として、同種の事例は枚挙にいとまがない。個々の事例の列挙は省略することにして、一つだ

け最後の事例をあげておこう。

（応永三十四年三月十一日条） 大勝金剛法今暁結願如常、五壇護摩結願同前、委記在別、今日出京、参御所、御対面、大略御減由被仰、且珍重、以外御痟衰驚入計也、御撫物・御巻数、以越後守（赤松持貞）[27]進之、

要するに、少なくとも、応永二十八年（一四二一）十二月より同三十四年（一四二七）三月までの五年余の間、赤松持貞は祈禱巻数の受け取りを専管していたものと見られる。

ここで考え合わせておくべきは、では、応永二十八年十二月以前と同三十四年三月以降はどうであったかということである。

まず、応永二十八年十二月以前である。『満済准后日記』によるかぎり、明確なところでは、応永二十年（一四一三）五月二日条、同年八月二十七日条、同年十二月十一日条、同二十一年閏七月八日条、同年十二月三十日条には「御撫物・御巻数」の送進先として奉行「大館」「大館刑部少輔」（大館持房カ）とみえる。しかし、応永二十二年（一四一五）三月十日条に「巻数等渡遣伊勢方」とみえるかと思うと、翌応永二十三年四月十六日条、同年四月二十九日条、翌応永二十四年五月八日条にはそれぞれ「奉行大館刑部少輔」「奉行大館」「大館方」とみえている。さらに、応永二十四年八月六日条、翌応永二十五年三月三十日条、同年七月二十四日条、同年十一月二十六日条などには「毎阿」があらわれ、翌応永二十六年十月二日条にはまた「大館」が、応永二十八年十二月五日条には「奉行伊勢因幡入道」（伊勢貞長カ）[28]がその名をみせる。

これを要するに、もし祈禱巻数受理の担当者が一人だとすれば、応永二十年から同二十八年の間に、大館持房→伊勢貞長→大館持房→毎阿→大館持房→伊勢貞長というふうにめまぐるしく改替したことになる[29]。しかし、これがもし複数人制であったとすれば、この見方は成り立たない。一人制か複数人制か明らかではないが、少なく

とも赤松持貞がこの職務にあったときは改替はない。その線で考えると、一人制であった可能性が高い。ただ、祈禱巻数の送進記事は『満済准后日記』だけによっているので、満済以外からの巻数送進がどのように行われたか考慮の余地がある。

次は、応永三十四年三月以降である。赤松持貞失脚の直後、祈禱巻数の受け取りを誰が行ったかについては知られるところは少ない。『満済准后日記』正長元年（一四二八）十月十四日条に「六字法今暁結願、御巻数・御撫物以書状遣大館方了(30)」とみえることから、赤松持貞の失脚後、また大館持房の登板となったものとみられる。

(イ)室町殿足利義持の宗教的意思の伝達

足利義持はその宗教的意思を表出する場合、近習の赤松持貞を通してこれを行った。『満済准后日記』応永三十年（一四二三）四月二十七日条に(31)、

今朝参申等持院、御対面、申次赤松越後（持貞）、退出時、以赤松越後守被仰出、彌御願成就御祈、自今日廿七日別而可致祈念由被仰出、

とあり、この日、足利義持は所願成就のための祈念を致すように赤松持貞を介して満済に指示している。また、応永三十二年（一四二五）八月十五日条には(32)、

自御所様（足利義持）以赤松越後守（持貞）被仰出、自来廿二日於御所、御祈准大法一壇可被勤修、可参勤申入云々、

とみえ、足利義持は来月二十二日より御所で修される御祈准大法に参勤するように赤松持貞を介して満済に指示した。

足利義持が赤松持貞を通して宗教上の意思を満済に伝えるということの種の記事は他の個所にもみえる。「変異御祈事」につき一壇勤仕すべきことを宝池院に伝えよという記事（応永三十三年十月四日条）、御祈結願の日次に

ついて尋ねた満済に対して、北野参詣中の義持が二十八日であることを返答した記事（応永三十四年八月二十六日条）などがそれである。

足利義持は赤松持貞を介することによって、自らの宗教上の意思・指示を他に伝えることが可能だったのである。

(ウ)五壇法催行との係わり

ここで扱う五壇法関係事項は、広くみると前項(イ)に含めてもよい性格のものであるが、将軍の身の安泰と国家の泰平を究極的に祈念する重要な国家的祈禱である五壇法に関する事柄であるから、特に別項を設けることにする。なお、五壇法については別の機会に論じたので、ここでは繰り返さない。(33)

赤松持貞が足利義持の仰せを受けて五壇法催行に係わった最初は、『満済准后日記』応永三十二年（一四二五）七月四日条に認められる。

五壇法可被始行由仰旨、自越州(赤松持貞)方、大蔵卿法橋方へ以書状申給了、(34)

五壇法を始行せよという足利義持の指令が、赤松持貞より書状でもって大蔵卿法橋方へ示されたことを伝えている。「大蔵卿法橋」とは経祐という名の醍醐寺僧であることが知られるから、(35)この指示は醍醐寺座主満済に対して出されたものであった。

また、同日記、応永三十三年十月二日条には、

自来七日五壇法可被始行、仍壇々人数交名、為越後守(赤松持貞)奉行被注下了、(36)（下略）

とみえ、赤松持貞は奉行として、五壇法を勤仕する阿闍梨のリスト「壇々人数交名」を「注下」す役割を果しているのである。「注下」すとは、交名に担当する各壇の名を注記して下すといったような意味であろうか。

さらに、同日記、応永三十四年五月二十九日条には、以下のような記事が見える。

今月自御所様（足利義持）被仰出、来月於御所可始行五壇法、中壇可為定助（花頂）僧正、余壇阿闍梨事可計申入由、赤松越州（持貞）為奉行、召寄経祐法橋、仰趣早々可申入醍醐云々、(37)

この記事にいたっては、来月五壇法を始行するにあたって、すでに中壇不動法に決まっている定助僧正（花頂、寺門）以外の脇壇を勤める四人の阿闍梨の人選を急ぐように本寺に申し入れよと、奉行赤松持貞が醍醐寺僧経祐法橋に指示していることが知られる。

五壇法を催行する権限が中世国家における王権の問題に係わるだけに、たとえ事務的であったとしても、奉行として五壇法に関与する赤松持貞の立場と役割は特筆されねばなるまい。

㈤六条八幡宮年始神馬の引進

赤松持貞は、六条八幡宮年始にあたって神馬を引き進める仕事もしている。関係史料をあげよう。まず「醍醐寺文書」第一七函二二号として整理されている文書である。(38)

（封紙ウワ書）「六条八幡宮少別当御房　越後守持貞」

六条八幡宮年始御神馬一疋黒副御鞍可被引進之由被仰出候也、仍執達如件、

応永卅二年正月十六日　越後守（赤松持貞）（花押）

六条八幡宮少別当（慶円）御房

六条八幡宮年始にあたり、赤松持貞が足利義持の仰せを受けて同宮に神馬一疋を引き進めるということを、同宮少別当慶円に告げた文書である。この時の神馬引進については、『満済准后日記』応永三十二年正月十六日条に関係記事があり、文書そのものは引用されていないものの、「奉行赤松越後守持貞、

赤松持貞花押
（『大日本古文書　醍醐寺文書之12』より）

奉書等如先例、表書六条八幡宮少別当御房云々[39]」と記されている。

また、『満済准后日記』応永三十三年正月十六日条[40]には、

今日自公方様（足利義持）六条八幡宮へ御神馬一疋鹿毛被置鞍被引進之、年始恒例御神馬也、奉行赤松越後守（持貞）奉書、

六条八幡宮御神馬一疋鹿毛、御鞍置可被進引之由被仰出候也、仍執達如件、

応永卅三年正月十六日　　越後守（赤松持貞）　判

六条八幡宮少別当御坊

返事任例、少別当慶円法眼書遣之、

と見える。応永三十三年正月十六日、足利義持の仰せを受けて、赤松持貞が六条八幡宮に神馬一疋を引き進めることを同宮少別当に伝えたことが知られる。「奉行赤松越後守奉書」と呼ばれた文書が引載されている。また地の文によって、六条八幡宮少別当が慶円法眼であることも知られる。ここに引用された文書の正本は「醍醐寺文書」一七函三一号として残存している[41]。

このように、赤松持貞は六条八幡宮の年始神馬引進にも直接かかわったことが知られるわけであるが、幕府の役人が将軍の意を受けて京都の神社に神馬を引進するという行為は他にも実例がある。三条坊門八幡宮に神馬を進めた応永十六年十一月の伊勢貞行[42]、応永二十一年三月の伊勢貞経[43]、同年六月の伊勢貞経[44]の例などがそうであるが、伊勢貞行・同貞経父子[45]がそれぞれの時点において幕府の財政事務を管掌する政所執事であったこと[46]を勘案すると、赤松持貞もまた同様の役職にあり、むしろ伊勢氏の役職と権益を簒奪した可能性さえ出てくる。

(オ)供料の支給

赤松持貞は祈禱を行うための料足、つまり供料の支給にも係わっている。まず、『満済准后日記』における所

見をあげよう。

①（応永三十二年三月十八日条）　供料二万疋到来、赤松越後守（持貞）奉行、[47]

②（同年十二月九日条）　自明後日於八幡宮御祈、供料二千疋、自赤松越州方（持貞）、大蔵卿法橋方（経祐）へ送遣云々、[48]

③（応永三十四年三月二十六日条）　自今日於八幡、花頂僧正定助不動小法勤修、道場西廻廊云々、伴僧六口歟、赤松越後守（持貞）為別願申沙汰、仍供料越後守沙汰之、五千疋遣之由申也、[49]

①は、赤松持貞が奉行として供料二万疋を満済に送ったということ、②は、石清水八幡宮での祈禱の料として、二千疋が赤松持貞方より、醍醐寺の僧大蔵卿法橋（経祐）[50]に送遣されたこと、また③は、赤松持貞の「別願」（独自の特別の祈願）として八幡で不動小法が修された。「別願」とは、後述のように足利義持の病の平癒に係わると考えられる。この祈禱は赤松持貞の発意であったから、供料五千疋が赤松持貞より沙汰された。したがって、幕府の経済的負担としての供料を提供したケースとしては③は除外すべきかもしれないが、残りの①②の事例によって、赤松持貞は祈禱供料の支給事務を担当したことがうかがわれる。あるいは、幕府の財政事務を管掌する政所の執事としての職務と関連する可能性も否定できない。

(カ)所領の給付

『満済准后日記』応永三十二年（一四二五）九月十八日条に、

今日自越州方（赤松持貞）、以安察（按カ）法橋申、伊勢国闕所出来、為門跡令知行、[51]

と見え、赤松持貞が満済に対する所領の給付に係わったことが知られる。しかし、この給付が足利義持の意に発するのか、あるいは赤松持貞の専権によるか、この記事の表現だけではにわかに判断できないが、どちらかというと前者の可能性が高い。

(キ)寺家——室町殿間の連絡調整

このことについてはいくつかの事例がある。まず僧官昇進についての申し入れである。『満済准后日記』応永三十四年（一四二七）六月十一日条に以下の記事がある。

竹内（良什）五壇参勤事、猶転大徴望在之、仍未定間、今日以彼申詞、内々以赤松越後守（持貞）申入処、転大有無如何由以経興（勧修寺）卿被尋申入内裏云々、(52)

竹内僧正良什が「転大」、すなわち大僧正に昇りたいとの希望を持っていたために、満済はその旨を赤松持貞をもって「申入」たところ、「転大有無如何由」を勧修寺経興（時に前権中納言）をもって内裏に「尋申入」れた、ということだった。満済の「申入」の相手も、「尋申入」の主体もともに室町殿足利義持であろう。満済は、赤松持貞を通じて室町殿に良什の「転大」の希望を申し入れたのである。

また、『満済准后日記』応永三十三年十一月四日条・同六日条(53)によると、満済は、禁裏御料所で醍醐寺三宝院が知行する美濃国帷荘(54)「朝役」（禁裏に対して納入すべき賦役のことか）の無沙汰について、「越州（赤松持貞）承」の形で、足利義持から事情を聴取されていることが知られる。

さらに、『満済准后日記』応永三十四年七月十三日条(55)には、以下の記事が見られる。

妙法院為使者赤松越後守（持貞）方へ罷向、三ヶ条申事在之、九州坊領両所高良山鹿、当寺造営事、清滝宮談義料所龍門庄事、

妙法院とは満済の門弟とみられる妙法院法印賢長のことである。(56)賢長が満済の使者として「九州坊領両所高良山鹿」「当寺造営」「清滝宮談義料所龍門庄」、以上三カ条の事柄について室町殿に申し入れるため赤松持貞のもとを訪れたのである。いずれも醍醐寺にとって寺院経営に係わる重要案件であり、満済はこれらの件について室

町殿の援助を得ようとしたことは疑いあるまい。
ここではたまたま、僧官昇進の申し入れ、それに「朝役」の負担や寺院造営や所領経営に関する事例を探すことができたが、寺家側が赤松持貞を足利義持へ物事を申し入れる際の窓口とみなしたとすれば、申し入れられる事柄は別にこれらに限定されまい。要するに、赤松持貞は寺家と室町殿との間を仲介するパイプのような役割を果していたものと見られる。

以上、便宜的にいくつかに分けて考えてみたが、各々の内容は相互に関連しており、いずれも基本的には祈禱関係の職務という共通の根に発していることは理解されよう。
満済が本格的に幕府政治に関与し始める時期は、応永三十年（一四二三）ころと考えられている。(57) 一方、赤松持貞が将軍近習として幕府の祈禱行政に深い係わりを持ち始めるのも大体同じ時期であるように思われる。要するに、満済と赤松持貞とは幕府政治を支える重要なメンバーであったと考えられる。

(4)主体的な行動

では、赤松持貞は、室町殿足利義持の指示だけを受けて、文字どおり受動的に行動していたのだろうか。彼独自の、自らの判断で動いたケースは認められないか。このような視点で関係記事を探してみると、以下のような事例が目にとまる。まず『満済准后日記』応永三十四年三月二十一日条の記事である。

花頂僧正(定助)於八幡、不動小法赤松越後守(持貞)別願事、自今日可被勤修処、自去七日御殿司等社頭ニ閉籠間、此御祈道場依支申延引云々、(58)

石清水八幡宮で花頂僧正定助を阿闍梨として不動小法が修されようとしたが、御殿司等が社頭で閉籠したため道場の確保がかなわず、祈禱開始は延引されたと記されている。注目すべきは、この不動小法が「赤松越後守（持貞）別願」によったことである。「別願」とは特別、格別の祈願の意であろうから、発願の主は赤松持貞自身とみてよい。このことについてはすでに先行研究において指摘がなされ、赤松持貞が足利義持の病気平癒を祈願し、自力で供料五千疋を負担したとされている。[59] なお、同日記、同年三月二十六日条の記事もこのことに関係している。

赤松持貞の「別願」に関連する事柄として、持貞の「私夢想」がある。夢想とは夢の中に神仏の示現のあることをいい、持貞の「私夢想」がもとで、清水寺地蔵御前において「室町殿御祈」として祈禱が行われている（『満済准后日記』応永三十四年正月二十二日、二月一日条）。赤松持貞の夢想を聞かされた足利義持がその祈禱の方法と場所を指示したことは史料によって知られるが、この時の義持の病気平癒を祈って修された祈禱が赤松持貞の「私夢想」に発端しているという事実は注目されねばなるまい。事が赤松持貞自身に発しているからである。先の「別願」はその発展延長上に位置づけてよかろう。

このような事実を踏まえて、室町殿足利義持とその近習赤松持貞との関係を考える時、この間に取り結ばれたすぐれて精神的な、密接な主従関係を想定することは困難ではない。

赤松持貞の主体的・積極的な行動を示す記事を探してゆくと、もうひとつ持貞の「意見」を無視することはできない。「意見」という言葉はこの時期の史料によく出て来るが、『時代別国語大辞典　室町時代編一』（三省堂、昭和六十年）によると、意味の④として「室町幕府の評定衆・右筆衆や寺院の供僧が、訴訟に関して衆議をもって決定した答申」と説明されている。

赤松持貞の「意見」という文字が『満済准后日記』に登場する。同日記、応永三十三年十一月六日条によると、内裏御料所について議論されているが「守護渡残土貢」の扱いについては「可任越州《（赤松持貞）》意見由」が申し合わされている。もう一つは、同日記、応永三十四年二月十三日条で、この日室町殿涅槃会が行われ満済も捧物を用意したが、満済の妹の西輪寺長老が四十八歳で没したので満済は軽服ということになった。この時、「軽服之間、斟酌可宜旨、赤松越後守意見之間、令略了」の記事からわかるように、満済からの捧物は略されたのである。

このように赤松持貞の「意見」はそれぞれ重要な局面において出され、その「意見」どおり事が運んでいる。赤松持貞の役割の重さをうかがわせる事実である。ただこの場合の「意見」は、先の『時代別国語大辞典』のいう衆議にもとづく「答申」とはみなせまい。このことは、近習赤松持貞が一定の政治的地位と政治的見識とを持ち、それを踏まえて、将軍の近習という身分的な範囲内において、独自の判断を外部に示し始めたことを意味している。

(5)他の史料における所見

赤松持貞の動向を探るための史料としてこれまで多く『満済准后日記』を使用したが、赤松持貞が登場するのはこれだけではない。ここでは、『満済准后日記』以外の史料に目を向けてみよう。それら史料によって、また別の赤松持貞の姿がうかがわれる。

まず、准大臣まで進んだ広橋兼宣の日記『兼宣公記』である。この日記は現在、国立歴史民俗博物館に所蔵される。嘉慶元年（一三八七）正月から応永二十九年（一四二二）十二月までの分は『史料纂集　兼宣公記　第一』（続群書類従完成会、昭和四十八年）に収められているが、正長元年（一四二八）七月まで残存するこの自筆日記のそれ以降の分はいまだ一括して活字化されていない。なお、『大日本史料』第七編の刊行は、最近応永二十五年七月（七編之三〇、平成十六年三月）に到達したところである。

『史料纂集　兼宣公記　第一』では応永二十九年三月三日条、同二十九日条などに赤松持貞の名が登場する。以下、「兼宣公記」の未活字分での所見をあげておこう。

①（応永三十年五月十六日条）　頭弁（広橋宣光）向赤松越後守（持貞）宿所、所携盃之代也、是依宮下野媒介也[60]（「宮下野」とは「花営三代記」応永二十九年正月十七日条にみえる「宮下野守満重か」）、

②（応永三十年五月二十一日条）　赤松越後守（持貞）遣使者於弁方（広橋宣光）、謝先日之入来、贈馬・小袖・太刀等引出物、弁依召参院、及暁天退出[61]、

③（応永三十一年四月二十七日条）　赤松越後守（持貞）母令円寂之由、有室町殿（足利義持）仰[62]、

④（応永三十一年十二月二十七日条）　次春日御師師秀申、節分夜御祈禱用脚等事、伺申入之処、自越後守（赤松持貞）許可下行云々[63]、

⑤（応永三十四年十月三日条）　抑以越後守（赤松持貞）被仰下云、禁裏御祝餅□出可進上、以後儀可同云々[64]、

①②によって頭弁広橋宣光（兼宣の子息）と赤松持貞とが日常的に行き来していたことが知られるし、また③によって赤松持貞の母が没したことがわかる。さらに④⑤によって節分夜御祈禱や禁裏御祝餅に赤松持貞が係わっていたことがうかがわれる。頭弁広橋宣光との交誼によって知られるように、赤松持貞の職務は朝廷の方に向けても開かれていたのである。

また伏見宮貞成王の日記『看聞御記』では、赤松持貞が二カ所登場する。その一つはすでにあげた応永二十三年十月七日条の、足利義持に供奉して伏見大光明寺に遊んだという記事である[65]。いま一つは広く知られている応永三十一年三月三日条の記事で[66]、伏見宮家の菩提寺大光明寺境内で花見に訪れた赤松持貞の「妻女」一行が禁制

を破って飲酒の上、花枝を折るという狼藉一件である。この事件は赤松持貞の権勢と傲慢ぶりを示すものとされる。

他方、赤松持貞の発給文書も、ほんのわずかながら、先にあげた「醍醐寺文書」所収の文書以外にも残っている。[67]

⑹仕組まれた事件

応永三十四年（一四二七）十一月、得意の絶頂にあった赤松持貞に、突如、失脚のときがおとずれる。『満済准后日記』から関係記事を拾ってみよう。

①（応永三十四年十一月十一日条）　今日申初教源法橋参申入、自赤松越後守(持貞)方申子細在之、昨日御所様(足利義持)畠山修理大夫(満則)入道亭へ入御、還御時於路次、越後守身上悪事庭中云々、仍及生涯事也、忩罷出可加芳言云々、風気間明日可罷出由返事了、希代事也、[68]

②（応永三十四年十一月十二日条）　早旦出京、自赤松越後守(持貞)方、以波多野申入旨、「尤可参申処、今時分旁憚存間、乍狼藉以使者申入也、去十日自匠作《畠山》禅門(畠山満則)亭還御時、於御所門前遁世者一人持参書状、自高橋殿御文候トテ進之間、畠山七郎取之備上覧云々、其後此遁世者不知行方々、所詮此状ノ中ニ越後守行儀三ヶ条、共以女事云々、訴申入間、昨日以賀阿彌条々被尋下之間、以告文可申入之由申入候了、其後ニ又被仰下様、悉以分明慥事共也、今更告文中々無益由被仰下、已宿所ヲ可罷出由被仰間、生涯此事也、平ニ扶置様ニ可申沙汰云々、只今モ已可被切腹之由風聞、片時モ早々ニ可参申云々、」[69]

①②ともに事件の発端を示す記事であるが、このうち①は教源法橋が参申した事柄である。内容は、前日の応

永三十四年十一月十日、足利義持は畠山修理大夫入道（満則）亭へ渡ったが、その帰途、路次において赤松持貞の「身上悪事」が義持に「庭中」（直訴のこと）された。事は持貞の命にかかわるので、早く出向いて「芳言」を加えてほしいと満済に要請している。教源は、赤松持貞が赤松義則の死後その守護管国であった播磨国を拝領したとき、賀詞を述べるために満済が持貞のもとに遣わした人物である（『満済准后日記』同年十月二十七日条）。

また②は、①の翌日の十二日、「波多野」という名の持貞の「内者」（同十三日条）の一人が使者を遣わし、満済に対してもっと詳しい事情を報告した。②の記事のうち「　　」で示した部分はその使者が申し入れた内容である。当事者よりの緊急の助力の要請であるから、この内容は報告というより現在進行形の状況説明とみるほうが実状に即している。具体的にみよう。義持への直訴事件が去る十日に起こったことは①と変わりない。しかしその場所についてみると、①では「路次」であったのが、②では「御所門前」となっている。御所とは三条坊門南・万里小路東にあった義持の御所（下御所）であろう。②ではさらに直訴の方法が具体的に示される。すなわち、直訴は一人の「遁世者」が書状を呈するという形で行われたこと、その書状は「高橋殿[70]御文」であったこと、その中身は赤松持貞の「行儀三ケ条、共以女事」、つまり持貞の女性をめぐる行状三カ条であったこと、畠山七郎はこの告発状を受け取り、義持の上覧に備えたことなどを記している。

当の持貞は（身に覚えのないこととして）告文をしたため、神明にかけて身の潔白を申し入れると反論しているが、足利義持は告発の内容は事実だから告文を書いても無益として取り合ってくれない。危険が持貞の身に迫っている。一刻も早く満済に出向いてもらって、事態を収めてほしい。波多野が遣わした使者の言葉には緊迫感がただよっている。

この種の事件ではとかく真相が見えにくい。①と②とで重要な情報に相違点があるし、「御文」を届けた「遁世者」も行方をくらましている。基本的なことがあやふやであるし、事件の発端にしても奇妙の感をぬぐえない。結局、管領畠山満家（道端）とも相談の上、しばしの猶予をと提案した満済のとりなしはいれられず、足利義持は赤松持貞に即時切腹を命じ、これが実行された[71]。おそらくこの一件は、足利義持政権の政治的志向とこれを阻む幕府重臣たちの抵抗とのはざまで起こったできごとであり、その意味で仕組まれた事件とみるに十分な状況証拠を備えている。

二　将軍専制志向とその挫折

赤松持貞切腹事件の背後には、いくつかの直接的な政治的事情があったとみなければならない。一つめは、将軍専制への志向である。二つめは、これに対する有力守護たちの反発であり、さらにもう一つは、両者の関係の修復方法である。

室町幕府は守護勢力の連合の上に成立したとよくいわれるが、政治意欲のある将軍ならば誰でも、守護大名たちを押さえて専制権を持とうと思うのは自然であろう。現に『満済准后日記』をみても、足利義持の政治的主導をうかがわせる場面は所々に認められる。足利義持が将軍専制を志した可能性は十分にある。

おそらく、そのための具体的な方策の一つは、寵臣たる将軍近習を媒介とした専制体制の構築であったろう。赤松持貞はそのような体制の構築のために懸命に働く、信頼のおける腹心の一人であった。自らが後継と定めた子息の第五代将軍足利義量が早逝した応永三十二年（一四二五）二月以降、義持のそのような志向にはいっそう拍車がかかったのではあるまいか。立ちはだかるのは管領以下の肥大化した有力守護たちで構成される、いわゆる重臣会議であった。義持はこの重臣会議の一角を切り崩そうとした。

おりしもこの重臣会議の一角を担う播磨・備前・美作を守護管国とする赤松惣領家の赤松義則が七十歳で没した。応永三十四年（一四二七）九月二十一日のことであった。義持はこの千載一遇のチャンスを逃さず、赤松惣領家を継ぐ満祐から基幹国播磨の守護職を剥奪して、嫡流家に対して独立的・対抗的な同門庶家の赤松持貞（赤松春日部氏）に与えた。赤松一門は、その内部に惣庶間の激しい対立をかかえ、いちじるしくまとまりを欠く状況にあった。持貞を出した赤松春日部氏はその有力庶流の最たるものである。[72] 持貞が義持の寵をふまえて、赤松氏の惣領の地位を得ようとしたことは十分に考えられる。[73]

この強引な義持の処置は、赤松惣領家の満祐を激怒させ、同年十月二十六日、満祐の播磨下国を引き起こすなど大きな政治的波紋を呼び起こした。義持は直ちに満祐追討を令したが、予想に反して重臣会議は赤松満祐擁護にまわった模様で、義持のおもわくは外れた。重臣会議の反発にたじろいだ義持は、ここでトカゲのしっぽを切る手段に出た。ここでトカゲのしっぽの役を演じたのは赤松持貞であった。赤松持貞に対して真相は明かされなかったであろう。

足利義持がもとのように重臣会議との関係修復を急いだためであろうか、赤松持貞の処分は即刻執り行われた。このように考えると、赤松持貞が切腹に追い込まれた罪状である「行儀三ケ状」は、もっともお手軽な女性問題にからめて捏造された可能性が高い。かくして、事件の翌月の十二月早々には、赤松満祐は赦免され、幕府への復帰が許されている（『満済准后日記』応永三十四年十二月三日条）。

足利義持は、結局、自らがのぞむような専制権を獲得することはできなかった。そのことを象徴するのが、自分の後継者選びの際、これを指名しなかったことであろう。『満済准后日記』によると、満済は応永三十五年正月十七日条で、亡くなる直前の足利義持の言葉として「為上ハ不可被定也、管領（畠山満家）以下面々寄合、可相計云々」[74]と伝え、また時の権大納言万里小路時房は、足利義持が（後継者を）「且縦雖被仰置、面々不用申者、不可有正躰」(75)と述べたことをその日記に書き留めている。

後継者選びという極めて重要な時に、このような無気力感さえ感じられる言葉を述べる足利義持の脳裏を横切ったのは、数カ月前の赤松持貞の苦い経験だったのではないだろうか。その意味において、近習赤松持貞の強大な権力の獲得とその正反対の悲惨な失脚とは、セットをなして足利義持政権の専制志向の高揚と挫折を象徴しているといえよう。

おわりに

室町幕府は守護勢力の連合の上に成立したとの説は古くから行われてきた。室町幕府の将軍の地位は、有力守護たちの連合・強調の上に維持されたという理解である。

その後、室町幕府政治における将軍権力の独自性を評価すべきことが論じられ、大方の賛同を得るに至って、室町幕府政治史研究は総合的かつ新たな研究の方向が示された。この方向で、室町幕府将軍権力研究が推進され、成果が公にされている。

本稿は、ほとんど研究の空白といってよいほど、これまで検討の対象とされなかった足利義持の政治の一端を、義持の近習赤松持貞の動向と役割を介して垣間みたものである。

義持は、父義満と反目し、没後義満に贈られた上皇の尊号を拒否したり、明への屈従を嫌って交易を中止するなど、義満の顕著な政治路線を大きく変更したので、比較的に穏健中道路線をとった将軍とみなされがちである。

そこでわかったことは、義持は、幕府宿老たちによって構成される重臣会議に規制されながらも、それなりの専制政治の樹立に向けて懸命の努力を傾けたと考えられることである。義持政権の特質の一つはそこにあるわけで、将軍専制への志向は義持の段階では達成されなかったが、同様の志向は後継の将軍足利義教によって一層強く受け継がれ、義持とは違った方法で推進された。義教は父義満の先例を尊重し、義持とは一線を画しているようにもみえるが、義持と義教の間は、根幹的な部分では、将軍専制の樹立という共通の課題と懸案によって繋がっていたとみるほうが実態に即している。

この二人の将軍専制への志向の相違、さらに父義満のそれとの比較検討は今後の研究課題である。

(1) 足利義持政権を直接取り扱った研究には伊藤喜良氏「義持政権をめぐって――禅秀の乱前後における中央政局の一側面――」(『国史談話会雑誌』豊田・石井両先生退官記念号、昭和四十八年。のち同氏『日本中世の王権と権威』思文閣出版、平成五年に再録)がある。また義持の信仰的側面などについても若干の先行研究がある。

(2) 『朝日日本歴史人物事典』(朝日新聞社、平成六年)二一五頁。当該項目の執筆は榎原雅治氏。

(3) 青山英夫氏「応永三十四年、赤松満祐下国事件について」(『上智史学』一八、昭和四十八年)。ほかに、高坂好氏「赤松満祐の応永の叛」(『中世播磨と赤松氏』臨川書店、平成三年)がある。

(4) 拙著『闇の歴史、後南朝――後醍醐流の抵抗と終焉――』(角川選書、角川書店、平成九年)参照。

(5) 活字本では、京都帝国大学文科大学叢書本(全三冊、平安考古会、大正七~九年、以下文科大学本と略称)と続群書類従本(全二冊、続群書類従完成会、昭和三年、以下群書類従本と略称)とがある。広く利用されているのは後者であるが、後者は前者に比べて誤脱が多く認められ、利用に際しては前者が好ましい。

(6) 『大日本古文書　醍醐寺文書別集之一~三』。

(7) 笠松宏至氏『中世人との対話』(東京大学出版会、平成九年)一四三頁。

(8) 『国史大辞典7』五九九頁。佐藤堅一氏の執筆。

(9) 『国史大辞典4』五四六頁。福田豊彦氏の執筆。

(10) 群書類従本上、二一八頁。文科大学本巻二、一〇頁。
(11) 群書類従本上、二四〇頁。文科大学本巻二、四九～五〇頁。
(12) 『看聞御記　上』(続群書類従完成会、昭和五年) 四二頁。『大日本史料』第七編之二五、一六六頁。
(13) 横井清氏『看聞御記――「王者」と「衆庶」のはざまにて――』(そしえて、昭和五十四年) 二三頁、『国史大辞典8』七三三頁、「大光明寺陵」参照。
(14) この記事が初見史料であることについては、注(3)所引、青山英夫氏論文、六三頁・七一頁 (注55) にその旨の指摘がある。
(15) 『満済准后日記』応永二十四年十月一日条。群書類従本上、一一四頁。文科大学本巻一、二四三頁。『大日本史料』第七編之二八、七三～七四頁。なお『満済准后日記』においてはこれが赤松持貞の初見である。
(16) 『満済准后日記』応永二十六年二月二十七日条。群書類従本上、一四七頁。文科大学本巻一、三二五頁。
(17) 『満済准后日記』応永二十六年五月二十六日条。群書類従本上、一五四頁。文科大学本巻一、三三八頁。
(18) 『満済准后日記』応永二十六年十月二十一日条、同年十一月十三日条。群書類従本上、一六六～一六七頁。文科大学本巻一、三五一頁、三五五頁。
(19) このことについては、山家浩樹氏「申次の奉書」(『遥かなる中世』八、昭和六十二年) が関係する。同論文は、申次を勤めた将軍近習の奉書の用途と機能とを論じたものである。同論文では、足利義持の近習の一人富樫満成の発給文書を引用して、「――由候、恐々謹言」と書き止めるこの文書こそ、満済であれば「富樫兵部大輔奉書」と表現したであろうとされる。しかし、後に述べるように、満済によって現に「赤松越後守奉書」と表現された応永三十三年正月十六日付の奉書の書き止め文言は「――由被仰出候也、仍執達如件」となっている (『満済准后日記』応永三十三年正月十六日条)。なお本文書の正本は「醍醐寺文書」一七函三一号である。さらに、同日記、応永三十二年正月十六日条の記事においても同様で、そこに記された持貞の「奉書」の正本は同じく「醍醐寺文書」一七函二二号がこれにあたる。したがって、近習の奉書の書き止め文言が果して山家氏の指摘どおりかは断定できない。
(20) 『満済准后日記』応永二十九年六月三十日条。群書類従本上、二〇四頁。文科大学本巻一、四四八頁。
(21) 『満済准后日記』応永三十四年二月一日条。群書類従本上、四〇九頁。文科大学本巻二、三六二頁。
(22) 『満済准后日記』によって、他の具体例をあげておこう。

①「越後守奉書」でもって、義持が滞在する石清水八幡宮に参ずべきことを満済に告ぐ（応永三十年三月二十二日条）。

②満済が等持院で落髪した足利義持のもとに参申しようとしたところ「赤松越後守奉書」が到来し、「今日師壇日間、不可参申」ことが伝えられた（応永三十年四月二十五日条）。

③相国寺雲頂院において太清和尚の三三年遠忌に丁聞に出かけていた足利義持は「赤松越後守奉書」を出させて、満済を呼び出した（応永三十年六月五日条）。

④六条八幡宮年始に際して、奉行赤松持貞は「御所様」（足利義持）の仰せを受けて神馬一疋を引き進める「奉書」を発した（応永三十二年正月十六日条）。なお、この「奉書」は「醍醐寺文書」一七函二二号文書に相当する。『満済准后日記』同日条では「御神馬二疋」なのに、「奉書」では「一疋黒副御鞍」と記されている。『満済准后日記』をよく読むと分かるように、「御神馬二疋」は両御所（「御所様」＝足利義持と「将軍」＝足利義量の二人）分として引き進められたのであり、持貞奉書はこのうち足利義持の分一疋のみに係わるものだったためと考えられる。

⑤④と同様に、翌年にも足利義持から六条八幡宮に「年始恒例御神馬」一疋が引き進められ、その旨の「奉行赤松越後守奉書」が出され、奉書の文言が引用されている（応永三十三年正月十六日条）。この奉書も、「醍醐寺文書」一七函三一号文書に相当する。『満済准后日記』によって、この文書が出された経緯とその周辺を知ることができる。

⑥足利義持は「赤松越後守奉書」を出させて、石清水八幡宮の権別当法印芳清を御代官として参籠させるべきことを指令した（応永三十四年正月十四日条）。

(23)『満済准后日記』応永二十六年十一月十三日条、同三十一年二月十三日条、同三十四年正月二十二日条など。

(24)『満済准后日記』応永二十八年七月二十二日条。

(25)「撫物」とは、罪・穢などを移し負わせるために用いられる具であるが（『国史大辞典10』七一二頁。三橋健氏の執筆）、『満済准后日記』によってみると「御祈御撫物」と称され、帯・衣・鏡などが使用されている。たとえば、応永三十二年九月二十日条では「御帯香」とみえ、同三十四年九月十七日条では「御帯四筋」とみえている。それらは赤松持貞側から貸与されたようで、また応永三十四年六月十四日条に「御撫物事、五壇分兼申置間、被新調云々」とあるところから、撫物は使用限度に達すると新調されたものと見られる。

(26)『満済准后日記』応永二十八年十二月二十六日条。群書類従本上、一九三〜一九四頁。文科大学本巻一、四二四頁。

(27)『満済准后日記』応永三十四年三月十一日条。群書類従本上、四二一頁。文科大学本巻二、三八三頁。

(28)『大日本古文書　醍醐寺文書之二』三六四頁参照。

(29)鈴木江津子氏「『満済准后日記』――室町殿と満済――」（『歴史民俗資料学研究』五、平成十二年）によると「巻数の伝達方法を見るに、応永二十三年頃までは大館がその奉行としてみえるが、同二十五年には毎阿へ、同二十九年頃よりは赤松越後守に伝達されている」（六八頁）とされるが、担当者の改替はもっとめまぐるしい。

(30)群書類従本上、五三六頁。文科大学本巻二、五八四頁。

(31)群書類従本上、二三一頁。文科大学本巻二、三五頁。

(32)群書類従本上、三一八頁。文科大学本巻二、一九六頁。

(33)拙稿「五壇法の史的研究」（『九州文化史研究所紀要』三九、平成六年）、同「五壇法修法一覧」（『福岡大学人文論叢』三〇―一、平成十年）――本書第二章第三節、第二章末。

(34)『満済准后日記』応永三十二年七月四日条。群書類従本上、三一三頁。文科大学本巻二、一八七頁。

(35)例えば『満済准后日記』応永二十六年九月五日条に「大蔵卿法橋経祐」と見える。

(36)群書類従本上、三八二頁。文科大学本巻二、三一三頁。

(37)群書類従本上、四三四頁。文科大学本巻二、四〇七頁。

(38)本文書は、『醍醐寺文書目録（一）』（醍醐寺文化財研究所、平成元年）では第二八五九号（二四八頁）に相当し、また『醍醐寺叢書　目録篇　醍醐寺文書聖教目録　第一巻』（総本山醍醐寺編、勉誠出版、平成十二年）では五九二頁に記載されている。ただし、後者における「越後守持久」は「（赤松）越後守持貞」の誤植。『大日本古文書　醍醐寺文書之一二』二五九四号。

(39)群書類従本上、二九七頁。文科大学本巻二、一五六頁。

(40)群書類従本上、三五八頁。文科大学本巻二、二四九〜二五〇頁。

(41)この文書は、注(38)に引いた『醍醐寺文書目録（一）』では第二八六八号（二四九頁）に相当するが、同目録では「応永二三年」となっており、これは誤りである。また『醍醐寺文書聖教目録　第一巻』では五九四頁に記載されている。『大日本古文書　醍醐寺文書之一二』二六〇三号。

(42) この文書は、「醍醐寺文書」第一八函一七一号である。『醍醐寺文書目録（一）』では第三一八四号（二七二頁）で、「政所執事伊勢貞行奉書」と命名され、また『醍醐寺文書聖教目録　第一巻』では六五二頁に記載され、「政所執事伊勢貞経奉書」と命名されている。そこで、父貞行と子貞経のいずれが正しいかということになるが、貞行の死去は応永十七年七月五日であること、花押が貞行のものと見られるので（『大日本史料』第七編之一三、二九九～三〇八頁に関係記事があり、三〇四頁には貞行の花押が掲載される）、この文書は伊勢貞行奉書と考えられる。

(43) この文書は、「醍醐寺文書」第一八函一七二号である。『醍醐寺文書目録（一）』では第三一八五号（二七二頁）で、「政所執事伊勢貞経奉書」と命名される。また『醍醐寺文書聖教目録　第一巻』では六五二頁に記載され、同じ文書名である。

(44) この文書は、「醍醐寺文書」第一八函一七三号である。『醍醐寺文書目録（一）』、では第三一八六号（二七二頁）で、「政所執事伊勢貞経奉書」と命名されている。また『醍醐寺文書聖教目録　第一巻』では六五三頁に記載され、同じ文書名である。

(45)『新訂増補国史大系　尊卑分脈　第四篇』二一七～二一八頁。

(46)『日本史辞典』（岩波書店、平成十一年）一四六二頁「室町幕府将軍諸職表（政所執事）」を参照。

(47) 群書類従本上、三〇一頁。文科大学本巻二、一六四頁。

(48) 群書類従本上、三三五頁。文科大学本巻二、二二七頁。

(49) 群書記従本上、四二五頁。文科大学本巻二、三九〇頁。

(50) 大蔵卿法橋が経祐であることは『満済准后日記』応永二十六年九月五日条によって知られるが、（注35参照）、経祐は、応永三十四年正月二日に行われた京都門跡（法身院）での番匠事始において「檜皮大工」たちに対し禄物を各百疋ずつ下行している点からみて（『満済准后日記』同日条）、醍醐寺という惣寺の財政担当者であった可能性がある。

(51) 群書類従本上、三二五頁。文科大学本巻二、二〇七頁。

(52) 群書類従本上、四三六頁。文科大学本巻二、四一一頁。

(53) 群書類従本上、三八九～三九一頁。文科大学本巻二、三二七～三二九頁。
(54) 『日本荘園大辞典』(東京堂出版、平成九年) 四二三頁に掲載の「帷荘」の項目参照。
(55) 群書類従本上、四四二頁。文科大学本巻二、四二二頁。
(56) 例えば、『満済准后日記』応永三十四年五月二十一日条に「妙法院法印賢長」と見える。
(57) 注(29)所引、鈴木江津子氏論文、四九頁。
(58) 群書類従本上、四二四頁。文科大学本巻二、三八九頁。
(59) 注(29)所引、鈴木江津子氏論文、六九頁。
(60) 広橋家旧蔵記録文書典籍類「兼宣公記」六一六番。
(61) 同右、六一七番。
(62) 同右、六二一番。
(63) 同右、六二三番。
(64) 同右、六三〇番。
(65) 注(12)と同じ。
(66) 群書類従本上、四二五～四二六頁。
(67) 少なくとも①『大日本古文書　石清水文書之一』三〇二号、(応永二九年カ) 正月八日赤松持貞書状写 (同書五一七～五一八頁)、②同文書之二、三六三号、(年未詳) 七月九日赤松持貞書状 (同書二四頁) を挙げることができる。前述の「醍醐寺文書」所収の二点を含めると、計四点となる。持貞の名は『花営三代記』応永二十九年九月十八日、同年十月二十九日、応永三十年十一月十九日、応永三十一年三月十二日、応永三十二年正月四日などの条にも登場する。
(68) 群書類従本上、四五九頁。文科大学本巻二、四五四頁。
(69) 群書類従本上、四五九～四五〇頁。文科大学本巻二、四五四～四五五頁。
(70) 「高橋殿」については、「吉田家日次記」応永九年七月八日条では「北山殿御愛妾、被号西御所」と記されている (『大日本史料』第七編之一〇、四九頁)。
(71) 『増補続史料大成37　大乗院日記目録』応永三十四年十一月十三日条は、持貞の処分が「畠山入道道端申沙汰

云々」、つまり管領畠山満家の執行するところであったことを伝えている。なお『兵庫県史　史料編　中世二』（兵庫県、昭和六十二年）に収める「法光寺文書」（兵庫県美嚢郡吉川町、法光寺所蔵）一四号文書、応永三十四年十一月十八日如法経道場赤松持貞讒訴書置（同書、一二一頁）は、史料批判の必要はあるものの、内容的には、この赤松持貞事件の顛末を総括したものである。

(72) 注(3)所引、青山英夫氏論文。

(73) 『増補続史料大成37　大乗院日記目録』応永三十四年十月二十六日条。

(74) 群書類従本上、四七六頁。文科大学本巻二、四八四頁。

(75) 『大日本古記録　建内記　一』四二頁。

〔付記〕　本稿の初校段階で小林保夫氏「室町幕府将軍専制化の契機について」（上横手雅敬氏編『中世公武権力の構造と展開』吉川弘文館、平成十三年）が発表された。同論文は足利義持近習の富樫満成を扱っており、持貞を考えるさい有益である。あわせて参照されたい。

【追記1】　小稿の発表後、注(67)に関連して、山家浩樹氏より私信をいただき、「将軍の神馬奉献状については、御所奉行の職掌から理解してはどうか」というご指摘とともに、「石清水八幡宮文書」（『石清水八幡宮史　史料第八輯』続群書類従完成会、昭和十二年、四四一頁）に、いま一通の赤松持貞奉書が収められているという御教示を得た。後者については、足利義持の仰せをうけて赤松持貞が石清水八幡宮に神馬六疋を引き進めたもので、端裏書に「神馬送状」との文字が見える。参考までに左に原文をあげておく。

（端裏書）
「□神馬送状」

石清水八幡宮御神馬六疋 鹿毛二疋 河原毛一疋 印雀 青二疋 鴾毛一疋 可被引進之由、被仰出候也、仍執達如件、

応永卅二年正月一日　（赤松持貞カ）越後守（花押）

社務坊

【追記2】　注(1)に関連して、足利義持に関する研究をやや幅広く検索すると、他に以下のようなものがある。いま、

それらの外題のみを掲出する。
玉村竹二氏「足利義持の禅宗信仰に就て」（『禅学研究』四二、昭和二十六年、のち『日本禅宗史論集　巻下之二』思文閣出版、昭和五十四年に再録）
臼井信義氏「足利義持の薨去と継嗣問題」（『国史学』五七、昭和二十七年）
松下隆章氏「将軍義持の画事　（一）」（室町水墨画刊行会『室町水墨画一』昭和三十五年）
山家浩樹氏「上総守護宇都宮持綱——満済と義持——」（『日本歴史』四九〇、平成元年）
村尾元忠氏「足利義持の神仏依存傾向」（『中世日本の諸相　下巻』吉川弘文館、平成元年）
山口隼正氏「足利義持署判『八幡琴引宮縁起』寸考」（『古代中世史論集』吉川弘文館、平成二年）
松岡心平氏「足利義持と観音懺法そして『朝長』」（『東京大学教養学部人文科学紀要』平成三年）
池田寿子氏「足利義持筆『布袋図』」（『デ・アルテ』9、平成四年）
清水克行氏「足利義持の禁酒令について」（『日本歴史』六一九、平成十一年）
天野文雄氏「《難波》成立の背景——応永十五年の将軍義持の家督継承前後の状況をめぐって——」（『芸能史研究』一五一、平成十二年）
桜井英治氏『日本の歴史12　室町人の精神』（講談社、平成十三年）
岡澤保氏「足利義持政権における将軍・近習・諸大名」（『高円史学』一九、平成十五年）
石原比伊呂氏「准摂関家としての足利将軍家——義持と大嘗会との関わりから——」（『史学雑誌』一一五—二、平成十八年）

第五節　足利将軍の元服——足利義満より同義教に至る——

はじめに

元服とは、「男子が成人になったことを社会的に承認し祝う通過儀礼の儀式」で「首服、首飾、冠礼、加冠、初冠」ともいい、古代では「挙式年齢は天皇ではだいたい一一—一五歳ぐらい、皇太子では一一—一七歳ぐらい、親王もこれに準ずる。一般の者は五、六歳から二〇歳ぐらいまでの間に行われた」とされる（仲村研氏「元服 げんぷく」『日本史大事典 第二巻』平凡社、平成五年）。中世の場合もだいたい同様とみてよかろう。武家社会では冠に代えて、烏帽子を用いた。

武家社会での元服の実例は、『古事類苑 礼式部一』（吉川弘文館、平成十年）の「元服」の項、『武家名目抄第六』（改訂増補故実叢書一六巻、明治図書出版、平成五年）の「儀式部」にある程度集められている。鎌倉時代で注目される記事の一つは、建治三年（一二七七）十二月二日の北条貞時元服（貞時ときに七歳）に係わるそれで、この記事は『続史料大成10 建治三年記』（臨川書店、昭和四十二年）、および伊藤一美氏校注『建治三年記 注釈』（文献出版、平成十一年）に収録される。この貞時元服記事では理髪役を北条宗政が勤めたが、加冠（烏帽子）役は誰が勤めたか明瞭でない。安達泰盛にしても烏帽子を「持参」したと書かれているだけである。貞時の元服は「午時」（正午ごろ）行われたが、以下みるように、室町将軍の元服儀式の刻限はおおむね夜に属している。元服の仕方も一様でないことがわかる。

一方、皇族の元服については、たとえば、元徳元年（一三二九）十二月二十八日に十七歳で元服した量仁親王（後伏見院皇子。後醍醐天皇の皇太子。のちの光厳天皇）の記事が「竹むきが記」（『新日本古典文学大系51　中世日記紀行集』岩波書店、平成二年）にみえる。中世の皇族の元服年齢は時の政治状況の影響を直接的に被り、通例にはずれる事例が少なくない。

元服に係わる諸役の中でも、加冠の役、すなわち当人の頭に烏帽子を被せる役（烏帽子親）は特に重要で、「烏帽子親は主君の場合もあるが、一族または他氏のなかでその長、あるいは頼みとなる武勇・才能にすぐれた有力者に委嘱する例が多かった」（五味克夫氏「烏帽子親　えぼしおや」『日本史大事典　第一巻』平凡社、平成四年）。このように、元服は一見単なる人生の通過儀礼の様相を呈しながら、実はすぐれて政治的な性格を合わせ持つ儀式なのである。とくに元服する当人が将軍の後継者であるとなると、その元服の形はやがて彼を中心にして構築されるであろう政治的権力の性格をうかがうための絶好の素材であるといえよう。

本稿は、そのような観点から、室町時代初期の数代の将軍たち（将軍職には就かなかった足利義嗣を含む）の元服の形態に論及しようとするものであるが、初代足利尊氏については元応元年（一三一九）に十五歳で元服したという記事が残存するにすぎず（「足利系図」『続群書類従　第五輯上』所収）、第二代足利義詮のそれは史料的に確認されない（建武二年〈一三三五〉六歳の時、従五位下に叙された。あるいはこの時元服したか）。したがって、本稿

表1　室町時代初期足利将軍らの元服

	足利義満	足利義持	足利義嗣	足利義量	足利義教
当日	応安元・4・15	応永元・12・17	応永15・4・25	応永24・12・1	正長2・3・9
年齢	11歳	9歳	15歳	11歳	36歳
加冠	細川頼之（管領・武蔵守）	足利義満（室町殿）	二条満基（内大臣）	足利義持（室町殿）	畠山持国（管領満家子。尾張守）
理髪	細川業氏（兵部大輔）	日野重光（右大弁宰相）	日野（烏丸）豊光（頭左大弁）	万里小路時房（左大弁宰相）	畠山義慶（阿波守）
打乱	細川氏春（兵部少輔）				畠山持幸（治部大輔）
泔坏	細川頼基（右馬助）				畠山持永（左馬助）
その他	奉行摂津能直（員イ）・松田貞秀・斎藤利治	陪膳中山満親、役送□・万里・家君（広橋仲光）・日野・左衛門督（中山親雅）・右大弁（日野重光）等	参内公卿二条満基・日野重光・広橋兼宣・四条隆直、殿上人等	着座公卿広橋兼宣・日野有光、御前物役中山定親、四位五位役人等	奉行摂津満親・斎藤基貞・松田秀藤
備考	「亥刻」	「今夕」	内裏にて元服。「白昼之儀」	「戌刻」	「亥刻」。義満の先例に倣う。「一向武家之儀」
典拠	義満公御元服記／花営三代記	兼宣公記	教言卿記	看聞日記／満済准后日記	義教公御元服記／建内記／満済准后日記

では関係記事が残されている義満以下数代（義教まで）のケースが検討の対象となる（表1「室町時代初期足利将軍らの元服」参照）。なお、中世の武家儀礼の研究は昨今盛んであるが、元服をかかる観点から本格的に論及したものは見受けられない。(1)

一　足利義満の元服

第三代足利義満の元服の儀式は、応安元年（一三六八）四月十五日(2)に執り行われた。刻限は「亥刻」（午後十時ころ）であった（「花営三代記」『群書類従　第二六輯』）。義満の誕生は、延文三年（一三五八）八月二十二日(3)であるから（母は石清水八幡宮検校善法寺通清の娘紀良子、号洪恩院）、元服は十一歳の時である（『群書類従　第四輯』所収「足利家官位記」によると、時に正五位下・左馬頭）。義満の元服の詳細については「鹿苑院殿御元服記」（『群書類従　第二二輯』所収）という記録が残されており(4)、これによってそのおおよそをうかがうことができる。しかし、この「鹿苑院殿御元服記」は肝心の冒頭部分を欠落させており、加冠・理髪・打乱《うちみだり》・泔坏《ゆするつき》の諸役を誰が勤めたかが判らない。この点については、宮内庁書陵部所蔵「義満公御元服記」（架蔵番号二〇九―三八三）後半部に収められる「将軍元服記」の、以下の記事によって復元することができる。

応安元年四月将軍源義満元服
加冠　執権従四位下武蔵守頼之朝臣（細川）
理髪　兵部大輔業氏（細川）
打乱役　兵部少輔氏春（細川）
泔坏　右馬助頼基（細川）

この記事は先の「鹿苑院殿御元服記」の冒頭にあるべき記事であり、これを補うことによって義満の元服記事は一応完全なものとなる。(5) ここにみえる諸役のうち、加冠とは元服の儀式で成人男子（冠者）に冠を着ける役目、理髪とは元服のとき童髪から成人の髪に結う役目、打乱の役とは元服の儀式に打乱箱（衣服・所持品などを仮に入れておく蓋のない箱）を取り扱う役目、(6) また泔坏とは髪を洗う湯水を入れる器のことであり、(7) これを取り扱う役目をこう称したのである。

この四役を勤めた者たちについてみよう。加冠役を勤めた「武蔵守頼之朝臣」とは、二代将軍足利義詮によって幼主足利義満の補佐を託される形で幕府の管領に就任した細川頼之である。管領就任は貞治六年（一三六七）十一月二十五日のことであった。(8) したがって、義満の元服の時点で細川頼之は幕府管領として幕府政治の中心にあった。これより永和年間（一三七五〜七九）に至る約十年の間、室町幕府は将軍職の代行としての管領細川頼之によって主導された。管領細川頼之が足利義満の元服において加冠の役を勤めたことは注目に値する。次の理髪役を勤めた「兵部大輔業氏」とは細川顕氏の子息細川業氏で、頼之の祖父公頼と業氏の祖父頼貞とは兄弟の関係にある。続く打乱役の「兵部少輔氏春」は、細川頼之の従兄弟の細川氏春、最後の泔坏役の「右馬助頼基」は頼之の弟で継子の細川頼基（元）のことである。(9) 御装束と御具足の費用は、政所の沙汰（幕府の費用）によってまかなわれた。(10)

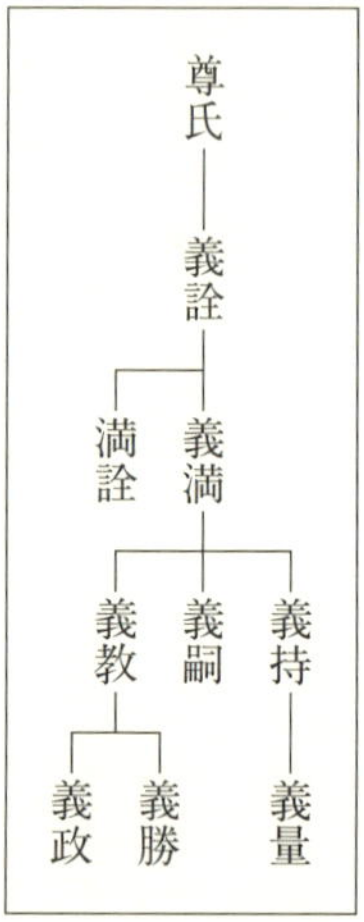

足利氏略系図

祝儀は当日より三日間続き、当日十五日の雑掌は管領細川頼之、十六日の雑掌は今川了俊の弟仲秋（国泰。舎兄了俊は法体のため外された）、十七日の雑掌は山名時氏の子息氏冬（父時氏は法体のため外された）というような面々の担当によって執り行なわれた。[11]

こうしてみると、足利義満の元服は有力守護大名の筆頭格の細川氏をはじめとして、今川・山名氏といった足利・新田系の大名たちの手によって担われたとみてよい。一向武家の儀といえる内容である。

同じ記録によると、この元服の儀式が終わって十日目の応安元年四月二十七日には、足利義満の臨席のもと（将軍就任は同年十二月三十日）、管領細川頼之ら構成メンバーによって評定始が行われた。同日のうちに、伊勢内外宮や石清水などの上七社、それに北野、祇園、吉田等の神社に神馬の奉納がなされ、護持僧の地蔵院前大僧正覚雄による祈禱、三宝院僧正光済による加持、陰陽師と思われる宗時朝臣[12]による身固などが行われ、権中納言柳原忠光が後光厳天皇の勅使として幕府を訪れ、砂金百両・太刀一腰などが禁裏への進物として贈られている。護持僧や陰陽師の係わりは特に注意される。

「鹿苑院殿御元服記」は、このあとに続けて、応安二年正月一日（実は前年十二月三十日）の将軍宣下、応安五年十一月二十二日の御判始・評定・御恩沙汰、同二十五日の除目、同六年十一月二十五日の石清水八幡宮への神宝献納、同八年二月二十七日の永和改元、同三月九日の武家御吉書、永和元年三月二十七日の新将軍義満の石清水八幡宮への社参、同四月二十五日の参内始について記している。

右の一連の式次第のうち、特に護持・加持・身固の個所を掲出しておく（「鹿苑院殿御元服記」「義満公御元服記」）。

（応安元年四月二十七日条）

護持僧

地蔵院前大僧正覚雄　於本坊祈念之、

当日御加持
三宝院僧正光済
共以御使被進鞍馬畢、
御身固　宗時朝臣

「地蔵院前大僧正覚雄」は、太政大臣久我長通の子息で[13]、醍醐寺地蔵院親玄の弟子（「野沢血脈譜」東寺所蔵）。観応～延文年間（一三五〇～六一）のころ武家五壇法を修した形跡があり[14]、後光厳天皇の護持僧としてみえる[15]。また「三宝院僧正光済」は、日野資明の子息で[16]、醍醐寺三宝院賢俊の弟子（「野沢血脈譜」）、醍醐寺座主、三宝院門跡。賢俊の後継者として大きな権勢をふるった。光済は、延文末から康暦年間（一三六〇～八一）にかけて武家五壇法を修した形跡がある[17]。光済は覚雄の替えとして後光厳天皇の護持僧となっている[18]。覚雄、光済ともに宗派的には真言宗醍醐寺の密教僧で、同じく武家護持僧、すなわち足利義満の護持僧であったと考えられる。元服の儀式に護持僧がかかわった事実は注目してよい。

ちなみに、この義満元服の例は、後述するように、約六十年後の正長二年（永享元＝一四二九）足利義教の元服の際に「御佳例」として踏襲された（『満済准后日記』正長二年三月九日条）。

この「鹿苑院殿御元服記」にみる足利義満の元服から参内始にいたる諸行事は、重要な幕府儀礼として、いわば新将軍の就任関係行事として一つのモデルと化したとみられる。この例はこののちどのような変化をみせるであろうか。そこには同時に幕府政治の特質が映し出されているとみてよい。

二　足利義持の元服

第四代足利義持の元服の儀式は、応永元年（一三九四）十二月十七日に執り行われた。義持の誕生は至徳三年（一三八六）二月十二日であるから[19]（母は三宝院門跡坊官大谷安芸法眼の娘慶子、号勝鬘院）、元服時の年齢は九歳である。義持の元服の模様については、伝奏・准大臣広橋兼宣の日記「兼宣公記」応永元年（一三九四）十二月十七日条に記載がある。[20]活字本では『大日本史料』第七編之一に収録されたものがもっともよい。やや長文にわたるが、いま関係記事を掲出しよう。

十二月十七日、天晴、抑室町殿(足利義満)准后若君九歳今夕令遂首服給、万里小路大納言(嗣房)申沙汰、是為重房家司申沙汰之故也、西半刻家君(広橋仲光)御参御直衣、下緒(括)、余同参束帯、諸大夫一人著布衣所被召具也、頃之人々参集、次余参内、是令任将軍給之間、為宣下所参陣也、頭中将(油小路隆信)申沙汰、上卿日野大納言(資教)著陣、以官人召余、々参進軾、上卿仰云、以左近衛権中将源朝臣義―(持)可為征夷大将軍者、余奉上宣退、於敷政門辺、自懐中取出笏、著床子座揖如例仰々詞於官其詞同上卿、史称唯、次余揖、□(起)座退出、帰参室町殿、上卿同参、今夜宣下五ヶ条云々、

敍品　正五位下

任官　左近衛権中将

禁色

任将軍

、、(昇殿カ)○闕文あり

次諸大夫二人置円座二枚、次冠者扶持公卿右大弁宰相(日野重光)起座、参曹司御方、次殿上人取脂燭、同参彼御方、冠

者令出座給浮文小葵御直衣、二重織物御指貫、次五位殿上人三人、置御冠以下之雑具、次内蔵頭教興(山科)朝臣并余取脂燭参進引裾、候理髪円座左右、次諸大夫二人持参替脂燭、次理髪人右大弁宰相参進著円座有揖、理髪儀事畢、一揖退簀子、余・教興同退簀子此儀不可然、猶候座歟、次加冠室町殿、令移理髪円座給諸卿動座、加冠儀畢、令復本御座給諸卿安座、次又理髪人参進、調置雑具退、次冠者起座給、余等取脂燭前行、令入曹司方給、

この記事によって、応永元年（一三九四）十二月十七日、大納言万里小路嗣房を元服奉行として、足利義持の元服の儀式が執り行われたことがわかる。刻限については「今夕」とあるのみだが、これは夕方ではなく今夜の意と考えられる。この日時を勘進したのは当代第一級の陰陽師(21)安倍有世であった。(22)加冠役は「室町殿」（足利義満）、理髪役は「右大弁宰相」（日野重光）であった。場所は明瞭ではないが、義持の近親者が主要な役目を果している点からみると、幕府であったかのような印象が強い。九歳で元服した足利義持は、同日のうちに正五位下に叙され(23)、左近衛権中将に任官、禁色がゆるされ、さらに征夷大将軍の宣下をも受けている。

義持の元服の儀式は、武家の最高位「室町殿」足利義満を加冠役とし、日野家出身の公卿（記事中に、日野重光は「冠者(義持)扶持公卿」とあるので、義持は日野重光によって教導されたか）を理髪役として挙行されたわけで、ここにみられる義満の政治志向は自らを頂点とした公家・武家統一の支配体制であったろうと推察される。

足利義満の元服では、護持僧による加持・祈禱や陰陽師による身固という一幕があったが、義持の場合には、史料的に確認されない。しかし、元服の日時を陰陽頭が勘進しているように宗教的な雰囲気も漂っていることからみると、護持僧・陰陽師の係わりも当然想定される。義持元服の最大の特徴点は、それが「室町殿」（足利義満）と、将軍職（「御所」＝足利義持）との分離を伴ったことである。ここに将軍在職にはかかわらない、足利家の家督としての「室町殿」が誕生する。

三　足利義嗣の元服

足利義嗣には、むろん将軍の経歴はない。しかしこの人物の元服は注意を要する。足利義嗣は応永元年（一三九四）の生まれで、父は足利義満、母は室町幕府評定衆摂津能秀の娘春日局。義持の九歳年下の異母弟である。[24]以下で述べる足利義教と同年齢。義持が元服し征夷大将軍になった年に誕生したことになる。義満の庶子がそうであったように、義嗣も幼少にして三千院（梶井門跡）に入室、稚児となった。足利義嗣の政界の表舞台への登場は、父義満の政治的な策略に負うところが大きい。すなわち、足利義満はやがて「愛子」義嗣を三千院から戻し、室日野康子（北山院）の猶子として北山第南御所に住まわせた。父義満による義嗣偏愛（『看聞日記』応永二十三年十一月二日条）と表裏の関係の目まぐるしい官位昇進は応永十五年（一四〇八）二月より始まる。同月二十七日には昇殿を聴された（『教言卿記』同日条）。同年三月四日に従五位下に（異母兄弟の義教はこの日出家）、同二十四日には正五位下・左馬頭に、同二十八日には従四位下に叙された。この間の三月八日、後小松天皇が北山第に行幸したときには、義嗣は天皇の身近に仕え、父の偏愛ぶりを諸人に示した（宮内庁書陵部「椿葉記釈文」、「椿葉記」『群書類従　第三輯』、「北山殿行幸記」『大日本史料』第七編之九）。その年の四月二十五日に「内裏にて元服して義嗣となのらる。親王元服の准拠なるやうにて、いと厳重なりし」（宮内庁書陵部「椿葉記」）とある。義嗣の元服は応永十五年四月二十五日、場所は内裏、親王の元服に準じたものであったことが知られる。時に十五歳の義嗣は、当夜の除目で、従三位・参議に叙任された。

足利義嗣の元服の模様をもっとも詳しく伝えるのは、権中納言山科教言の日記『教言卿記』応永十五年四月二十五日条である。[25]いま史料纂集本をあげる。

廿五日、御元服白昼之儀也、
一、若公(義嗣)御方御元服事、
御参内公卿、加冠内大臣満(二条)基―、御簾、若公同之・御沓　大御所日野大納言重光、・帥中納言兼宣・四条新宰相隆直、
殿上人、理髪　頭左大弁豊光(日野)朝臣若公御沓・御榻　手長下臈教興朝臣前駈・所望尹賢(月輪)朝臣新中将・所望永藤朝臣・
雅清朝臣・所望宣輔(中御門)・所望資雅(白川)、
一、地下前駈、俊重(藤原)朝臣若君御榻以下六人、
一、衛府、曽我平次郎右衛門尉・朝日孫左衛門尉・真下勘解由左衛門尉・伊勢七郎左衛門尉・長次郎左衛門尉・本庄三郎左衛門尉、
一、衛府長下毛野武遠、
一、小随身四人、
一、小舎人童二人、
一、番頭八人、
一、参会公卿　西園寺大納言(実永)・日野新大納言(資藤)・冷泉中納言(為尹)、
一、所役殿上人　教豊(山科)・教高(山科)・俊長(坊城)・藤光(町)・行光(柳原)・資雅等也、

この記事によると、義嗣の元服の儀式では、加冠の役を内大臣二条満基（関白二条師嗣の子。当時二十六歳。応永十六年三月関白・左大臣となる。同十七年十二月薨）、理髪の役を頭左大弁日野（烏丸）豊光が勤めていることが知られ、万事公家の方式によって執り行われていることがわかる。最も注目すべきは、最重要の役目である加冠

役を内大臣二条満基が勤めている点である。これ以前の将軍経験者、およびそれに準ずる人物で、元服の際加冠役を公家に勤めてもらったという例は認められない。その意味で義嗣の元服はこれまでの常例からすると異例といわざるをえない。「椿葉記」が「親王元服の准拠」と記すゆえんである。この儀式ののち、足利義嗣は「若宮」と称されるようになる。(26) 元服の刻限についてはこれまで夜であったが、義嗣の場合は殊更「白昼之儀」であった点も注意される。

この異例の義嗣元服の裏に隠された室町殿足利義満の政治的意図をどのようにみるかについては、次期天皇のポストを剝奪するための一連のパフォーマンスとみなす意見など(27)があるが、奇しくも首謀者足利義満自身が義嗣元服の三日後の四月二十八日病魔に冒され（『教言卿記』同日条）、不治の病の床に着いたから（死去は同年五月六日）、判断するための材料が決定的に不足していて明言は困難である。しかし、義満にとって天皇ポストを身内で占める理由と必然性が今ひとつ不明で、今後の究明に期すほかなかろう。あえていえば、筆者は、義満は天皇ポストの剝奪まで考えていたのではなかろうとひそかに考えている。

庇護者足利義満の急死は、愛児義嗣の政治的立場を大きく変えた。兄で将軍の義持との関係は次第に悪化するのは当然であったが、しばらくの協調関係ののち、義嗣の失脚は現実のものとなった。『満済准后日記』によると、「押小路殿」「亜相」と呼ばれていた義嗣は応永二十三年（一四一六）十月二十九日に遁世、十一月一日には洛西の栂尾辺で落髪したとの噂が立った。幽囚ののち同二十五年一月二十四日殺害された。行年二十五歳、法号林光院、法名道純孝山。相国寺林光院に葬られたものとみられる。

四　足利義量の元服

第五代足利義量は、応永十四年（一四〇七）七月二十四日の生まれ、父は将軍足利義持、母は日野資康の女栄子（『教言卿記』同日条）。義量は、応永二十四年（一四一七）十二月一日に元服した。時に十一歳。義量の元服の儀式を伝えるのは『満済准后日記』および『看聞日記』の同日条[28]である。

（『満済准后日記』応永二十四年十二月）

一日、壬午、天晴、（中略）□御年□□(十一カ)歳御元服□法結願、□渡遣□□(畠山カ)中務□□□(少輔)供料等無之、以自力沙汰之、且□寺、醍醐御祈、同結願、御撫物□、御元服戌刻、加冠御所様(足利義持)、□□(理髪カ)左大弁宰相時房(万里小路)、著座公卿広橋大納言(兼宣)、日野中納言(有光)、御前物役中山中将定親、其外四位役人雅清(飛鳥井)・教豊(山科)両人、五位役三人経興(勧修寺)・宣光(広橋)・量光(日野)、諸大夫□条殿被□為無風雨□□□(之難珍カ)重々□退散云々、（下略）

（『看聞日記』応永二十四年十二月）

一日、晴、吉慶、幸甚々々、（中略）抑室町殿若公(足利義量)今日被加首服、加冠父公(足利義持)于時内大臣 理髪左大弁宰相時房朝(万里小路)臣、著座公卿広橋大納言(兼宣)・執権日野中納言(有光)、役送殿上人五人散状未見也、名字義量、大蔵卿長遠卿(東坊城)勘進之、今夜右近中将、正下四位、禁職(色)事等被宣下、元服之儀、冠帯拝舞了、次改装束、立烏帽子・香直垂、此時加冠永藤朝臣(高倉)、次又改装束、折烏帽子・単衣物、此時加冠満淵武家近習、装束三色被着替、珍敷儀式也、内々姿、折烏帽子・単物云々、故北山殿(足利義満)佳例也、来十三日参内、可為厳儀云々、

両者相補って義量の元服儀式の様子をよく伝える。これによって知られるのは、義量の元服にあたって、加冠

の役は父足利義持（時に将軍・内大臣）が勤め、理髪役は左大弁宰相万里小路時房が勤めたこと、著座公卿ら公家たちの居並ぶなかでの元服であったこと、「義量」の諱は大蔵卿東坊城長遠の勘進するところであったこと、「故北山殿」（足利義満）の例を襲った元服儀式であったとしていること、などである。刻限は「戌刻」（午後八時ころ）であった。義持は元服の一カ月前から醍醐寺、東寺に祈禱を命じ、義量元服のつつがなき挙行を祈念させている。

注目すべきは、『看聞日記』は「故北山殿《足利義満》佳例也」とするが、すでにみてきたことからすると、加冠や理髪の役など義量元服のおおわくは、足利義満の例（応安元年四月十五日元服）というよりも足利義持の例（応永元年十二月十七日元服）を踏襲したものと考えるべきであろう。足利義満の元服のとき、加冠役は管領細川頼之、理髪役は兵部大輔細川業氏であったが、義持の元服では、加冠役は足利義満、理髪役は日野重光であった。

万里小路時房をはじめ、広橋兼宣といった公卿は、のち伝奏の役目に就くなど、室町殿との間に緊密な関係を執り結ぶ面々である。

足利義量はこの日、正四位下・右近中将に叙任され、禁色が聴された。こうして義量を将軍に立てるための諸準備が開始された。義量が父義持の譲りを受けて将軍となるのは、応永三十年（一四二三）三月十八日であった（『公卿補任　第三編』）。時に義量十七歳。

父義持の期待を一身に受けて将軍に就任した義量であったが、翌年の応永三十一年正月には病を発し、やがて翌三十二年二月二十七日帰らぬ人となった。行年十九歳。このあと、将軍空位の時代が正長二年（一四二九）三月十五日に足利義教が将軍に就任するまで、約四年間続く。

五　足利義教の元服

足利義持の臨終の枕元で、くじによって後継者に選出されたのが義満の第四子足利義教（はじめ義円、義宣）である。[29]正長二年（永享元＝一四二九）三月十五日に将軍宣下。義教、時に三十六歳。異例の高齢将軍の登場である。

第六代足利義教の誕生は、応永元年（一三九四）六月十三日である（『大乗院日記目録』等）。母は義持に同じ。応永十年（一四〇三）六月二十一日、十歳の時、天台宗の青蓮院門跡に入室（「兼宣公記」等）。同十五年三月四日、得度して義円と称した（「諸門跡譜」）。同十八年七月十九日受戒（「華頂要略」）。ついで大僧正となり、三后に准じ（『満済准后日記』応永二十年五月二十八日条に「青蓮院新准后」とみえるから、義円の任准后はこのころか）、応永二十六年十一月三日に天台座主となる（同二十八年四月十日まで在任）。

こののち、応永三十五年（一四二八）正月十八日の足利義持死去をうけて、義円は室町殿の地位を獲得するわけであるが、准后になって以降将軍継嗣におさまるまでの義円の動向については検討すべき点が多い。たとえば『満済准后日記』応永二十一年七月二日条によれば、義円はこの日の早朝逐電し、嵯峨に逃げている。満済は「条々儀在之云々」と意味深の証言を残している。[30]応永二十六年から同二十九年にかけての時期には、公武祈禱体制の枠内に収まっている様子である。こうした義円の動向は、将軍嗣立にいたるまでの前史として具体的に明らかにする必要があろう。

応永三十五年正月十八日に義円が室町殿の後継者として選出されたのちの経緯は、おおよそ以下のとおりである。[31]同年正月十九日には青蓮院より日野義資の第に移り、三月十二日には還俗し、従五位・左馬頭に叙任され、名を義宣と改めた。四月十一日には判始・評定始・乗馬始。将軍になるためには何といっても蓄髪した上で元服をすませる必要があった。いま、義宣（義教）の元服についてみたいが、要するに法体の義円の登場は、これまでの足利将軍職の継嗣の歴史のなかでも極めて異例に属した。それだけに、さまざまの問題が生起したものと思われる。

義宣の元服の儀式は、正長二年（永享元＝一四二九）三月九日に挙行された。義宣の元服儀式の模様を記した史料には、「普広院殿御元服記」（『群書類従　第二二輯』所収）と宮内庁書陵部所蔵「義教公御元服記」（架蔵番号二〇九―二八四）がある。(32) これらによって義宣元服の儀式の特徴を考えよう。

内大臣万里小路時房の日記『建内記』正長元年六月二十日条に「当代（足利義宣）御沙汰ハ、同于鹿苑院殿（足利義満）御沙汰」とあるように、義宣の沙汰はことごとく父義満のそれを踏襲するものであった。元服の儀式にしても、義宣は父義満の先例にならった。参考までに、義満の元服と義宣のそれとを構成内容ごとに比較検討できるように、対照表を作成した（本節末の表2「義満と義教の元服」参照）。

まず「普広院殿御元服記」の冒頭には、以下の記事がある。

一　正長二年三月九日乙卯亥刻天晴風静、御元服、
　　当日安倍有富朝臣相撰申、
加冠　従四位下尾張守持国（畠山）朝臣今日一級
理髪　阿波守義慶（畠山）
打乱役　治部大輔持幸（畠山）
泔坏　左馬助持永（畠山）

義教の元服については『建内記』『満済准后日記』、さらに『看聞日記』にも記事があり、これらの史料を総合的に検討することによって、義教の元服の模様を立体的に構成することが可能である。いま『建内記』の記事をあげよう。

（正長二年三月九日条）

今夜室町殿《(足利義宣)》御元服也、于時左馬頭・従四位下、卅六才、於寝殿艮角号御鬢所有此事、重大文畳一枚為御座南面、刻限亥刻、先有御加持事、三宝院准后前大僧正満済也、御身固陰陽師安倍有富朝臣衣冠也、加冠尾張守持国《(畠山)》朝臣管領《(畠山満家)》依法躰、以息男令勤仕之、為此役被叙四品了、折烏帽子・白直垂也、理髪畠山阿波守《(義慶)》――畠山修理大夫《(満慶)》長男也、打乱筥畠山――《(持幸)》、土器《(ママ)》畠山《(持永)》、奉行摂津掃部頭《(満親)》、弁《(ママ)》斎藤加賀守《(基貞)》・松田八郎左衛門尉《(秀藤)》等也、今度之儀、被任鹿苑院殿《(足利義満)》応安元年四月十五日御元服之儀、有其沙汰、仍一向武家之儀也、（下略）

時刻は「亥刻」（午後十時ころ）である。ここに登場する安倍有富とは陰陽師で、安倍有茂の子、泰家の弟にあたる。[33]『満済准后日記』応永二十七年九月十六日条によると、この日泰山府君祭を勤めた安倍有富は本名を泰定といい、今度改名して有富となのったという。陰陽師による日時勘進では、応永元年十二月十七日の足利義持の元服日を勘進した安倍有世の例が想起される。加冠役の「尾張守持国朝臣」は畠山持国（管領畠山満家の子）[34]、法体で父の管領畠山満家の代行だった。理髪役の「阿波守義慶」は畠山満慶の子義慶であり、義慶の祖父深秋と持国の祖父基国とは兄弟の関係にあたる。[35] また打乱役の「治部大輔持幸」も畠山一門とみられ（おそらく持国の従兄弟あたりか）、泔坏役の「左馬頭持永」は畠山持永で、持国の弟にあたる。[36] この人的構成は応安元年四月の足利義満元服の際、儀式を取り仕切った管領細川頼之の場合とまったく同じであるといわねばならない。

このようにみてくると、義宣の元服は「鹿苑院殿応安元年四月十五日御元服之儀」（『建内記』）、「鹿苑院殿御元服之時」（『満済准后日記』『看聞日記』）を踏襲したことは動かせない事実である。義宣の元服が「一向武家之儀」（『建内記』）、「非公家之儀、一向武家申沙汰」（『看聞日記』）であったことも義満元服の場合と共通している。

先に義満の元服を考えた時、一連の式次第のうち、護持僧と身固の個所をあげたので、義宣の場合についても同様に掲出しておく（「普広院殿御元服記」「義教公御元服記」）。

（正長二年三月九日条）

護持僧

兼日御祈禱供料三千疋自政所方沙汰無之、以連署申遣之、

地蔵院僧正持円

当日御加持

三宝院准三宮満済

御加持御元服以前也、准后（満済）御参及御祝時剋也、

両門跡後日被進鞍馬、

御身固

従四位上陰陽助有富（安倍）朝臣被下御馬、

ここに登場する二人の護持僧は、醍醐寺地蔵院僧正持円、および加持担当の醍醐寺三宝院前大僧正満済である。義持・義教期の武家護持僧については別稿(37)で述べたが、将軍就任予定者の元服が密教色を持ったことは、義満の場合と共通していて興味深い。また、身固を行った陰陽師安倍有富については先述のとおりで、義満の元服では安倍有世がこの役を果した。満済と有富は、右に掲げた『建内記』の記事中に、加持と身固の役として登場して

いる。

ただ、二人（義満と義宣）の元服の式次第を比較すると日程において相違する点が少なくない。詳しくは後掲表（表2「義満と義教の元服」）に明らかだが、例えば、この加持・身固にしても、義満のときは元服の日から十二日目の応安元年四月二十七日のことであったが、義宣の場合は元服当日の正長二年三月九日に行われている。右の記事中に「御加持御元服以前也」とあるように、義宣の加持は元服に先だって行われた。このように、義教の元服が義満を踏襲したとしても、細かな点では前後相違したり、儀式の内容に厚薄がみられたのである。

元服後の義宣の動向をすこしみよう。義宣は、元服後六日目の正長二年三月十五日に将軍宣下を受けて正式に将軍に就任した。あわせて参議・左中将に任じられた（『公卿補任』『看聞日記』）。この時、義宣は名字を義教と改めた。「よしのふ」（世しのぶ）と読まれ不快をなしたからだと『看聞日記』同日条は伝えている。室町六代将軍足利義教の名前はここに誕生する。

六　相互関係についての検討——むすびにかえて——

義満から義教に至る四代の将軍経験者およびそれに準ずる者の元服儀式の仕方について通覧してきたが、加冠等の諸役を担当するメンバーにしても刻限にしても一定したものでなく、それぞれに特徴を有していることがわかった。元服のかたちは当然その当時の政治状況を反映するものであるから、このことを通して、室町時代初期政治史に何らかの知見を指摘することができないものであろうか。

足利将軍の花押使用に関する小林保夫氏の研究(38)によると、足利将軍の花押使用の特徴はおおよそ以下のとおりである。足利義満については「永徳元年（一三八一）七月（この月二十三日に義満は内大臣に就任した＝筆者注）以後、公家・武家両様の花押がその発給文書で併存《(行カ)》して用いられ、公家様は専ら寺社・本所以下公家に関するものに、武家様は恩賞をはじめとする武家に関するものに用いられている。やがて、公家・武家両様の花押は公家様花押に統一され、武家様花押は義満の文書から姿を消してゆく」と結論づけられる。義持の花押は公家様のみである。また義教については、「永享四年七月内大臣に補任されると、翌八月に御判始を行って、これまでの武家様花押による将軍発給文書を公家様花押による文書へと変えている。以後、義教の将軍発給文書は公家様花押のみでなされ、義満のように公家・武家両様の花押が併存《(行カ)》する時期はみられない」。

こうした花押の使用が、本人の政治的志向の一端を表していることは当然認めてよいと思われる。だとすれば、花押使用の趣向からすると、室町時代初期段階の足利将軍の政治的志向は、概していえば、公家化の方向で収束するとみてよいのではあるまいか。

足利義満から同義教にいたる五人のうち、最も公家的な元服の様態を呈しているのは足利義嗣であり、逆に最も武家的なのは義満および義教であることは認められよう。残りの義持と義量は、その中間に位置するとみてよい。武家的な元服をした将軍が最後まで武家的な政治運営を行うとは限らない。要するに、将軍として嗣立されるその始めの段階でどのような政治勢力の影響下でスタートするかという点に注目すると、いくつかのパターンがあることが知られる。

すなわち、足利義詮没直後の義満元服と足利義持没直後の義教元服とは、ともに室町殿の政治権力が極度に弱体化した時期における、特別の挙行といってよい。そのような時、室町殿予定者の元服が管領（いわば有力守護たちの代表者）の主導下でなされることはむしろ自然であろう。義教の父義満への回帰志向は、自らの勢力基盤の脆弱さをはしなくも物語っている。義教政権のスタートは、有力守護大名との協調のなかでなされたといえる。

しかし、彼らがやがて室町殿としての権力を握るに至ると、自らの手によって後継者の元服を堂々と執り行うことができた。義持と義量の元服はそれに当たろう。そこには、理髪役に公家を配するなど、公武統一政権の担当者としての室町殿の強い政治意識が認められる。

ここで問題となるのは、義嗣の元服である。それが義満による天皇ポスト剥奪をにらんだ政治的野望にもとずくものか否か、議論の分かれるところである。このことについての私見は先述したので繰り返さない。室町時代初期段階での将軍の元服の仕方は、その時どきの幕府内の政治状況や力関係に規定されつつ、武家の儀と公家の儀との間を漂っていたとみられる。

ちなみに、その後を少しばかりみておこう。まず第七代足利義勝（義教長男）は父義教横死後の嘉吉二年（一四四二）十一月七日に九歳で元服、加冠を関白二条持基、理髪を右中将三条公綱が勤める「公家儀」であった（『管見記』〈公名公記〉、『康富記』同日条）。翌年七月病死。続く第八代足利義政（義教子息、初名義成、義勝弟）は文安六年（宝徳元＝一四四九）四月十六日十四歳で元服、加冠を細川勝元（管領）、理髪を細川持経（中務大輔）、打乱を細川持親（淡路守）、泔坏を細川成賢（右馬助）という具合に細川一門が四役をすべて勤めている（国立歴史民俗博物館所蔵「宝徳元年足利義成元服記」〈広橋本〉）。これは武家の儀というべきであろう。周知のとおり、いわゆる東山文化はこの義政の時に花開いた。

（1）元服の儀式を武家社会の成長との関連で論じたものに、牧野信之助氏『新版　武家時代社会の研究』（刀江書院、昭和十八年）第一編第一章「武家の族的結合について」がある。

（2）以下に述べる「鹿苑院殿御元服記」が元服の日を「応安元年四月朔日」に作るのは誤り。『大日本史料』第六編之二九、二三一頁では「朔」の文字に〔望カ〕と傍注を付している。望日とは陰暦十五日の称である。

(3)「愚管記」延文三年八月二十三日条等。『大日本史料』第六編之二一、九八四～九八五頁参照。

(4)『満済准后日記』正長二年二月十日条にみえる「故鹿苑院殿御元服日記」とはおそらくこれをさそう。以下に述べる「義満公御元服記」も同系統の写本。

(5)この欠落記事は、「花営三代記」（『群書類従　第二六輯』所収）貞治七年（応安元年）四月十五日条にもみえる。

(6)『日本国語大辞典　第二版』第一巻「打乱箱」、第三巻「加冠」、第一三巻「理髪」の項参照。「打乱箱」については鈴木敬三氏編『有職故実大辞典』（吉川弘文館、平成八年）五九頁等参照。

(7)『時代別国語大辞典　室町時代編五』（三省堂、平成十三年）五七一頁。

(8)小川信氏『細川頼之』（人物叢書、吉川弘文館、昭和四十七年）一〇一頁。

(9)『新訂増補国史大系　尊卑分脈　第三篇』二八一～二八五頁。

(10)「義満公御元服記」「鹿苑院殿御元服記」。

(11)「義満公御元服記」「鹿苑院殿御元服記」「花営三代記」。および注(8)所引、小川信氏著書、一〇六～一〇七頁参照。

(12)陰陽道の賀茂・安倍氏系図に該当する人物は見当たらない。

(13)『新訂増補国史大系　尊卑分脈　第三篇』五〇五頁。

(14)拙稿「五壇法修法一覧」（『福岡大学人文論叢』三〇―一、平成十年）四八～四九頁――本書第二章末。

(15)「門葉記」五三「長日如意輪法」（『大正新修大蔵経　第七六巻』）五〇三頁（後光厳天皇の項）。

(16)『新訂増補国史大系　尊卑分脈　第二篇』二四七頁。

(17)注(14)拙稿、四九～五一頁。

(18)注(15)五〇四頁。

(19)『増補続史料大成37　大乗院日記目録』至徳三年二月十二日条に「義持誕生」とある。誕生日が二月十二日であることについては、『満済准后日記』応永二十一年と同二十六年の二月十二日条、応永二十九年二月十一日条参照。

(20)『史料纂集　兼宣公記　第一』応永元年十二月十七日条も義持の元服記事を載せるが（同書六〇～六一頁）、『大日本史料』第七編之一の記事がよくまとまっている（同書七五四～七五五頁）。なお現行の国立歴史民俗博物館蔵原本の写真版はこの日の記事を含む巻第六〇六を欠いている。

(21) 柳原敏昭氏「南北朝・室町時代の陰陽頭」(『鹿大史学』四〇、平成五年)、同氏「安倍有世論――足利義満に仕えた陰陽師――」(羽下徳彦氏編『中世の政治と宗教』吉川弘文館、平成六年)。

(22) 「春の夜の夢」六一に「応永元年十二月十七日、最上吉日たるよし、土御門(有世)勘へ申すによりて、将軍家の御嫡男義持、ことし九歳にて叙爵まし〳〵れけハ」とある(『大日本史料』第七編之一、七五六頁)。

(23) 義持が叙されたのは当初従五位下であったが、これに難色を示した幕府は朝廷側に圧力をかけて、「将軍家の権威により」「叙爵摂家に准し」て、正五位下に格上げさせている(注22と同じ)。

(24) 『国史大辞典1』(吉川弘文館)一四七頁。

(25) 活字本では、『大日本史料』第七編之九、九七〇~九七二頁、『史料纂集　教言卿記　第二』二四七~二四八頁。

(26) 『教言卿記』応永十五年四月二十七日条に「若宮(足利義嗣)ヨリ御太刀被下也」などとみえ、「東院毎日雑々記」同年四月二十五日条には「北山殿若宮御方於禁中御元服」とある(『大日本史料』第七編之九、九七一頁)。なお、『教言卿記』応永十五年四月二十七日条には、山科教言の孫嗣教の元服が「大御所様」足利義満を加冠役として執り行われたことが記されている。教言はこのことを喜び、「於御前(義満の御前)被沙汰下之条、希代事也、忝畏申入也」(翌二十八日条)と記した。諱「嗣教」の「嗣」字が義嗣の「嗣」に通ずることは疑いなく、山科教言が義満に臣従していた様子がうかがわれる。彼の日記にみえる「若宮」の語もそのような文脈において考えるべきであろう。

(27) 今谷明氏『室町の王権――足利義満の王権簒奪計画――』(中央公論社、平成二年)。

(28) 『大日本史料』第七編之二八、一三八~一四二頁に関係史料が一括掲載されている。

(29) 関連研究は多いが、さしあたり、今谷明氏『籤引き将軍　足利義教』(講談社選書メチエ二六七、講談社、平成十五年)参照。

(30) 『満済准后日記』応永二十六年五月十四日、七月十九日、十一月三日、十二月十一日、同二十七年六月一日、同二十九年四月五日の各日条参照。

(31) 足利義教擁立期の政治的諸問題については、佐藤進一氏「足利義教嗣立期の幕府政治」(『法政史学』二〇、昭和四十三年。のち同氏『日本中世史論集』岩波書店、平成二年)に詳しい。

(32) 宮内庁書陵部には「室町殿元服昇進拝賀等記」(架蔵番号二〇九―三八二)という冊子も所蔵されている。本冊子には前述の「義満公御元服記」も、この「義教公御元服記」も含まれている。

(33)『系図纂要　第十五冊』（名著出版、昭和五十年）二四七頁に有富が登場し、「始有世（安倍）卿猶子」「従三・陰陽頭・宮内卿」という経歴が付記されている。なお有富については、柳原敏昭氏「応永・永享期における陰陽道の展開」（『人文学科論集』〈鹿児島大学法文学部〉三五、平成四年）、同氏「南北朝・室町時代の陰陽頭」（『鹿大史学』四〇、平成五年）参照。

(34)『新訂増補国史大系　尊卑分脈　第三篇』二七二頁。

(35)注(34)二七〇～二七二頁。

(36)注(34)二七一頁。

(37)拙稿「室町時代の五壇法と護持僧」（『藝林』五二―一、平成十五年）――本書第二章第五節。

(38)小林保夫氏「足利将軍の両様花押について」（『日本思想史研究会会報』二〇、平成十五年）。

表2　義満と義教の元服

	「鹿苑院殿（足利義満）御元服記」	「普広院殿（足利義教）御元服記」
諸役	（元服当日　応安元年四月十五日） 将軍元服記 応安元年四月将軍源義満元服 加冠　執権従四位下武蔵守頼之（細川）朝臣 理髪　兵部大輔業氏（細川）○細川一門 打乱役　兵部少輔氏春（細川）○頼之いとこ 泔坏　右馬助頼基（細川）○頼之弟・継子	（元服当日　正長二年三月九日） 正長二年三月九日乙卯亥刻天晴風静、御元服、 当日安倍有富朝臣相撰申、 加冠　従四位下尾張守持国（畠山）朝臣今日一級○満家子 理髪　阿波守義慶（畠山） 打乱役　治部大輔持幸（畠山） 泔坏　左馬助持永（畠山）○満家子。持国弟
御祝儀次第	（四月十五日）	（三月九日）

御祝儀次第

先御出御鬢所、令着御装束狩衣、給御出、
次理髪役人持参御立烏帽子御右御脇並之、則□(退カ)出、
次役人持参泔坏入水ヲ御前之左ニ置、則退出、
次理髪参勤之、
次加冠参勤之、其後畳御座仁有御移給、
次献御飯六本立、御陪膳、彼役人三人、両兵部・典厩、
次加冠着座、
次被聞食三献、
次進御劔役右馬助、此外御鎧、弓、征矢、鞍馬、内々被進之、管領沙汰也、
次被下御劔於加冠武州役人吉見右京亮頼詮、鞍馬一疋、内々被下、

先御出御鬢所震殿東脇、
次理髪役人持参御立烏帽子ヤナイ箱ニ居ヘ御前ノ右御脇ニ並置、即退出、
次役人持参打乱箱御前ニ置之、則退出、
次役人持参泔器入水、御前ノ左ニ置之、則退出、
次理髪参勤之、
次加冠参勤之、
其後於御会所、御備服之儀内々有之、
従四位下左兵衛権佐永豊朝臣著衣冠、勤其役、同令著
御装束給役人同、
次御出震殿任応安御吉例、用震字、
東御妻戸ヨリ御縁ニ御出、階隠間ヨリ入於御座、
御座八幡御拝云々、
還御道如御出、
次於御鬢所、御祝儀有之、則献御飯六本立并贄殿御膳物・
御折敷亀甲等竹松調進之、加冠未及着座、
次加冠尾州着座、被聞食三献大草調進之、
次被進上御太刀白、役左馬助(畠山持永)、
此外御鎧・御馬・征矢・鞍馬等被進上之、仍而注文、
掃部頭請取之、置御前云々、不及読申歟、
次被下御劔於加冠大館刑部大輔持房勤其役、
後日又鞍馬被下之御使掃部頭(摂津満親)、
御陪膳
彼役人両三人、阿州(畠山義慶)・礼部(畠山持幸)・典厩(畠山持永)

	御装束	具足
	（四月十五日） 御装束以料所年貢、伊勢入道（貞信）沙汰進之、御服所調進、奉行方申付之、 御狩衣白文 松唐草　御指貫紫　御扇	（四月十五日） 御具足料足政所沙汰 打乱箱唐木 文菊 貝 以青地錦張内、口一尺三寸、自元御前ニ有之、仍被出之、 御櫛三解 鬢細 桐葉蒔絵也、 御小基三筋赤組 小刀一五寸片シノギヅカ サヤ一尺二寸 以紙巻 水引三所結之、 甲貝一鹿角 御櫛手巾長六尺 横三寸六尺 加賀絹三幅 文白菱 絵所行光画進之、 水引三筋 檀紙一重 泔坏銀円器 口三寸九分 文唐花鳥 付台銀 以上納打乱箱、進上御前、
御手長 伊勢七郎左衛門貞家　伊勢八郎右衛門貞盤 伊勢二郎左衛門貞房　伊勢与一左衛門貞安	（三月九日） 御装束 要脚政所方沙汰、以奉行三人連署、申付之、 白襖御狩衣浮文、松唐草　萠黄御袙織物、浮文紅御単 紅御下袴可被籠御袙云々、　御大帷　御帯　御腰ツキ　紫浮文 御指貫御文鳥多須支　翌日御指貫紫薄色堅紋御紋鳥多須支 御立烏帽子御ハリ御額ト、メ　御扇檜扇也、 以上永豊朝臣調進、此外御櫛巾奉御内々訖、	（三月九日） 御祝具足要脚同前、諸道具皆自奉行方申付之、 打乱箱唐木 御紋桐 青貝 以赤地錦張内、口一尺三寸、御台ノ御方ニ有之、仍申出之、 御櫛三解 簾細 桐蒔絵 御小基三筋赤組 小刀一以帋巻之、水引ニテ三所結之、片シノギ一尺二寸、 御櫛巾長六尺 横三尺六寸 両面絲（綾イ）織 色黄也 御紋菱裏ハ板引フシカ子染也、 水引三筋 檀紙一重 泔器銀器 口三寸九分 桐ケホリ 以上納打乱箱、進上御前、

御	奉行
掌燈二執燭役無之、切燈台高一尺五寸 白文松鶴	（四月十五日） 奉行 摂津掃部頭能直 松田左衛門尉貞秀 斎藤太郎左衛門尉利治員イ 加冠以下役人奉行人等、皆着白直垂、 三ケ日 御祝儀在之御劔鞍馬雑掌進之、 両日 （四月十六日） 十六日、今川中務少輔（仲秋）伊予入道依舎兄法躰、不被仰付之、 （四月十七日） 十七日、山名中務大輔（氏冬）親父左京大夫入道（時氏）同前、
台同白 下台面七寸三分以赤地錦張面 桐蒔絵 金物□ 御鏡面七寸七分 御鏡台桐蒔絵 掌燈二 御銚子二具此内一具白 切燈台高一尺五寸白紋松鶴 高燈台八本白文同金物皆白 翠簾廿五間皆新調 御座以下御帖十二帖皆新調	（三月九日） 奉行 摂津掃部頭満親 斎藤加賀守基貞 松田八郎左衛門尉秀藤 加冠以下役人奉行人等、皆着白直垂、仍御祝砌、各一腰進上之、則於御前御劔各給之、役伊勢備中守貞慶、 （三月十日） 十日、右京大夫持元（細川）参勤 凡御祝儀如昨夜、但御劔役無之、二献後日持参之、三献御盃於中座拝領之、 （三月十一日）

	御劔持参	御評定始	諸社神馬	持僧・御加持
	(四月十七日) 御劔持参舎弟民部少輔 若御料被進、 御劔・鞍馬、今日役人奉行人等被下御劔、以後日、人々 御劔・御馬雑掌料等進上之、	(四月二十七日) 御評定始 御座御狩衣　武州法躰出仕斟酌　酒掃　松田貞秀 奏事寺社三ケ条伊勢、石清水、安楽寺俗別当	(四月二十七日) 諸社神馬 上七社伊勢内外石清水鞍馬賀茂下上以下馬計 北野　祇園　吉田　大原野　新熊野 諏訪新八幡六条・篠村・御所鎮守　五霊社	(四月二十七日) 護持僧 地蔵院前大僧正覚雄　於本坊祈念之、 当日御加持 三宝院僧正光済 共以御使被進鞍馬畢、
十一日、治部大輔義豊(斯波)、同親父武衛(義淳)代云々、	(三月十一日) 御祝、毎事如以前、両日共御劔白・弓・征矢・鞍馬等、如 当日被進之、	(三月十一日) 御評定事 今年已正月十一日被始行之上者、重而不及被行之歟之 由、就尋下サル、、意見申者也云々、	(三月十一日) 諸社神馬上七社、伊勢ハ内外、石清水、鞍馬、賀茂ハ下上、 以下ハ馬ハカリ、大原野、新熊野、 諏訪新八幡、六条篠村御所鎮守以下、御太刀白、 御神馬、別目録在之、 五霊社、此外日吉社、神祇官以下、神馬別目録在之、	(三月九日) 護持僧 兼日御祈禱供料三千疋自政所方沙汰無之、以連署申遣之、 地蔵院大僧正持円 当日御加持 三宝院准三后満済 御加持御元服以前也、准后(満済)御参及御祝時剋也、

護	御身固	御装束	勅使	進物事
	(四月二十七日) 御身固　宗時朝臣	(四月二十七日) 御装束師　永秀朝臣　玉絵至絵所イ被下御馬	(四月二十七日) 勅使忠光(柳原)卿被参、後日白太刀・鞍馬以御使被送之、	(四月二十七日) 禁裏進物事、後日有沙汰被進之、其イ 砂金百両、両分本法銀折敷　太刀一腰皆銀 鞍馬一疋鹿毛御祝ニ同管領進上之、切付唐皮　当日 御使能直参執奏　持 鞍馬一疋総鞦被進執奏西園寺前右府(実俊) 禁裡御進上金代等、諸国守護役、
両門跡後日被進鞍馬、	(三月九日) 御身固 従四位上陰陽助有富(安倍)朝臣被下御馬、	(三月九日) 今夜禁色宣下 大外記中原朝臣師世持参之、	(三月九日) 同勅使 大納言時房(万里小路)卿被参 仙洞ヨリ御劔白、禁裏ヨリ同被進之、時房卿私礼儀一腰黒、重而持参、御前於御祝御座、則勅使ニ御対面、掃部頭満親申次之、	(三月九日) 仙洞江御進物今夜被進之、御使満親(摂津)参伝奏時房卿宿所云々、 砂金百両居銀折敷、御太刀一腰白、御馬一疋、鞍置鹿毛、 切付唐皮、総鞦自管領被進鞍置馬也、今夜 禁裏江御進物同、御太刀一腰平鞘、鞍馬一疋、勅使時房卿江御引物、太刀一腰、鞍馬一疋、御祝規式以後於御会所東向、法躰衆其外諸大名少々御対面、自余明日可参之由、被仰出ニテ候、御太刀・鞍馬・折帋等各被進之、

禁裏	将軍宣下	御判始	定衆
	(応安二年正月一日) 任征夷大将軍給御歳十二、宣旨、 口宣大外記師茂持参、掃部頭能直請取	(応安五年十一月二十二日) 天晴風静　御判始御歳十五 御装束御立烏帽子御直垂　白ノ長絹 於寝殿十二面西面自政所御吉書進之、 御判七ケ国　山城三郎左衛門尉持参 次於当座御所、被聞食三献政所沙汰之 御祝次第 御引出物　御劔・御馬　管領進上之、	(応安五年十一月二十二日) 次評定衆俗浅黄直垂法躰衣如常 御座武州中書(二階堂)政所礼部(佐々木)　評定奉行　庫禅　波多野
于時執権左衛門尉入道道端、於御会所砂金又御□太刀等内々被進之、依為法躰、子息持国朝臣参勤、可謂御佳例乎、三ケ日御祝儀有之、両日時剋如当日、 (三月十一日) 公家進金代諸国守護役銀折敷代、政所方促諸道、下行目録別紙ニアリ、 御太刀十三振此内三振白　御鞍二口　総鞦二懸 以上自御倉、籾井申出之、	(三月十五日) 任征夷大将軍給、宣下辰刻 口宣小槻宿禰周枝持参之周枝時官長者也、摂津掃部頭満親請取、 令披露、 御所奉行事、昨日被仰付候、	(四月十五日) 御判始 御吉書事、去年御沙汰之上者、只雑訴大方落居スル物仁被成御判也、 ○これは将軍就任後の御判始であり、『満済准后日記』によると、義宣は前年（正長元年）四月十一日にも御判始を行っている。	(三月二十四日) 御前御沙汰被行之、 御座　管領　洒掃　因禅　雍州

評	御恩沙汰	目・その他
備禅(佐々木)　侍所　肥州 奏事寺社三ヶ條　如例　飯尾美濃守貞之 鬮子役　飯尾左近将監	(応安五年十一月二十二日) 次御恩沙汰 御座武州庫禅　礼部中書禅 今日奏事、石清水八幡宮御奉、、、、、 越中国、、、、	(応安六年十一月二十五日)　除目御歳十六 任参議給兼左近衛中将勲功之賞　叙従四位下 同日鎌倉殿氏満　左馬頭正五位下 御位署、就御吉事、可被書始之由、 ○征夷大将軍参議兼左近衛中将従四位下源朝臣となる
奉行人参勤如先規、	(三月二十九日) 今日伺事、可被聞食始之由、俄被仰出之、披露之当番両人申次之、秀藤披露篇目、 住吉社領播磨国所々御即位段銭事、 免除証文分明之上者、可止催促之旨、被仰出之、 管領落居同日	(三月十五日) 昇進宰相中将 御座　(畠山持国)尾州着座 御前陪膳日野頭弁、御手長伊勢苗字衆、於震殿御祝儀式有之、申刻、其後於御会所、管領其外諸大名皆着直垂、御太刀被進上之、御前衆同、今日可進上之由被仰出、各着直垂御太刀持参之、両条御悦之間、二振持参之、 (三月十五日) 今日御改名、以義宣被改義教之、 (三月二十九日) 御上階 (三月三十日) 口宣　大内記為清朝臣持参、

除	八幡献納	改元	水八幡宮社参
	(応安六年十一月二十五日) 被献神宝等石清水、其状為貞秀奉行上之、 同廿七日、被献之、	(応安八年二月二十七日)改元永和元 三月九日武家御吉書同政所進之如常 武蔵・相模	(永和元年三月二十七日)石清水八幡宮御社参、 当御代始 御装束如例御浄衣 御出御車新造自東寺御輿四方 御力者十三人、牛飼五人、雑色九人 車副　釜取以下 御幣役人馬打次第如此　畠山兵部少輔 御劔　畠山左近大夫将監 御調度　佐々木青地六郎左衛門尉 御沓　千秋左近大夫イ将監 近習此内帯劔六人　於社頭勤仕、次第番之儀□ 諸大名一騎打之次第 小侍所　山名弾正少弼但依所労、所直之後参也、所□
御昇進権大納言 口宣　大外記師世(中原)朝臣持参之、 両日共以於寝殿御祝儀式如先尾州着座、 (八月四日) 御昇進右近衛大将、申刻御祝		○正長二年九月五日、永享改元	(八月十七日) 八幡御社参始 御出卯刻 御輿四方、為布衣六人之内、秀藤参勤也、御馬被牽、 鴾毛、御鞍覆虎皮、 一番　布衣 松田八郎左衛門尉秀藤 和田中務丞親直 二番 伊勢与一左衛門尉貞安 海老名太郎左衛門尉季俊 三番 伊勢二郎左衛門尉貞房

石清	御参内始	

管領　武州
侍所　細川右馬助
　管領後騎役人一騎打惣後騎之

(永和元年四月二十五日)御参内始
御装束衣冠御雑色如御社参
御劔　細川右馬助頼基今日被仰小侍所、召具朝夕畢、
御沓　摂津掃部頭能直馬打事、依所存被経御沙汰、
御調度　佐々木越中四郎左衛門尉
　今度供奉一頭打
管領供奉、其外諸大名同前、次侍所雖為山名弾正少弼、未始行之間、不及供奉歟、
御傘役事、兼日無御用意、仍時而被仰付千秋右近将監勤仕、着直垂、先先在其例、
　奉行　貞秀
　門真少外記周清

一　自御誕生之日、至于今毎度御祝、貞秀奉行、可謂御佳例歟、大将御拝賀、行幸御供奉、大臣大饗以下、毎度于今奉行之記録、公方諸家在々不及註之、

伊勢八郎左衛門尉盛経

(永享二年七月二十五日)大将御拝賀
　供奉行列　出仕人々伺候次第并蹲踞
侍所帯甲冑、于時赤松左京大夫入道性具、依為法躰斟酌、舎弟伊予守義雅勤其役、
　郎従三十騎召具之、(中略)
次小侍所于時畠山左馬助持永、(中略)
次前駈、笠持二行十人
次居飼四人
次御厩舎人二行四人
次一員三人府生　将曹　将監
次殿上前駈一行為先、下﨟三拾四騎
(以下略)

(正長二年三月二十四日)
抑御元服御歳三十六奉行事、二月十五日被仰付以来、両三人洒掃・秀藤・基貞毎日出仕、上管領伺事、篇目依事繁不及注之、就中記録事、基貞・秀藤各以草案持参惣奉行所訖、秀藤之記分神妙也云々、事外被甘心了、仍一巻有抑留之上者、不及拘惜也、然者於彼家所持之記録者、可為秀藤所書遺之記録之、後輩為存知粗所注置也而已、三宝院(満済)御門跡可書進之由、為権家

奥　書	此一巻、以高祖父貞秀自筆写之、当家之為規模記録而已、 松田丹後守長秀	蒙仰之間、雖□(非カ)無斟酌、一本令進覧之也、 此本父貞益所新写也、古来伝写之誤不少也、今朱書愚意了、 貞丈《伊勢平蔵》録 ○この奥書は「義教公御元服記」(宮内庁書陵部所蔵)による。

【追記】　足利義教登場と三宝院満済とのかかわりについては、拙著『満済――天下の義者、公方ことに御周章――』(ミネルヴァ書房、平成十六年)において述べた。

第二章　政治と宗教

第一節　三宝院賢俊について

はじめに

日本中世の国家と宗教を考えようとするとき、どうしても避けて通ることのできない重要な問題の一つが、密教の果した役割である。近年、そのような観点から、中世社会における旧仏教、なかんずく、天台・真言両宗、それに律宗などが研究者の関心をあつめ、それらの役割についての評価を通して、中世国家の複雑な構造がしだいに明らかにされてきている。

日本中世史の展開にとって、動乱続きの南北朝時代の占める地位が決して小さくないことは誰しもが認めよう。その南北朝時代における政治と宗教の関係、もっと限定していえば、密教と朝廷・室町幕府とのかかわりについて、特に醍醐寺三宝院の賢俊という真言僧を通して考えてみようというのが、本稿の目的である。

賢俊は権大納言日野俊光の子。中世の日野家一門の多方面における活躍には目を見張るものがある。公家日記を丹念に書き記す、練達した実務吏僚としての顔を基底に置きながら、他方実に多くの、しかも個性的な人材を輩出している。俊光の子息たちがそのよい例である。公家の族的展開という観点から見れば、日野家は勧修寺家と同様、まことに好個の研究素材を提供している。

そのようななか、こと宗教界でいえば、賢俊を筆頭にあげるに異論はなかろう。賢俊の活動は南北朝時代前半期に属する。賢俊の活動を当該期の政治史の上に置いてみれば、ちょうど室町幕府の成立期と重なっていることに気付く。いわば、初代将軍足利尊氏の武家政権樹立と共にあったわけで、以下述べるように、賢俊は室町幕府の成立に特に宗教的・精神的な面から実に深いかかわりを有したのである。

大ざっぱにいって、賢俊は少なくとも三つの顔を持っている。第一は、東寺や醍醐寺といった宗教権門の長としての顔、第二は、多くの門跡・所領を支配する荘園領主としての顔、第三は、武家・公家護持僧としての顔である。それらは相互に補完しつつ、賢俊の僧俗両界における卓越した権勢を築き上げた。

幸いにも、洞院公賢の日記『園太暦』の記事の中にはそのさまを的確にしるした個所がある。よく知られた記事であるが、賢俊の評伝としては傑出しており、のちにも触れることがあるので、ここで引用しておこう。

（観応元年十月十七日条）彼僧正（賢俊）公家・武家媒介、頗雖軽忽、毎事以彼為指南、被仰通也、武門所存如此、
実以不可及傍難事歟(1)

（延文二年閏七月十七日条）今朝聞、賢俊僧正昨日戌刻遂以入滅、生年五十九、栄耀至極、公家・武家権勢無比肩之人、就中諸人之蠹害、大略為彼（ママ）、有失生涯之輩由有風聞(2)、

小稿で以上のすべての点にわたって述べることはできない。ここでは、ひとまず、筆者の興味を最もかきたてくれている「尊氏将軍護持僧」(3)「将軍門跡」(4)と称されるもとになった賢俊の第三の顔を中心にして「公家・武家媒介」の実態を考えてみたい。南北朝時代の公武関係を究明する上で、賢俊をめぐる諸問題は好個の素材を提

供する。そのことは同時に「王法者依仏法而栄、仏法者依王法而弘」（「門葉記」五〇 長日如意輪法二）といったような言葉で象徴される国家と宗教との相依関係を考える手がかりともなろう。

一　研究史

順序として、まず賢俊関係の既往の研究状況を一瞥しておかねばなるまい。

比較的早い時期の文章として明治時代に、芦田伊人氏の「貞和二年三宝院賢俊参宮路程略考」[5]があり、「賢俊日記」にみえる賢俊の貞和二年伊勢参詣の際のコースについて述べている。

大正時代になると、三浦周行氏の論稿「賢俊僧正と夢窓国師」[6]がある。これは室町時代の政治に多大の影響を与えた政僧としての賢俊と夢窓疎石とを比較したものであるが、賢俊については「北朝の元老」「室町幕府の元勲」とみなす立場に立って、「賢俊が公武の崇重を其の一身に集めるに至った」経緯を述べている。賢俊についての基礎的な事実がおおよそ押さえられている点は注目に値しよう。

昭和時代に入って、中村直勝氏著『日本新文化史　第七巻　吉野時代』に収められた論稿がある。[7]これは、先の三浦氏の論稿を少し詳しくしたようなもので、特に足利氏と結ぶことによって立身した賢俊の動向の究明に力点が置かれている。

昭和三十年代も後半になってから荻野三七彦氏の一連の賢俊関係の論文があらわれる。[8]同氏の賢俊への関心は「近江国香庄文書」[9]との出会いに始まる。同氏の研究室に収納された総数三十六点の同文書の中に後欠賢俊僧正自筆置文が含まれていたことが賢俊研究を開始させた。同氏は醍醐寺三宝院の膨大な文書の中から、これにつながる後半部分を探し出し、この文書が暦応二年（一三三九）九月三日賢俊自筆置文の前半部分であることをつきとめた。しかし同氏の論文では、香庄の歴史が主題となっており、賢俊の歴史的評価について論じたものではない。荻野氏は昭和五十年に「醍醐寺僧正賢俊の文書」[10]を公にした。賢俊文書の中から代表的なものを数点とりあげ、解説を施したものである。

ざっと見渡すところ、賢俊についての研究文献はおおよそ以上のようなものである。いずれも個々の点では留意すべき知見を提示しつつも、賢俊についてのある程度まとまった研究とはいいがたいし、なにはともあれ、賢俊とは一体何者だったのかという基本的なイメージがほとんど湧いてこない。これは、おそらく賢俊像を考える場合の核となる要素は何かということについての詰めが十分なされなかったからであろう。

そのような意味で、賢俊も含めて聖界に身を置く僧侶たちの世俗権力への強く深いかかわりを通して、「僧物と人物との間にひかれていた境界の消滅」を論じた笠松宏至氏の「僧の忠節」[11]という論稿は、賢俊の本源的な姿と役割を考える上での大きな示唆を与えた。

賢俊像を構想するには、なによりもまず、彼が祈禱僧であった事実を基礎に置かねばならない。賢俊のそのような側面を究明するためには、彼が武家・公家護持僧であったという点を深く掘り下げることが一つの有効な手段となろう。本稿の着目するところはここである。

護持僧といえば、近年、湯之上隆氏が精力的に研究を進めている。昭和五十六年に「護持僧成立考」[12]をあらわし、「護持僧の実態と制度について検討し、制度化確立の画期」を究明したし、昭和六十一年十月、九州大学で開催された九州史学研究会大会で「鎌倉殿護持僧の成立」と題して口頭発表を行った。

本稿は以上のような先行研究の成果を踏まえつつ、賢俊の果した役割の一端を明らかにしようとするささやかな試みである。

二　賢俊の登場と足利尊氏

義演までの四十代におよぶ醍醐寺三宝院流の血脈の事歴を詳細にしるす「五八代記」[13]は、賢俊自身の日記たる「賢俊日記」（貞和二年・文和四年分が現存。『新編一宮市史　資料編六』所収）と並んで賢俊関係資料として出色である。同記の賢俊の項をみると、その経歴や修法について実に細かく書き留められている。その冒頭には「正安己亥年　月　日御誕生」とあり、生年は「己亥」から正安元年（一二九九）と推定されるが、すでに挙げた『園太暦』の記事に、延文二年（一三五七）閏七月十六日に五十九歳（数え年）で没したとみえるところからも同一の生年を導き出すことができる。

管見の限り、賢俊登場の史料初見は、文保二年（一三一八）二月十三日二十歳の賢俊が賢助僧正の使者として洞院公敏（賢助の甥）第を訪れた事実である（内閣文庫所蔵「按察大納言公敏卿記」同日条に「今日出来客人慈厳僧正 八条宰相 前藤宰相 実富朝臣 賢俊賢助僧正使 桓守法印」とみえる〈傍点は筆者〉）。賢助との当初からの関係が注目される。続いて「五八代記」には「元応二庚申年十二月四日於今熊野坊御入壇」とみえ、賢俊は二十二歳のとき、今熊野坊で入壇[14]したことが知られる。

入壇ののち数年間は、賢俊の動向は全くといってよいほど分からない。[15]時間的にみて次にくるものは、正中三年（嘉暦元＝一三二六）三月、禁裏（二条富小路）において賢助が北斗法を修したとき、伴僧の一人として「賢俊アサリ神供、壇行事」と見える事例である（「五八代記」）。

こののち、法務大僧正聖尋を阿闍梨として行われた嘉暦三年の後七日御修法においては、「賢俊権少僧都」が請僧の一人として参加し、五大尊供を修している事実がある。[16]

賢俊は翌嘉暦四年（八月二十九日に元徳と改元）に法務僧正賢助（賢俊の師）を阿闍梨として行われた後七日御修法にも加わっている。[17] 僧位は前年と変わりないが、今回は息災護摩を修した。御修法最終日の正月十四日の二条内裏における加持香水では、賢俊は八宗奏を読む役目を仰せ付かっている。[18]

こうして、賢俊は二年続けて後七日御修法にかかわったが、こののちしばらくの間、これに参加していない。次の登場は建武四年（一三三七）、阿闍梨権僧正としての立場からである。[19] 賢俊が後七日御修法とのかかわりを断っていたのは、元弘の争乱の開始前後から建武の新政の成立・崩壊にかけての時期にあたる。

元弘の争乱が激化の一途をたどっていた頃の元弘元年（一三三一）八月二十七日、持明院統の後伏見・花園両上皇、東宮量仁親王は難を避けて、洛外の六波羅北方探題北条仲時の亭に移ったが、翌九月四日には、同亭で「天下大乱」により五壇法が修せられた。[20] このとき中壇（不動法）を修した尊円法親王（山門・青蓮院）らに混じって、醍醐の賢助大僧正が降三世法を修している。この賢助の修法を助ける「助修六口」の一人として「賢俊権大僧都」の名がみえている。このときの五壇法修法は武家亭で行われているが、特別に幕府側からの挙行の指示が出た形跡はない。公家側の発案によるものだったのだろう。[21] ちなみに、五壇法を修した五人の僧の宗派別内訳は、山門三、寺門一、醍醐寺一となる。[22]

ここで五壇法関係の記録について一言しておきたい。まとまったものとして「門葉記」三六（『大正新修大蔵経　図像一一』所収）と「五大成　下」（宮内庁書陵部所蔵）とがある。前者の主体は鎌倉時代であって、南北朝時代の分も若干含まれている。また後者は醍醐寺地蔵院旧蔵と考えられるが、現在下巻のみしか残っていない。記事は弘安三年（一二八〇）から応永二十年（一四一三）にわたる。「門葉記」と「五大成」の記事を総合し、これに他の史料所見を加えることによって、鎌倉・南北朝時代における五壇法の開催と参仕者についての関係史料をほぼ網羅することができる。しかし「門葉記」にはやや記事の錯乱があると思われ、どちらかといえば「五大成」に信が置ける。例えば、賢俊が五壇法の阿闍梨の一人として初めて登場するのは、「門葉記」では正慶元年（元弘二＝一三三二）五月二十六日で、尊胤・俊禅・実尊・経禅・賢俊の五人の阿闍梨名を連記しているが、[23]「五大成」ではこの日の阿闍梨に賢俊は見えず、賢俊の初登場は翌正慶二年（すぐ下に「正月欤」と書き入れあり）の六条殿での「楠木合戦御祈」としての五壇法においてである。実は『花園天皇宸記』正慶元年五月二十六日条の記事によって「門葉記」の錯誤は明らかで、日付を取り違えたらしい。[24]

賢俊が五壇法の阿闍梨の一人として初めて登場するのは正慶二年（元弘三）正月、担当したのは金剛夜叉法ということになる。賢俊が師賢助から「前権僧正定任遺跡真俗」をことごとく譲り受けたのも、同年正月十七日のことであった。[25]賢助の後継者としての賢俊の立場と任務は鎌倉幕府滅亡直前の喧噪の中で、このようにして形を整えていった。

ここで思い合わされるのは、後年、賢俊がその後継者たる弟子光済（宝池院法印。俗系では甥にあたる）にあたえた、重大事を告げる書状の中で「元弘動乱之刻、予預先師（賢助ならん）御譲候了、難治之時分、一旦雖失面目、天下無程属無為之間、達所存候」と述懐していることである。[26]元弘・建武の争乱の時、宗門が大きな危機に陥ったことを指しているが、その危機から脱却するための方法は室町幕府へ積極的に傾斜・接近し、その力を借りるより他になかったであろうことは推測に難くない。

さて次に、建武新政期についてはどうか。結論からいえば、賢俊の動向はほとんど分からない。この時期には、政権担当者たる後醍醐天皇から信任された宿敵文観の攻勢を受けて、雌伏を余儀なくされていたのである。文観は醍醐寺報恩院道順の弟子であるから、いわばそれは、政権交替に連動した醍醐寺の覇者の交替でもあった。この間の事情は『醍醐寺文書』に収める観応元年（一三五〇）八月の醍醐寺報恩院所司等訴状案にみえる次の部分に明らかである。(27)

正中三年三月十七日賜安堵之　綸旨、致管領之間、修造院家執行伝法灌頂等畢、七八箇年之間、管領無相違之条、寺中無其隠者也、而世上闘乱元弘以後、文観上人或任僧正、或補東寺・醍醐寺務、押領所々之刻、報恩院等同令押領之間、言語道断行事、其時誰人可訴申哉、只懐愁送日月畢、

賢俊にとって再起のチャンスはまもなく訪れた。建武政府に反旗を翻した足利尊氏が軍事行動の大義名分を獲得するために、持明院統の光厳上皇をかつぎだそうと企てたとき、賢俊は自らの出身家門が持つ同統との間の深い由縁を活用してその仲介役を果し、同上皇の院宣を尊氏にもたらしたことは『太平記』『梅松論』の伝えるところである。「密宗血脈鈔　下」のいうように、賢俊はそのまま尊氏の筑紫下向に「随身」したものと思われる（ここにはすでに従軍僧としての萌芽が現れている）。

要するに、尊氏・光厳・賢俊三者の利害が合致したため、事は実にスピーディーに運んだ。しかし、尊氏と賢俊との接触はどうもこの時が最初ではなさそうである。

笠松宏至氏は南北朝の内乱をテーマとしたシンポジゥムにおいて、次のような興味深い発言をしている。(28)やや長文にわたるが、引用する。

しかし醍醐寺の文書の中には、もっと古くから両者（賢俊と尊氏のこと＝筆者注）の接触を示す文書がありま す。くわしいことは省きますが、賢俊が醍醐寺の中で自分の正統を裏付ける、いってみれば武士の本領安堵の下文と同じようないちばん重大な文書に尊氏の裏判をもらっているのですが、その時期は付せんにある元弘三年（一三三三）という年次が信用できるような気がします。

この笠松氏の発言の根拠になっている史料は、『醍醐寺文書』に収める次の大僧正賢助置文である。(29)

醍醐一流払底奉授親王之、令申写瓶(30)了、権律師賢俊互如師資令堪忍、一宗之大事可申沙汰候、状如件、

永仁三年二月廿二日　　　大僧正賢助（花押）

○紙背中央下段ニ左ノ裏書アリ、

○押紙

「元弘三　　　源朝臣（足利尊氏）（花押）」

この文書には不思議な点がいくつかある。まず永仁三年という年次表記である。永仁三年は西暦に換算すれば一二九五年であるから、この時点では、正安元年（一二九九）生まれの賢俊はまだこの世に生をうけていないことになる。また当の賢助について見ても、彼は弘安三年（一二八〇）の生まれと考えられるから（「五八代記」）、永仁三年ではまだ十六歳にすぎず、このような置文を書くこと自体極めて不自然といわざるをえない。

他方、本文中に見える「親王」と「権律師賢俊」が「野沢血脈譜」(31)（東寺所蔵）に賢助の弟子として載せられている聖尊法親王（後二条院皇子）と賢俊を指すことは動くまい。けれども、聖尊は嘉元元年（一三〇三）の生まれと推測されるから、(32)永仁三年で九歳にすぎず、年次はやはり不自然である。

次に、文書の表裏に据えられた二つの花押について見れば、表の花押は賢助のものとするにはやや問題があるが、(33)裏書の「源朝臣」の花押のほうはその形状から見て、笠松氏の指摘のとおり元弘三年の足利尊氏のものと考えてよいと思われる。

結局、全体としてどう考えるべきか。もし置文自体が正本ならばこれを記した賢助が年次を誤る可能性はまずあるまい。では、写かということになる。賢助の花押の問題もそれで一応の納得はいく。しかし、一体正しい年

次はいつかということは賢俊が「権律師」であった期間を割り出せばよいが、すでに述べたように、賢俊の入壇が元応二年（一三二〇）であり、少僧都としての初見が嘉暦三年（一三二八）の後七日御修法においてであるから、賢俊に権律師時代があったならば、それは少なくとも両時点の間に含まれよう。いっぽう、賢助の側からみれば、正和四年（一三一五）十二月東寺二長者に補されてのち[34]、嘉暦三年（一三二八）十二月東寺一長者・寺務に昇りつめるまで[35]たびたび東寺長者として顔をみせつつ、宗門における権勢を堅持している賢助が上記の期間にかかる内容の置文をしるしたとは考えにくい。

以上のように考えれば、どうもこれは偽作と見なさざるを得なくなる。文面では、①賢助は貴種たる聖尊法親王に「醍醐一流」を「払底」譲る、②賢俊は「互如師資令堪忍、一宗之大事可申沙汰候」、つまり聖尊の師のごとく、彼を補佐して宗門の重事を沙汰せよ、との二つのことが述べられている。詮ずるところ、この置文は婉曲的な形式を踏んでいるが、実質的には賢助からの賢俊への「醍醐一流」の委譲のための文書とみて、いっこうに差し支えない。賢俊は巧妙にしくんだ賢助置文を作ろうとしたが、年次だけはごまかしようがなく、無謀をあえておかしたものと察せられる。

「永仁三年」の年次が疑わしいことは半ば明白であったろう。しかし、足利尊氏は賢俊との間に深い関係を取り結びたい一念からその点を不問に付し、この偽作置文に裏書を加えて、賢俊の地位を支えようとしたのであろう。その意味でこの文書はすぐれて政治的な目的のもとに出来上がったといえる。その後賢俊自身がしたためた置文の中でこの重要な文書について触れるところがないのは、そのようなわけがあるからではあるまいか。

以上のように考えてよいとすれば、いまひとつ、その作成された時期についてはどうか。それはおそらく賢助が没した年、元弘三年[36]が最もふさわしいのではないか。

目的のためには手段を選ばぬといったような、賢俊のしたたかさはこうした点にもあらわれている。足利尊氏との結び付きもこのような脈絡の中で理解すべきであろう。

足利尊氏がいったん西走ののち、九州で形勢を立て直して上京、その入京直前の建武三年（一三三六）六月三日、賢俊は権僧正・醍醐寺座主に任じられた。[37] 尊氏の口入によったことはいうまでもあるまい。尊氏と賢俊の緊密な関係（それは一心同体とさえいってよい）の第一歩が踏み出された。

三　後七日御修法

毎年正月八日から十四日まで七日間にわたって宮中真言院で修せられる後七日御修法は「玉体安穏と鎮護国家を祈念して行われた」[38]が、修法の中心となる阿闍梨には東寺長者（一長者とは限らない）が綸旨[39]でもって任命された。

「東寺百合文書ろ」[40]は永暦二年（応保元＝一一六一）より貞治元年（一三六二）までの、この御修法に参仕した僧侶のリスト（後七日御修法請僧交名）と裏書を収めているし、『醍醐寺新要録』はそれ以後永徳元年（一三八一）までのものをほぼ収めている。

賢俊は建武四年（一三三七）に初めて後七日御修法の阿闍梨となってより、貞和四年（一三四八）に最後の回を勤めるまでの十二年間に九度もこの役目を拝命している。暦応四年（一三四一）に東寺一長者として阿闍梨を勤めて以降の六度はずっとこの地位での修法であった。裏書によれば、この時「忽応一朝護持之清撰、既致五載相続之勤修、倩考此例、殆少旧規」と喜んでいるが、この記録はさらに更新された。貞和三年八度目の時は「建武以来既八ケ度之奉仕」と誇示している。

「朝家護持、国土豊饒、併依此法之功力、更不可為退転」（正平六年の交名裏書）の表現に集約されるように、後七日御修法は国家の祈禱として重要視されていた。その修法を主導する阿闍梨の役を約十年にわたって賢俊が勤めたことの意味は極めて大きい。賢俊は大体固定した請僧たちを率い（同様のメンバーを伴僧として他の修法を行うこともある）、安定的かつ長期的にこの御修法をいわば専掌しているのである。この方式は賢俊の後継者の光済に受け継がれた。

他方、賢俊は貞和二年（一三四六）三月に公家護持僧に任じられた。このことについては後述する。

ちなみに、後七日御修法の阿闍梨の選任はその時の政治情勢の影響をうける。したがって康永元年の寛恵（仁和寺）、貞和元年の栄海（醍醐勧修寺流）、観応元年（一三五〇）の隆舜（醍醐報恩院流）などと交替した事情は当時の政治情勢と宗教との関係で興味深いが、そのことについていまは触れない。

賢俊は前述したように、貞和四年を最後に後七日御修法の阿闍梨の役に就いていない。観応の擾乱が契機になったのは間違いない。しかし、擾乱の後の文和二年（一三五三）の後七日御修法では弟子賢季が阿闍梨をつとめているが、これは賢俊の代わりだったこと（『園太暦』同年一月八日条）を思えば、賢俊に復帰の意思はなおあったものと考えられる。

四　護持僧

光厳天皇の護持僧であった尊円親王（青蓮院）は正慶二年（一三三三）二月、「天下騒動」のさなかにわかに禁裏への参仕を命じられたとき「凡為護持僧者、暴風雷雨之時、猶以馳参之条先規也[41]」と述べているが、この言葉は天皇に対する護持僧の任務、換言すれば「護持」という行為の性格を端的に物語っている。

そもそも護持僧とは「内裏清涼殿二間に夜居し、さまざまの修法によって『聖体安穏・宝祚延長』を祈念する、主として天台・真言両宗に属する一群の僧侶[42]」のことである。護持の客体は単一ではないが、関係史料を最も多く残しているのは天皇の護持僧である。

賢俊は公家・武家両方の護持僧に任ぜられたが、武家護持僧となったのが早いので先にこちらを取り上げることにする。

(1)武家護持僧

まず「五八代記」の賢俊の項に、次の記事が見られる[43]。

> 四月四日、(建武五年)於将軍、為客星祈禱被修五大虚空蔵法此法予勤仕、為護持僧五人之最末、勤仕最初之御願、頗面目之至歟、修法以之為始、抑此法者宗之源底也、

建武五年(暦応元＝一三三八)四月四日、足利尊氏第において客星祈禱として五大虚空蔵法が修された時、賢俊は五人の護持僧の末席に連なり、「最初之御願」に勤仕した。この護持僧が武家護持僧であることはいうまでもない。この修法に勤仕したことを賢俊がすこぶる名誉と意識していることは特に注意される。南北朝時代の武家護持僧が鎌倉時代のそれの延長線上にあることは十分予測できるが、管見の範囲内における南北朝時代の武家護持僧の史料的初見はこれである。右史料に明らかなように、建武五年当時賢俊のほかに、賢俊より上席の、おそらく山門・寺門の武家護持僧が四人いたのである。賢俊はすでに建武三年十二月に東寺長者(二長者カ)・根来寺座主に補され[44]、同四年からは後七日御修法での阿闍梨を勤めるまでに昇進していたが[45]、武家護持僧としてはまだかけ出しにすぎなかった。

「門葉記」39 観応3・5・6	「門葉記」39 文和2・5・19	「門葉記」39 文和5・2・22	「三宝院文書」 延文2・2・22	「五　大　成」 延文3・4・29
○(金) ○(軍)＊	○(金) ○(軍)	○(金) ○(軍)	○(金) ○(軍)	○(大) ○(金)
○(降) ○(大)	○(降) ○(大)	○(降) ○(大)	○(降) ○(大)	○(中) ○(軍)
○(中) ◌＊＊	○(中)	○(中)	○(中)	○(降)
五壇法.「已上五人武家護持僧也」.場所は東寺西院小子坊.尊氏は当時東寺に居住.	五壇法	五壇法.「於武家亭，被行之」	五壇法.「於武家二条亭(足利尊氏亭)」	五壇法.「於武家被修之，尊氏卿腫物祈禱也」

持僧」の光恵が臨期に加えられた(「東宝記」法宝・中，『国宝東宝記原本影印〈巻五～巻八〉』516
(降)＝降世三法，(軍)＝軍荼利法，(大)＝大威徳法，(金)＝金剛夜叉法.

では、そのような武家護持僧は一体どんな役割を果したのか、具体的に見ていこう。

(イ)五壇法

密教の修法の一つに五壇法がある。五大明王（不動・降三世・軍荼利・大威徳・金剛夜叉）それぞれの護摩壇をしつらえ、同時に行ずる修法であるが、密教が強く人々の心をとらえていた当時にあっては、国家レベルの祈禱としてきわめて重要視されていたことはいうまでもない。この五壇法の主催権は元来公家側にあった。天変地異や兵乱、災害、御産、病気などの重大事に直面した時、公家では、その呪力に大きな期待をかけて、頻繁に修法を行っている。(46)

室町時代における国家的祈禱の主催権をめぐる公武関係について究明した富田正弘氏は、「五壇法は少なくとも康永四年（貞和元年＝筆者注）までは、確実に公家権力の手によって行われて」いたが、貞和二年（一三四六）九月に「足利直義が武家としてはじめて五壇法を主宰して以後、ほとんど武家の修

宗派	僧名（出典→）	「五八代記」建武5・4・4	「賢俊日記」貞和2・5・1／5・10	「賢俊日記」貞和2・9・26（24イ）	「門葉記」39 観応元・6・19
山門	聖恵(大御堂)		○		
	桓豪(実乗院)				○(金)
	光恵(心性院)			○(金)	
	隆寿(横　川)				
寺門	増基(実相院)		○	○(中)	○(中)
	増仁(南滝院)			○(大)	○(軍)
	清顕				
東寺(醍醐寺)	賢俊(三宝院)	○	○	○(降)	○(降)
	栄海(慈尊院)			○(軍)	
	覚雄(地蔵院)				○(大)
備考		「護持僧五人之最末」	「武家祈禱三人」．場所は三条坊門足利直義亭	「於三条坊門(足利直義亭)，五壇法有之」「五大成」では(大)と(金)が入れ替わり	五壇法．「已上五人武家護持僧也」．場所は三条坊門足利義詮亭

表1　足利尊氏期の武家護持僧

注　＊・＊＊　この日「武家護持僧五人内」の覚雄は「故障」により参仕せず，代わりに「非護
頁)．その後，光恵は正式の護持僧に任命されたのであろう．(中)＝不動法，

法となった(47)」と述べているが、これは南北朝時代の公武関係を考えるとき見落とすことのできぬ重要な指摘である。

さて、注目したいのは肝心の武家護持僧と五壇法との関係である。結論から先にいえば、五壇法の主催権の公家から武家への移行、換言すれば室町幕府による五壇法主催権の剥奪を可能にしたのは、幕府の将軍の身辺に編成された武家護持僧だったのである。いま足利尊氏期（尊氏は延文三年〈一三五八〉四月三十日没）に限って武家護持僧の史料所見を一覧表に整理してみる（表1）。

この表によって知られるのは、貞和二年九月三条坊門の足利直義第で修された五壇法より以降、五種の修法は五人の武家護持僧によってそれぞれ担当され、武家方の施設において従来と全く同様の方法で挙行されていること。また道場となった場所からみて、おそらく観応の擾乱で足利直義が失脚するまでは直義がこれを主導したであろうこと(48)。これに関連

して、観応三年（文和元＝一三五二）以降賢俊が中壇不動法をもっぱら修している点からうかがえるように、賢俊は五人の武家護持僧の中で筆頭の地位を獲得したと思われるが、これは将軍尊氏の修法への直接的かかわりと関連しているであろうことである。

一方、五人の武家護持僧の宗派別構成に着目すれば、山門・寺門・東寺の三流から各々トップクラス一、二名が出ている。この宗派別構成の特徴は大体従来と同じであるが、よくみると東寺ではすべて醍醐寺系であり、仁和寺系は一人も含まれていない。このことは賢俊とのかかわりから理解できよう。また各々の僧の出身家門や俗系からみれば、山門の光恵と東寺の賢俊は兄弟であり、ともに日野俊光の子。寺門の増基と増仁も近縁関係にあり、五摂家の一鷹司家出身。出身家門にかたよりのあるのも否めない。ちなみに、聖恵は鎌倉将軍惟康親王の子、桓豪は九条道家の玄孫、栄海は藤原内麿の子孫（日野家と遠縁）、隆寿は四条隆政の子、そして覚雄は久我長通の子。清顕は目下系図上の位置不明。

以上、貞和二年（一三四六）以降の五壇法が武家護持僧によって修される様子をみてきたが、そのような武家側の受け皿はある時突然作られたのでないことは、さきの表1に示し、またすでに触れたように、早くも建武五年（暦応元＝一三三八）の段階で武家護持僧の編成がある程度形をなしている事実に明瞭である。「門葉記」所収の五壇法関係の記録や「五壇法略記」(49)「五大成」などによれば、賢俊はもとより、貞和・観応段階になって武家護持僧としての姿を明確にする桓豪・清顕・栄海たちは貞和元年まで公家側主催の五壇法修法に参仕している。おそらく彼等は賢俊と同様にかなり早い時期から武家護持僧に任じられながら、公家主催の五壇法に参仕していたのであろう（賢俊自身は建武四年より公家五壇法に参仕）。五壇法修法がスムーズに武家主催へと移行されたのは、そのようなレールがすでに敷かれていたためと考えられる。

のちに述べるように、公家（天皇）の側にも護持僧の一団がいた。しかしこちらの護持僧は五壇法を行うのを任務の一つとしているわけではない。同じ護持僧であっても、このように公武で異なる点もある。

㈺諸種の修法

賢俊は五壇法以外の修法も行っている。その修法の具体的内容については「五八代記」にも詳しいが、こと貞和二年と文和四年（一三五五）分については「賢俊日記」がある。賢俊の修法記事をすべて掲出すれば繁雑となるので、いま最も史料として充実しているこの二年分に限り「賢俊日記」と「五八代記」とによって表示しておこう（表2）。しかも貞和二年（一三四六）はすでに述べたように、五壇法主催権が公家より武家へ移った年であるので、同年の記事は殊に興味深い。

表2によって見れば、賢俊は武家祈禱として足利将軍家、なかんずく将軍尊氏、その実弟直義のために種々の修法（不動法・延命法・愛染王法・六字法・地蔵法など）を行っている。「天下祈禱」として、というものもあるが、これは天下静謐を祈ったのであろう。これらの行為は賢俊の武家護持僧としての職務と考えてよかろう。

そこで、少し立ち入って見よう。賢俊は武家護持僧でありながら貞和二年三月二十三日には光明天皇の護持僧にも任じられたのであるが、どちらの護持が主体になっているかといえば武家のそれであることは明瞭であろう。天皇護持僧としての修法記事は極めて少なく、いわんや「二間夜居」したということはどこにも見つからない。それに引きかえ、賢俊が入夜「将軍御壇所」に入ったという記事が見られるのである。公家・武家護持僧としての賢俊の顔はどちらかといえば武家の方を向いていたということができよう。

同じ武家祈禱でも、当時の室町幕府政治の二頭政治を反映して、尊氏のためのものと直義のためのものとがあった。武家護持僧は一義的には将軍尊氏の護持を任務としたが、直義が将軍権力を分掌したため直義の護持をも

表2　賢俊の修法

貞和二年の祈禱

	足利尊氏関係	足利直義関係
武家祈禱	正月四日、将軍重厄御祈として不動護摩結願(去月二十七日始行)。 正月八日、武家祈禱当番の間、賢季僧正を代官として遣わす。 正月十九日、将軍御重厄御祈として普賢延命法を修す。 三月二十七日、将軍御逆修始行(本尊不動明王)。 四月三日、将軍逆修として長寿堂において曼荼羅供。 五月一日、武家祈禱当番として将軍亭に参住す。 (五月二十日、今夜より「将軍御壇所」に参住す)。 六月一日、将軍・御台・姫君のために愛染王法供養。 七月十六日、天下祈禱として将軍家において六字法。 八月十九日、将軍家において不動法。 十月八日、将軍姫御前御祈として愛染王法。 十月十三日、将軍重厄御祈として両月分地蔵法始行。 十月二十日、将軍家において地蔵法。同時愛染王法。 十二月十六日、将軍御祈として普賢延命法を修す。	正月八日、武家祈禱当番の間、定讃律師を代官として遣わす。 二月二十五日、三条坊門亭において、六字護摩始行。 五月一日、武家祈禱当番として長験律師を進らす。 五月七日、天下祈禱として三条坊門において修法。愛染王法を修す。 五月十二日、三条坊門の鎮守八幡において、理趣三昧を修す。 九月二十六日、三条坊門において五壇法。降三世法を修す。 十一月十三日、三条坊門において愛染明王開眼供養(十一月十五日、愛染明王を石清水八幡宮平等王院に納む)。
公家祈禱	正月八日～正月十四日、後七日御修法(三月二十一日、東寺御影供々養参仕)。三月二十八日、持明院殿において尊勝茶羅尼供養(五月十五日、若宮御前供養)。六月六日、持明院殿において最勝講御本尊供養。	

文和四年の祈禱

武家祈禱	正月四日、加持のために将軍亭に赴く(正月二十四日、御祈始行。大般若経転読、その外供養法)。二月一日、尊勝茶羅尼。 二月十三日、尊氏の命により仏眼護摩を始行す。五月十六日、尊氏の二条亭において不動法を修す。(五月十九日、入夜、将軍御壇所に入る)。 五月二十三日、足利義詮の御修法に参勤(七月七日、若御前(千寿王丸)祈禱に参勤すべきの由音信あり。目所労により子細を申す)。 七月十八日、足利義詮のために中御門亭において仏眼法を始行す。八月六日、尊氏の二条亭において愛染王護摩を始行す。 八月十八日、尊氏施主となり、足利義詮のために中御門亭に延命法を修せしむ。十一月十五日、不動法を修す。
公家祈禱	三月八日、今夜より三壇御祈。愛染王護摩を始行す。

含んだものと察せられる。文和四年（一三五五）には次期将軍としての義詮のための祈禱が顕著である。以上、賢俊による武家祈禱の具体的内容を特に貞和二年・文和四年について見たが、その前後の時期についても一瞥しておく必要があろう。

「五八代記」によれば、暦応二・三年（一三三九・四〇）に三条坊門（足利直義亭）で武家祈禱が行われ、康永三年（一三四四）には将軍家において将軍御産御祈として普賢延命法や十一面法が修されたし、貞和元年には三条坊門において六字法が、将軍家において不動法が修されている。修法の回数は少なく分散的である。一方、貞和三年以降観応二年（一三五一）ころまでは貞和二年のように頻繁な修法記事が見られる。このことは賢俊の武家修法が貞和二年を画期として急激に増えたことを意味している。その修法は尊氏のためのものと直義のためのものとが相半ばしているが、貞和五年十月足利義詮が鎌倉から上洛して三条亭に入ると、義詮主催の修法が増えてくる。賢俊と義詮の関係の深まりがうかがわれる。

むろんすでに述べたように、武家護持僧は賢俊一人ではなく他にもいる。彼らの動向は史料的に詳しくは知られないが、護持僧たちは当番制によって将軍家に修法奉仕をしていたものとみられる。賢俊の呪力はことに顕著で[50]、護持僧のなかで主導的立場にあったろう。この賢俊の役割はこの後、光済—満済に受け継がれて、幕府政治との係わりを一層深めてゆく。

(2)公家護持僧

賢俊は一方では、公家護持僧にもなっていた。具体的にいえば、天皇護持僧および東宮護持僧である。このうち東宮護持僧とは、貞和四年二月七日山門の慈厳・尊円とともに、賢俊が直仁親王の護持僧となったことを指す

表3　足利尊氏期の公家（天皇）護持僧

天皇	護持僧	宗派	備考
光明	尊円＊	山	青蓮院。伏見院皇子
	道昭＊	寺	常住院。摂政一条家経息
	成助＊	東	真光院。内大臣中院通重息
	乗伊	寺	
	慈慶	山	妙香院。内大臣一条内実息
	俊禅	〃	知恩院。大江挙俊息カ
	慈快	〃	曼殊院。左大臣西園寺公衡息
	尊胤	〃	梶井。後伏見院皇子。尊円替
	祐助	〃	桂林院。後二条院皇子
	益守	東	石山座主。左大臣洞院実泰息
	尊什	山	般若院。左中将藤原長嗣息
	賢俊	東	三宝院。権大納言日野俊光息「賢俊日記」による
崇光	尊円＊	山	前出
	良慶＊	寺	常住院。摂政一条家経息
	賢俊＊	東	前出
	増基	寺	実相院。関白鷹司基忠息
	道意	東	勝宝院。太政大臣西園寺実兼息
	隆舜	〃	報恩院。左京大夫四条隆政息
	尊胤＊	山	前出
	道昭＊	寺	〃
	賢俊＊	東	〃
	尊悟	寺	円満院。伏見院皇子。道昭替

が(51)（同親王の立坊は同年十月二十七日）、東宮護持僧関係の史料は極端に少なく、その実態はほとんど判らない。

すでに述べたように、護持僧で比較的多くの関係史料を残しているのは天皇のそれである。賢俊が光明天皇の護持僧になったのは貞和二年三月二十三日であり、おそらく初任だったと察せられる。(52)幸いにして「賢俊日記」の同年分は伝存しており、同記の同日条裏書に「護持僧宣旨」（実体としては綸旨）とこれに対する賢俊の請文が収められている。(53)綸旨・請文の様式・文言は定型的なものである。

被　綸旨偁、可祗候二間夜居之由、宜遣仰者、綸旨如此、悉之謹状、

三月廿三日　　春宮大進俊冬奉

謹奉　東寺長者僧正御房

可令候二間夜居者、謹所請如件、

三月廿三日　　法務賢｜（俊）｜（請）文

南北朝時代にも護持僧はふつうこのような手続きでもって任命されたと考えられるが、賢俊が活躍した室町幕府の成立

後光厳	尊道	山	青蓮院。後伏見院皇子
	亮性	〃	妙法院。後伏見院皇子
	定憲	東	妙法院。権大納言九条光経息
	寛胤	〃	勧修寺。後伏見院皇子
	覚雄	〃	地蔵院。太政大臣久我長通息
	桓豪	山	実乗院。中納言一条内家息
	覚誉	寺	聖護院。花園院皇子
	承胤	山	梶井。後伏見院皇子
	増仁	寺	実相院。権大納言鷹司冬経息
	尊什	山	前出
	光済	東	三宝院。権大納言日野資明息
	恒鎮	山	梶井。恒明親王子
	良瑜	寺	常住院。摂政二条兼基息
	慈済	山	妙香院。関白一条経通息
	定尊	寺	竜華院。内大臣花山院長定息

注　＊は代始護持僧。

期、北朝天皇の代でいえば光明・崇光・後光厳三代の間、一体どのような僧侶が護持僧に任ぜられたのであろうか。

内閣文庫所蔵「護持僧補任」（『大正新修大蔵経　図像第一一』「門葉記」五三で活字化）によって右記三代の護持僧を拾い上げると表3のようになる。(54) 各代とも延べ人数ではかなり多いが、一つの時点をとってみれば、山門・寺門・東寺ともに大体一、二名である。護持僧には天皇の即位前後に補任される「代始護持僧」と随時補任の「加任護持僧」とがあった。(55) 中核となる「代始護持僧」が山門・寺門・東寺各々一名ずつ補され、これに「加任護持僧」が加わることもあったので、そのような状況を呈したわけである。

賢俊は三代にわたって護持僧として名を見せている。光明天皇の貞和二年（一三四六）に護持僧として初登場したときは「加任護持僧」であったが、崇光・後光厳両天皇の代では「代始護持僧」であった（任命時点はそれぞれ貞和五年正月二十九日、文和三年〈一三五四〉九月十三日）。東密では、崇光の代以降仁和寺系が減少し醍醐寺系が増えている。このことも東密における醍醐寺の台頭を物語るであろう。

先にみた武家護持僧との関係はどうか。補任や退任・交替の時点、事情がはっきりしないものも少なくなく、相互関係について細かなところまでは判らない。しかし、賢俊が尊氏の護持僧でありながら、同時に天皇の護持僧であったことはまちがいない。ほかには、寺門の増基が貞和五年に崇光天皇の護持僧であったという所見があるのみ。(56) 山門の桓豪、寺門の増仁、それに東寺の覚雄は尊氏の護持僧の経歴の持ち主ではあるが、それは天皇（後光厳）の護持僧であった時期とは時間的に重ならないようである。

当時の東密の僧侶の中で、賢俊がいかに特異な役割を果していたかが知られよう。

さて、では賢俊は天皇の護持僧として何をしたのか具体的にみよう。ここでも「賢俊日記」の記事が参考になるが、すでに掲示した表2で貞和二年・文和四年分の公家祈禱については整理している。しかし後七日御修法の阿闍梨勤仕が護持僧固有の任務ではないこと、あるいは護持僧に補任される以前とおもわれる康永三年（一三四四）に「仙洞御悩御修法」（「五八代記」）として仏眼法を修していること（上皇は天皇の一族）からわかるように、表2の公家祈禱欄の諸修法が護持僧としてのそれとはかぎらない。「五八代記」には、それ以外の年の公家祈禱の記事が散見されるが、これらについても同様である。

護持僧固有の行為と見られるのは「護持僧補任」に記されているような、山門僧による如意輪法、寺門僧による不動法、それに東寺僧による延命法修法である。三者同時に修されることも多く、その場合は三壇法と称された。

東寺の賢俊についてのみ見れば、観応元年（一三五〇）十月十四日の三壇法修法において延命法を修している（如意輪法は尊円、不動法は良慶）。賢俊はまた文和三年（一三五四）閏十月十三日の五壇法修法においても分担の修法を行ったが、「護持僧補任」はこの時の賢俊の修法に係けて「修聖観音歟、如何、可尋之」と注記している。管見の限り、賢俊関係のこの種の史料は以上に尽きる。ちなみに、『園太暦』延文五年（一三六〇）五月二十八日条によると、後光厳天皇の不予に際して賢俊が仏眼法を修し、同天皇が平癒したが、この場合は護持僧としての係わりだったかもしれない。

護持僧による三壇法修法はこの後も続けられた。少なくとも南北朝時代までは史料によって確実に追いかけることができる。しかし、「賢俊日記」貞和二年（一三四六）十二月五日条によって知られるように、本来護持僧が夜居をする清涼殿二間に安置さるべき本尊の二間観音像は紛失中だったのであるから（おそらく吉野に持ち出されたのであろう）、天皇護持の態勢は重大な支障をきたしていたといってよい。

おわりに

すでに笠松宏至氏が指摘したことではあるが、尊氏に従って播磨に落ち延びようとしていた賢俊は観応二年正月十四日弟子光済にあてた書状の中で「将軍同行申候間、進退偏任彼命候了、仍共(供)奉戦場之条、非釈門之儀、可為一流之恥」と心中を告白している。笠松氏はこの賢俊の内なる「釈門の道」と「将軍への忠節」との矛盾に着目した[57]。

僧が軍陣に参ずることに対する賢俊の嫌悪感はこの時点前後の史料にも見ることができる。一つは、戦闘不参加を申し合わせた貞和四年（一三四八）三月日高野山金剛峰寺衆徒一味契状に、法務前大僧正賢俊が「鎧甲冑列軍兵之条、高祖之照覧、誠其憚多」とことさら外題を書き加えていること[58]。もう一つは文和二年（一三五三）正月、密かに京都を退き近江柏原城に蟄居した佐々木道誉のもとへ足利義詮の使者として赴くよう命じられた時、賢俊は「再三雖辞退、不免」、やむなく出発したことである[59]。

しかし、六歳年上の賢俊に対する将軍尊氏の絶大な信頼帰依・経済的援助と、武家護持僧としての賢俊の尊氏に対する奉仕の精神とは互いに作用しあって、賢俊の心に驚くべき忠誠心を芽生えさせた。延文二年（一三五七）は尊氏の「慎歳」にあたり、京都の大寺社は軒並み祈禱を命じられたが、賢俊は石清水八幡宮の宝前に願文を呈し、身をもって尊氏の歳厄に代わらんことを祈願しているのである。同年二月十日付のその願文[60]に見られる「金剛仏子賢俊、多年之芳契不浅、数箇之重恩尤深、依之為酬其恩、以小量之身、祈代大樹之命」のくだりは、尊氏より受けた厚遇（御恩）と武家護持僧としてこれに報いんとする賢俊の意識（奉公）との関係を端的に表現したものといってよい[61]。

このような将軍との精神的な強い結び付きを背景にして、政治や所領をめぐる訴訟など世俗のことがらに深く係わったことも、賢俊を考える場合等閑視することはできない。洞院公賢が賢俊を「公家・武家権勢無比肩之人」と恐れたわけも、「諸人之蠹害」と罵ったわけも、この点から理解することができる。しかし、紙幅尽きたので、それらのことがら（つまり冒頭で述べた第一、第二の顔）については、別の機会に譲るしかない。

（1）『史料纂集　園太暦　巻三』三五六頁。
（2）『史料纂集　園太暦　巻六』七二～七三頁。
（3）「密宗血脈鈔　下」（『大日本史料』六編之二一、三五五頁）。
（4）「統伝燈広録」小野方下、同右、三五八頁。
（5）『歴史地理』一五―一、明治四十三年。
（6）『歴史と人物』所収、大正五年。
（7）第五章第三節「三宝院賢俊」（日本電報通信社出版部、昭和十七年）。
（8）「近江国香庄文書の研究」（『早稲田大学大学院文学研究科紀要』六輯、昭和三十五年）。同氏『日本中世古文書の研究』（昭和三十九年）にも同題の論稿を収録。「醍醐寺と近江香庄」（同紀要九輯、昭和三十八年）。「賢俊僧正自筆置文について」（『田山方南華甲記念論文集』所収、昭和三十八年）。
（9）『早稲田大学所蔵文書　上巻』（昭和五十三年）に収録。
（10）『月刊歴史手帖』一〇、昭和五十一年。

(11)『月刊百科』二五五、昭和五十九年。のち同氏『法と言葉の中世史』(平凡社、昭和五十九年)に収録。
(12)『金沢文庫研究』二六七、昭和五十六年。
(13)「五八代記」の記事は『大日本史料』第六編の該当年月日条に分載されている。他方、佐和隆研氏によって醍醐寺所蔵の「五八代記」がそっくり写真版で『醍醐寺文化財研究所研究紀要』第四号(昭和五十七年)に収められている。
(14)「入壇」とは、「①真言宗で、伝法や授戒のとき、行者が灌頂(かんじょう)壇に登って受法すること。登壇。②受戒のとき、受者が戒壇に登ること。」(小学館『日本国語大辞典』15)とある。この場合は②であろう。
(15)『大正新修大蔵経　図像』(以下、大蔵経図像と略称する)一一に収める「門葉記」の記事には天台僧とおぼしき「賢俊」の名が散見するが、本稿で取り上げる賢俊とは別人だろう。
(16)「後七日御修法請僧交名并裏書続紙」(「東寺百合文書ろ」『大日本古文書　東寺文書之一』)二九一頁。
(17)同右、二九二〜二九三頁。
(18)同右、二九四頁。
(19)同右、三〇四頁。
(20)「門葉記」三六、五壇法一、大蔵経図像一一、三三九頁。
(21)このときの修法では「太上天皇御息災安穏増長宝寿・御願円満」(同年九月二十六日賢助請文)、「太上天皇　玉体堅固、宝寿長遠・天下泰平・内外無辺・御願円満」(同日乗伊請文)、「太上天皇御願成就・天下泰平」(同日尊園親王請文)が祈られた。
(22)具体的にいえば、尊円・俊禅・慈什が山門、乗伊が寺門、そして賢助が醍醐寺の出である。
(23)「門葉記」三九、五壇法四、大蔵経図像一一、三六二頁。
(24)いまひとつ「門葉記」の錯誤をあげておこう。同記三九、五壇法四、大蔵経図像一一、三六一頁には元弘元年八月二十八日に五壇法が修されたとするが、この日付は九月四日の誤りだろう(同書三三八頁および「五大成」参照)。
(25)正慶二年正月十七日前大僧正賢助置文、『大日本古文書　醍醐寺文書之一』三六三頁。
(26)(観応二年)正月十四日前大僧正賢俊書状、『大日本古文書　醍醐寺文書之六』二五四頁。

(27)『大日本古文書　醍醐寺文書之二』四〇九頁。
(28)『シンポジウム日本歴史8　南北朝の内乱』（昭和四十九年）五〇〜五一頁。
(29)『大日本古文書　醍醐寺文書之八』一二三頁（第一二函）。
(30)「写瓶」（しゃびょう）とは、「仏語。師から弟子へ仏の教えの奥義（おうぎ）をあますところなく伝授すること。また、その弟子。しゃへい。」（小学館『日本国語大辞典』5）とある。
(31)『弘法大師と密教美術』（昭和五十八年）一一一頁掲載の写真版。
(32)「本朝皇胤紹運録」（『群書類従　第五輯』八四頁）。
(33)『国史大辞典3』（吉川弘文館）花押の項に収められた図版では、一四八三号の賢助の花押（二）としてこの文書の花押を載せているが、東京大学史料編纂所編『花押かがみ　四』二一八頁の該当個所には採用されていない。その形状は特異である。
(34)「東寺長者補任」（『続々群書類従　第二』、六三六頁）。
(35)同右、六四四頁。
(36)「五八代記」賢助の項に「弘安三年　月日御誕生」「年　月　日於　上醍醐照阿院入滅年五十四」とみえ、逆算すれば没年は元弘三年（一三三三）となる。
(37)「醍醐寺座主次第」「五八代記」（『大日本史料』第六編之三、四六七頁）。
(38)『国史大辞典5』七六六頁。田村隆照氏執筆。
(39)例えば『醍醐寺文書』所収の（嘉元四年）正月四日後二条天皇綸旨や『園太暦』貞和四年正月七日条。
(40)『大日本古文書　東寺文書之一』。
(41)「門葉記」五〇、長日如意輪法二一、大蔵経図像一一、四四九頁。
(42)注(12)所引、湯之上隆氏論文、三二一頁。
(43)注(13)所引『醍醐寺文化財研究所研究紀要』第四号、四六頁。
(44)「三宝院文書」「五八代記」（『大日本史料』第六編之三、九三八〜九三九頁）。
(45)「後七日御修法請僧交名并裏書続紙」（『大日本古文書　東寺文書之一』）三〇四頁以下。
(46)大蔵経図像一一。

(47)「室町時代における祈禱と公武統一政権」（『中世日本の歴史像』所収、創元社、昭和五十三年）三二五頁。

(48)「貞和四年記」（『続群書類従　第二九輯下』）によると、貞和四年七月十七日、足利直義は「武家三条殿」（直義の自邸）において「武家護持僧一﨟」の実相院前僧正増基に武家での勤行としては初例の「尊星王法」を「天下静謐御祈禱」として供料二万疋で修させている。

(49)『大日本史料』第六編之九、一八九～一九〇頁。

(50) 例えば「五八代記」貞和四年一月十八、二十四日条。

(51)「護持僧補任」（内閣文庫所蔵本。大蔵経図像一一、五〇五頁）。

(52)『大日本史料』第六編之六、四三一～四三二頁では、「東寺長者雑自記」文禄三年七月二十一日条の記事を踏まえて、暦応三年十二月二十六日にかけて「北朝、大僧正賢俊ヲ東寺一長者ニ補シ、護持僧ト為ス」との綱文を立てている。この記事は史料的に検討を要すると思われるのでいまは採らない。

(53)『新編一宮市史　資料編六』八七七頁。

(54) 湯之上隆氏は注(12)所引論文、四三頁において、平安・鎌倉時代の護持僧一覧表を作成している。それらは「二種以上の典拠によって代始および加任護持僧に補任されたことが明らかなもの」（四一頁）である。この極めて慎重な史料の取扱い方は尊重されねばならないが、しかし、その処理の仕方はやや機械的ではあるまいか。確実な事例なのに所見回数が一回だったため、不採用になったものは果してなかったか。
湯之上隆氏はあるいは準備済みかもしれないが、南北朝時代以降の護持僧については未公表のようである。表3は同氏にならって作成したが、「護持僧補任」所載のものをすべて登載した。記載事項に疎密はあるが、内容的に特に疑うべき点はなく、いちおう信頼するに足ると考えるからである。

(55) 注(12)所引、湯之上隆氏論文、三七頁。

(56)「護持僧補任」。

(57) 注(11)所引、笠松宏至氏著書、七二～七六頁。

(58)「高野山文書」（『大日本史料』第六編之一一、四三九頁）。

(59)『園太暦』文和二年正月八日条。

(60)「三宝院文書」（『大日本史料』第六編之二一、二〇六頁）。なお、注(10)所引、荻野三七彦氏論文、四八～五〇頁参照。

（61）賢俊はこの年閏七月十六日、五十九歳で没。尊氏は四十九日の供養に自ら般若理趣経一巻を書写して、翌年四月三十日没。

【追記1】①原稿提出後、片山伸氏「室町幕府の祈禱と醍醐寺三宝院」（『仏教史学研究』三一―二、昭和六十三年）に気付いた。賢俊に関しても注目すべき指摘がなされているが、本稿では触れることができなかった。

②拙稿「日野家の群像――南北朝期を中心として――」（『高校通信　東書　日本史・世界史』一五六号、東京書籍、平成元年）は、鎌倉末から南北朝期にかけての日野一門の動向について素述したものである。

【追記2】以下、成稿後に公表された研究論文の外題をあげる。

伊藤清郎氏「中世醍醐寺と公家・武家――祈禱と政治――」（羽下徳彦氏編『中世の政治と宗教』所収、吉川弘文館、平成六年）

高橋千恵氏「室町初期の『修法』――武家と寺院の関係を考えるために――」（今谷明・高埜利彦氏編『中近世の宗教と国家』岩田書院、平成十年）

上野進氏「室町幕府の顕密寺院政策」（『仏教史学研究』四三―一、平成十二年）

細川武稔氏「室町幕府年中行事書にみえる僧侶参賀の実態」（『遙かなる中世』一九、平成十三年）

西弥生氏「中世社会の密教修法――北斗法を通して――」（『日本女子大学大学院文学研究科紀要』八、平成十四年）

原田正俊氏「室町殿と仏事法会――葬送・中陰仏事を中心に――」（『仏教史学研究』四三―二、平成十四年）

大田壮一郎氏「室町幕府の追善仏事に関する一考察――武家八講の史的展開――」『仏教史学研究』四四―一、平成十四年）

藤井雅子氏「南北朝期における三宝院門跡の確立」（『日本歴史』六五四、平成十四年）

【追記3】賢俊の日記は橋本初子氏によって新しく翻刻された。「三宝院賢俊僧正日記――貞和二年――」（『研究紀要』一二、平成四年、醍醐寺文化財研究所）、および「三宝院賢俊僧正日記――文和四年――」（同一三、平成五年、同）がそれである。なお、山家浩樹氏「本所所蔵『賢俊僧正日記』暦応五年条について」（『東京大学史料編纂研究紀要』九、平成十一年）参照。

第二節　日記に引用された文書とその性格

――『満済准后日記』を素材として――

はじめに

醍醐寺座主三宝院満済の日記である『満済准后日記』はその原本が現存し[1]、現存の記事は多少の欠失は認められるものの、応永十八年（一四一一）正月から永享七年（一四三五）四月までの約二十五年間におよんでいる。活字本では、京都帝国大学文科大学叢書（全三冊）と続群書類従補遺編（全二冊）に収められている[2]。

満済の生年月日は永和四年（一三七八）七月二十日と考えられるから[3]、年齢でいうと、数え年で三十四歳から五十八歳で没する直前までの日記ということになる。満済の系図上の父は権大納言二条師冬（基冬の子）、母は聖護院房官法印源意の女とされる。少し複雑な養育関係があった様子であるが、いまはそれには立ち入らない。

満済は母が足利義満室日野業子に祗候した縁で足利義満の養子となり、醍醐寺三宝院（報恩院隆源とする説もある）に入って得度し僧籍に属した。その後、満済は、めざましい速さで僧階をかけのぼる。略歴を示そう。まず応永二年（一三九五）十一月に三宝院門跡、同十二月醍醐寺座主になったのを皮切りに、応永六年（一三九九）

三月に法印、応永十六年（一四〇九）三月に大僧正、同七月に東寺一長者・寺務となり、応永二十三年（一四一六）十月には東寺一長者・寺務に還補される。さらに応永三十五年（一四二八）四月に准三后の宣旨を、また永享元年（一四二九）十月には四天王寺検校の口宣案を受けた（四天王寺検校は将軍足利義教の執奏による）。

この間、満済が公武の祈禱修法といった宗教行政をとりしきるとともに、室町殿足利義持・足利義教の厚い信任を得て幕府の政治や外交の枢要に関与し、室町時代史に大きな足跡を残したことはつとに知られている。またその具体的な関与の仕方については『満済准后日記』に詳しい。近年、足利義持政権や足利義教政権が研究史上の空白であることがよく指摘される。これを研究するための絶好の史料が『満済准后日記』であることはいうまでもない。

本稿が着目するのは、『満済准后日記』に引用されている文書である。『満済准后日記』の本文中には、少なからざる文書が引用されている。これらの文書を取り出して検討することによって、何らかの知見を得ることができるのではないか。これが本稿の目的とするところである。なお、日記など記録類の文中に引用されている文書は、個別単独の文書とは違って、関連する記事を日記の地の文に残すことも少なくない。このことは文書そのものの内容理解に大きく貢献する。日記の中の文書が持つ強みでもある。

要するに、『満済准后日記』に書き写されている文書を検討することによって、満済が特にどのような文書を日記のなかに書き写したか、それによって何がわかるか、また満済はこの時代にどのように対応したか、などのことを調べてみよう。そのことはさらに『満済准后日記』の史料的性格の究明にも資するであろう。

一　引用された文書の種類と機能

ここで引用された文書というのは、日記のなかにきちんとした文書の形をとって掲載されたものをさす。したがって、文書を踏まえていることが明らかであっても、日記の地の文に組み込まれているケースはこれを除外している。(4)そのような条件で、日記のなかに引用された文書を拾ってみると、全部で百五点が確認された。本稿ではそれらを編年に並べて一覧表に整理してみた（後掲の『満済准后日記』に引用された文書編年一覧」。以下「一覧表」と略称）。これによってどのようなことが分かるか、以下順次検討してゆく。

(1)足利義持期

まず足利義持の時期に即してみよう。足利義持は応永三十五年（正長元＝一四二八）正月十八日に没するので、この「一覧表」の文書番号でいう①（厳密にいうと①は義持以前）から51までの全五十一点が該当することになる。足利義持は応永元年（一三九四）十二月将軍に就任するが（ときに義持九歳）、父義満が死去する応永十五年（一四〇八）五月（ときに義持二十三歳）までは幕府政治の実権は父義満に握られていた。その義持も応永三十年（一四二三）三月には将軍職を子義量に譲り、これより応永三十五年（一四二八）正月に死去するまでの約五年間は「室町殿」として施政を担当した。

『満済准后日記』に引用されている文書は、足利義持期についていうと「一覧表」にみるように、応永二十九年（一四二二）十二月から応永三十四年（一四二七）四月までの約五年間、義持の施政期間でいうと晩年の数年間に属するものといえる。

(イ)祈禱奉書

引用された文書には祈禱関係のものが多い。まず祈禱を発起した側（願主）からの依頼のための文書、そしてこれを受けた側（寺院・僧侶）の返事としての文書である。この種の文書がもっとも多く残っている。中世の東寺を中心にした祈禱の実態については、関係文書の整理を通した富田正弘氏のまとまった研究がある。[5] それによると「施主が寺院に祈禱を依頼する文書は、直状のものを祈禱状といい、綸旨・御教書など奉書形式のものを祈禱奉書と呼ぶ[6]」という。

問題は、最初に祈禱修法を発起した者、つまり願主は誰かということになるが、これがなかなか簡単に判断することが難しい。例えば『満済准后日記』応永三十二年（一四二五）七月二十九日条に次のような記事がある。

（前略）自聖護院以忠意法印被申、仙洞《(後小松上皇)》御祈事、自明日朔可始行由、為室町殿《(足利義持)》被仰出間、無余日計会此事也、

この記事によると、仙洞（後小松上皇）のための御祈開始のことが室町殿（足利義持）によって指示されたことが知られ、仙洞御祈の依頼が必ずしも仙洞（院）から出るものではないことをうかがうことができる。それではこの種の祈禱の指令はどこに発したと考えればよいのであろうか。

「一覧表」による限り、足利義持期において、願主が満済・醍醐寺に祈禱を依頼するときどのような文書を媒介としたか。実例に即していうと、それは広橋兼宣奉書と藤原俊国奉書である。

まず祈禱奉書としての広橋兼宣奉書についてみよう。広橋兼宣とは、藤原北家日野流の一門広橋家に出た公卿で、父は権大納言仲光、伯母崇賢門院藤原仲子は後円融天皇の生母。嘉慶二年（一三八八）右少弁になり、左少弁、右中弁を経て、応永元年（一三九四）左中弁、蔵人頭、さらに右大弁、左大弁を経て、応永七年（一四〇〇）参議となる。以後、権中納言を経て、応永十七年（一四一〇）権大納言、応永三十年（一四二三）従一位大納言

まで昇進したが、応永三十二年（一四二五）正月辞官、同年四月准大臣になるとともに出家、法名常寂（『公卿補任　第三編』）。典型的な文官の道を極めたといってよい。この間、兼宣は長期にわたり、伝奏として公武の間の連絡・調整にあたった。

『満済准后日記』に引かれた広橋兼宣奉書は、応永二十九年（一四二二）十二月から応永三十四年（一四二七）四月までの五年足らずの間にわたり、全部で十七点。しかもすべて足利義持期に属する。満済自身の文書を除くと、引かれた文書のなかで一個人の文書としてはもっとも点数が多い。役目の上ではあれ、それだけ満済と広橋兼宣との関係は緊密であったということもできよう。その分布に時期的な偏りはなく、ほぼ均等に分布している。

全十七点のうちもっとも早いものは、『満済准后日記』応永三十年（一四二三）正月八日条に収める（応永二十九年）十二月二十三日広橋兼宣奉書で、この文書は『満済准后日記』のなかでは「広橋大納言状」と表記される。いわゆる祈禱奉書ではないが広橋兼宣の奉書であるから、ここで見ておこう。以下のような文面である。

東寺長者事、被宣下候、可被存知由被仰下也、恐々謹言、

（応永二十九年）十二月廿三日　（広橋）兼宣

慈尊院僧正（実順）御房

この文書に関係して『満済准后日記』同日条に「法務未被定歟、明年後七日事、雖何仁定可計会歟、早々可被補寺務条可宜旨申入処、則被仰付広橋大納言兼宣卿、重可申入仙洞旨被仰出、仍其日当寺務実順僧正事被宣下了、廿四日実順僧正来壇所、祝着畏入由申、広橋大納言状則持参、令一見処、」（傍点は筆者）とみえる。この個所は、実順を東寺長者に補任するという宣下がどのような経緯で下されたかを知るうえで貴重である。つまり、満済が「寺務」を補任するがよろしかろうと申し入れたので、「ある者」がそのことを大納言広橋兼宣に「仰付」られた。

表1　広橋兼宣の祈禱奉書

理由	（被加護者の指定）	該当番号
不予	仙洞（後小松）	[9]③　㊾
	禁裏（称光）	⑥　㉟
祈禱	禁裏	㊽
	禁裏・仙洞	⑦
	室町殿（足利義持）	㊿
星合	指定なし	⑩
	禁裏・仙洞	[10]㉒
	室町殿・同御方（足利義量）	[11]㉓
地震	公家・武家（室町殿）	[12]㉖　㉞
変異	指定なし	㊺
	公家・武家	㊱
請雨	――	(51)

広橋はこれをうけてその件で重ねて仙洞に申し入れた。その結果、実順が東寺長者に補任されたというのである。[7] 注目すべきは先述の「ある者」であって、東寺長者宣下のことを広橋に「仰付」ることができるのは将軍足利義持しかいないであろう。もしそのように考えることが可能ならば、将軍の仰せを仙洞に伝えた広橋兼宣は伝奏[8]として任務を遂行したということになろう。

広橋兼宣奉書全十七点のうち右の一点を除いた十六点はすべて祈禱関係の奉書である。いま願意に即して分類してみよう（表1）。ただしこれらのうち㊼は、㊱によって始められた変異御祈修法の結願日を通告したものであるから、他と比べて性格がやや異なる。よって除外する。対象となるのは全十五点である。これらの祈禱奉書のあて所は、これを欠く三点を除きすべて「三宝院御坊」となっている。三宝院御坊とは満済とみられる。あて所を欠く三点も満済にあてられたものとみてよい。

要するに、伝奏広橋兼宣が願主の「仰」を受けて祈禱奉書（伝奏奉書）を出したわけであるが、この「仰」の主体が誰かを検討することによって、伝奏広橋兼宣の役割をうかがうことが可能である。この点について富田正弘氏は以下のように述べる。

これらの（富田論文の一覧表に掲げられた＝筆者注）伝奏奉書の「仰」の主体は、祈禱の願主（＝施主）ということになるが、願主はほぼその祈禱の被加護者であるとだいたい考えてよいであろう。ただ不予・不例の祈禱だけは、禁裏のために仙洞あるいは室町殿から祈禱命令がなされるということもあるが、それ以外は、願主＝被加護者であろう。[13]

つまり、伝奏奉書の「仰」の主体は、当該祈禱の被加護者＝願主であるという理解である。この理解はおおよそ妥当であると思うけれども、例外もみうけられるようである。⑦の祈禱奉書は「禁裏・仙洞御祈禱」として、醍醐寺人々相共に祈禱の懇念をいたすようにと「三宝院御坊」（満済）に依頼する伝奏奉書である。富田氏が示した基準でゆくと、願主は公家の治天の君すなわち後小松上皇ということになろう。しかし、この祈禱奉書には礼紙がついており、そこに「不事々敷面々可触申之由、室町殿仰候、仍内々令啓候也」と記されている。この記事は件の祈禱に室町殿が係わったことを示すもので、「仰」の主体は当然室町殿とみるべきではないか。

「仰」の主体として明らかなのは、「祈禱」欄の室町殿指定の㊿、「星合」欄の室町殿・同御方指定の㉓、「地震」欄の㉖㉞、「変異」欄の「公家・武家」指定の㊱ぐらいで、以上五例の「仰」は室町殿とみてよいであろう。「星合」「地震」「変異」「請雨」はすぐれて自然・天文現象に属する。その祈禱を命ずるのは公家か武家かということになるが、室町殿の祈禱を管轄する満済のもとには陰陽家より地震占文が届けられたりしているので、あるいは室町殿の「仰」によったのかもしれない。また「祈禱」欄のうち、禁裏、禁裏・仙洞指定の事例（㊽⑦）については、にわかに断定することはできない。なお、右では史料表現どおり「星合」「地震」「変異」と各々区分したが、これらは「変異」で一括してさしつかえない。[14]

最後は「不予」欄である。表示した事例は禁裏と仙洞の不予の場合であるが、この時期、室町将軍足利義量（義持の子）も病んでいた。『満済准后日記』応永三十二年（一四二五）二月三日条によれば、「御方（足利義量）御所様自去月十九日以外御窮屈、大略御平臥体也、御邪気又興盛、旁以珍事也」という具合で、かなり重篤の様子であることは明らかである（義量は同月二十七日、十八歳で没）。『満済准后日記』に引用された文書のなかに足利義量の不予に係わる祈禱奉書がみられないが、「東寺百合文書」には同件に係わる広橋兼宣奉書が含まれている。[15]したがって室町殿は義量のために伝奏奉書を介した不予祈禱を行わせていないわけではない。[16]禁裏不予御祈が「室町殿」の特別のはからいで行われた例があること（『満済准后日記』応永二十九年八月十八日条）や室町殿のあわただしい身辺事情を考慮すべきであるが、禁裏・仙洞の不予祈禱の「仰」がどこから出たか断定するのは難しかろう。

ここで想起されるのは、祈禱修法の一としての「五壇法」である。伝奏奉書（祈禱奉書）に五壇法のことが出てこない。これは何故であろうか。満済期の五壇法修法の実態については別に考えてみたいが、満済と五壇法とを結ぶ、足利義持の近習赤松持貞の動向については別の機会に考え、[17]赤松持貞は室町殿の命をうけて五壇法の催行のことを満済に伝えていることが知られた。五壇法が伝奏奉書にのらない理由は、おそらく、当時における五壇法の修法の仕方に起因するであろう。[18]

以上、伝奏広橋兼宣は祈禱奉書を発して、室町殿や公家の治天＝後小松上皇の意思を受けて、祈禱修法を満済や醍醐寺に伝達していたことが明らかとなった。なお広橋兼宣は、応永三十二年（一四二五）四月二十七日に出家、法名常寂（『公卿補任　第三編』）。広橋兼宣がこれ以降奉書において「常寂」と署名しているのはこのためである。

つづいて、藤原俊国の場合である。藤原俊国は勧修寺一門坊城氏で、坊城俊継の子である（俊国の子が俊秀。『新訂増補国史大系　尊卑分脈　第二篇』八二頁）。俊国は応永二十六年（一四一九）三月右衛門佐で称光天皇の五位蔵人に補され、同二十七年閏正月権右少弁、同二十八年十二月右少弁、同三十二年正月権右中弁、同年六月右中弁になったが（同年十二月辞蔵人）、翌応永三十三年六月に没した（「職事補任」『群書類従　第四輯』所収、『弁官補

任　二』)。

この藤原俊国が奉じた祈禱奉書が引用されている。応永三十一年正月から同三十二年十月にかけてのもので、具体的には、⑪⑱⑲㉘㉚の計五通がそれである。文書の形式はすべて奉書であるが、『満済准后日記』の地の文では「御教書」あるいは「書状」と表記され、宛名はすべて満済侍者の賢長(西南院・妙法院)である。直接に満済にではなく、侍者にあてられたのは、書札礼によろう。また内容的には、禁裏不予御祈、三星合御祈、月触御祈についてのものであり、広橋兼宣奉書の場合と同様に考えれば、不明確ながらもそれらの「仰」の主体はひとまず室町殿とみなせよう。富田氏のいう、伝奏が職事蔵人に命じて申沙汰させる(給旨を発給させる)ケースである。(19) となると、この藤原俊国奉書は「仰」の主体は室町殿であっても、形式の上では称光天皇綸旨ということになる。

(ロ)請文・書状

まず請文。祈禱奉書によって祈禱要請を受けた満済は、それを承知したことを返答する請文を出した。満済請文である。足利義持期に限ると、④⑳㉔㉕㉗の計五通がそれで、祈禱の種類は、それぞれ愛染護摩、二星合変異祈禱、天下太平・公家武家御運長久祈禱。伝奏広橋兼宣から受けた奉書の返事の場合はあて所を書かないが、職事蔵人右少弁藤原俊国への返事の場合は「右少弁殿」というあて所を備えている。

請文では、満済のものだけではなく、定助(花頂/㊳)、祐厳(随心院/㊵)、良什(竹内/㊷)、興継(慈尊院/㊹)のものも引かれている。これらは以下に述べるように、満済からの五壇法阿闍梨推挙に対する返事であり、満済に向けて出されたものと考えられる。

続いて書状。書状は多く引用されている。すでにみた祈禱奉書(広橋兼宣奉書・藤原俊国奉書)を『満済准后日記』の地の文では「書状」と表記した例があるが、古文書学では祈禱奉書を書状とはみなさないので、ここでは一応除外する（(イ)祈禱奉書の項参照）。このように限定すると、書状としては計十三通がこれに該当する。このうち八通が満済の書状（⑨⑰㉙㉛㊲㊴㊶㊸）、残りは、尊円親王（①）、桓教（岡崎准后／⑧）、厳真律師（東寺執行／⑫）、実順（寺務・慈尊院前大僧正／⑬）、賢長（妙法院僧都／⑭）の各一通ずつである。

内容面でみると、満済書状八通のうち、㊲以下の四通は五壇法阿闍梨の分担割り当てに関するもの。さらに、職事蔵人藤原俊国にあてて禁裏御祈の巻数送進と披露を要請するもの（⑰）、月蝕御祈の勤修者を醍醐寺から出せるか出せないかのやりとりに関するもの（㉙㉛）。この二通にあて所はないが、本件が㉘藤原俊国奉書に発している点からみて、右少弁藤原俊国にあてられたことは明らか）。いま一通は桓教（岡崎准后）書状に対する返事で、「十九箱」に関する内容（⑨）。

満済以外の書状はどうか。まず①尊円親王書状は、所労のため「三昧流法統」が相伝してきた「即護法頂戴箱[20]」である「十九箱」を青蓮院准后（義円）に渡そうと考えた山門の岡崎准后桓教が満済に送った案文で、「十九箱」の相伝の経緯が述べられている。尊円はすでに延文元年（一三五六）九月に没しており、この書状の年次は不明。⑧はこの「十九箱」について桓教が満済に遣わした書状である。トップクラスでの山門と醍醐寺との交渉がうかがわれる。

続いて⑫は、応永三十一年の東寺灌頂院御影供は醍醐寺宝池院の巡役だということを東寺執行厳真律師が醍醐寺の「別当僧都」に書き遣わした書状、⑬は、東寺長者実順がそのことを「釈迦院僧正」隆寛[21]に書き遣わした書状（『満済准后日記』の地の文には「差文」と表記）、また⑭は、同件について妙法院僧都賢長が東寺側に書き遣わした書状（「請文」「返状」と表記）である。東寺と醍醐寺との同宗寺院間の経済的負担をとおした相互関係をうかがわせる。

(ハ)室町殿関係の文書

満済は室町将軍・室町殿の護持僧であったと考えられ（本稿でいう護持僧とは原則として武家〈将軍〉護持僧をいう）、また幕府の祈禱行政を担当したから、仕事柄、室町幕府の主催者＝室町殿に近く仕えたといえる。では、『満済准后日記』には室町殿関係の文書はどの程度引用されているだろうか。

室町殿足利義持、あるいはその近習者の発給文書は以下に示す㋑と㋺二点[22]だけである。「一覧表」では㋑は⑮に、㋺は㉜に相当する。

㋑長日祈禱事、可被存知状如件、

　　応永卅一年二月廿四日　　　　　　　御判（足利義持）

　花山院僧正（定助）御房

㋺六条八幡宮御神馬一疋鹿毛御鞍置可被進引之由、被仰出候也、仍執達如件、

　　応永卅三年正月十六日　　　　　越後守（赤松持貞）　判

　六条八幡宮少別当（慶円）御坊

㋑は、『満済准后日記』の地の文にも記されているように、足利義持の御教書であるが（つまり足利義持御判御教書）、昨今の古文書学研究の成果を借りると、御内書と称しても誤りではなかろう。[23]㋑は花山院僧正定助（寺門）を武家護持僧に任ずるという内容で、㋑と一緒に、定助あての満済副状⑯が出された（このことの意味については後述する）。また㋺は、足利義持の近習である赤松持貞の奉書で、醍醐寺三宝院の支配下にある六条八幡宮に年始恒例神馬一疋を引き進めるというもの。本文書の正文は「醍醐寺文書」第一七箱第三一号文書として現存し

ている。[24]

㈡陰陽占文・勘文

中世の陰陽師・陰陽道の役割について考察した柳原敏昭氏は「陰陽師は顕密寺社の行う変異祈禱の観測所、あるいは管制塔としての役割を担っていた」[25]とする。『満済准后日記』の記事にも、陰陽師の勘文をうけて、顕密寺院として対応策としての祈禱を行った事例が認められる。

該当する事例は㉝賀茂在方占文、および㊻賀茂在方勘文である。占文と勘文との区別は必ずしも明瞭ではないが、占文が地震や星合といった自然現象の変異について「天地瑞祥志」や「天文要録」などの陰陽道のバイブルに照らした結果をそのまま記した報告書であるのに対して、勘文は陰陽家としての見解・方策を言上した意見書とみなすことができよう。㉝は応永三十三年六月十八日卯時の大地震についてのもので、また㊻は同年九月十日戌時の二星合（太白・塡星二星の異常運行）についてのものである。

差出者はいずれも賀茂在方である。賀茂在方は応永三年～同十八年の間、陰陽頭であったことが指摘され（叙三位は応永二十九年）[26]、少なくとも応永二十七年九月以降足利義持期の最後まで、足利義持の祈禱を管領したとされている。[27]

㉝の賀茂在方占文は、『満済准后日記』応永三十三年六月十八日条に収められるが、翌十九日条に収められる（同年）六月十九日広橋兼宣奉書に「就地震占文、公家并室町殿御祈禱自明日可令始行給候」とあるところから、この広橋兼宣奉書とともに満済のもとに届けられた可能性が高い。[28]広橋兼宣奉書をうけて、醍醐寺で内裏・仙洞御祈として仏眼護摩が、また室町殿御祈として不動護摩が手代をもって挙行された。陰陽家と顕密寺院の危機管理における役割分担、連携的関係の表現形態である。

(ホ)その他

以上に含まれないものとして、⑤喜久寿丸諷誦文と㉑法橋忠円送文とがある。前者は、満済が応永三十年二月二十九日に菩提寺で催された五種行を聴聞した際に弟子喜久寿丸によってしたためられた諷誦文であり、仏事修法のための文書の一つのサンプルとして特に書きとめたものと思われる。また後者は、応永三十一年の東寺御影供執事役は醍醐寺宝池院の巡役ということになったので、その用脚として七十二貫百文を醍醐寺側から東寺へ送ったときの送文である。満済は用脚を負担したことを後代に正確に伝えるためその送文の案文を日記に書きつけたものと推察される。

(2)足利義教期

引き続き、足利義教の時期についてみよう。足利義教は足利義持の弟で、応永三十五年（一四二八）正月、義持の死去に際して、石清水八幡宮の神前におけるくじ引きによって、将軍後嗣に決まったという経緯を持つ。しかも義教は山門の青蓮院門跡の座にあり、名を義円と称していた。法体の義円が将軍職に就任するためには、何よりもまず還俗する必要があった。同年三月十二日、小除目が行われ、義円は従五位下・左馬頭に叙任された。ここに義円は還俗を果し、名を義宣（よしのぶ）と改めた。同年四月二十七日には年号が正長と改元された。(29)同年六月二十一日には日野家から妻を迎えるという足利将軍家の慣例にならい、権大納言日野重光の娘を室とした。義宣の将軍就任は一年後の正長二年（永享元年＝一四二八）三月十五日である（元服は正長二年三月九日）。義宣はこの時また名を改めた。義教という名はここに登場する。

したがって、足利義教が室町殿の後嗣と決して以降に属する文書は、「一覧表」でいうと、㊷から⑩⑤までの全五十四例がこれに相当する。このうち、将軍宣下以前のものは㊷から㊽までの全七例である。

(イ)祈禱奉書

足利義持期に伝奏として活躍した広橋兼宣の祈禱奉書は姿を消している。兼宣の自筆日記「兼宣公記」(国立歴史民俗博物館所蔵)は正長元年(一四二八)七月二十二日条まで残存しているが、前年の応永三十四年(一四二七)五月十八日条に明らかなように、兼宣は「中風所労」を患っており、このころに伝奏を辞した模様である。[30]代わって登場するのが兼宣の子兼郷である。兼郷は初め宣光と名乗ったが、応永三十五年(正長元年)三月親光と改め(この年十一月右大弁宰相から権中納言に昇任)、さらに永享三年(一四三一)には兼郷と改めている。父兼宣(常寂)はこの間の永享元年九月に没、六十四歳(以上『公卿補任 第三輯』)。ここでは煩雑を避けて、兼郷で統一表記する。

広橋兼郷が、万里小路時房・勧修寺経興(経成)とともに幕府の奏聞によって伝奏になったのは応永三十五年(正長元年＝一四二八)二月のことと思われる。[31]兼郷が祈禱奉書を出し始めるのはいつからか明瞭ではないが、すでに応永三十五年四月二十五日付の実例がある。[32]この時兼郷の官位は正四位上・参議右大弁。

「一覧表」に明らかなように祈禱奉書を出しているのは広橋兼郷の他に、勧修寺経成、土御門嗣光、中御門明豊らがいる。この三人についても略歴を記そう。まず、勧修寺経成であるが、経成は勧修寺家藤原氏の出で、曽祖父は光厳上皇の伝奏・評定衆として活躍した勧修寺経顕(『尊卑分脈 第二篇』)。初め経興と名乗り、応永三十四年(一四二七)には正三位・前権中納言。翌応永三十五年七月、権中納言に還任、経成と改名している。また、土御門嗣光は日野一門で、曽祖父は柳原資明(同前)。嗣光は永享二年(一四三〇)段階では五位蔵人・権右少弁であった。さらに、中御門明豊(のち宣豊)は勧修寺流中御門家の出身で(同前)、永享六年段階では五位蔵人・

右少弁であった。『満済准后日記』には「禁裏御祈蔵人弁[33]」と表現されている。

以上の、広橋兼郷・勧修寺経成・土御門嗣光・中御門明豊の略歴をふまえた上で、個々の祈禱奉書についてみよう。まず広橋兼郷である。広橋兼郷の祈禱奉書は、㉑(降雨御祈の依頼。妙法院僧正御房あて)、㊴(室町殿准大法一壇勤仕の依頼。理性院僧正御坊あて)、㊵(二星合変異・日吉八王子山震動につき御祈依頼。理性院僧正御坊あて)、⑲(明年中将軍御祈の依頼。理性院僧正御坊あて)、㊷(地震御祈禱の依頼。理性院僧正御坊あて)、㊹(降雨御祈の依頼。理性院僧正御坊あて)、⑧⑦(地震祈禱、御台様祈禱の依頼。理性院僧正御房あて)、⑧⑨(降雨御祈延行の依頼。理性院僧正御房あて)の全八例である。内容から考えて、これらの祈禱の願主はすべて室町殿＝足利義教とみてよいと思われるが、あて所に注目すると、足利義持期には満済にあてられていたのに、義教期になると満済にはあてられず、満済に近侍する妙法院僧正(賢長)や理性院僧正(宗観)にあてられているのは新しい現象である。この変化は満済の地位が上昇した結果とみられる。

次に、勧修寺経成の祈禱奉書は、⑲(室町殿の仰せを受けて降雨御祈の依頼。禅那院僧正御房〈賢光カ〉あて)一点であるが、勧修寺経成を介した祈禱要請は『満済准后日記』の地の文にも認められる[34]。

さらに土御門嗣光の祈禱奉書は、⑥⑦(室町殿の拝賀・参宮に風雨障碍なきよう懇祈の依頼。禅那院僧正御房あて)である。職事蔵人による祈禱奉書であり、「仰」の主体は室町殿であろう。嗣光と武家との関係は深い[35]。また中御門明豊の祈禱奉書は、⑩①(禁裏不予御祈の依頼。中納言僧都御房あて)である。明豊が「蔵人・弁」であることや祈禱の目的からみて、願主は禁裏＝後花園天皇と思われる。したがってこの文書は、後花園天皇綸旨と称してさしつかえない。

また、甘露寺忠長(右大弁・蔵人頭)の奉書(⑨⑥⑨⑦)は、後小松上皇の諒闇料として竹・蘆の召進を下知する内容で、別の言い方をすれば後花園天皇綸旨と称してよい。

以上を要するに、足利義教期の祈禱奉書の特徴は前代同様に伝奏奉書と職事蔵人奉書とがあったが、ウェイトは前者によって占められており、祈禱の願主はほとんど室町殿とみられる。それらの祈禱奉書は満済にあてられることはなくなり、満済に近侍する高僧にあてられるようになる。この現象は室町殿＝足利義教政権の特質と満済の立場によるものと考えられる。

(ロ)請文・書状

請文は祈禱奉書に対する受諾の返書であるから、ほぼ祈禱奉書に対応している。具体的にいうと、満済請文(56)(60)(62)(68)(70)(76)(83)(85)(88)(90)と(80)宗観（理性院僧正）請文とがある。満済請文とみなしたものは差出書が「名字」「判」となっている事例であるが、これらに対応する祈禱奉書は満済あてとなっておらず、多くは「理性院僧正御坊」などとなっている。つまり祈禱奉書のあて所は満済ではないが、請文は満済が出すというケースである。このケースがほとんどであるが、ごく稀にあて所の理性院僧正宗観が請文を出すこともあり、(80)がそれということになる。いずれにしても、実質的には祈禱依頼を受けるのは満済であるとみてよかろう。

次に書状には数人のものがある。まず満済書状（(52)(58)(63)(71)(74)(86)(100)）であるが、内容的には、依頼された祈禱の結願と巻数送進の報告、披露の依頼、返答内容の変更、などがあげられる。祈禱関係の書状としては、他に(53)勧修寺経成書状、(103)顕済（西南院）書状、(104)中御門明豊書状が、祈禱関係以外のものに、(57)永助（御室）書状、(66)承秀（無動寺権大僧都）書状があり、一条兼良の書状（(77)(94)）、これに副えられた(78)広橋兼郷書状もある。これらのなかで特に注目すべきは、(74)満済書状と一条兼良書状（(77)(94)）であろう。前者は足利義教の内々の仰せを受けた満済が、西国を守護領国とする大内持世に、豊前辺の動静について注進せよと指示する内容で、満済が将軍足利義教の政治顧問として室町幕府政治の中枢に地位を占めていたことを証する文書である。また後者は、他にも関係する文書があるが、当代一流の故実家一条兼良が満済に対して服制と諒闇について教示したものである。このうち(77)は大臣御直衣始についてのことであり、それは永享四年（一四三二）七月二十五日に内大臣に就任した足利義教のためであることは明らかだし、また(94)が永享五年十月二十日に没した後小松上皇の諒闇に係わることも明白である。満済が足利義教のために公家社会の有職故実を精力的に調査・収集していた様子がうかがわれる。

(ハ)室町殿関係の文書

足利義教期のもっとも顕著な特徴があらわれるのはここである。室町殿関係文書として義持期には、足利義持御内書と赤松持貞奉書が各一点、計二点が認められるのみであったが、義教期になると、足利義教の文書が急激に増加している。具体的にいうと、足利義教書状（(65)(105)）、足利義教御内書（(54)(64)(72)(73)）、それに(55)足利義教賀札、計七点である。

まず『満済准后日記』永享元年十月二十九日条に収められる、(65)足利義教書状は以下のような文面である。

四天王寺別当職事、令執奏、可有御存知候也、誠恐敬白、

（永享元年）
十月廿九日　（ママ）

（満済）（御坊）
三宝院、、

文意を文面どおりにとると、永享元年（一四二九）十月二十九日、足利義教が満済を四天王寺別当職に執奏したことを満済に知らせた文書であるということになる。ところがこの文書の正文が残存している。いま他一点の関係文書とともに引用する。『大日本古文書　醍醐寺文書之一』一一二号足利義教自筆書状（イ）、および一一三号後花園天皇口宣案（ロ）である。[36]

㋑（封紙ウワ書）
「三宝院殿（満済）　　左大臣義教」

四天王寺別当職事、令執奏候、内々可有御存知候也、誠恐敬白、

「永享元」八月廿九日　　　　義教

三宝院殿（満済）

㋺（端裏銘）「口　宣案」

（異筆）「上卿　万里小路大納言（時房）」

永享元年十月廿九日　宣旨

准三后前大僧正満済

宜為四天王寺検校

蔵人頭右大弁兼長門権守藤原（甘露寺）忠長奉

先の『満済准后日記』に引用された⑮足利義教書状を㋑㋺と比較すると、それが内容の面では㋑と同じで（細かな点では相違あり）、日付では㋺と合致していることがわかる。『醍醐寺文書』に残る正文が日記にのせられた案文より信頼性が高いことはいうまでもない。㋑は永享元年八月二十九日足利義教が満済を四天王寺検校に補すよう執奏したことを内々に満済に報じたもので、㋺はこれを受けて同年十月二十九日に満済を同検校に補した口宣案である。両者の間にはちょうど二カ月の間隔がある。

引用された⑮足利義教書状の日付「十月廿九日」は、正しくは「八月廿九日」でなくてはならない。永享元年（一四二九）八月二十九日付の文書が日付を「十月廿九日」書き替えられたうえで、日記の十月二十九日条に収められているのだから、これは単なる配列のミスとはいえない。何らかの作為か、日記の成立の事情に係わる構

造的な錯誤とみるべきであろう。また⑮は、越後守護代長尾上野入道の上洛に際し、その面会に当たる満済に対して足利義教が前もって遣わした書状である。(37)

次は足利義教御内書である。㊿は、足利義教が室町殿御書始(38)として書を最初に管領畠山満家に遣わすという内容、文面は満済の「意見」であった。この時、義教はまだ正式に将軍に就任していない。㊹は、左兵衛佐斯波義淳を幕府管領職に補任するもの。以上二点ともに新しい室町殿にとって極めてシンボリックな儀式に係わる文書といえ、これを日記にのせた満済の意図は推測するに難くない。また㊲は鎌倉公方足利持氏との緊張関係が高まる中、将軍足利義教が重臣の大名たちの意向をくんで関東使節に対謁したことを篠川御所足利満直に報じたもの、(39)文案は満済の作成するところであった。さらに㊳は足利義教が豊後の大友左京亮（親綱カ）に対して九州のことについては大内持世に合力せよと命じたものである。この文書の文案も満済の作であった。これらはいずれも幕府の重大な政策や意思が決定された場面で作成された文書であり、その意思決定の場に満済がおり、しかも重要な役割を演じていたことをうかがわせる。満済は、自らの意見や文案が採用され、それが施策や対策として具体化したとき、そのときの発給文書を自らの日記に写しとめたものと考えられる。

さらに㊵は、正長二年の年頭に室町殿足利義教が仙洞後小松上皇に進めた賀札で、草案は権大納言万里小路時房の作成するところであった。

㈡陰陽占文・勘文

該当するのは、賀茂在方占文（㊱㊼）、㊶安倍有盛占文、そして⑫賀茂在方勘文の全四点である。賀茂在方は足利義持期に登場する陰陽家、安倍有盛は初登場であるが、賀茂氏とならぶ今一方の陰陽家安倍氏の出身。柳原敏昭氏の調査によると安倍有盛は応永二十三年（一四一六）三月～同二十七年（一四二〇）八月の間、陰陽頭に在職した徴証がある（叙三位は応永三十一年〈一四二四〉）[40]。内容の上では、三点の占文はすべて地震にかかるもので、今一点の勘文は醍醐山上の清滝宮造営の日次にかかるものである。

占文が出たあとの動きをみよう。(91)のケースでいうと、「地震御祈」として不動護摩が始行され、御台（足利義教の妻）御祈として薬師供が勤修された。占文自体が残っていないケースもある。例えば、(82)の祈禱奉書は「地震御祈禱」を依頼するものだが、これに先行する地震占文が写し取られていない。

地震の原因を占ってみて「天王」が動いた「吉動」の場合は、対策としての祈禱はなされなかった模様である。(81)(95)がその例とみられる。問題があるのは「水神」「龍神」「火神」「金翅鳥《こんじちょう》」などの場合で（(91)）、その時はきちんと祈禱が行われている。同じ地震にも、問題ない地震と悪性の地震とがあったのである。

(ホ)その他

以上の他の文書として、(92)一条兼良（前摂政）申詞、(93)一条兼良意見状、(98)山門申詞、それに(99)伏見宮貞成（道欽）親王賀札が目を引く。一条兼良の申詞は、永享五年（一四三三）十月二十日の後小松上皇の薨去に際し、諒闇のことにつき足利義教の尋ねに答えたもの。また同人の意見状は、関白（二条持基）よりの「談合」に寄せたもので、内容は、後小松上皇の猶子として皇位についた後花園天皇の立場（すなわち崇光院流を相続するか、あるいは旧院〈後小松院〉の一流を襲うか）を明確にすべきだという意見を述べたもの。その決定をゆだねられた満済ら三人が神祇官においてくじをとったところ、「旧院御一流分治定」、すなわち後小松院流を襲うということに決した。ここに諒闇のことは必至となった[41]。このような公家の最重要案件の決定の場に満済が主導的立場で係わっていることは注目してよい。

(98)山門申詞は、永享五年（一四三三）十一月、懸案の山門訴訟が管領細川持之ら幕府要路の調停の結果落居したので、その証として山門が提出したものである。満済の日記に載せられたのは、満済がこの案件の調停に重要な役割を果し、落居がその結果だと認識されたからであろう。そこには、山門訴訟における満済の深い係わりの一端が示されている。

続いて(99)伏見宮貞成親王賀札。伏見宮貞成は崇光天皇の孫で、父は伏見宮栄仁親王である。応永二十四年（一四一七）二月兄治仁親王薨去をうけて、伏見宮家を相続した。応永三十二年（一四二五）七月に出家、法号は道欽。称光天皇の重篤が続くなかで、正長元年（一四二八）七月、貞成の子彦仁は後小松院の猶子という形で称光天皇の後嗣に定められ、称光天皇の薨去をうけて践祚した。貞成の諡号は後崇光院。

貞成親王の日記『看聞日記』（続群書類従完成会）には、満済が数カ所に登場する。まず、永享七年（一四三五）五月二十一日条の「三宝院《（満済）》准后病気再発危急云々」という記事。また、同年六月六日条で、「三宝院《（満済）》所労危急之間、弟子宝池院（義賢）給安堵云々」の記事、さらに、同年同月十三日条の、「抑三宝院《（満済）》准后今朝入滅云々、此両三年病気、今度癭病（頸のはれる病）興盛、遂堕命、天下義者也、公方《（足利義教）》殊御周章云々」という記事。いずれも満済の死去およびその直前の様子を伝えるもので、満済の後は宝池院僧正義賢が継いだこと、満済は貞成親王から「天下義者」と評されたことが知られる。

したがって(99)の貞成親王賀札は、現職天皇の父親である貞成が、薨ずる一年半ほど前の満済に遣わした年頭の挨拶状である。貞成は右の評言にあるように満済に一目置いていた模様であり、両者の間に交流があっても一向に不思議ではない。

二　引用文書からみた満済の地位と役割

以上のような『満済准后日記』に引用された文書を通して、満済の地位と役割を考えてみよう。引用された文書の種類は足利義持期と足利義教期では明らかに異なっている。そのことは同時に二つの政権の性格の相違でもあり、さらには満済の二つの政権に対する係わり方の違いということも可能だろう。満済は当時の政権とどのように係わったのだろうか。満済の地位と役割に留意しつつ、このことを考えてみよう。

顕密仏教を中核とする中世の宗教的世界は、おそらく公家と武家の枠組を越えて、広く社会を包み込み融合させたであろうことは推測に難くない。特に室町時代にあっては、公武という二つの社会階層のトップクラスの者たち（天皇・院・将軍など）が、特殊な能力を持つ僧侶たちに精神的・宗教的な保護を求め、彼らをこころのよりどころとして共有するに至ると、精神的一体感によってもたらされる社会的融合は一層促進されたであろう。

このような観点から、護持僧の存在は注目される。護持僧とは簡単にいうと、その持てる呪験力によって特定個人の安泰を護持する密教僧のグループであるが、護持僧の始源は天皇護持僧であったと思われる(42)。しかし中世に入ると、将軍護持僧も現れ、例えば室町幕府初代将軍足利尊氏の周辺には五人の護持僧が編成された(43)。将軍護持僧の制度はこのあと独自の展開をみせる(44)。

さて満済もこうした護持僧の一人であった。本郷和人氏の指摘のように、満済の宗教活動としての第一は、足利将軍家の護持僧を勤めたことであろう(45)。室町時代には護持僧は毎年正月八日に室町殿に参賀するようになっていた。

護持僧中にしめる満済の地位を示す文書が残っている。すでに触れるところのあった⑮と⑯である。これは応永三十一年（一四二四）二月、天台寺門の花頂（花山院）定助が護持僧に補された時の文書であるが、⑮は足利義持の御判御教書とも御内書と考えられるし、また⑯は満済の副状である。「将軍家護持僧」に補されたことを満済が副状によって定助に知らせているのである。このことから、満済は護持僧を束ねる地位にあったらしいことが指摘されている[46]。

満済の地位をうかがうことのできる史料は他にもある。『満済准后日記』応永三十三年（一四二六）十月二日条に、以下の記事がみえる。

自来七日五壇法可被始行、仍壇々人数交名為越後守（赤松持貞）奉行被注下了、中壇定助僧正、脇随心院（祐厳）故障、仍宗観僧正被召加、軍隆寛僧正、大竹内僧正（良什）、金興継僧正、各以書状触之了、

応永三十三年十月七日から五壇法を始行することになり、室町殿足利義持の近習赤松持貞が奉行として「壇々人数交名」を「注下」した。その交名にはそれぞれの担当が記されていた。中壇は花頂定助〈寺門〉、降三世は随心院祐厳〈醍醐寺〉（故障につき理性院宗観〈同〉を召加）、軍荼利は釈迦院隆寛〈醍醐寺〉、大威徳は竹内良什〈山門〉、金剛夜叉は慈尊院興継〈勧修寺〉というようにである。このうち中壇の定助と大威徳の良什は武家護持僧とみられる。そこで満済はそれぞれに書状でもって触れた。右はそのような内容の記事である。

五壇の担当については、すでに奉行赤松持貞のもとで「交名」（リスト）が作成されており、満済はその交名に従って各人に書状でもって触れている。その書状が㊲㊴㊶㊸であり、各人よりの請文が㊳㊵㊷㊹に相当する。一壇分足りないのは軍荼利担当の釈迦院隆寛の分が欠落しているからである。㊳㊵㊷にはあて所がないが、㊹は「妙法院御房」（賢長）あてとなっているので、前三者も同様に妙法院御房あてとみてよい。賢長は満済に近侍する門弟で、窓口のような存在だった[47]。

このような満済の役割が、いわゆる「護持管領」の職務に基づくものか、つまり応永三十三年十月段階で「護持管領」の役目に就いていたか否かは明瞭ではない。満済の「護持管領」の登場は、満済あての、（年未詳）二月二十八日足利義教自筆書状（『醍醐寺文書一』一〇九号）、永享四年（一四三二）十二月三十日足利義教自筆書状（同一一五号）に「護持事、為管領、可令勤修給候也」とみえるのが早い例である。「護持の事を管領せよ」との足利義教の指令であるので、この職務が護持僧たちの統括をその内容とすることは明らかだろう。

右の二点の足利義教自筆書状のうち前者の年次は不明であるが、その封紙と思われる一紙（同一〇八号）のウワ書に「三宝院殿　　義教」とある点から推測すると、義教の名前が登場するのは正長二年（永享元）三月十五日であるから（『建内記』同日条。この日義教は征夷大将軍に補された）、この文書の年次は永享二年以降のものでなくてはならない。おそらく永享二年、もしくは同三年であろう。このように考えると、満済が正式に「護持管領」の立場に立つのは足利義教の時期に入ってからとみるほうが自然であり、義持の時期に想定するには早過ぎると思われる。しかし前述したように、満済はすでに義持終末期の応永三十三年には室町殿の指示をうけて護持僧二人を含む五人の僧を五壇に割り付ける役割を果しており、「護持管領」への準備は整っていたと考えられる。義教期の「護持管領」満済の具体的な活動は、例えば『満済准后日記』永享五年十一月十八日条にみられる。そこで満済は、「来廿日（廿二カ）」開始予定の五壇法の阿闍梨の人選を奉行日野中納言（広橋兼郷）と相談しつつ行っている。

「御祈」における満済の主導的立場を示す史料記事はこれだけではない。『満済准后日記』応永三十四年（一四二七）十一月十四日条によると、摂津多田院御廟鳴動にさいしての「御祈事」を、先規[48]に任せて諸門跡へ申し付くべきことが、室町殿より満済へ仰せ下された。満済はこの室町殿の指令を受け、諸門跡のうち聖護院・青蓮院・如意寺に対しては使者でもって、また常住院・花頂・浄土寺・地蔵院・竹内・金剛乗院・大覚寺・東寺に対しては書状（奉書）でもってこのことを伝え、指示している。

しかしこの種の満済の行為は、義教期に入ると『満済准后日記』にみられなくなる。同記、永享五年五月九日条によると、この日、「降雨御祈」勤修の指令が伝奏日野中納言（兼郷）奉書によって、醍醐寺・東寺・山門・三井・東大寺・興福寺に対して個別に発されている。満済は関係する醍醐寺分のみについて請文を進めた。さらに同記、永享三年六月六日条によって「止雨御祈」についても同様であることがわかる。そこには満済の主導的役割は殊更認められないことからみると、満済の主導的立場は護持僧中に限定されたことも考えられよう。換言すれば、満済が主導する護持行為は将軍義教個人の護持に徹するという、武家護持本来の姿に戻ろうとしていたのではあるまいか。

そのような意味で、足利義教の時期に入って室町殿と満済との関係は新しい段階を迎えたものとみられる。『満済准后日記』正長二年（永享元＝一四二九）正月十七日条によると、義教と満済との和歌の贈答が行われている。まず義教の歌から。

春やかて君かいのりのしるしとや　八島の外も浪そおさまる

これに対して、満済は以下の二首の歌を詠んで「小高檀紙二枚」に書いて進めた。

あつさ弓八島の外もおしなへて　おさまる御代は君のまに〳〵

おこたらすいのるしるしもわか君の　すなほなる代にあらはれそせん

義教の歌は、天下が平穏に治まっているのは満済の「いのり」（祈禱）の効験だと、満済の祈禱の効果を高く評価しているし、また満済の歌は、その「いのり」の効験は「わか君《(我が)》」（足利義教）の治世が「すなほなる代」

だからこそ顕われるのだと、義教の治世をことほいでいる。足利義教と満済の間に認められるのは、まがうことなき王法と仏法との相依関係である。

加えて、先にあげた満済卒去を伝える『看聞日記』の記事にみえた「公方《足利義教》殊御周章」という表現も、足利義教と満済との間のすぐれて個人的な、しかも緊密な関係を示唆して余りある。

三　記録としての『満済准后日記』

醍醐寺の古文書は、目下、東京大学史料編纂所編『大日本古文書　醍醐寺文書』において翻刻・刊行中であり、つい最近第十三巻が刊行された。これによって、醍醐寺文書の第一函から第一九函の途中までの三一二〇点の古文書が活字化されたことになる。

他方、近年醍醐寺文書の総合的な目録化の作業も進んでおり、なかでも、稲垣栄三氏を研究代表者とする醍醐寺研究グループが『醍醐寺の密教法会と建築空間に関する総合研究』（昭和六一・六二・六三年度科学研究費補助金【総合研究A】研究成果報告書、平成元年三月）を公にしたことは特筆される。同書の主体は「醍醐寺文書聖教編年目録」であり、醍醐寺文書第一函から第一〇〇函、さらにこれ以外の二四函分に収められる古文書・聖教を編年に配列しており、多少のミスは認められるものの、現時点においては、醍醐寺文書に収められる文書を函を越えて年次によって検索するために、この上もなく重宝であることは疑いない。

いまこの編年目録によって、『満済准后日記』に引用された文書がどの程度醍醐寺文書のなかに残っているかを調べてみよう。結論を先に述べると、同日記に引用された文書はほとんど醍醐寺文書に残っていない模様である。『満済准后日記』に引用された文書は全部で百五点あると先述したが、右の編年目録でその正文の存在を探し当てることのできたのはわずか四点にすぎない。「一覧表」の番号でいうと㉜㊳65 67である。[49]この残存率の低さは、これらの文書がいわゆる醍醐寺文書と別枠管理されていた可能性を示唆するであろう。

満済は一体何のために多くの文書を日記の中に写しとめたのだろうか。日記にとって文書の引用はどのような意味をもつのか。このようなことを考えるとき、ほぼ同時期のもので分量的にもさほど変わらない『看聞日記』が比較検討するための好材料になる。この日記には、文書は数える程度しか引用されていない。『満済准后日記』と大きく違う点である。何故か。その理由として、筆者は日記をしるす記主のスタンスの違いと考えたい。つまり、満済は後代の寺家運営の指南書としてこの日記を書いたと思うのである。文書を日記のなかに引用したのは、記載事項の正確性を期し、事柄を誤りなく次代に伝えるためであろう。醍醐寺に活動の基盤を置き、公武政治の中枢において強い発言権を持つ満済は、寺運の隆盛のためには仏事や修法の仕方はむろん、政治的世界で活躍するための指南を自分の体験を通して後継者に伝える必要を痛感していたのではないか。そのための日記を作成する手法として、文書の持つ力を最大限に日記に生かしたのではないか。その意味で『満済准后日記』は『看聞日記』に比べて、はるかに記録性の高い日記だということができる。もちろん、そこで使用する文書の選択・選別が行われたことは十分考えられる。

ここで二つのことに思い当たる。一つは、応永三十一年（一四二四）二月二十四日花頂僧正定助が将軍護持僧に補された時、足利義持御内書と自身（満済）の副状とが発給されたが、以前「先師」が護持僧に補された時には、「武州禅門奉書」（足利義満の管領細川頼之の奉書）と「光済僧正副状」とが出されたということを満済は想起し、そのことを態々日記に書きつけていること。[50]もう一つは、同年三月、この年の東寺御影供執事役は醍醐寺宝池院の巡役と決まり、寺務（東寺一長者）実順の差文が醍醐寺釈迦院僧正（隆寛）に書き進められたが、満済はこの時「予此役勤仕時、俊尊僧正寺務時也、相当水本僧正書進之、任彼例歟」、つまり自分（満済）が東寺御影供執事役を勤仕した時は俊尊僧正が寺務であって、寺務差文は水本僧正に書き進められたという記憶を日記に書きとめている。(51)

このように満済は、折りにふれて先例を書きとめ、また新たな体験についてもつぶさにかつ正確に記録することを忘れなかった。これは満済の性格や職務意識にも負うところも大であったろう。しかし、『満済准后日記』をこのように記録性の高い指南書に仕立てたのは、何よりも時代へ積極的に対応しようする満済自身の強い意欲であったことはいうまでもない。

おわりに

本稿は、『満済准后日記』に引用された文書はどのようなもので、それらが日記自体の性格をどのように規定しているか、ということを調べようとしたものである。日記に文書を引用すること自体の意味と実態とを、その発生・展開・消滅の過程に即して、歴史的に解明する必要があろう。

本文中で『満済准后日記』と『看聞日記』とを比較したが、『満済准后日記』の記主満済にとって祖師にあたる三宝院賢俊の日記とも比較検討することも必要であろう。『賢俊僧正日記』もこれほど多くの文書を引用することはしない。

『満済准后日記』の日記としての顕著な特徴の一つはここにあるわけで、そこを深く掘り下げることによって、満済とその周辺について多くの新知見が得られよう。特に、満済と足利義持・足利義教との関係の相違点、両政権との係わり方の違い、満済の宗教活動の延長としての政治や軍事への係わり、解明すべき問題点は多い。満済の人物評価は、そのような諸問題の総合的検討のうえに構築されねばならない。本稿は、そのためのささやかな素材研究の試みである。

（1）『国書総目録』（岩波書店）第七巻、四八八頁「満済准后日記」の項参照。
（2）前者のうち、巻一は大正七年六月刊、巻二は大正九年九月刊、巻三は大正九年十二月刊。また後者のうち、上巻は昭和三年五月刊、下巻は昭和三年一月刊。双方を比較すると、後者には誤脱や文字の転倒、欠落などが認められ、テキストとしては前者が良いと認められる。
（3）『満済准后日記』応永二十年七月二十日条に「予誕生日也」とみえる。これによれば満済の誕生日は七月二十日となるが、空海から義演まで四十代にわたる醍醐寺報恩院流の血脈の詳細を記した「五八代記」（『醍醐寺文化財研究所研究紀要』第四号、昭和五十七年）の「満済」の項によると「永和四年二月　日御誕生、見周易」（同書、五三頁）とあり、誕生を永和四年二月に作っている。朝廷の大外記中原師卿の日記『師卿記』永享七年（一四三五）六月十三日条に満済の死去について記すが、行年五八と明記しているので、逆算して生年は永和四年となる。辞書類での記述を調べると、『国史大辞典』13（吉川弘文館、平成四年）が以上によって永和四年二月説をとっている（同巻、二二六頁）。他方、満済の生年について以下のような史料もある。それは満済が応永二十一年（一四一四）十一月二十二日に「先考」（亡くなった父）今小路基冬の三三周忌仏事に際してしたためた諷誦文（「醍醐寺文書」、『大日本史料』第七編之二〇、四二一〜四二二頁）であり、この中に「六歳遭喪」、つまり満済は六歳の時父を喪ったと記されている。これによると、父の死去は永徳二年（一三八二）のこととなり（『公卿補任　第二編』七四二頁によると、基冬は永徳二年十一月二十一日、四十二歳で薨去）、さらにこの年満済が数え年六歳とすると、満済の生年は永和三年（一三七七）ということになる。以上によってみると、満済の生年は永和三年あるいは四年と考えられるが、二つの説のうちどちらかといえば四年説が有力と思われるので、先の『満済准后日記』の記載と合わせて、満済の生年月日は永和四年七月二十日であるとしておきたい。
（4）例えば『満済准后日記』応永三十四年正月二十三日条、正長二年正月二十三日条参照。
（5）富田正弘氏①「中世東寺の祈禱文書について——古文書体系論と宗教文書——」（『古文書研究』一一、昭和五十二年。のち『日本古文書学論集』一〇、吉川弘文館、昭和六十二年に再録)。同氏②「室町時代における祈禱と公武統一政権」(『中世日本の歴史像』創元社、昭和五十三年)。

(6) 注(5)所引、富田正弘氏論文①、二九頁。

(7) 「野沢血脈譜」(東寺所蔵)によると、実順は小野勧修寺流にみえており、勧修寺長吏興信親王の弟子として登載されている。

(8) いわゆる武家伝奏の先行形態とみてよいと思われるが、「武家伝奏」という職名が史料上に登場するのはもっと遅れる。富田正弘氏はその時期を明応年間(一四九二～一五〇一)と考えており、史料初見は『宣胤卿記』永正五年(一五〇八)六月二十三日条にみえる勧修寺尚顕とみている(同氏「室町殿と天皇」四六頁注26、『日本史研究』三一九、平成元年)。

(9) 同内容の文書が「慈尊院僧正御房」(東寺長者実順)にあてて出されている(「東寺百合文書」ホ67)。

(追而書)「追申候、綸旨一見候者、可返給候也、高野山可令相触頼候、」

仙洞御不予之事、御祈禱事、自今日可致其沙汰之由、可令下知東寺給之旨、被仰下候也、恐々謹言、

(応永三十年)正月七日　(広橋)兼宣

(実順)慈尊院僧正御房

(10) 同内容の文書案が「東寺凡僧別当私引付」(「東寺百合文書」追加5)に収められている。

(端書)「広橋奉書」

変異事候、禁裏・仙洞御祈禱、自明後日十一日可励懇念之由、可令下知東寺給候、同又可令致祈禱(懇脱カ)念給之由、被仰下候、於結願日次者可被仰之旨其沙汰候也、恐々謹言、

(応永三十一年)四月九日　(広橋)兼宣

(実順)長者僧正御房

(11) 同内容の文書が「長者僧正御房」(実順)にあてて出されている(「東寺百合文書」ホ48)。なおこの文書の案文は、「東寺凡僧別当私引付」(追加5)にも収められる。

(端書)「応永卅一年広橋殿状」

変異事候、室町殿・同将軍御方御祈禱、自明後日十一日可致精誠之由可令下知東寺給候、同又可令励懇祈給

之由、被仰下候也、恐々謹言、
(応永三十一年)四月九日　(広橋)兼宣
長者僧正(実順)御房

(12) 同内容の文書が「東寺長者御房」にあてて出されている（「東寺百合文書」せ139）。
変異事候、天下弥太平、殊者　公家・武家御息災延命之御祈禱、自来月一日可令致懇念之由、可令下知東寺
給候、至結願日次者、重可被治定之旨被仰下候也、恐々謹言、
(応永三十一年)九月廿九日　(広橋)兼宣
東寺長者(実順)御房

(13) 注(5)所引、富田正弘氏論文②、三三四頁。

(14) 『満済准后日記』に引かれた文書㉒㉓では「二星合変異」と表記されているが、同一の件に関する「東寺百合文書」所収の注(10)の文章や文書⑪では単に「変異」とされているし、同様に文書㉖と注(12)の文書を比べると、前者では「地震」、後者では「変異」となっている。星合も地震も変異に変わりはない。

(15) 「東寺百合文書」ホ49。
(足利義量)将軍御方御違例事候、自明日可致御祈禱懇念之由、可令下知東寺給之旨、内々被仰下候、恐々謹言、
(応永三十二年)二月九日　(広橋)兼宣
長者僧正(房教カ)御房

(16) 他にも足利義量のために不予祈禱が行われている。『満済准后日記』応永三十二年二月十日条によると、この日より「将軍御方御祈」として「不動法小法」が満済の勤仕でもって行われているし、さらに同日記によると、この小法が結願した同月十八日には、引き続き「五壇法」（中壇大僧正定助〈寺門〉、以下略）が二十五日まで修されている。この「五壇法」が義量不予のために行われたことは明白であろう。

(17) 拙稿「赤松持貞小考――足利義持政権の一特質――」（『福岡大学人文論叢』三三―二、平成十三年）――本書第一章第四節。

(18) 上野進氏「室町幕府の顕密寺院政策――祈禱政策を中心にして――」（『仏教史学研究』四三―一、平成十二年）参照。なお、『満済准后日記』正長元年六月九日条によると、足利義教期に属する所見であるが、五壇法を催行せ

よとの室町殿の意思を満済に伝える文書が「五壇法請書」と称され、勧修寺経興の奉ずるところであったことが知られる。足利義持の後期にあっては、このような役割は近習赤松持貞によって果された(本書五七～五八頁参照)。

(19) 注(5)所引、富田正弘氏論文②、三二九頁。

(20) 『満済准后日記』応永三十年五月十二日条。

(21) 『満済准后日記』応永三十一年四月五日、同年九月十三日条などに「釈迦院僧正隆寛」がみえる。

(22) 「一覧表」にも記しているが、㋑は『満済准后日記』応永三十一年二月三十日条、㋺は同じく応永三十三年正月十六日条に収められている。

(23) 小要博氏「御内書と書状」(『古文書研究』一〇、昭和五十一年)。また㋺は『大日本古文書　醍醐寺文書之一二』二六〇三号。

(24) 赤松持貞の動向については、注(17)拙稿参照。

(25) 柳原敏昭氏「室町政権と陰陽道」(『歴史』七一、昭和六十三年)三三頁。

(26) 柳原敏昭氏「南北朝・室町時代の陰陽頭」(『鹿大史学』四〇、平成五年)五九頁。

(27) 柳原敏昭氏「義持政権期の陰陽道」(『鹿児島中世史研究会報』五〇、平成七年)九三頁。

(28) 『満済准后日記』永享五年五月二十五日条に「占文今日到来」として、安倍有盛占文が引載されているが、この占文は「日野中納言」(広橋兼郷)より「送賜」ったものと記されていることも参考となろう。さらに、『満済准后日記』にみえる引用された文書の実際の受理日とそれの収められた個所の日にちとの関係を考える一つの手がかりとなる。

(29) その実名は明瞭ではない。『大日本古記録　建内記　一』には、裏松宗子という校訂者注が付けられている(同書二〇〇頁)。

(30) 注(5)所引、富田正弘氏論文②に掲載されている「伝奏奉書」表(三三〇頁)によると、「東寺百合文書」における広橋兼宣(常寂)の祈禱奉書の最後は、応永三十四年五月五日付のものである。

(31) 広橋兼郷・勧修寺経成・万里小路時房三人の伝奏任命については『大日本古記録　建内記　一』に収められる正長元年二月二十三日条(同書六五～六六頁)、また在職については『満済准后日記』正長二年三月九日条参照。室町時代の武家伝奏の補任についての研究としては、瀬戸薫氏「室町期武家伝奏の補任について」(『日本歴史』五四三、平成五年)などがある。

(32)　注(5)所引、富田正弘氏論文②「伝奏奉書」表。

(33)　『満済准后日記』永享六年九月十七日条。

(34)　『満済准后日記』正長二年正月二十三日条。「自勧修寺中納言(経成)方又以書状申云、自来廿五日室町殿御祈、別而可致懇禱云々」とあり、満済はこれに請文（「一覧表」の㊻）を出して応じている。

(35)　『新訂増補国史大系　尊卑分脈　第二篇』（二四七頁）によると、嗣光に係けて「出家、嘉吉元七、依違武命」とあり、嗣光が「武命」に違えて出家させられたことが知られる。

(36)　「醍醐寺文書」の写真と校合しても『大日本古文書　醍醐寺文書』の活字本に誤りは認められない。また前掲の『満済准后日記』所引の足利義教書状の日付「十月廿九日」の個所を、念のために、東京大学史料編纂所の写真帳で確認したところ、同書活字本に誤りはない。ただ「十」の字だけが異常に肉太であり、奇異の感は否めない。

(37)　渡辺世祐氏『関東中心足利時代の研究』（新人物往来社、昭和四十六年。初刊は雄山閣、大正十五年）、三八四〜三八五頁参照。なお本文書が「上杉家文書」に収録されていることを渡辺世祐氏が指摘しているが、調べてみると、同文書は『大日本古文書　上杉家文書之一』五九頁、それに『新潟県史　資料編3　中世一』（新潟県、昭和五十七年）一七三頁に収められている。『満済准后日記』に引用された案文と「上杉家文書」所収の文書とを比較すると、細かな文言の相違が若干認められるが大筋では同じである。日付は『満済准后日記』引用案文が「正月廿二日」、「上杉家文書」では「正月廿三日」となっており、両者の間に一日のずれがある。このずれについては、『満済准后日記』永享七年正月二十三日条に「長尾入道今夜可召給云々、仍御書日付以今日分被遊改、拝領了」とあり、最終的に満済が拝領した書状には「正月廿三日」と日付が記入されたことがわかる。むろん「上杉家文書」の方が正文であり、礼紙には「三宝院殿　義教」とウワ書きされ、本紙には『新潟県史』が満済の自筆と認める「御書　永享七」との端裏書がある。本文書はまさしく足利義教が満済にあてた書状である。おそらく越後守護代長尾上野入道を通して守護上杉氏にもたらされたのであろうが、どういうわけで「上杉家文書」に正文が入ったか検討の余地がある。

(38)　ここは「御判始」とあってよい個所と思われるが、義教の武家様《よう》の御判始は応永三十五年四月十一日である（『満済准后日記』）。一方、義教の公家様の「将軍御判初」は正長二年四月十五日である（同前）。

(39)　この点については、注(37)所引、渡辺世祐氏著書、三五〇〜三五一頁、河村昭一氏「管領斯波義淳の政治活動

(Ⅰ)」(『政治経済史学』四一七、平成十三年)にふれるところがある。

(40) 注(25)所引、柳原敏昭氏論文、五九頁。

(41) 『満済准后日記』永享五年十月二十四日条。

(42) 湯之上隆氏「護持僧成立考」(『金沢文庫研究』二六七、昭和五十六年。のち『日本中世の政治権力と仏教』思文閣出版、平成十三年、第一章として再録)。堀裕氏「護持僧と天皇」(『日本国家の史的特質 古代・中世』思文閣出版、平成九年)。なお、本文中でも述べたように、本稿でいう護持僧は原則として「将軍(武家)護持僧」を指し、天皇の護持僧ではない。満済が天皇の護持僧に任ぜられたことについては、『満済准后日記』永享三年六月十五日条参照。

(43) 拙稿「三宝院賢俊について」(『古代中世史論集』吉川弘文館、平成二年)——本書第二章第一節。

(44) 『大日本古記録 醍醐寺文書 四』八三七号文書は、永享十一年四月二十八日の護持僧交名写であり、そこには「薩戒記」の記事として、聖護院僧正道興以下十名の護持僧の名前が並んでいる。なお、南北朝・室町期の護持僧を論じた研究として、片山伸氏「室町幕府の祈禱と醍醐寺三宝院」(『仏教史学研究』三一―二 昭和六十三年)、上野進氏「室町幕府の顕密寺院政策——祈禱政策を中心として——」(『仏教史学研究』四三―一、平成十二年)がある。

(45) 本郷和人氏「『満済准后日記』と室町幕府」(『日記に中世を読む』吉川弘文館、平成十年)。

(46) 同右、二二三頁。

(47) こうして選ばれた五人の阿闍梨による五壇法は、応永三十三年十月七日夕、開始されている(『満済准后日記』同日条)。護持僧に対する満済の主導的立場は、同日記、応永三十五年二月四日条の「自明日公方様御祈、重可被致懇祈由、護持僧中へ触遣了」という記事によってもうかがわれる。上野進氏の研究を参照すれば、このような醍醐寺三宝院の武家護持僧に対する主導的立場は、すでに観応元年の三宝院賢俊に淵源を有していたとみられる。注(44)所引、上野進氏論文、三五～三七頁、片山伸氏論文、八九～九〇頁参照。

(48) 摂津国多田院御廟が鳴動(焼失の場合もあり)すると、室町殿より「御祈」が命ぜられた。関係記事は『満済准后日記』の随所にみられる。この事例より以前に、例えば、応永二十七年八月十一日条(焼失)、同三十二年閏六月十三日条(鳴動)、同三十三年十月二十九日条(鳴動)などがある。「御祈」における満済の指導的立場はすでに応永二十年代半ばには形成されていたとみられる。ちなみに『満済准后日記』応永二十七年八月十一日条によると、多田院は「御先祖御廟」と書かれ、同院が依然として足利氏（源氏）の聖地であったことが知られる。

(49)　以下に編年目録における掲載場所を示す。㉜は編年目録の二二二頁一〇行目、応永二十三年の個所に誤って配列。㊳は二三一頁の一行目に配列。(65)は二三三頁の一九行目に配列。ただし日付は正しく「八月廿九日」。(67)は二三四頁の二〇行目に配列。ちなみに、(105)の正文が「上杉家文書」に残っていることは注(37)で指摘したところである。

(50)　『満済准后日記』応永三十一年二月二十一日条、晦日条。なお、注(45)所引、本郷和人氏論文、二二三頁に関連する記述がある。「先師」について本郷和人氏は「定助の先師」と解している（先稿では満済の先師ではないか考えたが、いまこれに従う＝筆者後注）。

(51)　『満済准后日記』応永三十一年三月二十一日条。

『満済准后日記』に引用された文書編年一覧

	文書名	年月日	差出	宛所	内容・備考	出典（日記の日付）
①	尊円親王書状	一一・三〇	尊円上	大弐殿	一九箱のこと（尊円は延文元年〈一三五六〉九月没）	応永三〇・五・一二
②	広橋兼宣奉書	（応永二九）一二・二三	（広橋）兼宣	（実順）慈尊院僧正御房	実順東寺長者宣下のことを知らせる。表記は「広橋大納言状」	応永三〇・正・八
③	広橋兼宣奉書	（応永三〇）正・七	兼宣	（満済）三宝院御房	仙洞（後小松）不予につき祈禱依頼。表記は「広橋一位状」「御教書案」	応永三〇・正・七
④	満済請文	（応永三〇）正・七	なし	なし	右の件への請文。愛染護摩。醍醐寺僧中も祈禱	応永三〇・正・七
⑤	喜久寿丸諷誦文	応永三〇・二・二九	弟子喜久寿丸敬白	なし	請諷誦のこと	応永三〇・二・二九
⑥	広橋兼宣奉書	（応永三〇）五・二	兼宣	三宝院御房	禁裏（称光）不予祈禱の依頼。表記は「広橋一位状」	応永三〇・五・二

⑦	広橋兼宣奉書	(応永三〇)五・二四	兼宣(広橋)	三宝院御房	禁裏(称光)・仙洞(後小松)御祈禱の依頼。表記は「広橋一品状」	応永三〇・五・二五
⑧	桓教(岡崎准后)書状	(応永三〇)五・二六	桓教	慶宮殿(満済の窓口)	十九箱のこと	応永三〇・五・二六
⑨	満済書状	(応永三〇)五・二六	、、(満済)	亀寿殿(満済の窓口)	十九箱のこと	応永三〇・五・二六
⑩	広橋兼宣奉書	(応永三〇)七・二五	兼宣	三宝院御房	星合御祈禱の依頼。表記は「広橋一品状」	応永三〇・七・二六
⑪	藤原俊国奉書	(応永三一)正・一八	俊国(藤原)	西南院僧都御房(賢長カ)	禁裏(称光)御祈の依頼。表記は「俊国御教書」。俊国は「御巻数奉行」	応永三一・正・一八
⑫	厳真律師(東寺執行)書状	(応永三一カ)正・二五	権律師厳真	別当僧都御房(賢長カ)	当年東寺灌頂院御影供執事は宝池院の巡役。表記は「厳真律師注進案」	応永三一・三・二一
⑬	実順(寺務・慈尊院前大僧正)書状	(応永三一カ)二・九	実順	釈迦院僧正御房(隆寛)	当年東寺灌頂院御影供執事は宝池院の巡役。表記は「差文」	応永三一・三・二一
⑭	賢長(妙法院僧都)書状	(応永三一カ)二・一二	賢長	なし	当年東寺灌頂院御影供執事は宝池院の巡役	応永三一・三・二一
⑮	足利義持御内書	応永三一・二・二四	御判(足利義持)	花山院僧正御房(定助)	長日祈禱のこと(定助を将軍家護持僧となすこと)。「護持御教書」	応永三一・二・三〇
⑯	満済副状	(応永三一)二・二四	、、(満済)	花山院僧正御房	右のことを伝える。表記は「予副状案」	応永三一・二・三〇
⑰	満済書状	(応永三一)二・晦	、、(満済)	右少弁殿(藤原俊国)	禁裏(称光)御祈の巻数を進め、その披露を要請	応永三一・二・三〇
⑱	藤原俊国奉書	(応永三一)三・七	俊国(藤原)(右少弁)	妙法院僧都御房(賢長)	明年三星合御祈の依頼。表記は「御祈御教書」	応永三一・三・七
⑲	藤原俊国奉書	(応永三一)三・七	俊国(右少弁)	妙法院御房(賢長)	右のことを醍醐寺に伝えよ。「別紙一通、状案」	応永三一・三・七
⑳	満済請文	(応永三一)三・七	名字(満済カ)	右少弁殿(藤原俊国)	明年三星合御祈の依頼への請文	応永三一・三・七

㉑	法橋忠円送文	応永三一・三・二〇	法橋忠円判	なし	灌頂院御影供用脚七二貫一〇〇文を送進。表記は「送文案」	応永三一・三・二一
㉒	広橋兼宣奉書	(応永三一)四・九	(広橋)兼宣	なし	二星合変異につき、禁裏(称光)・仙洞(後小松)御祈の依頼。「御教書」	応永三一・四・一〇
㉓	広橋兼宣奉書	(応永三一)四・九	兼宣	なし	二星合変異につき、室町殿(足利義持)・同御方(将軍足利義量)御祈の依頼。表記は「御教書」	応永三一・四・一〇
㉔	満済請文	(応永三一)四・一〇	(満済)、、	なし(広橋兼宣か)	二星合変異につき禁裏・仙洞御祈の依頼への請文	応永三一・四・一〇
㉕	満済請文	(応永三一)四・一〇	(満済)、、	なし(広橋兼宣か)	二星合変異につき室町殿・将軍両御所御祈の依頼への請文	応永三一・四・一〇
㉖	広橋兼宣奉書	(応永三一)九・二九	兼宣	三宝院御房	地震占文について、天下太平、公家武家御運長久の御祈禱を依頼。表記は「兼宣卿状案」	応永三一・九・二九
㉗	満済請文	(応永三一)九・二九	(満済)、、	なし(広橋兼宣か)	右の件への請文。表記は「返事案」	応永三一・九・二九
㉘	藤原俊国奉書	(応永三二)一〇・一二	(藤原)俊国上	(賢長)妙法院僧都御房	来一五日の月蝕御祈の勤修者について問い合わせ。表記は「重書状」	応永三二・一〇・一五
㉙	満済書状	(応永三二)一〇・一二	満済	なし(藤原俊国か)	右の件についての返事。醍醐輩からは出せないと返答	応永三二・一〇・一五
㉚	藤原俊国奉書	(応永三二)一〇・一三	俊国上	妙法院僧都御房	来一五日の月蝕御祈の勤修者について重ねて通問。表記は「重書状」	応永三二・一〇・一五
㉛	満済書状	(応永三二)一〇・一三	(満済)、、	なし(藤原俊国か)	右の件につき返答。「別忠之儀」をもって房仲(金剛王院僧正)を指名	応永三二・一〇・一五

㉜	赤松持貞奉書	応永三三・正・一六	(赤松持貞)越後守判	(慶円)六条八幡宮少別当御房	足利義持の仰せをうけ、六条八幡宮に年始恒例の神馬一疋を引き進める。表記は「奉行赤松越後守奉書」	応永三三・正・一六
㉝	賀茂在方占文	(応永三三)六・一八	(賀茂)在方	なし	地震占文	応永三三・六・一八
㉞	広橋兼宣奉書	(応永三三)六・一九	(広橋兼宣)常寂	なし	地震占文について、公家・室町殿御祈禱の依頼。広橋兼宣は応永三二年四月二七日出家、法名常寂(公卿補任)	応永三三・六・一九
㉟	広橋兼宣奉書	(応永三三)七・二九	常寂	三宝院御坊	禁裏(称光)御不予の御祈禱依頼。表記は「書状」	応永三三・七・二九
㊱	広橋兼宣奉書	(応永三三)九・一	常寂	三宝院御坊	変異につき公家・武家御祈禱依頼。表記は「書状」	応永三三・九・一
㊲	満済書状	(応永三三)一〇・二	(満済)、、	(定助)花頂御坊	来七日よりの室町殿五壇法のうち、不動法を勤仕するよう指示	応永三三・一〇・五
㊳	定助(花頂僧正)請文	(応永三三)一二〔一〇カ〕・二	定助	なし(満済か)	右の件への請文	応永三三・一〇・五
㊴	満済書状	(応永三三)一〇・二	(満済)、、	(祐厳)随心院御房	来七日よりの室町殿五壇法のうち、降三世法を勤仕するよう指示	応永三三・一〇・五
㊵	祐厳(随心院)請文	(応永三三)一〇・二	祐厳	なし(満済か)	右の件への請文	応永三三・一〇・五
㊶	満済書状	(応永三三)一〇・二	(満済)、、	(良什)竹内殿	来七日よりの室町殿五壇法のうち、大威徳法を勤仕するよう指示	応永三三・一〇・五
㊷	良什(竹内)請文	(応永三三)一〇・二	良什	なし(満済か)	右の件への請文	応永三三・一〇・五
㊸	満済書状	(応永三三)一〇・二	(満済)、、	(興継)慈尊院御房	来七日よりの室町殿五壇法のうち、金剛夜叉法を勤仕するよう指示	応永三三・一〇・五

㊹	興継(慈尊院)請文	(応永三三)一〇・二	興継	妙法院御房	右の件への請文	応永三三・一〇・五
㊺	広橋兼宣奉書	(応永三三)一〇・五	常寂(広橋兼宣)	三宝院御坊	変異のことにつき祈禱の依頼。表記は「奉書」	応永三三・一〇・五
㊻	賀茂在方勘文	(応永三三)一〇・五	正三位在方	なし	去月一〇日の二星合のことにつき勘進	応永三三・一〇・五
㊼	広橋兼宣奉書	(応永三三)一二・二三	常寂	三宝院御坊	変異御祈禱の結願のことを報ず。表記は「書状」	応永三三・一二・二三
㊽	広橋兼宣奉書	(応永三四)二・一	常寂	三宝院御坊	禁裏(称光)御祈禱の依頼。「奉書」	応永三四・二・一
㊾	広橋兼宣奉書	(応永三四)二・八	常寂	三宝院御坊	仙洞(後小松)御不予御祈禱の依頼	応永三四・二・九
㊿	広橋兼宣奉書	(応永三四)二・二七	常寂	三宝院御坊	室町殿(足利義持)御息災延命御祈の依頼。表記は「書状」	応永三四・二・二八
51	広橋兼宣奉書	(応永三四)四・一六	常寂	三、、(宝院御坊)	請雨御祈の依頼。表記は「奉書」	応永三四・四・一六
52	満済書状	(正長元)八・一一	名字(満済)	勧修寺(経成)中納言殿	兵革等御祈八字文殊護摩結願および巻数送進の報告と披露の依頼	正長元・八・一一
53	勧修寺経成書状	(正長元)八・一一	経成(勧修寺)	禅那院(賢光カ)僧正御房	右の件への返事	正長元・八・一一
54	足利義教御内書	(正長元)一〇・二	御判(足利義教)	左衛(畠山満家)(門脱カ)督入道殿	室町殿御書始としてまず管領に書を遣わす	正長元・一〇・一
55	足利義教賀札	(正長二)正	なし(足利義教)	日野新中納言殿(秀光)	室町殿より仙洞へ賀札を進める。草案は万里小路時房の作	正長二・正・八
56	満済請文	(正長二)正・二三	名字(満済)	なし(勧修寺経成か)	勧修寺経成の書状(室町殿御祈の依頼)への返事。「礼紙」あり	正長二・正・二三
57	永助(御室)書状	(正長二)二・一九	永助	三宝院御坊	「……向後如何様常可申候、御同心候者本望候、……」	正長二・二・一九

58	満済書状	（正長二）二・一九	満済	なし（永助か）	御室永助への返事	正長二・二・一九
59	勧修寺経成奉書	（正長二）七・一	経成（勧修寺）	禅那院僧正御房（賢光カ）	室町殿の仰せを受けて降雨御祈の依頼。表記は「奉書」。「礼紙」あり	正長二・七・一
60	満済請文	（正長二）七・一	判（満済）	なし（経成か）	右の件への返事。「礼紙」あり	正長二・七・一
61	広橋親光（兼郷）奉書	（正長二）七・一	親光（広橋）	妙法院僧正御房（賢長）	降雨御祈の依頼。表記は「御教書」。広橋親光（兼郷）は兼宣の子	正長二・七・一
62	満済請文	（正長二）七・一	判（満済）	なし（親光か）	右の件への返事	正長二・七・一
63	満済書状	（正長二）七・八	判（満済）	勧修寺中納言（経成）殿	祈雨祈禱結願および巻数送進の報告と披露の依頼	正長二・七・八
64	足利義教御内書	（正長二）八・二四	御判（足利義教）	左兵衛佐（斯波義淳）	幕府管領職に補任	正長二・八・二四
65	足利義教書状	（永享元）一〇・二九	なし（足利義教）	三宝院、、（御坊カ）	満済を四天王寺別当職に執奏したことを告げる（「醍醐寺文書」所収の正文の日付は「八月廿九日」）	永享元・一〇・二九
66	承秀（無動寺権大僧都）書状	（永享元）一二・二〇	法印権大僧都承秀	伊与法眼御房	無動寺本堂内陣少水のことを報ず	永享元・一二・二三
67	土御門嗣光（五位蔵人・権右少弁）奉書	（永享二）一〇・二〇	嗣光（土御門）	禅那院僧正御房（賢光カ）	来二五日室町殿拝賀・来月参宮、風雨障碍なきよう懇祈の依頼。室町殿の仰せを奉じたか	永享二・一〇・二三
68	満済請文	（永享二）一〇・二三	判（満済）	なし（嗣光か）	右の件への返事。「礼紙」あり	永享二・一〇・二三
69	広橋兼郷奉書	（永享三）七・一二	兼郷（広橋）	理性院僧正御坊（宗観）	来二〇日より室町殿において准大法一壇参勤あるべし。「書状」「御教書」	永享三・七・一二
70	満済請文	（永享三）七・一二	判（満済）	なし（広橋兼郷か）	右の件への返事	永享三・七・一二
71	満済書状	（永享三）七・一二	判（満済）	なし（広橋兼郷か）	右の件への返答の変更申し入れ。表記は「内状」	永享三・七・一二

⑫	足利義教御内書	（永享三）七・、、	、、（足利義教）	右兵衛佐殿（足利満直）	関東使節に対面したことにつき意見を徴す。表記は「御書」	永享三・七・二四
⑬	足利義教御内書	（永享四）正・二五	なし（足利義教）	大友左京亮殿（親綱カ）	九州のこと、大内持世に合力せよ。表記は「御書」	永享四・正・二五
⑭	満済書状	（永享四）四・一三	判（満済）	大内刑部少輔殿（持世）	豊前辺の動静につき注進せよ。「内々依仰也」	永享四・四・一三
⑮	広橋兼郷奉書	（永享四）六・三〇	兼郷（広橋）	理性院僧正御坊（宗観）	二星合変異と日吉八王子山震動のことにつき御祈の依頼	永享四・六・三〇
⑯	満済請文	（永享四）六・三〇	判（満済）	なし（広橋兼郷か）	右の件への返事	永享四・六・三〇
⑰	一条兼良（摂政）書状	（永享四）八・一六	判（一条兼良）	なし（満済か）	大臣御直衣始についての満済の問い合わせへの返答。表記は「折紙」	永享四・八・一七
⑱	広橋兼郷書状	欠（〈永享四〉八・一六カ）	兼郷（広橋）	理性院殿（宗観）	摂政殿（一条兼良）返事の副状。表記は「折紙」	永享四・八・一七
⑲	広橋兼郷奉書	（永享四）一二・三〇	兼郷（広橋）	理性院僧正御坊	明年中将軍御祈の依頼。表記は「奉書」「日野中納言状」	永享四・一二・三〇
⑳	宗観請文	（永享四）一二・三〇	宗観	なし（広橋兼郷か）	右の件への返事	永享四・一二・三〇
㉑	賀茂在方占文	なし（永享五・正・二四か、その直後）	なし	なし	今月二四日地震占文	永享五・正・二四
㉒	広橋兼郷奉書	（永享五）卯・四	兼郷（広橋）	理性院僧正御坊	地震御祈禱の依頼	永享五・四・四
㉓	満済請文	（永享五）四・四	判（満済）	なし（広橋兼郷か）	右の件への返事	永享五・四・四
㉔	広橋兼郷奉書	（永享五）五・九	兼郷（広橋）	理性院僧正御坊	降雨御祈の依頼（醍醐寺・東寺・山門・三井・東大寺・興福寺に対し個別に奉書）	永享五・五・九

⑧⑤	満済請文	(永享五)五・九	判(満済)	なし(広橋兼郷か)	右の件への返事	永享五・五・九
⑧⑥	満済書状	(永享五)五・二一	判(満済)	日野中(兼郷)納言殿	降雨御祈結願および巻数送進の報告と披露の依頼	永享五・五・二一
⑧⑦	広橋兼郷奉書	(永享五)五・二二	兼郷(広橋)	理性院(宗観)僧正御房	地震祈禱、御台様祈禱の依頼	永享五・五・二二
⑧⑧	満済請文	(永享五)五・二二	判(満済)	なし(広橋兼郷か)	右の件への返事	永享五・五・二二
⑧⑨	広橋兼郷奉書	(永享五)五・二二	兼郷	理性院(宗観)僧正御房	降雨御祈延行の依頼	永享五・五・二二
⑨⓪	満済請文	(永享五)五・二二	判(満済)	なし(広橋兼郷か)	右の件への返事	永享五・五・二二
⑨①	安倍有盛占文	(永享五)五・二四	刑部卿(安倍)有盛	なし・	地震占文	永享五・五・二五
⑨②	一条兼良(前摂政)申詞	なし(永享五・一〇カ)	なし(一条兼良)	なし	申詞(室町殿の談合に応ず)	永享五・一〇・二四
⑨③	一条兼良(前摂政)意見状	(永享五)一〇・二二	なし(一条兼良)	なし	意見(関白〈二条持基〉の尋ねに応ず)	永享五・一〇・二四
⑨④	一条兼良(前摂政)書状	(永享五)一〇・二三	兼良(一条)	なし(満済か)	満済、一条兼良に諒闇のことにつき尋ね申す。その返報	永享五・一〇・二四
⑨⑤	賀茂在方占文	永享五・一〇・二七	正二位在方(賀茂)	なし	地震占文	永享五・一〇・二七
⑨⑥	甘露寺忠長(右大弁・蔵人頭)奉書	(永享五)一〇・二七	忠長(甘露寺)	大納言法印御坊	諒闇につき倚廬御几帳以下料口三寸竹の召進を醍醐寺に下知せしむ	永享五・一〇・二九
⑨⑦	甘露寺忠長(右大弁・蔵人頭)奉書	(永享五)一〇・二七	忠長	大納言法印御房	諒闇御装束御簾料蘆廿荷の召進を天王寺に下知せしむ	永享五・一〇・二九
⑨⑧	山門申詞	永享五・一一	なし	なし	山門訴訟	永享五・一二・一二
⑨⑨	伏見宮貞成(道欽)親王賀札	(永享六)正・二六	道(欽)—	三宝院殿	「三陽喜気之候、……」	永享六・正・二六
⑩⓪	満済書状	(永享六)二・二三	判(満済)	日野中(兼郷)納言殿	因幡堂修造のことにつき愚意分	永享六・二・二三

⑩①	中御門明豊奉書（「禁裏御祈蔵人弁」）	（永享六）	九・一四	（中御門）明豊	中納言僧都御房	禁裏御不予につき御祈依頼	永享六・九・一七
⑩②	賀茂在方勘文	（永享六）	九・二二	（賀茂）在方	なし（満済か）	山上清滝宮御造営日次のこと	永享六・九・二二
⑩③	顕済（西南院）書状	（永享六）	九・二四	顕済（西南院）	（中御門豊明）左少弁殿	禁裏御不予御祈結願、巻数送進の報告と披露依頼。表現は「奉書」	永享六・九・二四
⑩④	中御門明豊書状	（永享六）	九・二四	（中御門）明豊	西南院僧都御房	禁裏御不予御祈延行の依頼。表記は「請文」	永享六・九・二四
⑩⑤	足利義教書状	（永享七）	正・二二	御名字（義教）	なし（満済か）	長尾上野入道と面会する満済に指示するところあり。表記は「御書」。（「上杉家文書」所収の正文の日付は「正月廿三日」）	永享七・正・二二

【追記１】　初出稿では、満済の生年を永和三年と考えたが、本書再録にあたっては『師郷記』の記事を重視して、永和四年と改めた。

【追記２】　初出稿では二において、満済によって五壇の担当を割り当てられる五人の阿闍梨をすべて武家護持僧とみなす記述をしていたが、護持僧と五壇法阿闍梨の構成は一致しないという細川武稔氏の批判（「足利将軍家護持僧と祈禱」、『日本歴史』六六四）を承けて、本書ではそのように修正した。

【追記３】　以下、成稿後に公表された研究論文、および本文中でふれえかった論文の外題をあげる。

鈴木江津子氏「『満済准后日記』――室町殿と満済」（『歴史民俗資料研究』五、平成十二年）

柳父優子氏「満済と『蔭凉職』」（『法政大学大学院紀要』五〇、平成十四年）

服部幸子氏「醍醐寺文書『満済准后自筆公家御祈以下条々置文』について」（『大谷大学史学論究』八、平成十四年）

同　「中世醍醐寺における法身院と満済に関する一考察」（大桑斉氏編『論集　仏教土着』、法藏館、平成十五年）

同　「醍醐寺満済の准后庁と房官に関する一考察」（『大谷大学大学院研究紀要』二〇、平成十五年）

【追記4】 史料および史料目録の刊行では、まず伏見宮貞成親王の日記「看聞日記」が「図書寮叢刊」（明治書院）に収められ、すでに第一から第三までの三冊が刊行されているし（平成十四・十六・十八年刊）、さらに醍醐寺の文書・聖教の函別目録としては『醍醐寺文書目録』（一）〜（三）（第一函から第百函までの一万六千四百三通の文書の目録。醍醐寺文化財研究所編、平成元年）および『醍醐寺文書聖教目録』第一巻・第二巻（醍醐寺叢書 目録編、勉誠出版、平成十二・十七年刊）が刊行された。このうち『醍醐寺文書聖教目録』第一巻・第二巻は第一〜第四十函に収録される各々の文書・聖教ごとに内容を摘記した詳細な目録である。

第三節　五壇法の史的研究

はじめに

中世は宗教の時代といわれるように、各種の宗教・宗派がこの時期に生まれ、時代の要請に対応し、その存在意義を世に問いつつ、大きな影響力を持ち続けた。宗教がもっとも活気づいた時代ということもできよう。この宗教が中世人に対して持った意味、換言すれば、宗教が中世人の心をいかに強くとらえたかは、現代人にはなかなか理解しにくい。

中世の国家の性格を考えるとき、宗教との関係は重要な論点の一つとなる。宗教は国家を精神的側面から支えるという役目を負っていたからである。国家的な宗教行事の主催権の所在は、王権をめぐる問題を検討するための有力なてがかりを提供する。

本稿では、特に五壇法修法の問題を通して、右のことを考えてみたい。修法とはすなわち密教の祈禱である。この祈禱という行為の実態と効能も、科学的思考に慣れた現代人には現解しにくい。しかし、天意を恐れ、魑魅《ちみ》魍魎《もうりょう》に悩まされる中世人たちが、祈禱の効能、すなわち法験を心底信じ、これによって現実生活に利益を得ようとしたとしても不思議ではない。祈願の目的は、病気の治癒といった身体的なことがらをはじめ、権力や地位をめぐる政治・世俗的なことがら、兵乱・騒乱の終息など国内の治安にかかることがら、さらには自然（天体）現象から察知される異変を祈禳するというようなことがらまで多岐にわたった。法力は人力のおよぶところではなかったから、武力や兵力以上の威力をもつものとして、畏怖されたことは容易に推測できる。

以下にみるように、五壇法は、上皇や天皇の病気治癒、后妃の平産、親王の立坊など天皇家関係のことがらに関して修されることが多く、天下の静謐を祈り、天変地妖を祈禳する時にも修されている。これを「玉体安穏」「国土豊饒」のためとみれば、五壇法は国家を支える修法ということもできる。たしかにそのような性格が強いのだが、時代によってはややはみ出す部分のあることを見落とすことはできない。五壇法の修法には時代的な特徴・変遷を認めることができる。五壇法は時代をうつす鏡といってよい。

むろん、仏教が国家を支える宗教的機能を帯びはじめるのは密教の招来を契機とするのではない。すでに七世紀に仏教は鎮護国家のための宗教、いわゆる国家仏教としての性格を濃厚に帯びていた。その発展延長上に奈良仏教の鎮護国家があるわけだが、この奈良仏教の克服の目的を負って登場する平安仏教——具体的には天台・真言二宗——は密教という形で、鎮護国家を祈ることになったのである。

そもそも五壇法とは、中壇に不動法を、脇壇には降三世法、軍荼利法、大威徳法、金剛夜叉法の四壇を配して五連壇の形で行う祈禱修法である。ふつう不動壇を中心に、以下の四壇を東南西北に配置する。各法の本尊は、それぞれ不動明王、降三世明王、軍荼利明王、大威徳明王、金剛夜叉明王（総称して五大明王、あるいは五大尊）(1)である。五壇法は不動法の発展形態だとみなす意見があるが、その中心が不動法である点からうなずける。

五壇法の日程はだいたい正味七日、十四日が標準的なところだが、場合によってはこれより長かったり短かったりするし（例えば平産祈禱の場合は、願意が達成されるとその時点で結願となる）、開始の時や場所も同じであったり、そうでなかったりする。

各々の法はそれぞれ別々の成立と展開の経緯を有するが、一壇だけでは効力が小さいという理由から連壇の方法が用いられるようになり、五壇が連壇としてはもっとも一般的な形として定着した。したがって、祈禱の法としては五壇法が唯一ではない。天台・真言ともに他にも多くの修法を行っているし、陰陽道、宿曜道等にもそれぞれの効用を持つとされたさまざまの修法があり、それぞれの目的に応じていろいろな場で修せられた。

いま、素材として特に五壇法を選ぶのは、五壇法が密教祈禱のなかでも特に格式・規模それに効力などの面において重要視されていること、かつ史料的にもっとも恵まれており、その変遷をたどることができること、さらに五壇法修法にそくしての知見は他の修法を検討するさいの指標となりうること、などの理由による。したがって、他の諸々の密教修法、およびそれらと五壇法との関係などについては別稿を用意したい。

一　五壇法関係の史料

ともあれ、五壇法修法の事例を可及的に収集しなければならない。ある程度まとまった五壇法の修法事例をかきとめた史料としては、以下のものがある。

まず、①『続群書類従　第二六輯上』（釈家部二〇・二一）に収められた「五壇法日記」がある。これは応和元年（九六一）から建久六年（一一九五）まで、および正治二年（一二〇〇）から文永十一年（一二七四）までの五壇法の催しのリストで、修法の場所や各壇を担当した僧（阿闍梨）の名など、ごく簡単な記事が書き留められている。作者は「阿娑縛抄の編者承澄〔一二〇五―一二八二〕であ」り、成立時期については、前者が「大体建長（一二五〇）ごろの編纂」、後者が「建長―文永ごろに成立」したと考えられている。(2)

次に②『大正新修大蔵経　図像第一一』所収の「門葉記」三六〜三九「五壇法」がある。これも五壇法修法の阿闍梨名を記す程度の記録で、①よりも記事は簡略である。しかも個々の修法記事は編年に並んでいない。編年に並べた結果をいえば、そのうちの最初の例は天元四年（九八一）八月、最後は長禄元年（一四五七）である。間断が多く、時間の幅が広いわりに、所収事例数は多くない。

さらに、③京都府立総合資料館所蔵「五壇法記」（東寺百合文書丙外）（天慶三年〈九四〇〉から応永三十四年〈一四二七〉までの五壇法記事を載せる）、④宮内庁書陵部所蔵「五大成　下」（下巻のみ残存。弘安三年〈一二八〇〉八月〜応永二十年〈一四一八〉五月）、⑤同「五壇法」（正治二年〈一二〇〇〉二月〜文永十一年〈一二七四〉十一月）、⑥同「武家五壇法記」（観応元年〈一三五〇〉六月）、⑦同「武家五壇法記」（応安四年〈一三七一〉五月／応安七年六月／永徳元年〈一三八一〉六月）、⑧同「五壇法日記」（応安六年〈一三七三〉十月）、⑨同「五壇法記」（応永二年〜十一年）、⑩内閣文庫所蔵「御修法部類記」などがある。

これらの中には、①②のように五壇法修法の阿闍梨名を主とした簡略な記事にとどまるものもあるが、⑥⑦⑧のように特定の修法について詳しく記録した内容のものもある。個々の五壇法記の成立と系統についてここでは詳しくは述べない。ただ、最も内容的にまとまっているのは③であること、③と④は同系統本であること、(3)そして③の表紙に記された「清浄光院」、④の表紙裏の「地蔵院」の文字はそれぞれの所蔵主の院家名であろうこと（清浄光院と地蔵院はともに醍醐寺の院家であろう）、個々の記事は公家日記などから採取されたものであること、(4)などのことがらを付言するにとどめたい。

このような種々の五壇法関係史料、およびその他の記録類から修法記事を網羅的に拾い集めて編年に並べて検討すれば、五壇法修法の実態がその時代との関係のなかに浮かび上がってくるはずである。

筆者が収集できた五壇法修法の事例は、ひとまず、延長八年（九三〇）七月の例を萌芽的事例として大永六年（一五二六）三月の例までの合計五百十二例である（同じ日に行われた複数の修法については、願意が同じの場合は一回とし、異なる場合は各々についてカウントした）。五壇法の修法は実に長い期間にわたって行われ、それぞれの時代に宗教的・精神的側面から係わってきたのである。むろん今後の調査によって新たな事例が追加されよう。

筆者は、この五壇法修法の事例を収集したのち、いつ、どこで、どのような僧が参加して、どのように行われたかを一覧表に整理し、資料「五壇法修法一覧」と銘打って第二章の末尾に掲載した。以下、適宜この五壇法修法の一覧表をご参照願いたい。

二　平安時代の五壇法

平安時代の密教修法については、速水侑氏らの研究(5)がある。速水氏は「秘密修法の成立発達の過程を通じて、貴族社会密教の展開を把握(6)」するために、摂関期・院政期のさまざまの密教修法の性格を明らめ、各々の成立と展開の仕方を、教説と人に即して究明された。その中に五壇法についてもひととおりの記述があるが、ことさら掘り下げたものではない。

平安時代の五壇法記事は、前に示した①〜④の史料によってだいたい網羅される。ひとまず、延長八年（九三〇）から寿永二年（一一八三）までの二百五十三年間に百九十九事例を集めることができた。

まず、五壇法の開始がこの時期に属することに注目すべきだろう。しかし、五壇法の開始については必ずしも明瞭でない。現行の辞典類では、応和元年（九六一）比叡山大日院での修法が最初、禁中では康平八年（治暦元＝一〇六五）が初例とされ[7]、天慶三年（九四〇）法性寺での兵乱降伏修法は定かでないとされているが[8]、根拠が不明である。筆者は、文明元年（一四六九）に室町亭で行われた御敵調伏の五壇法修法（『応仁記』）が平将門・足利持氏退治のための五壇法修法の先例を念頭においたものであったことを踏まえて、事例として孤立した感はあるが、「五壇法記」に記された天慶三年（九四〇）二月の「東西兵乱降伏」のための修法を五壇法の早期の事例とみなしてよいのではないかと考える[9]。法性寺は藤原忠平の落慶になる藤原氏の寺であるから、「法性寺五大尊前」で「内裏御修法始」がなされたことは不自然という見方もできるが、当時藤原忠平が摂政・太政大臣として十八歳の朱雀天皇（忠平にとっては甥にあたる）のもとで政務の実権を握っていた事情を勘案すると必ずしも不自然ではない。兵乱調伏の祈禱は藤原氏が私的に行う修法とは言い難く、本来天皇が禁裏で行うべき国家の修法が摂政の私寺という場所を借りて行われたとみるべきだろう。ちなみに、禁裏での修法の初例については、「五壇法日記」が「於禁中為消御薬《（厄カ）》」めに修されたと記す康保四年（九六七）八月の事例もあるし、康平八年（治暦元＝一〇六五）を待つまでもないと思われる。

かくして、五壇法の開始の時期は十世紀半ばのいわゆる承平・天慶の乱（平将門・藤原純友の乱）のころといってよい。「武士」の登場の時期にあたる。中央政治の体制でいえば、まもなくいわゆる摂関政治の時代に入ろうとする時期である。言葉をかえれば、律令国家によって支えられた古代的秩序が崩れ、新たな秩序の構築へと時代が大きく転回した時期である。五壇法は、こういう時に、時代の要請に応ずる形で登場したのである。

五壇法の性格を考えるためには、誰が、どこで、何のために行ったかに着目しなければならないが、五壇法記事には場所や目的についての明記を欠く事例が多く、それらについては、推測するほかない。この時期には、禁中で行われる五壇法はむろんのこと、その他に藤原氏による修法もみられる。いわゆる摂関政治とは、藤原氏の当主が摂政・関白の職にあって、天皇を補佐し、あるいは天皇にかわって政務を執る政治形態であるが、それは時期的には、だいたい十世紀後半から十一世紀後半までの約百年にわたる。その藤原氏が五壇法を修している事実は見落とせない。『紫式部日記』[10]「五壇法記」『御産部類記』[11]によると、寛弘五年（一〇〇八）九月、一条天皇の中宮上東門院彰子（藤原道長の長女。道長は当時左大臣）の御産御祈のための五壇法が道長の私邸「土御門殿」で修されたことが知られるが、管見のかぎりこれが藤原氏の私邸における五壇法修法の最初で、しかも御産御祈として五壇法の初例であることが注目される。藤原道長の娘とはいえ、中宮の出産であり、皇位を継承する皇子の誕生を期しての祈禱であったことは推測にかたくない。この時、彰子は敦成親王を生んだ。のちの後一条天皇である。

おおまかにいって、摂関政治の時代には、五壇法はまだ本格的な展開をみせていない。確認できる開催回数も少ないし、天皇・摂関家の病気平癒や后妃の平産を祈るというケースが大きな比重を占めている。修法の場所としては、禁中のほか、法性寺五大堂・平等院五大堂など摂関家の施設がみえるが、いずれにせよ、摂関家の全盛時代の当時にあっては、五壇法は摂関家の主導によって修された可能性が高い。

「五壇法日記」「五壇法記」などの部類記に整理された修法記事は概して簡略であって、具体的内容に乏しい。その意味で、藤原道長の日記『御堂関白記』長和二年（一〇一三）八月十四日条の記事は貴重である。以下に引用する。[12]

十四日、癸酉、参法性寺、修五壇修善、件法是去年病間、皇大（太）后宮（彰子）・中宮（妍子）・内方（倫子）・大納言（頼通）・左衛門督（教通）等立願、各啚一鋪所令修也、五大堂南堂北廂比懸修之、阿闍梨大僧都明救・少僧都慶命・律師文慶・阿闍梨雅算・尋（心）

誉等也、本宮・本家皆有行事、

藤原氏の寺である法性寺で、道長がこのところの病気がちであるのを気遣った妻（源倫子）と子供たち（彰子・妍子・頼通・教通）が協力して五壇法を修したのである。法性寺での修法記事は他にもみられるが、おそらくこのような形で一門の者の病気平癒や入内した一門女子の平産を祈ったものであろう。右掲記事にみえる僧侶たちの宗門についていえば、明救と慶命が山門、文慶と心誉が寺門、雅算は不明である。

貴族で五壇法を修することができたのは、ひとり摂関家だけではなかった。他の上級貴族の家でも修されている。後冷泉天皇の時代に属するが「五壇法日記」に、次のような記事がある（「五壇法記」にも同様の記事あり）。

天喜三年乙未十二月廿八日、大納言経長卿室病悩、仍請三位阿闍梨覚助等（修脱カ）五壇法、覚助一人効験之間、任権律師云々、

「大納言経長」とは宇多源氏の源経長であり、天喜三年（一〇五五）には参議だったが（『公卿補任』）、その室の病気平癒を祈って五壇法が修されているのである。禁裏や摂関家でのそれと比べ、規模と阿闍梨役の僧の格は劣るかもしれないが、こうした貴族が五壇法を修した事実は注意してよい。五壇法修法はもともと特定の権力者によって独占されるような性格のものではないのである。

摂関政治の時代において五壇法修法をつとめた五人の阿闍梨の出身宗門についてみると、山門・寺門の台密系（天台宗）の僧がしめる割合が圧倒的に大きい。不動法がすべての事例において、山門もしくは寺門の僧によって担当されていることからわかるように、主要な法は両門によって占められている。五壇全部を山門で占めた例さえある。反対に、東密系（真言宗）の僧は金剛夜叉法など比較的下位の法を担当するにとどまっている。この段階での五壇法修法では、台密系が東密系を断然凌駕していたといえる。ちなみに、ごくわずかしか出てこない

東密系の僧を「野沢血脈譜」（真言宗の法脈系譜。東寺所蔵）[13]にのせてみると、ほとんど広沢流（仁和寺など）に属し、小野流（醍醐寺など）は少ない。[14]なお筆者は、東密の「野沢血脈譜」に匹敵するような、台密諸流の詳しい法脈系譜をいまだ見い出し得ておらず（山門では『天台宗全書一』所収の「華頂要略」や『大正新修大蔵経　図像第一二』所収の「門葉記」、寺門では『大日本仏教全書』所収の「寺門伝記補録」がある程度役立つ）、この方の調査は後日に期すほかない。

では、五壇法修法が本格化するのはいつか。「五壇法修法一覧」を電覧すればわかるように、一〇九〇年代に入ると修法の回数が激増し、内容的にも広がりを見せてくる。どうやら、この現象は応徳三年（一〇八六）十一月の白河上皇による院政開始と何らかの関係がありそうである。しかし、院政が始まったとたん、治天たる院（上皇）が五壇法を専管するようになったのではない。応徳三年以降の修法記事をみてゆくと、これより一一〇〇年前後までは、「二間」「鳥羽殿」「禁中」「法勝寺五大堂」など皇室関係の施設での修法（その主催権は院にあったとみてよい）がみられる一方で、「宇治五大堂」「法性寺五大堂」で修法された事例（この方は摂関家の主導によるとみてよい）も少なくない。こういったことをふまえると、この段階ではまだ前代同様に摂関家の修法がかなりのウェイトをしめたと考えられる。阿闍梨をつとめる僧侶の宗派構成も摂関時代とさほど変わらない。[15]もっとも、どの時期でもいえることだが、記載事項が不十分なために主催者や場所などが不明のケースはかなりある。

ちなみに、院政時代に入ると、「院御祈として」あるいは「公家御祈として」修された五壇法記事が現れる。主催権と願意が摂関家などでなく、皇室側に属することを意味する表現と解されるけれども、具体的内容が示されていない。

皇室関係の施設での修法が摂関家のそれを圧して俄然多くなるのは（むろん場所が判明する範囲で）、一一〇〇年前後より以降である。永長元年（一〇九六）八月の白河上皇の出家や、康和元年（一〇九九）六月、関白藤原師通が薨じたのちにしばらく摂関が置かれなかったことと関係があるかもしれない。阿闍梨の構成にも変化があらわれる。その変化とは、東密（真言密教）の躍進である。すでに永長元年（一〇九六）九月三日宇治五大堂における五壇法修法で厳覚が中壇不動法をつとめた事例をみるが、承徳二年（一〇九八）六月十三日、法勝寺薬師堂での修法では軍荼利以下三壇を東密でしめて「東寺三人、山門一人、園城一人例」といわれたし、続く翌康和元年（一〇九九）九月二十五日の「寝殿」での修法では、不動法をつとめた仁和寺宮（覚行法親王か）以下五阿闍梨を東密でしめたため「東寺一門五壇法是初例歟」といわれた（いずれも「五壇法記」）。以降、東密系の五壇法修法への進出には目をみはるものがある。

白河院政（一〇八六～一一二九）の途中から始まったこの現象は、鳥羽院政、後白河院政のもとでも続く。五壇法は院政時代に遭遇することによって、格段の発展を遂げたとみてよい。院政時代は中世という新しい時代の黎明期とみることができるから、五壇法は中世に隆盛した密教修法ということができよう。

院政時代の五壇法修法を願意の面からみると、傾向としては、前代のそれの継承・発展という性格が強い。病気平癒と平産が主体である。「供養」のための五壇法修法は、密教そのものへの敬愛という意味合いを持っている。

前代に見られなかったケースとして、立坊・立后御祈がある。立坊とは立太子のことだが、立坊祈願の五壇法修法として、康和五年（一一〇三）七月三十日始修の「鳥羽院（宗仁親王）立太子御祈」（「五壇法日記」）と、治承二年（一一七八）十二月八日始修の「今宮（言仁親王。のちの安徳天皇）立坊御祈」（「五壇法記」）とが検出される。前者でいえば、宗仁親王は康和五年正月誕生、同年六月親王宣下であるから、修法の段階ではまだ満一歳にも達していない。立太子は同年八月である。後者でいうと、言仁親王は治承二年十一月誕生(母は平清盛の娘徳子)、同年十二月八日親王宣下だから、右記の立坊修法は親王宣下と同日に行われたことになる。立太子は同年十二月十五日。二つの事例に共通するのは、当該の親王が極めて幼少であることである。

次に、立后とは女御などが中宮の地位につくことだが、実例としては一例しかみつからなかった。「五壇法記」に寛治五年(一〇九一)正月十三日「於中寝殿宮、被始五壇法、立后御祈」とあるのがそれだが、これは同月二十三日中宮になった媞子(郁芳門院。白河皇女。応徳元年〈一〇八四〉九月伊勢斎宮を退下。「女院小伝」参照)の立后に係るものと考えられる。媞子は堀河天皇の准母となった。右記の立坊・立后御祈の事例はいずれも立坊・立后直前の実施であるから、その将来の実現を祈願しての修法ではなく、内定後無難を祈るといったような色合いが強いのではないか。立坊御祈の五壇法はのちにみるように、鎌倉時代に多くの事例を見る。右記二例の立坊のケースは、特に幼少のゆえ、息災の意味で修したのだろうか。

同様に新しい面としては、天下静謐(兵乱)や天変地妖祈禳の修法をあげることができる。兵乱祈禳としてはすでに天慶三年(九四〇)の例が見られたが、その後、保元元年(一一五六)七月、八月いわゆる保元の乱に際して「天下合戦御祈」「乱逆御祈」(「五壇法記」)のための、治承四年(一一八〇)五月十五日に「高倉宮《(以仁王)》逆乱御祈」(「門葉記」)のための、そして養和元年(一一八一)十月に「天台山」(日吉社)で「合戦調伏」(「玉葉」)のための五壇法がそれぞれ修された。慈円のいう「ムサ《(武者)》ノ世」(16)の到来に対応する現象といえるが、この種の修法のはしりとしては、永久元年(一一一三)五月一日の興福寺と延暦寺の間の騒動に際して、院(白河)で修された五壇法がある。こうした時代の大きなうねりのなかで、五壇法は従来の息災法としての性格に加えて、調伏法としての性格を強めてゆく。

次に天変地妖祈禳についていえば、日蝕祈禱があげられる。「五壇法記」によれば、「朝隆卿記」を出典として、保元元年（一一五六）十月一日の「日蝕」に際して「公家御祈」が行われ、[17]東寺長者寛遍を中壇として五壇法が修されたと記されている。天体現象にかかる五壇法としては早い事例であり、時期的にみて、先に述べた同年七月、八月の「天下合戦御祈」「乱逆御祈」五壇法と一連のものだったことが推測される。筆者の収集によるかぎり、明確な日蝕の五壇法はこれのみである。治承三年（一一七九）十一月十日には「天変地振」により、院中で五壇法が修されている（「五壇法記」）。内容的には、「天変地振」のうち「天変」は明確でないが、「地振」は地震だろう。こうした天変地妖とは自然現象の変異であるが、こうしたことも、当時の人々の末世・末法観を助長し、祈禱や修法への傾斜を強めたにちがいない。

一一〇〇年代以降の平安時代の五壇法の阿闍梨についてみると、台密の山門・寺門系の出身僧が主要な壇を多くしめる状況の中で、東密系の僧の参入もめざましい。東密の仁和寺（御室）など広沢流では、寛助―覚法―覚性と続く本流から分枝した多くの僧が五壇法の阿闍梨をつとめている。東密の僧だけで五壇すべてをつとめたケースもある。醍醐寺などの小野流は、広沢流に比べると劣勢といわざるをえないが、なかでも厳覚―寛信―行海と続く勧修寺流、定海―元海と続く三宝院流からは中壇など主要壇をつとめる僧を出している。広沢流に小野流が加わるかたちで、東密が五壇全部をつとめたケースも認められる。

五壇法修法に召される僧（阿闍梨）の顔ぶれと所属宗門が、主催者の地位や修法の目的・重要度によってちがうのは当然だろう。その意味で、重要な修法の場合には高位の僧が召されたであろうし、その逆の場合もあったということもできる。参加僧の顔ぶれによってその修法の重要度をおおよそ推測することも不可能ではない。

三　鎌倉時代の五壇法

次に、鎌倉時代の五壇法に移ろう。鎌倉時代の始まりを、ひとまず文治元年（一一八五）にとると、元弘三年（一三三三）の鎌倉幕府滅亡までの百四十八年間に百六十九事例を探すことができた（「五壇法修法一覧」参照）。修法の仕方のなかに鎌倉時代が映し出されているといってよい。

鎌倉時代に修された五壇法には、京都の朝廷、およびその周辺で行われたものと、鎌倉の幕府、およびその周辺で行われたものとがある。以下、順に述べる。

まず、京都五壇法から。大勢としては、平安時代のそれを受け継いでいる。修法の頻度は似たようなものだし、修法の目的（願意）も、前代同様、病気平癒と平産とが重い比重をしめている。病気の平癒についていえば、ほとんどは院・天皇の場合であり、若干の割合を親王や上級貴族がしめている。上級貴族とは九条道家・西園寺公経のことであり、両人主催の五壇法は主として承久の乱以後の嘉禄〜寛元（一二二五〜四七）の時期に認められるが（公経は寛元二年〈一二四四〉八月没）、この時期に両人の権勢はピークに達している。九条道家の五壇法では、鎌倉将軍である子頼経の五壇法（後述）との関係も考慮しなければならない。

また、平産については、むろん后妃の出産にかかるものが全般的に多く、上級貴族の室（九条良経室、同道家室）も含まれるが、貴族の室の事例はだいたい一二五〇年（建長二）より以前に属している。貴族にせよその室にせよ、皇族（貴族の家から天皇家に入った后妃を含む）以外の者が五壇法修法での祈りの対象となりえたのは、この頃より以前であることに注意すべきである。これ以降貴族は五壇法修法の対象の座から脱落してしまうのである（これは九条道家の没落と関係があろう）。五壇法はこうして国王と国土の安泰を祈る法としての性格を強めてゆくように思われる。后妃の平産、天下静謐（兵乱）、天変地妖の祈禳などの願意もその範疇に含まれよう。后妃の平産について述べたついでに、この種の実例を一つあげておこう。鎌倉時代の女性の自伝として著名な後深草院二条（父は久我雅忠）の「とはずがたり」巻一の一節である。

（史実では文永七年〈一二七〇〉）八月にや、東二条院《（西園寺公子）》の御産、角の御所にてあるべきにてあれば、御年も少したかくならせ給ひたるうへ、さきざきの御産もわづらはしき御ことなれば、みなきもをつぶして、大法秘法のこりなく行はる。七仏薬師、五壇の御修法、普賢延命、金剛童子、如法愛染王などぞきこえし。五壇の軍荼利の法は、尾張の国にいつもつとむるに、このたびはことさらに御志をそへてとて、金剛童子のことも大納言《（久我雅忠）》申し沙汰しき。御験者には常住院の僧正参らる。（下略）(18)

東二条院公子は関東申次西園寺実氏の娘で、後深草院の中宮である。この時の出産を「とはずがたり」は文永八年（一二七一）とするが、史実としてはそれは前年のことに属する。この記事によって知られることは、公子の出産の場所が新院（後深草）の御所「二条富小路殿」（「五壇法日記」）の南東隅に所在した「角の御所」であったこと、七仏薬師法をはじめ、五壇法など種々の修法が行われたが、五壇法のうちの一つ軍荼利法は「尾張の国の分担でいつも勤めるのであるが、このたびはとくに院のお志を添えてということで、金剛童子の法の事も、父大納言（久我雅忠＝筆者注）が承って手配した」(19)ことである。

公子は出産に際して、実家である西園寺家に里帰りしていないことは注意される（前述のように、藤原道長の娘彰子は寛弘五年〈一〇〇八〉の出産で土御門殿に里帰りした）。また、「尾張の国にいつもつとむるに」という部分についていうと、次田香澄氏はこの個所に「作者の父雅忠の知行する所があった関係からである」(20)という注を付しているが、筆者は尾張国が久我雅忠の知行国だったことによるのではないかと推測する。葉室定嗣の日記『葉黄記』寛元四年（一二四六）十一月五日条によると、尾張国は「前内府（久我通光。雅忠の父）知行也[21]」とみえ、尾張国の知行国主の地位が父通光から子雅忠に相伝された可能性が高いからである。宮廷五壇法では、軍荼利法の修法は尾張国の分担という慣習ができていたものと考えられる。他の壇もおそらく同様であって、修法の費用の負担などは久我雅忠のような貴族がなんらかの見返りを期待して勤めるのが常例だったのだろう。右掲の「とはずがたり」の記事は、修法の経費負担の仕方を考えるうえで貴重なてがかりを提供している。ちなみに、公子がこの時生んだのは「姫宮」で、のちに後宇多院の皇后となる婉子（遊義門院）である。鎌倉時代末期、討幕を企てた後醍醐天皇が中宮禧子の御産御祈にことよせて、幕府調伏の祈禱を行ったことは周知のところである（「太平記　巻一」）。

事例数で病気平癒・平産に次ぐのは、天変地妖祈禳である。天変地妖は天下騒乱の起こる兆しであり、中世には武力を行使する兵乱がたびたび起こったから、これを未然に防ぐための調伏法としての五壇法がもてはやされたものも不思議ではない。具体的にいうと、彗星・二星合・三星合・白虹貫日などの実例がみられる。「五壇法記」によると、弘安九年（一二八六）二月二十九日、仙洞万里小路殿（亀山上皇の御所）で東密の大僧正了遍らを召して修された五壇法は「白虹貫日」という天変を祈禳するものだったが、これは「関東」つまり幕府より奏されたのが直接のきっかけだった。幕府がこれを奏上した理由は明確ではないが、幕府よりの報告によって京都で五壇法が行われている事実は注意してよい。

天下静謐（兵乱）祈についていうと、南都北嶺の寺社騒動もこれに含めてよいが、この種の事例が結構多い。とくに寺社騒動にかかる五壇法修法の事例が多いのは鎌倉時代の特色の一つである。宗教権門としての南都北嶺がこの時期旺盛な活動を展開したこと、そしてこのような騒動に対し五壇法の調伏効果が期待されたことを示している（南北朝・室町時代にはこの種の事例はほとんどみられない）。天下静謐祈は、場合によっては戦勝祈願となる場合がある。それが史料の上にはっきり現れるのは南北朝・室町時代以降である。後鳥羽院が承久の乱への道を突き進んでいたと思われる時期に、同院が修した五壇法の事例は飛び抜けて多い。承久三年（一二二一）六（五とも）月三日、後鳥羽院の「御所道場」で行われた五壇法は「大乱御祈」の修法だった（「五壇法記」）。この種の修法は願意が史料の文字面に現れにくい。この時期の「院・公家御祈」の中には、幕府調伏の修法がかなり含まれているに相違ない。

立坊御祈五壇法の事例としては、建保六年（一二一八）十一月十九日の懐成親王（のちの仲恭天皇。同月二十六日立坊）、寛喜三年（一二三一）十月二十五日の秀仁親王（のちの四条天皇。同月二十八日立坊）、寛元元年（一二四三）八月四日の久仁親王（のちの後深草天皇。同月十日立坊）、正嘉二年（一二五八）八月一日の恒仁親王（のちの亀山天皇。同月七日立坊）、文永五年（一二六八）八月十九日の世仁親王（のちの後宇多天皇。同月二十五日立坊）、永仁六年（一二九八）八月二日の邦治親王（のちの後二条天皇。同月十日立坊）、徳治三年（延慶元＝一三〇八）九月十四日の尊治親王（のちの後醍醐天皇。同月十九日立坊）、文保二年（一三一八）三月三日の邦良親王（同月九日立坊）、それに元弘元年（一三三一）十一月四日の康仁親王（邦良の遺児。同月八日立坊）、以上の九例が認められる。立太子したすべての親王が立坊御祈を経験したわけではない。右記の九例についてみると、文永九年（一二七二）二月後嵯峨上皇が没してのち、二つの皇統（いわゆる持明院統と大覚寺統）の対立が始まるわけだが、これ以前に属する五例のうち恒仁親王（亀山天皇）を除く四例は、平安時代の例と同様に生後一年に満たぬ時期での立坊御祈であること、恒仁親王およびこれ以後に属する四例はすべての数え年十歳以上であること（尊治にいたっては二十一歳）が知られる。立坊の高年齢化は皇位継承の順序の決定が容易でなくなったことを反映していると思われる（のちに述べるように南北朝・室町時代においては、建武元年〈一三三四〉に恒良（後醍醐天皇の皇子）の例が一つ認められるだけである）。両統対立開始後の立坊御祈としての五壇法が、すべて大覚寺統の修するところであるのは注意されよう。なお、立后御祈の例は今のところ見いだせない。

異国降伏の五壇法修法は、鎌倉時代のみに見られる事例である。亀山上皇は、文永十一年（一二七四）十一月二日、台密・東密に命じて各本坊において「異国御祈」「異国降伏」のための五壇法を七日間の日程で修させ（「門葉記」「五壇法記」）、弘安四年（一二八一）三月二十五日には、同上皇の御所「靡殿」で「異国降伏」の五壇法を修している（「門葉記」「五壇法記」「五大成」）。時期的にみて、前者は文永の役に、そして後者は弘安の役に引きつけて考えてよかろう。いずれも、五壇法が調伏法としての性格をもっとも際立たせた場面である。

他方、修法を担当した阿闍梨についてみれば、どのようなことがいえるだろうか。全般的な傾向でいえば、前述した一一〇〇年代以降の台密と東密とが伍す形で担当する方式が継承されている。台密と東密とが混り合うケースがほとんどだが、なかには一つの宗門で五壇すべてを独占するケースもあり、この点も従来と変わらない。特に東密の側について付言すれば、広沢流では守覚（覚性の弟子）の弟子道法流を中心として多くの阿闍梨を輩出している（同じく守覚の弟子である覚教・道尊の一流、それ以外からも若干出ている）。寛遍（寛助の弟子）の弟子兼豪も鎌倉時代初期に京都での五壇法に参加している。そして小野流では、勧修寺流の厳覚の弟子増俊流（随心院流）の親厳―厳海・宣厳、安祥寺流の寛伊流、三宝院流の成賢―憲深流（これが三宝院流の中の本流）、理性院流の宗厳流、金剛心院流の賢海流などから輩出している。のちに述べるように、鎌倉五壇法には、成賢の弟子道禅、賢海の弟子実賢、成厳―良瑜（安祥寺流）らが参加している。

注目すべきは、北条一門出身の僧が五人の阿闍梨のなかの一人として登場することである。すなわち、元亨元

（あるいは二か）年（一二三一、二）十二月の禁裏での五壇法に「真乗院、平貞顕朝臣子」の顕助法印が現れ（「門葉記」）、こののち正中三年（嘉暦元＝一三二六）三月の春宮（邦良）御所での五壇法まで数度の修法に参加している。顕助は東密の仁和寺を本拠とした。勤めた法は大威徳法と金剛夜叉法で、比較的下位の法である。のちに述べるように、鎌倉幕府が修した五壇法においても、正中元年（一三二四）五月に北条貞顕の兄で鶴岡社務の顕弁が降三世法を、同門の有助が大威徳法を修した事実がある。このように北条一門から京都五壇法や鎌倉五壇法で阿闍梨を勤める僧が登場している事実は、僧の交流という側面から公武の関係を考えるためのてがかりの一つになろう。

さて続いて、たいへん興味深い問題をふくんでいる鎌倉幕府下での五壇法についてみよう。鎌倉幕府が五壇法を修した事実は、幕府の国家史上の位置をよく示しているといってよい（室町幕府の五壇法との系譜的な関係にも注意を要する）。むろん同時に京都での五壇法も視野に入れねばならない。鎌倉幕府においては、かなり早い時期より諸種の密教修法が流入し、幕府の修法として受容されたが、[22]五壇法は四代将軍九条頼経の時期に始まった模様で、同時期の修法の状況は表1に示すとおりである。表1に示した諸事例より以降、鎌倉での五壇法の修法記事がいくつか認められるが、それらについては表1に入れず、本文中でふれることにする。

表1に整理したのは、嘉禄三年（安貞元＝一二二七）十一月二十四日始修の事例（これが鎌倉五壇法の初見。『吾妻鏡』）から、寛元四年（一二四六）四月二日始修の事例（「五壇法日記」）にいたる全十九の事例である。各事例ごとに参加した五人の阿闍梨の名と担当した法との関係を示し、あわせて所属の宗門を付記した。出典についていえば、1〜7は『吾妻鏡』、8〜10、12、14〜16は「五壇法記」、そして11、13、17〜19は「五壇法日記」である。

それらは、すべて九条頼経の将軍在職期もしくは頼経が「大殿」と呼ばれ鎌倉で依然権威を保持した時期に属している。周知のとおり、頼経は九条道家の子幼名三寅で、三代将軍源実朝が暗殺されて半年後の承久元年（一二一九）七月、将軍となる身として鎌倉に到着した（時に二歳）。嘉禄二年（一二二六）正月、九歳で将軍宣下を受け正五位下・右少将に叙任された頼経は、この年から自身の袖判をすえた下文を発するようになる。こうして頼経が次第に将軍としての実質を備えるようになると、反執権派勢力に擁されて北条経時・時頼を中心とする執権派勢力と厳しく対立するわけだが、結局、寛元四年（一二四六）五月の宮騒動（「鎌倉年代記裏書」）で敗れて、同七月京都に送還されてしまう。その意味で、おおよそ嘉禄二年（一二二六）頃から寛元四年（あるいは翌宝治元年）までの間は、将軍派と執権派との間に波風が立ちやすい時期だったということができるが（その背後には「大殿」と呼ばれ、京都政界を牛耳っていた父九条道家がいた）、注目すべきは、表1に示した十九例の鎌倉五壇法修法がすべてこの時期に含まれる事実である。したがって、この時期の鎌倉五壇法は九条頼経をめぐるそのような政治的文脈のなかにおいて考えてよいだろう。

表2は、右記十九例の鎌倉五壇法について、五年ごとの事例分布と願意の内容を示したものである。願意の内容の面からみてゆくと、「病気」欄の二例は、嘉禄三年（一二二七。十二月十日に安貞と改元）十一月の将軍頼経の「不例」（病気）祈、および貞永元年（一二三二）二月の「御台所御不例」祈である（『吾妻鏡』）。「御台所」とは、将軍頼経の室竹御所（二代将軍源頼家の娘）である。

「天変」欄の二例は、寛喜元年（一二二九）九月の「天変連々出現」に伴うもの、および同二年（一二三〇）四月の「天変御祈」である（『吾妻鏡』）。そして「除魔障」欄の一例は、嘉禎三年（一二三七）六月、大慈寺郭内に新造された精舎（新丈六堂）供養を行うにあたって「魔障」を除かんがために修されたものである（『吾妻鏡』）。

結番の将軍護持僧)

寛耀	尊厳	道慶	快雅	実賢	聖増	成厳	円意	猷聖	承快	○良信	猷尊	成恵	守海	公円	寛位	印円	隆弁	良禅
佐僧都	藤原家綱息 民部卿僧都	九条道家の兄弟 僧正	藤原親雅息 法印	法印権大僧都	横川長吏	権少僧都	法印	法印	法印	権僧正	法印			法印	法眼	権僧正	四条隆房息 法印権大僧都	九条道家のいとこ 僧正
東カ	東カ	寺	山	東	山	東	寺	寺	山	山	寺	東	東	山	東カ	山	寺	山
大	金																	
		中	降	軍	大	金												
		中					軍	大	金									
		中	降				大			軍								
		中	降				大			軍								
		中						大			軍							
			中					大			軍							
			中					大			軍							
		中						軍			降	大	金					
		中							大					軍	金			
		中													金	軍	大	
							降	大				金						中

表1　鎌倉幕府下の五壇法勤仕（山＝山門、寺＝寺門、東＝東寺　○は安貞元年12月13日

阿闍梨		○定豪	観基	○道禅	○定清	○円親	寛誉	円智	定雅	○頼暁	縁快	定親	良瑜	賢長
（中＝不動法 降＝降三世法 軍＝軍荼利法 大＝大威徳法 金＝金剛夜叉法）		源延俊息 弁僧正	源国基息 大進僧都	土御門通資息 信濃法印	後藤基清息 加賀律師	宰相律師		坊門家	藤原親雅息	丹後僧都	藤原資頼息カ 宰相法印	土御門通親息 若宮別当	九条道家のいとこ 安祥寺僧正	菅原定家息カ 大夫法印
開始日	所属	東	寺	東	東			寺カ	東			東	東	東
1	嘉禄3・11・24 (1227)	中	降	軍	大	金								
2	嘉喜元・7・8	中		降			軍	大	金					
3	〃　2・9・27													
4	〃　3・4・11		降	中						軍	大	金		
5	貞永元・2・7													
6	嘉禎2・1・9	中												
7	〃　3・6・22			降									中	軍
8	〃　4・4・4													
9	寛元元・11・													降
10	〃　元・12・10													金
11	〃　2・2・10													金
12	〃　2・3・14			降								金		
13	〃　2・4・15			降								金		
14	〃　2・5・15			降								金		
15	〃　2・8・19													
16	〃　2・9・1													
17	〃　3・5・15													降
18	〃　3・6・26			降										
19	〃　4・4・2 (1246)													軍

期間(西暦)	回　数 (右列合計)	病　気	天　変	除魔障	不　明
1227～1229年	3	1	1		1
1230～1234	2	1	1		
1235～1239	3			1	2
1240～1244	8				8
1245～1246	3				3
20年間	19	2	2	1	14

表2　九条頼経期の鎌倉五壇法とその願意

＊大倉の明王院の五大堂が建てられ、五大明王が安置されたのは嘉禎元年(1235) 6月(『吾妻鏡』)。

表2をみるかぎり、願意不明の事例が多い。これは五壇法記事が元来簡略であることにもよるが、願意が表に出せない性格のものだったことも関係すると思われる。したがって特に将軍派と執権派が衝突する寛元四年（一二四六）五月の「宮騒動」に比較的近い時期の願意不明の修法の中には、執権派の調伏を祈願するものが含まれている可能性がある。

鎌倉五壇法が修された場所については、京都五壇法のような明確な記載を欠き、おおむね「関東（将軍家）に於て」の表記にとどまる。鎌倉の将軍御所、あるいはその周辺と解してよいと思われるが、右記十九例のなかには鎌倉以外での修法が一例含まれている。嘉禎四年（一二三八。十一月二十三日に暦仁と改元）四月四日始修の例で、「五壇法記」には「於征夷将軍（藤原頼経）六波羅亭、始行之」と記されている。道慶を中壇としたこの時の五壇法が京都の「六波羅亭」で修法されたのは、将軍頼経が同年二月執権北条泰時以下の幕府要人を率いて上洛し、同年十月まで在洛していたからである。鎌倉将軍の主催する五壇法が、将軍の出張先で修されている事実は注目される。また道慶についていうと、次回の寛元元年（一二四三）十一月の鎌倉五壇法で彼が中壇を勧めているから、道慶は頼経の勧めで東下したものらしい。

次に、阿闍梨の人的・宗派的構成についてみよう。この時期、幕府の修法にかかわった僧については、すでに寺門派の忠快・隆弁についての個別研究、それに東西交流という視点から僧の動向を論じた研究がある。(23)

鎌倉五壇法の阿闍梨をつとめた僧については、表1において、その出自・所属宗派についての調査結果を合わせて、整理しておいた。拾い上げることのできた阿闍梨は全部で三十二名である。五壇法の中心は不動法だから、この法を勤めた僧（大阿闍梨）が修法の主導権をにぎったであろうことは推測できる。不動法を勤めた僧として、定豪（東密。源延俊の子。鶴岡八幡宮寺社務）・道禅（東密。土御門通資の子）・良瑜（東密。九条道家のいとこ）・道慶（台密・寺門。九条道家の兄弟）・快雅（台密・山門。藤原親雅の子）・良禅（台密・山門。九条道家のいとこ）の六人をあげることができる。(24)五人の阿闍梨は、たとえば嘉禄三年（安貞元＝一二二七）十一月二十四日の鎌倉五壇法を勤めた五阿闍梨の名が同年（安貞元）十二月十三日編成の将軍護持僧結番のなかにみえる（『吾妻鏡』）ことから、将軍の護持僧だった可能性がある（そうであれば、後述するように、この点は室町幕府初期の将軍護持僧と共通する）。

公家（天皇）護持僧との関係でいえば、不動法を修した六人の僧のうち、定豪・道慶・良禅の三人は四条天皇の護持僧をつとめた経歴をもっている。朱雀より後小松に至る歴代天皇の護持僧の補任状況を記した「護持僧補任」（内閣文庫所蔵。刊本では『大正新修大蔵経　図像第一一』所収「門葉記」五三）によれば、定豪は嘉禎三年（一二三七）十月二十七日に、道慶は前年の嘉禎二年十月八日に、また良禅は仁治二年（一二四一）十月十六日にそれぞれ四条天皇（仁治三年正月、十二歳で崩）の護持僧となっている。道慶は仁治二年にこれを辞しているから、良禅の補任はその後任だった可能性もある。したがって、道慶は四条天皇の護持僧でありながら、上洛中の将軍九条頼経の六波羅亭で五壇法を修したことになる。道慶・良禅といった公家護持僧の経験者が鎌倉五壇法をリードしたり、定豪のような鎌倉五壇法をリードした僧が公家護持僧に補任されている事実は、公家護持僧と鎌倉五壇法とが近い関係にあったことを示している。

阿闍梨たちの勤仕の仕方を観察すると、表1に示した十九例の修法は大阿闍梨のかかわり方によって、1～6のグループと7～19の二つに分けられそうである。すなわち各々の特徴点は、前者では東密仁和寺派の定豪の主導するところで、阿闍梨の宗派が東密系と台密寺門派である点、後者では台密寺門派の道慶が主導し（前述のように7で中壇を勤めた良瑜は道家のいとこで、道慶登場の露払い的な役割を果している）、阿闍梨の宗派では前者のそれに台密の山門派が加わっている点である。後者の方が密教諸派のオンパレードといった感じが強く、参加した僧の格も前者より高い。良瑜・道慶・良禅といった大阿闍梨が、当時の四条天皇の外戚で飛ぶ鳥を落とす勢いの「殿下」九条道家と血縁的に極めて近い関係にあった点も注意してよい。なお、紙幅の関係で各々の阿闍梨の出自・経歴などについての説明は省略する。

五壇法の鎌倉移入については、当初主として東密の僧によって鎌倉五壇法が修されていることが注目されるが、この時期の幕府政治史との関係でさらに注意すべきは、嘉禎三年（一二三七）の阿闍梨の大幅入れ替えの背後に京都の九条道家の政治的なおもわくが働いていたのではないか、ということである。つまり、特に嘉禎三年から寛元四年（一二四六）までの約十年間における鎌倉五壇法は、将軍頼経によって実父の九条道家と協力・結託する形で行われたとみられるふしがある。以下に示すのは「鎌倉年代記裏書」の寛元四年の個所である。(25)

今年寛元四閏四月以後鎌倉中騒動、号宮騒動、光時（名越）越後守為将軍家近習祇候之間、夜々乗輿参候、内々申勧御謀反之由有其聞、七月光時出家、但馬前司藤原定員被召禁、城介義景（安達）預云々、七月十一日、入道将軍（九条頼経）御帰洛、
前大僧正道慶以下高僧多上洛、

北条一門の名越光時が頼経と結んで執権北条時頼を倒そうとして失敗した「宮騒動」（なぜこう称するのかは明確でない）と称される事件についての記事である。この時の将軍は頼経の子頼嗣である。頼経は寛元二年（一二

四四）四月執権派の圧力によって将軍職を辞したものの、依然として鎌倉にとどまり、「大殿」としてなお権勢を保持していた。しかし、右の記事にみるように、両派の抗争は執権派の勝利に終わり、寛元四年七月十一日頼経は京都に送還され、前大僧正道慶以下の高僧たちも多く帰洛した。道慶は九条道家の兄弟で、嘉禎四年四月より寛元三年六月までの鎌倉五壇法の中壇阿闍梨を勤めた寺門派の僧である。執権派を圧して武家政治の主導権を握ろうとする道家―頼経のもくろみが失敗した結果、道慶は頼経とともに京都に送り帰されたわけであるから、道慶の祈禱僧としての役割は頼経の護持であったに相違ないし、道慶の祈りが究極的には執権派調伏に向けられたであろうことも推測にかたくない。

鎌倉の九条頼経が五壇法を修し、天変などを祈禳している事実は（表2参照）、鎌倉将軍が京都の五壇法の場合の天皇・院と同様の立場にいたことを物語っている。五壇法修法という宗教的行為を通してみるかぎり、頼経もまた「王」と称してよいような資格を兼ね備えているといえる。このように考えると、黒田日出男氏のいう将軍を日食・月食の妖光から守る行為とも関連してくる。同氏は、日食・月食のさい将軍の御所を席《むしろ》で裹《つつ》むという作法を検討して、鎌倉の将軍も中世におけるもう一人の「王」だったと論じている。(26)

鎌倉五壇法が頼経の失脚後どうなったか、気になるところである。このことについては以下の四つの事に注目したい。

①『吾妻鏡』文永三年（一二六六）五月二十四日条(27)

依御悩事、於広御所、被始行五大尊合行法、若宮大僧正（隆弁）率伴僧八口奉仕之、

②「弘安四年異国御祈禱記」弘安四年（一二八一）四月十四、十六日条(28)

十四日、為異国降伏御祈相応法可令注進給之由、内々被仰下之間、被注進七ヶ尊畢、注文在別、同十六日、

以矢野玄蕃允倫経（鎌倉幕府の評定衆）七ヶ尊内雖何法阿闍梨撰定可被進支度之由、被仰之間、愛染王御修法《伴僧八口》、可宜歟之由被定而被出支度了、（中略）此御祈事火急之間、方々被仰之中、岡屋僧正於勝長寿院不動御修法、日光法印（尊家）於日光山五大尊令行護摩、猪熊法印於明王院同五大尊令行護摩、其外可然之僧侶被仰之、（下略）

③「鶴岡社務記録」弘安四年閏七月三日条(29)

依先例、為異国御祈、於当社《下宮下経所》被始行之、不動社務（隆弁）、降三世円勇僧都、軍荼利頼弁法眼《持明院》、大威徳承俊律師、金剛夜叉隆成律師、

④同右　正中元年（一三二四）五月十九日条(30)

為蝦夷降伏、於大守（北条高時）御亭開白、被修五壇護摩、一七ヶ日、不動大御堂僧正道潤、降三世社務（顕弁）、軍荼利安芸僧正御房、大威徳佐々目僧正有助、金剛夜叉頼演法印、道場東□（向カ）南向連壇也、

まず①について。将軍宗尊親王の病気にさいして、広御所において、若宮大僧正隆弁が主導して五壇法を修している。隆弁が勤めたのは中壇不動法であろう。他壇の阿闍梨名は記されていない。隆弁は宝治元年（一二四七）六月、「合戦御祈賞」として鶴岡社務に補任されたのだから、北条氏の家督による独裁政治、いわゆる得宗専制に順応しながら、幕府祈禱僧としての地位を築いたに相違ない。道慶の帰洛後、かつては道慶のもとで大威徳法を勤めた隆弁を中核にして、得宗支配を擁護する宗教装置としての鎌倉五壇法の基礎が築かれていたようすをうかがうことができる。

また②では、「異国降伏御祈」のために幕府側の修法として五大尊法すなわち五壇法が行われていることが注目される。弘安四年（一二八一）の二度目の蒙古襲来にさいして、国内でさまざまの異国御祈が行われたことは、

たとえば「壬生官務家日記抄」を一見するだけで理解できるが、そのような状況の中で幕府が独自に五壇法を修している事実は一つの画期をなすといってよい。日光法印は「門葉記」（『大正新修大蔵経　図像第一二』）によると尊家（藤原顕家子）と考えられ、天台宗の一派である。天台宗の日光流の尊家の弟子源恵のときに本覚院流と合流した。源恵が本覚院の流れをくむ最源の弟子でもあったからである。日光法印尊家が幕府と親しいことはこの史料によって知られるが、本覚院も同様だったことは最源の師良禅（九条道家のいとこ）が九条頼経のために鎌倉で五壇法を修したこと一つとっても容易にわかる（表1参照）。④についてはのちに述べるが、④に出てくる道潤という僧は源恵の弟子、尊家にとっては孫弟子にあたる。日光法印と並んでいる「猪熊法印」の実名・宗派は不明である。ちなみに朝廷側での異国御祈の五壇法は、これよりやや早く弘安四年（一二八一）三月二十五日、亀山上皇の御所「靡殿」において修された事実がある。

③についていえば、願意は「異国御祈」、蒙古軍の調伏である。修法の場所は「当社」すなわち、鶴岡八幡宮。五人の阿闍梨は不動法を修した「社務」隆弁大僧正のほか、円勇僧都、頼弁法眼、承俊律師、隆成律師である。所属の宗派は隆弁と承俊が寺門である以外は不明である。中壇不動法を勤めたのは隆弁であるから、①以来鎌倉五壇法の中心にいたのは隆弁だったとみてよかろう。また、このたびの「異国御祈」五壇法は「先例」により行われたと記されている。その「先例」が何をさすか明瞭ではないけれども、②などの修法を踏まえたとみてよいだろう。異賊の襲来にあたって、幕府が「異国降伏」の五壇法を修するのは先例なのだという意識の登場は、幕府の国家史上の位置を考えるうえで見落とせない。

さらに④についていえば、「蝦夷降伏」のため、つまり蝦夷の反乱の鎮定を祈っている。場所は「大守御亭」であり、「大守」とはむろん得宗北条高時である。将軍亭でなく、得宗亭で修されているわけである。このような五壇法が得宗の私邸で修されている事実は、五壇法修法の主催権が将軍から得宗に移っていたことを示唆するであろう。このことは逆に当時の将軍職の性格を論ずる糸口ともなる。阿闍梨についていえば、中壇不動法を勤めた道潤は二条良実（九条道家の子）の子で、正安四年（乾元元＝一三〇二）五月から乾元二年（嘉元元＝一三〇三）四月までの約一年間天台座主（第百一代）に在職した山門僧である。[31]鎌倉五壇法にかかわった天台座主経験者の初例である。道潤は延慶元年（一三〇八）十二月に花園天皇の護持僧に補され（「護持僧補任」）、元亨三年（一三二三）には日光山三十代座主に補されている（『天台宗全書　華頂要略第一』）。道潤の弟子聖恵も元徳二年（一三三〇）日光山寺務に補され、正慶二年（一三三三）二月北条高時亭で天下静謐の熾盛光法を修した事実がある（同前）。②で述べた日光法印尊家やこの道潤が、本覚院―日光流から出ていることから察せられるように、本覚院―日光流は山門諸流のなかでも特に幕府と深い関係にあり、同時に下野日光山は関東における山門派の重要な拠点であったと考えられる。そして降三世法を勤めた「社務」、すなわち鶴岡社務顕弁は「三井寺務僧正顕弁関東武州（北条貞顕）舎兄[32]」と称された寺門僧（北条顕時の子）である。また大威徳法を勤めた佐々目僧正有助も北条一門[33]の東寺僧で、元徳三年（一三三一）四月鶴岡八幡宮寺社務職に補任されたが、幕府滅亡とともに自害した。[34]「野沢血脈譜」によると、有助は、良瑜―頼助―成助―慈助―有助と連なる東密・安祥寺流の法脈の上に登場する。このうち良瑜（安祥寺僧正。九条道家のいとこ）が嘉禎三年（一二三七）六月二十二日の鎌倉五壇法で中壇を勤めたことはすでに述べた（頼助は北条経時の子）。のこる「安芸僧正[35]」と「頼演法印」についてはいま直ちには明らめえない。

ちなみに、建治二年（一二七六）八月二十一日、讃岐の善通寺において「奉為公家・武家御願円満、所致蒙古人治罰御祈禱」との願意にて、五壇法を修し大般若経・仁王経などを転読して、外寇が祈禳された事実がある。[36]

地方寺院における五壇法修法の事例として注目される。

鎌倉時代の五壇法修法は、すでに述べたように基本的には平安時代のそれの発展延長上にあるとみてよい。兵乱や寺社騒動の多発、外寇、両皇統の対立といった新しい事態の発生に五壇法がすばやく対応したから、そのぶん鎌倉時代の五壇法の願意はバラエティに富むわけだが、もっとも注目すべきは、鎌倉幕府が五壇法を長期的に行った事実である。それは、得宗の専制政治期にあっては、得宗の安穏と幕府の安泰を祈ることによって幕府支配体制を精神的側面から支えただけではなく、やがて室町幕府が武家五壇法を始めるにあたってその先蹤となったものと思われる。幕府五壇法を勤める五人の阿闍梨は得宗の護持僧だったのではないか。むろん彼らが将軍のために祈ったとしても（つまり同時に将軍の護持僧だったとしても）、いっこうに不自然ではない。以上みたような鎌倉五壇法の伝統は、鶴岡八幡宮を中核とした鎌倉の精神的な土壌のなかで脈々と受け継がれ、以下に述べるように、室町時代には鎌倉公方の修する五壇法へと展開をみせている。

四　南北朝・室町時代の五壇法

南北朝（建武新政期を含める）・室町時代の五壇法は、元弘三年（一三三三）六月から大永六年（一五二六）三月までの間に百四十四事例を拾い出すことができた（「五壇法修法一覧」参照）。鎌倉時代以前のそれと比べると様変わりした観がある。

前代と比べて変わった点のひとつは、南北朝時代の初期段階で五壇法修法の主導権は室町幕府に移ること、もうひとつは、願意について見たとき、これまで抜群の比重を占めていた病気平癒・平産のケースが激減し、立坊・寺社騒動のケースもほとんど見られなくなった反面、兵乱調伏や戦勝祈願のそれが増加していること。いずれも、室町幕府の成立・展開、そこにこの時代の属性である動乱・戦乱のしからしむるところと思われる。天変祈禳の事例数は鎌倉時代とさほど変わりないが、願意不明のケースが平安時代と同様に多い。以下、順を追って具体的にのべる。

まず、建武新政を運営した後醍醐天皇が修した五壇法についていえば、元弘三年（一三三三）六月、二品慈道親王（亀山院皇子。山門）を中壇として、伯耆から帰洛しての「安鎮之心」を修した二条富小路内裏でのそれを初例として、延元元年（一三三六）四月、天台座主尊澄法親王（後醍醐天皇の皇子。山門）を中壇として、兵乱御祈のために禁裏花山院で修された例まで、全部で十一事例を探しだすことができた。他の事例の願意をあげれば、後醍醐天皇中宮禧子の病気平癒、立坊（後醍醐天皇の皇子恒良親王）、中宮珣子の平産、天変、天下泰平（静謐）、足利追討などがある。建武二年（一三三五）六月の「西園寺大納言公宗卿陰謀」（「五大成」）が生起して以降、中先代の乱（北条時行の乱）や足利尊氏の離反が起こり、世情が騒々しさを加えてくると、五壇法もいくさ関係のものが大きな比重をしめてくる。

阿闍梨の構成についてみると、台密の山門・寺門派のしめる割合が全般的に極めて大きく、中壇不動法は不明の一例を除いて、すべて山門で独占している。東密では、大威徳法を勤めた栄海僧正（小野・勧修寺流）、道祐僧正（小野・報恩院流）、それに隆雅法印（小野・安祥寺流）の三人しかみいだせない。中壇の大阿闍梨についていえば、当初、慈道（前出）や十楽院宮道熙（伏見院皇子。山門）が勤めた例があるが、建武二年八月以降の四例はすべて天台座主尊澄（後醍醐天皇の皇子）の勤めるところとなっている。後醍醐天皇の主催した五壇法は、山門派を阿闍梨の中核にすえて修されたとみてよい。

南北朝時代に入ると、先に少し予告しておいたように、大きな変化があらわれる。その最たるものは、五壇法の主催権が公家から武家に移ったことである。しかし、それは公家が五壇法を修することができなくなったということではない。このことについては、早く富田正弘氏が指摘しているが[37]、貞和二年（一三四六）九月二十四日に足利直義が三条坊門の自邸で五壇法を始修して以降、五壇法はほとんど武家の修するところとなった。室町幕府ができてすでに十年ほど経過した時点だが、これ以前に室町幕府が修した五壇法の事例はない。幕府が五壇法を主催するうえでの大きな画期がここにあるわけである。

したがって、室町幕府の五壇法について述べるまえに、それ以前の時期に属する北朝での五壇法についてふれておかねばならない。北朝が成立してより以降、貞和二年（一三四六）九月の武家五壇法の開始以前の期間に認められる北朝五壇法の事例は、建武四年（一三三七）二月、各本坊において常住院准后道昭（一条家経の子。寺門）を中壇にして「天下静謐」のために修された五壇法（「五壇法記」）を初例として、康永四年（貞和元＝一三四五）八月、仙洞持明院殿において尊悟親王（後伏見院皇子。寺門）を中壇として「彗星御祈」のために行われた五壇法（「五大成」「五壇法記」）まで七例の修法記事を拾うことができる。これらの五壇法の内容は、願意でいうと、右二例のほか懽子（後醍醐院皇女。光厳院後宮）の平産、光厳上皇の病気平癒、天下静謐、南都合戦にかかるもので、担当者でいうと、道昭（寺門、前出）、尊胤（後伏見院皇子。山門）、尊悟（寺門、前出）たちを大阿闍梨として台密・東密の僧たちが阿闍梨を勤めているが、建武新政期に比して東密・醍醐寺僧が進出している点が異なる。その醍醐寺僧とは、賢俊（三宝院流）を代表格として、他に良耀、隆雅（安祥寺流、前出）、栄海（勧修寺流）の名がみえる。この時期、室町幕府と結んだ賢俊の台頭といったような東密側の動きが認められるものの、概していえば、修法自体の性格は前代のそれとさほど大きな違いは認められない。

貞和二年九月、足利直義が初めて五壇法を幕府側で修して以降、五壇法修法をめぐる状況は大きく変化する。

富田氏の指摘のように、五壇法はほとんど武家の修法となったのである。その概略は第二章末の「五壇法修法一覧」に示しているが、貞和二年九月の武家五壇法以降、大永六年（一五二六）の管見最後の事例までの全百二十八例を主催者によって振り分けると、武家百二十例、公家八例と算出され、武家修法の事例が圧倒的に多いことがわかる。公家の五壇法でも、費用は幕府によって負担された事実を富田氏が指摘している。五壇法でどれほどの料足を要したかを知るために一例を挙げよう。『兼宣公記』によると、応永十一年（一四〇四）六月、北山殿（足利義満邸）で五壇法が修されているが、料足は中壇不動法が五千疋、残りの四壇が各々三千疋、総額百七十貫文だったという。この料足の額の差は、不動法とその他四法との修法としての格の差であるということができる。

武家五壇法の願意についてみると、最も多いのは兵乱鎮定などの天下静謐・戦勝祈願であり（不明分の中には、この種の事例がかなり含まれると推察される）、戦乱の時代を反映している。特に応永六年（一三九九）十～十二月の「大内左京大夫入道義弘陰謀露顕」（応永の乱）にかかる五壇法（「五壇法記」）、同七年七月の「関東陰謀露顕」にかかる五壇法（「五壇法記」、この時は寺門・山門・仁和寺・東寺・醍醐寺の五カ寺に対し、各自本坊などで五壇法を修するよう指令された）、それに永享十年（一四三八）九月の「関東動乱」（永享の乱）にかかる五壇法（「東寺執行日記」）は大がかりだった。

これに次ぐのは天変御祈である。富田氏の指摘のように、武家が天変御祈五壇法を修した最初は応安三年（一三七〇）十一月二十四日始修のそれであり（「五大成」「五壇法記」）、天変御祈が本来国王の所為である点から考えて、これを武家五壇法の一つの到達点とみなすことができる。天変御祈の公家五壇法の事例は、永和四年（一三七八）十月より以降、長禄元年（一四五七）十月まで約八十年の間、その例をみない。

激減したのは病気平癒・平産の事例である。この二つは平安・鎌倉両時代を通じて、五壇法修法の願意としてはもっともポピュラーなものであったから、その激減は時代の大きな変化を感じさせる。まず病気平癒からみてゆくと、武家五壇法で三例、公家五壇法で一例ある。武家の場合は、延文三年（一三五八）四月の足利尊氏の「腫物祈禱」（「五大成」「五壇法記」「愚管記」）、応永十六年（一四〇九）三月の足利義持不例御祈と考えられる事例（「五大成」「五壇法記」「満済准后日記」）、それに同二十年（一四一三）五月の「大方禅尼（義持祖母紀良子）御病気」の祈禱（「五大成」「五壇法記」）である。公家の一例は、応永三十四年（一四二七）二月の「主上（称光天皇）御悩之御祈」（「五壇法記」「満済准后日記」）である。将軍家、天皇が対象になっている点が共通している。

五壇法が将軍家において年中行事化していることも注意される。その初見は応永二年（一三九五）六月九日始修の室町殿における「恒例御祈」で、毎年実施された史料初見を見いだしえないけれども、少なくとも六年分については確認することができる。六月中に行うのが通例だったようである。五壇法の武家年中行事化は、幕府の性格を考えるうえでみのがせない。

室町幕府の五壇法記事のなかで特殊なのは、嘉吉元年（一四四一）三月九日室町殿で始修された「辛酉御祈禱」である（「御修法部類記」、『続史愚抄』）。足利義教が殺害される嘉吉の乱（六月）の年に当たる。平安時代以来、辛酉の年には革命が起こるとされ、これを避けるために改元が行われてきたが、この年（永享十三年）も二月十七日に改元されて嘉吉とあらたまっていた。筆者の収集の範囲では、「辛酉御祈禱」の事例はこれのみである。足利義教の個人的な性向ともむろん関係しようが、それより「室町殿」の支配権の性格との係わりに着目すべきであろう。

室町時代初期においては、関東地方の支配・統括を委任された鎌倉府の主帥鎌倉公方が京都の室町将軍に対して反抗的な態度をとり始めると、鎌倉公方を支える宗教的な装置としての鎌倉五壇法が復活する条件が整うこととなった。この鎌倉五壇法は系譜的には鎌倉幕府の五壇法の伝統を受け継ぐものと考えられるが、実例としては、鎌倉公方足利満兼（氏満の子）が応永十二年（一四〇五）三月に鶴岡八幡宮で主催した鎌倉五壇法の事例のみしか見い出せないけれども（第二章末の資料「五壇法修法一覧」の通番号で四三九番）、当時の鎌倉公方と室町将軍との政治的な緊張関係から見ると、この事例は氷山の一角と見做すべきであろう。

つぎに、武家五壇法の主催者についてみよう。これについては道場となった場所を調べると分かるのだが、足利直義が権勢を維持している段階では、どちらかといえば将軍足利尊氏より直義が五壇法を主催したものと考えられる。その意味で、武家五壇法を幕府に取り入れるきっかけを作ったのは直義ではないかと思われる。観応二年（一三五一）七月末の直義失脚ののちは、尊氏によって主導されたらしく、「武家亭」すなわち将軍の屋敷が五壇法修法の道場となっている。以降、将軍の御所で行うのが常だったようで、「室町殿」「室町殿御所」「北山殿」が道場となった例は多い。

武家五壇法の阿闍梨についてもみよう。全般的な傾向としては、鎌倉時代の順当な発展延長上にあると考えてよい。同一派で五壇を勤めるケースも少なくない。山門、寺門のしめる地位は依然として大きいが、注目すべきは、東密・醍醐寺派の力が急速に延びている点である。南北朝時代にあっては、三宝院賢俊の活躍がめざましい。筆者も賢俊の密教僧としての動向に注目した論稿を草したことがあるが、[38]そこで指摘したことの一つは、将軍足利尊氏の身近には五人の護持僧が編成され（その筆頭が賢俊）、武家五壇法はこの五人の僧が阿闍梨を勤めることによって修されたこと、つまり尊氏の護持僧が五壇法の主催権を公家から武家に移動させるうえで大きな役割を果したこと、であった。賢俊の活動の拠点となった醍醐寺三宝院の、室町幕府の宗教政策のうえに果した役割についての論究もなされている。[39]南北朝・室町時代の阿闍梨勤仕の特徴は、台密・東密の特定のトップクラスの僧数人が交替で恒常的に大阿闍梨の役を勤めていることである。幕府の祈禱システムの整備をうかがわせる。

公家（天皇）側にも台密・東密のトップクラスの僧を任命して、護持僧が編成された。将軍護持僧と天皇護持僧との違いは、室町幕府初期において将軍護持僧が武家五壇法を修するとき阿闍梨の役目を勤めると考えられるのに対し、公家護持僧は五壇法を修することを固有の任務としない点である。公家五壇法の五人の阿闍梨が公家護持僧かどうかを調べてみると（内閣文庫所蔵「護持僧補任」は、朱雀天皇から後小松天皇〈ただし永徳三年で終わる〉までの護持僧名を載せる）、彼らはすべて護持僧であるとは限らないことが知られる。公家五壇法と武家五壇法両方に同じ僧が参加する例はむろんある。彼らは公家・武家双方にまたがって宗教活動を行っていたのである。このようにみてくると、室町幕府の護持僧は鎌倉幕府の将軍護持僧を模倣したのではないかということが推測される。初期室町幕府の五壇法は鎌倉幕府のそれを先蹤としたのだろう。

貞和二年（一三四六）九月以降の公家五壇法は七例に過ぎないから、ここでその概要のみを挙げておくことにしよう。それらは、①康安二年（貞治元＝一三六二）六月四日始修の「天下太平御祈」（天変地妖によるか。道場は禁裏土御門殿。供料一万疋は武家沙汰。「五大成」「五壇法記」）、②貞治二年（一三六三）五月十三日始修の事例（道場は禁裏。願意は不明。「三宝院旧記」「東寺執行日記」）、③永和四年（一三七八）十月十六日始修の「天変御祈」（彗星御祈か。道場は禁裏土御門殿。供料は武家沙汰。「五大成」「五壇法記」「後愚昧記」「門葉記」）、④永徳二年（一三八二）十一月二日始修の「公家御祈」（道場は各住坊。願意は不明。「五大成」「五壇法記」）、⑤応永三十四年（一四二七）二月十六日始修の「主上（称光天皇）御悩之御祈」（道場は禁裏清涼殿。「五壇法記」「満済准后日記」）、⑥長禄元年（一四五七）十二月三日始修の事例（禁中での色々恠異、彗星出現による。道場は禁中。供料は武家沙汰。内閣文庫所蔵「御修法部類記」「続史愚抄」「門葉記」）、⑦永正十二年（一五一五）六月四日始修の事例（内裏怪異による。道場は宮中清涼殿。『華頂要略』巻三四）、である。公家五壇法の阿闍梨名のわかる事例にそくしてみると、彼らは独自の顔ぶれというわけではなく、武家五壇法を勤めるメンバーがこれをとり行っていることがわかる。公家五壇法の願意の多くは彗星出現などの天変地妖・恠異の調伏であり、天皇の病気平癒がこれに加わっていることが知られる。朝廷（天皇・院）の諸権限は剥奪されていったが、平安時代以来の公家五壇法はこういう形でスリム化して戦国時代まで生き延びたということができる。

さて、筆者の事例収集によると、貞和二年（一三四六）九月以来連続して修されてきた武家五壇法は文明元年（一四六九）の事例（『応仁記』）でいったん途切れている。室町亭で修されたこの事例について、史料の必要部分を引こう。

去程ニ、細川右京大夫勝元、頻ニ取被申ニ依テ、御敵調伏ノ為ニ五壇ノ法ヲ行セラレケル。（続けて、平将門・足利持氏退治の時、五壇法を修して奇特ありしことを述べる）……唯今、此法可執行ト云ヘドモ、御堂敵陣（東山五大堂）ナレバ不及力。室町殿ノ唐門ト四足ノ間ニ新造有テ、青蓮院・妙法院・三宝院・聖護院・南都ノ門跡一人被出テ、五壇ノ法ヲ行レケル。中壇ノ事、叡山座主ト三宝院ト相論有ト云ヘドモ、座主被行ケルトゾ承。中壇ノ次ハ、西方ノ大威徳ノ法トゾ承。カヤウノ験徳ニヤ。果シテ山名・一色被参。畠山右衛門佐下向シ、大内新介降参ス。武衛・土岐下国シ、終ニ洛中静謐シテ、御所様、御悦ニゾ成ニケル。(40)

応仁の乱の最中、いわゆる東軍の細川勝元が敵軍を降伏させるために五壇法を修して効果があったというもので、この例はすでに頻出した、五壇法による戦勝祈願、広くいえば天下静謐のための祈禱ということができる。したがって、この時点では五壇法修法の効力がいまだ失われていないのである。

しかしこののち、五壇法修法の事例は再登場するものの、極めて稀にしか検出されない。筆者の目にとまった武家五壇法は、永正八年（一五一一）九月に管領細川高国が自亭で修した例、(41)大永六年（一五二六）三月に将軍足利義晴が「武家」で修した例(42)の二つにすぎない。願意はいずれも不明。この他に、永正十二年（一五一五）六月の公家五壇法一例があることは前述した。このようにしてみてくると、五壇法は応仁・文明の乱を経過して急速に修されることが少なくなったものと思われる。

京都での五壇法が衰退する理由については、別途きめ細かな考察が必要だが、おおまかな見通しとしていえば、「応仁ノ一変ハ仏法・王法トモニ破滅シ、諸宗皆悉ク絶ハテヌル」(43)といわれたように、統一的政治世界の崩壊、密教寺院の本拠京都の荒廃、経済的困窮などを伴うこの時代の特徴的状況が、公家はもとより幕府主催の武家五壇法までも実施困難にしたと述べておくしかない。とはいえ、密教修法がすべて消滅したのではもちろんない。

こういう時、西国の大守護大内政弘が五壇法を修している事実は注意してよい。「周防国分寺文書」に次のような文書が入っている。(44)

五壇法幷炎魔天供被修候、巻数送給候、祝着候、猶々信仰此事候、恐惶謹言、

八月十五日　　　　　　　　　　　　　　　　政弘《大内》（花押）

国分寺　侍者上人

周防を本拠として長門・豊前・筑前の四カ国、それに石見を加えた守護大内政弘の書状である。内容は周防国分寺が政弘のために五壇法ならびに炎魔天供（焔摩天供）(45)を修したのを褒したもので、その法験に寄せる政弘の期待をうかがわせる。しかしながら年号がなく、文書の年次を確定できない。このような場合、花押の形状から推測するほかないわけだが、大内政弘の花押は時とともに微妙な変化を見せており、その編年にはかなりむずかしいものがある。政弘の花押は大きく二つの型に分けられる。(46)これを前型（丈が高く、不安定な感じを受ける）・

後型（やや横幅が広くなり、安定感がある）と称するならば、後型は遅くとも文明七年（一四七五）には登場している。右文書の花押は、前型の中でも比較的早期のもので、寛正六年（一四六五）[47]・文正元年（一四六六）[48]に使用された大内政弘の花押に最も近く、応仁元年（一四六七）[49]になると微妙なちがいが認められる。したがって、本花押は文正元年以前に使用された形と同種と考えられ、右の文書も同時期に発給されたものとみなされる。政弘が応仁の乱にさいして西軍の武将として東上するのは応仁元年七月だから、政弘は東上以前に周防国分寺をして五壇法等を修させたものと考えられる。

もっとも注目すべきは、大内氏が本拠の周防において、その中枢的密教寺院たる国分寺でかつては国王の法たる五壇法を修させている事実とその背景であろう。もっとも、この時期の周防国分寺の実態については知られないが、五壇法を修するだけの陣容を備えていたことは興味深い。現時点で筆者の目にとまった大内氏による五壇法修法の事例はこれだけである。このことでもって直ちに大内政弘を西国国家の王とみなすことはできないにしても、政弘以降の大内氏が国家史上にしめた位置を評価するためにはこうした点を十分考慮しなければなるまい。

筆者が確認しえた五壇法修法の事例の最後は、前述のように、大永六年（一五二六）三月のそれである。これ以降、五壇法はどうなるのか。戦国大名によって受け継がれるのか、あるいは廃絶するのか。その辺のことについては、先に残した五壇法修法の衰退の理由を含めて、今後検討してゆかねばならない。

おわりに

本稿は、密教の諸修法のうち、特に五壇法修法の実態を垣間みたものである。五壇法は十世紀半ばのいわゆる摂関政治の開始を少しさかのぼる頃に生まれてより以降、十五世紀後半の応仁・文明の乱の渦の中に埋没してほとんど姿をみせなくなるものの、十六世紀前半期に至るまでの約六百年間の長期にわたって、中央政治史の展開と密接にかかわる形で修されていたことが知られた。

しかも、五壇法は決して硬直した性格の密教修法ではなく、時代の変革・要請に応じて、柔軟な変容を遂げつつ、展開したことも知られた。

五壇法と国家との関係についての本格的な検討は、今後の課題である。五壇法を支えた思想状況は密教的世界観だが、それは単に五壇法を受容したいわゆる支配的階層だけに独占されたのではなく、一般庶民にも、息災・増益・福徳の法として受け入れられたのである。五壇法の諸問題は、国家史レベルの論議にとどめず、その辺まで視野にとりこんで考えてゆかねばならない。

（1）　後白河上皇の手に成る今様歌謡集「梁塵秘抄」第二の、「不動明王恐ろしや、怒れる姿に剣を持ち、索を下げ、後に火焔燃え上るとかやな、前には悪魔寄せじとて、降魔の相」という表現に、不動明王に対する畏怖の念をうかがうことができる（佐佐木信綱校訂『新訂梁塵秘抄』岩波文庫、昭和八年）五五頁。

（2）　『群書解題』第一七巻（昭和三十七年）二八、三二頁。

（3）　③④の成立をうかがわせる記事としては、③④の弘安五年（一二八二）三月二十九日の修法記事と同六年二月八日のそれとの間に、「正安四年（乾元元＝一三〇二）六月廿七日、以或東寺侶本書写了、以下以聖護院法親王順助類聚御本、書続之、又其以後随聞及、可加之而已　行順記」と、また③の大治二年（一一二七）九月二十一日記事と同四年二月二十四日記事との間には、「行順私云、以聖護院法親王類聚御本書入」と記されている。この記事によって本書のもととなった本は「東寺侶本」および「聖護院法親王（順助）類聚御本」であること、行順が本書の筆者であること、などが知られる。

（4）　「小右記」「資房記」「為房記」「朝隆記」などの日記名が出典としてみえる。しかし鎌倉時代以降の修法記事には、この種の記載はない。

(5) 速水侑氏『平安貴族社会と仏教』(吉川弘文館、昭和五十年)第一章、同氏『呪術宗教の世界――密教修法の歴史――』(塙書房、昭和六十二年)、栗本徳子氏「白河院と仁和寺――修法からみる院政期の精神世界――」(『金澤文庫研究』二八六号、平成三年)。

(6) 注(5)所引、速水侑氏『平安貴族社会と仏教』一頁。

(7) 例えば、佐和隆研氏編『密教事典』(法藏館、昭和五十年)「ごだんほう」の項。

(8) 例えば、『国史大辞典5』(吉川弘文館、昭和五十九年)八七一頁「ごだんぽう」の項(田村隆照氏の執筆)。

(9) 実は、①~⑩の史料に収録されない事例だが、さらに早い時期の所見がある。それは、一覧表の劈頭に示した『日本紀略』延長八年(九三〇)七月二十一日条にみえる、天台阿闍梨五人を内裏常寧殿に請じて、五壇修法を「調備」したという記事である(新訂増補国史大系第一一巻、二九頁)。それは、山折哲雄氏「後七日御修法と大嘗祭」(『国立歴史民俗博物館研究報告』七、昭和六十年)三八二頁で指摘されている。あるいは、この事例こそ、五壇法修法の初例というべきなのかもしれない。しかし、あまりにも萌芽的とも思われるから、本文ではひとまず別扱いとした。

(10) 日本古典文学大系19『枕草子　紫式部日記』(岩波書店、昭和三十三年)四四三~四四五頁。彰子の土御門殿での御産の模様が描かれている。

(11) 図書寮叢刊『御産部類記　上』(宮内庁書陵部、昭和五十六年)五四~五五頁。

(12) 『大日本古記録　御堂関白記　中』(岩波書店、昭和二十八年)二三九頁。なお、同様のことは「小右記」(藤原実資の日記)同日条にも書き留められている。

(13) 『弘法大師と密教美術』(朝日新聞社、昭和五十八年)一一一頁に写真版が載せられている。なおこの図録は、弘法大師入定千百五十年を記念して開催された展覧会(昭和五十八年三月から翌五十九年二月にかけて、京都国立博物館、東京国立博物館などで開催)にあわせて作成されたものである。

(14) 広沢流では、寛朝・延尋・済延・良深・寛意、小野流では定賢の名がみえる。

(15) 東密では、広沢流の寛意、経範、覚意、小野流では厳覚(勧修寺流)、範俊、勝覚の名がみえる。

(16) 日本古典文学大系86『愚管抄』(岩波書店、昭和四十二年)二〇六頁。「サテ大治ノ、チ久寿マデハ、又鳥羽院、白河院ノ御アトニ世ヲシロシメシテ、保元元年七月二日、鳥羽院ウセサセ給テ後、日本国ノ乱逆ト云コトハヲコリテ後、ムサノ世ニナリニケルナリ」という文章の中に登場する。

(17) 黒田日出男氏「こもる・つつむ・かくす——中世の身体感覚と秩序——」（『日本の社会史8』岩波書店、昭和六十二年。のち、同氏『王の身体　王の肖像』所収、平凡社、平成五年、一八二〜一八三頁）によると、日食・月食に際して天皇をその妖光から守り「玉体安穏」をはかるために、天皇の御所を席（むしろ）で「裹む」という作法の始まりは、「一一世紀末期から一二世紀の前半にかけての時期」であり、この作法は「その淵源を院政期に持つ中世的なもの」であるという。日触五壇法もこのようなことがらとの関連で検討する余地があろう。

(18) 次田香澄氏全訳注『とはずがたり（上）』（講談社、昭和六十二年）六八〜六九頁。

(19) 同右、七〇頁。

(20) 同右、七三頁。

(21) 『史料纂集　葉黄記　第一』（昭和四十六年）二一〇頁。

(22) 榎本栄一氏「『吾妻鏡』における仏典と法会・修法について」（『東洋学研究』〈東洋大・東洋学研究所〉二四、平成二年）。

(23) 加藤功氏「建長四年における僧隆弁の政治的役割」（『政治経済史学』五七、昭和四十二年）、同氏「鎌倉の政僧」（『歴史教育』一六巻一二号、昭和四十三年）〈これは隆弁について論じたもの〉、湯山学氏「隆弁とその門流」（『鎌倉』三八、昭和五十六年、同氏「頼助とその門流」（『鎌倉』三九、昭和五十六年）、注(5)所引、速水侑氏『呪術宗教の世界——密教修法の歴史——』、同氏「鎌倉政権と台密修法——忠快・隆弁を中心として——」（『中世日本の諸相　下巻』所収、吉川弘文館、平成元年）、平泉隆房氏「東下りの僧と鎌倉幕府——東西交流史の一側面——」（『皇學館史学』七・八、平成五年）。なお隆弁については『徒然草』第二一六段に関係記事があり、得宗北条時頼が鶴岡八幡宮に参詣したついでに足利義氏の鎌倉館に立ち寄った際、隆弁が「主方《あるじかた》の人にて座」していたことが記されている。

(24) 九条家から出た、良瑜・道慶・良禅の関係を系図のうえで示せば、左のようになる（『新訂増補国史大系　尊卑分脈　第一篇』八六〜八八頁による）。

兼実―良経―道家―頼経
　　　　　　└道慶（大僧正、三井長吏、三山検校、号御室戸僧正）
　　├良輔―良瑜（仁、嘉祥《〈安カ〉》寺、権僧正）
　　└良平―高美
　　　　　└良禅（山、権僧正、証誠、本覚院、日吉別当、一身阿闍梨）

(25)『増補続史料大成51』（臨川書店、昭和五十四年）一四三頁。
(26)注(17)所引、黒田日出男氏論文、一八三〜一八七頁。
(27)『新訂増補国史大系　吾妻鏡　第四』八七一頁。
(28)『続群書類従　第二六輯上』所収。
(29)『鶴岡叢書　第二輯　鶴岡社務記録』（鶴岡八幡宮社務所、昭和五十三年）四四頁。
(30)同右、七二頁。
(31)『校訂増補　天台座主記』（比叡山延暦寺開創記念事務局、昭和十年）三〇八〜三〇九頁。なお、京都府立総合資料館所蔵「天台座主記」（東寺百合文書乙外5）は良質であるが、道潤の項を欠落させている。
(32)『増補続史料大成51　武家年代記』一五七頁。
(33)「平朝臣姓北条流」系図（『系図纂要　第八冊』所収、名著出版、昭和五十年）によると「有助佐々目僧正」は北条有時（義時の子）となっている（同書、二九八頁）。しかし「鶴岡八幡宮寺社務職次第」（『群書類従　第四輯』）では「駿河守平有時孫、兼時子」とあり（同書、四八四頁）、「鶴岡社務記録」（『鶴岡叢書　第二輯　鶴岡社務記録』）では「伊具八郎兼義息」とされている（同書、二一頁）。
(34)「鶴岡八幡宮寺社務職次第」（『群書類従　第四輯』）四八四頁。
(35)『新訂増補国史大系　尊卑分脈　第三篇』五二一頁に、「寺、青龍院　権僧正、号安芸僧正」と記された「覚朝」という僧が載せられているが、あるいはこれに該当するかもしれない。
(36)『善通寺市史』（善通寺市、昭和五十二年）三九四頁。写真版も添えられている。『鎌倉遺文』では一二四四七号

（第一六巻）。

(37) 富田正弘氏「室町時代における祈禱と公武統一政権」（『中世日本の歴史像』所収、創元社、昭和五十三年）三三一三～三三五頁。

(38) 拙稿「三宝院賢俊について」（『古代中世史論集』所収、吉川弘文館、平成二年）――本書第二章第一節。

(39) 片山伸氏「室町幕府の祈禱と醍醐寺三宝院」（『仏教史学研究』三一―二、昭和六十三年）。

(40) 『群書類従　第二〇輯』四一三～四一四頁。

(41) 「後法成寺尚通公記」永正八年九月二十六日条（『大日本史料』第九編之三、五四三～五四四頁）。

(42) 『天台宗全書　華頂要略一』（天台宗典刊行会編纂、昭和十年）二六四頁。

(43) 注(40)所引書、四一二頁。

(44) 防府史料第二二集『周防国分寺文書　一』（防府市教育委員会、昭和四十九年）六〇頁。『山口県史　史料編　中世2』（山口県、平成十三年）四二九頁。

(45) 熖摩天供は密教修法の一種で、これについては注(5)所引の速見侑氏『平安貴族社会と仏教』二四五～二五六頁に詳しい記述がある。

(46) 『大分県史料　2』（大分県史料刊行会、昭和三十四年）所収の「主要人物花押編年一覧」の中の大内政弘の項参照。

(47) 「天野毛利家文書」寛正六年十二月二十九日付、天野讃岐守あて大内政弘預ヶ状。本文は『広島県史　古代中世資料編Ⅴ』（広島県、昭和五十五年）三三頁に収載。なお、和田秀作氏は大内政弘の花押について種々教示された。記して謝意を表したい。

(48) 「保阪潤治氏所蔵文書」文正元年五月二十二日付、長門国法華寺住持あて大内政弘安堵状。花押の形は東京大学史料編纂所で影写本により確認した。

(49) 例えば、「三浦家文書」応仁元年十月十日付、仁保上総介（弘有）あて大内政弘感状。『大日本古文書　熊谷家文書・三浦家文書・平賀家文書』三六七頁。花押は山口県文書館所蔵原本の写真で確認した。

第四節　元亨三年十二月の「御産御祈」五壇法について

一　修法を依頼する文書

千葉県佐倉市の国立歴史民俗博物館所蔵の「田中穣氏旧蔵典籍古文書」（以下、「田中旧蔵文書」と略称）には、多くの興味深い古文書・古記録が収められている。しかも近年、関係の方々の努力によって、一点ごとの史料名と概要が明記された実に詳細かつ正確な目録[1]が刊行されたので、利用が容易になった。ここで紹介・検討しようとする一点の古文書も（口絵1）、この文書に含まれる、筆者にとって興味深い史料のなかのひとつである。

それは、「田中旧蔵文書」の目録において、四二九番「尺牘類聚」として整理された全十三通の文書のなかの四番目の文書で（目録の一四五頁）、「後宇多上皇院宣」という文書名が付けられている。まず、その文書の釈文を示そう。「」は行替わりを示す。

内親王御産御祈、自」今日可被行五壇法、」降三世法可令懃修給由、」被　仰下候也、仍執達如件、

十二《元亨三》月十一日　　　　春宮権大進顕藤

謹上　利性（理）院法印御房

内容は、春宮権大進顕藤という者が、「内親王」の御産御祈、つまり平産祈禱として五壇法を行うので、五壇法の一つである降三世法を勤修してほしいとの上意をうけて、「利性院法印御房」に伝えたものである。

筆者がこの文書に興味を覚えるのは、この文書が、五壇法の各壇を担当する阿闍梨の選任法を具体的に示してくれるのみならず、元亨三年（一三二三）の時点における三者鼎立（後醍醐天皇／東宮邦良・後宇多院／後伏見院）という天皇家の厳しい政治的状況のなかで行われた祈りに込められた、悲痛なまでの願いを浮かび上がらせるからである。なお、この文書は『鎌倉遺文』に収録されていない。

二　修法の記録

五壇法とは、中壇不動法を中心に、降三世法・軍荼利法・大威徳法・金剛夜叉法の各脇壇を加えて、五壇で一斉に行う祈禱の方法で、効験が大きいとされた国家的な祈禱修法であった。筆者は、別の機会に平安時代から戦国時代におよぶ五壇法の修法事例を収集し、修法の背後にみられる政治の動きを考察したことがあるので(2)、それらについてここで再説することはしない。

五壇法修法の事例を整理した「五壇法修法一覧」（本書第二章末所収）の該当欄に示したように（三五五番）、右記の元亨三年十二月十一日に開始された五壇法には、関連する記事が存在する。五壇法の修法事例を集めた「五壇法記」（京都府立総合資料館所蔵、東寺百合文書丙号外二二）と「五大成　下」（宮内庁書陵部所蔵、上は欠）にみられる次のような記事である（口絵2）。

同（元亨）三年十二月十一日、為　春宮御息所御産御祈、被修五壇法、御所鷹司高倉号土御門殿歟、

中壇　仁定助僧正　　隆三（世法）、山慈厳僧正
軍荼（利法）、酉信耀法印　　大威（徳法）、良耀法印
金剛（夜叉法）、顕助法印
結願日可尋之、終以無御産、
（頭書）「有御祈、無御産例」

両記事が同じ五壇法修法についてのものであることは明らかである。この記事によって、この時の五壇法が東宮邦良親王の「御息所御産御祈」であったこと、それが「鷹司高倉」の御所で行われたこと、しかもその御所は土御門殿（『花園天皇日記』延慶四年〈応長元＝一三一一〉二月二十四日条には「陽徳門院（媖子内親王）御在所」とみえるが、果してここかどうか明瞭でない）と号したことが知られる。同所が道場となったのは、同所が東宮邦良親王ゆかりの邸宅であったためであろう。

また、この記事にみえる「春宮御息所」とは、先にあげた「田中旧蔵文書」所収文書によって、「内親王」であることが知られる。「内親王」とは、邦良の祖父にあたる後宇多院の皇女禖子（崇明門院。母は宗尊親王の女掄子）にほかならない。禖子の生年は不明だが、元応元年（一三一九）に内親王になったという記事（「女院小伝」『群書類従　第五輯』）をふまえ、内親王になる年齢をだいたい十代後半とすれば、おおよそ正安年間（一三〇〇年前後）のころの生まれと推定できる。だとすると、禖子は元亨三年（一三二三）段階で、二十代半ばくらいには達していたことになる。(3)

後宇多院は体調を崩して、翌元亨四年（一三二四）六月に崩御するし（享年五十八歳）、後宇多院が庇護する嫡孫東宮邦良にしても年来病弱で、嘉暦元年（一三二六）三月に薨ずる（享年二十七歳）。元亨三年十二月のくだん

の「御産御祈」五壇法は、そのような状況のなかで執り行われたのである。肝心の禖子に懐妊の兆候があったかどうか明確なところはわからない。この時、邦良と後宇多が東宮正室と考えられる禖子による皇子出産をひたすら祈ったであろうことは容易に推測できる。その意味で、彼らの悲痛な願いが懐妊という事実に先行していたとしても一向に不思議ではない。

しかし、祈りは叶わなかった。関係者の失望は察するに余りある。先にみたように、「五壇法記」等の記録には「有御祈、無御産例」と頭書されている。

なお、邦良と側室源定教女との間の第一皇子康仁親王は、元応二年（一三二〇）生まれと考えられ(4)、元亨三年（一三二三）段階で側室所生の皇子はすでにいたことになる。

三　若干の考証

さて、ここで先の文書にもどろう。まず文書名についてであるが、この文書が東宮邦良の政敵である後醍醐天皇の綸旨であるはずはない。右に述べたような事情を考慮すると、後宇多院の院宣とみなすのがもっとも妥当であろう。目録に記された文書名は妥当なものと思われる。

次に、このとき五壇法のうち、降三世法を担当することになった「利性院法印」、金剛夜叉法を担当した顕助法印、そしてこの院宣を奉じた「春宮権大進顕藤」について、少しふれておくことにしたい。

「利性院」とは「理性院」のことであることは容易に推測できる。ようするに、醍醐寺の理性院ということになる。すでにみたように「五壇法記」や「五大成　下」は、降三世法を修したのは山門の「慈厳僧正」だと記すが、この院宣のとおりだとすればそれは誤りということになる。軍荼利法を担当したと記される醍醐寺の「信耀法印」が、実は降三世法を担当したのであろうか。信耀は仙覚の弟子で、きちんと理性院の法流にその名を見せている（東寺所蔵「野沢血脈譜」）[5]。むろん信耀と慈厳が修法の直前に担当の壇を入れ替わった可能性は否定できない。

また、顕助法印は「(仁和寺) 真乗院、平貞顕朝臣子」[6]であり、鎌倉の北条一門の出である。このような武門出身の真言僧が、五壇法というすぐれて国家的な密教修法の一角を構成していたことは、公武交渉史のうえからだけでなく、日本中世国家史のうえからも注目すべき事実である。

さらに、この後宇多上皇院宣の奉者「春宮権大進顕藤」は藤原顕藤[7]のことで、顕藤は、後醍醐天皇の笠置出走の後に践祚した光厳天皇の代の、正慶元年（一三三二）十月十五日に五位蔵人として補任されている（「職事補任」『群書類従　第四輯』）。前年十一月より、邦良の皇子康仁が東宮の地位にいた。顕藤の蔵人任用は、天皇光厳―東宮康仁の組み合わせという線から出たのかもしれない。顕藤は、邦良・康仁父子に近い公家の一人であったことはまちがいない。

四　修法の政治史

ようするに、冒頭にかかげた文書は、元亨三年（一三二三）十二月十一日から東宮邦良親王妃禖子内親王の御産御祈として五壇法が修されることになったとき、五壇のうちの降三世法を醍醐寺理性院の信耀法印に担当させようとして発給された後宇多上皇院宣であるということがわかった[8]。

五壇法を担当する五人の阿闍梨は、このような形で、主催者より直接的に担当依頼を受けたのである（室町時代の足利義持・義教の時期には、阿闍梨選考の仲介役として三宝院満済が関与するようになる）。僧たちはこれをうけて、各自請文を出し、受諾の返答をするのである。場合によっては、辞退することもあったろう。先にあげた史料によって、この時の他壇の担当は、中壇不動法＝僧正定助（仁和寺）、軍荼利法＝僧正慈厳（山門）、大威徳法＝法印良耀（仁和寺）、金剛夜叉法＝法印顕助（仁和寺）、というふうに考えることができる。宗派の構成でみれば、すべて台密・東密の宗門の出であるが、東密、なかでも仁和寺派の占める比重が格段に重い。

これとほぼ同様の顔ぶれで行われたのが、正中三年（嘉暦元＝一三二六）三月十六日から東宮邦良御所（土御門万里小路。永嘉門院〈瑞子女王。禖子の伯母〉御所）での、邦良親王の「御悩御祈」の五壇法である（「五壇法記」「五大成」）。五人の阿闍梨のうち、中壇不動法を担当した無品法親王恵助（寺門。聖護院新宮。伏見院皇子）だけが異なるが、他はすべて同じメンバーである。この時の五壇法は修法の途中で邦良が没したため中止されている。

これらの五壇法修法の事例が当時後醍醐天皇と政治的に対立していた東宮邦良を中心とした勢力が主催したものと考えられること、また阿闍梨たちの顔ぶれがほぼ固定していることから推測すると、朝廷における政治的派閥と五壇法などの祈禱修法を担当する阿闍梨たちとは、それぞれ利害を共にするもの同士結び付く可能性があったことを指摘することができよう。この時期、五壇法の催行権は一元的ではなく、複数の主体がこれを行うことができたのである。このことは、国家的祈禱とされる五壇法の性格を考える場合の一つのキーポイントであり、また国家の祈禱を主催する王権の問題とも密接に関係していると考えられる。

（1）　国立歴史民俗博物館資料目録1『田中穣氏旧蔵典籍古文書目録　古文書・記録類編』（国立歴史民俗博物館、平成十二年）。

（2）　拙稿「五壇法の史的研究」（『九州文化史研究所紀要』三九、平成六年）、同「五壇法修法一覧」（『福岡大学人文論叢』三〇―一、平成十年）――ともに本書第二章第三節、章末。

（3）『花園天皇日記』元弘元年（一三三一）十月条によると、禖子は「土御門内親王」の表記で登場し、立坊のことについて種々発言している（十月二十日条、別記十月十三、十五日条）。

（4）『園太暦』文和四年（一三五五）四月二十九日条によれば、前坊邦良親王の第一皇子「兵部卿康仁親王」が三十六歳でこの日薨じた（『史料纂集　園太暦　巻五』二一頁）。「本朝皇胤紹運録」（『群書類従　第五輯』八三頁）も参照。

（5）東寺所蔵の「野沢血脈譜」はいまだ活字化されていない模様で、写真版では、たとえば、大師入定千百五十年記念展示会図録『弘法大師と密教美術』（朝日新聞社、昭和五十八年）一一一頁、また『東寺の歴史と美術（新東宝記）』（東寺創建一千二百年記念出版編纂委員会編集、平成八年）四二七頁などに掲載されている。

（6）『大正新修大蔵経　図像第一一』（昭和五十二年）五壇法四、三五五頁。『仁和寺史料　寺誌編一』（奈良国立文化財研究所、昭和三十九年）二三八頁。

（7）藤原顕藤は『新訂増補国史大系　尊卑分脈　第二篇』一一八頁に「従四上・右中弁」としてその名をとどめている。他方「弁官補任」には、光明天皇の代の右少弁として「藤顕藤」の名が登載されている（『弁官補任　二』続群書類従完成会、昭和五十七年、五五頁）。

（8）『大日本古文書　醍醐寺文書之二』三七四号の四に収められた邦良親王令旨によると、邦良は元亨三年八月、禖子の御産御祈として、醍醐寺理性院法印信耀に命じて准胝法を修させたことが知られる。

第五節　室町時代の五壇法と護持僧

——足利義持・同義教期を中心に——

はじめに

近年、日本中世において密教が政治に対して果した役割についての関心が高まり、その方面の研究によって、密教、とくに天台・真言両宗が中世の政治史に及ぼした影響が次第に明らかになりつつある。[1]「王法は仏法に依りて栄へ、仏法は王法に依りて弘まる」(「門葉記」五〇、長日如意輪法二)の言葉に象徴されるように、中世においては国家と宗教とは深く結びあっており、政治と密教との関係についての考察は同時に国家と宗教との相依関係を究明することにつながる。ことに、中世の政治権力は宗教的・精神的な意味での支持基盤を背後に有しており、その思想面での支持基盤に光をあてることなしに政治権力の性格究明を行うことはできない。

本稿の目的は、室町幕府にとって重要な精神的基盤となった密教寺院の僧侶を人的な中核として営まれた祈禱修法の政治的な構造を明らかにすることによって、室町時代の国家にとって密教がどのような政治的役割を担っていたかを考えることにある。具体的には、関係史料の残存状況が比較的よい時期で、室町時代史のなかでもこの問題が最も先鋭化する時期と考えられる十五世紀の前半期、つまり室町殿（足利家の家督）の代でいえば足利義持および同義教の時代にひとまず限定する。すなわち、この間における五壇法の運営と護持僧の動向に着目することによって、両者の関係を究明し室町時代史との係わりを明らかにすることである。そのための基本史料の一つとして、醍醐寺三宝院の満済の自筆日記『満済准后日記』(2)がある。

なお五壇法の性格を理解するためには、相対的にみて五壇法が当時の多種多様の祈禱修法の体系の中でどのような位置を占めるのかを考えねばならないが、この問題についてはここで言及せず、別途考えることにしたい。

一　室町時代の五壇法

五壇法とは、中壇に不動法を、脇壇には降三世法、軍荼利法、大威徳法、金剛夜叉法の四壇を配して五連壇の形で同時に行う祈禱修法である。筆者にはすでに五壇法についての別稿があり(3)、そこでこの修法の沿革について考察した。その骨子は、五壇法は摂関時代より前の十世紀前半期に史料の上に姿をあらわした王朝の祈禱修法であり、十一世紀末のいわゆる院政の成立とともに本格的な展開をみせ、やがて南北朝初期にその主催権を武家に移したが、応仁・文明の乱で衰退しつつも十六世紀の前半期まで史料上に痕跡を残していること、五壇法は中世という時代を映しているということである。要するに五壇法は中世を象徴する祈禱修法であることがわかった。

室町時代の五壇法についてもすでに先稿において大まかにふれている。本稿では、特に足利義持および同義教期の五壇法について掘り下げてみることにしたい。時期的にみると、この期間は、独裁権をふるっていた足利義満が応永十五年（一四〇八）五月急死して、かわってその子義持が幕府政治を担当、父義満に反発した政治手法をみせたが、応永三十五年（正長元＝一四二八）正月死の直前に至ってもなお後継者を決定することができず、結局、幕府宿老たちの合議により、くじ引きで神意をうかがうことによって足利義教が登場、その義教にしても「万人恐怖」（『看聞日記』永享七年〈一四三五〉二月八日条）の世を現出し、最後には嘉吉の乱（嘉吉元年〈一四四一〉六月）で殺害されるという、政治的には波乱に満ちた独特の要素を含む時期であるということができる。

この時期の五壇法を論ずるには、何よりも五壇法修法の関係記事を網羅的に収集することが前提となる。管見にふれた、平安時代から戦国時代にかけての五壇法修法の実例は、本章末の資料「五壇法修法一覧」に時代ごとに整理した。本稿に関係する五壇法修法（足利義持～同義教）は、この表に付した通番号でいうと、四四三番から五〇〇番までの全部で五十八の事例である。

一覧表を通覧すると、当該期の五壇法の特徴として以下のことを指摘できよう。第一に、主催者・催行場所についてみると、ほとんどが室町殿（足利義持・同義教）によるもので、まれにその近縁者（たとえば義持の祖母紀良子や叔父満詮など）が行った事例（一覧表の446・454・489も同様か）、禁裏関係で行われた事例（465）が認められる。第二に、その願意（祈禱の目的）についてみると、不明の事例も少なくないが、事例数の多いものから順にあげると、兵乱（449・452・490・491・494・498）と病気平癒・平産等（446・448・457・465・479・481）が最も多く、これに天変地妖関係（443・445）、佐異（463・488）、辛酉革命（499）が続いている。要するに、国家的な兵乱・災害の調伏法、さらに身体的な息災法としての五壇法の古来の伝統の内にあるといえるが、南北朝動乱後の支配秩序の構築に向けての大きな変革の時期にあたったこともあり、その属性として発生する兵乱を調伏するための法として一面が際だつ結果となっている。

さらに、五壇を担当した阿闍梨各人の出身宗派についてみると、天台寺門派の占める比重が格段に重く、これを天台山門派、真言醍醐派がかなりの差をつけられて追っているというのが実状である。このことを踏まえて、醍醐寺三宝院の満済の宗教界における主導的立場と役割とを考えると、それは宗派間の勢力バランスを考慮した上での配置であった可能性もある。

当該期の五壇法関係の史料を整理してみると、いくつかの注目すべき点がある。以下、足利義持期、さらに足利義教期に分けて述べよう。

(1)足利義持期（応永十五年〈一四〇八〉～同三十五年〈一四二八〉）

筆者の収集によると、義持の時代二十年間に、五壇法修法の事例は全部で二十八回みられ、参考までに一年あたりの平均回数を割り出すと一・四回となる。

まず五人の阿闍梨はどこでどのようにして選ばれるか。以下の史料をみよう。『満済准后日記』応永三十四年（一四二七）六月五日条である。

> 五日晴、五壇法阿闍梨交名注進、今日備上覧云々、中壇外五人注進之内、通覚僧正ヲ被除了、被懸御爪点也、中壇定助《花頂》僧正、降興継《慈尊院》僧正、軍隆寛《水本》僧正、大良什《竹内》僧正、金定意《聖無動院》僧正、各方へ以書状触遣之、自来十四日廿一日結願由、阿闍梨交名折紙端ニ被遊付也、以其旨申遣也、各請文到来、竹内（良什）僧正明日以使者可申云々、

この記事についてはすでに上野進氏が注目し、「祈禱勤仕者の決定手続からその通知に至るまでの過程」を端的に示す記事であるとし、「まず、①満済が阿闍梨候補者六名を記した『五壇法阿闍梨交名』折紙を義持に注進する、②義持が『五壇法阿闍梨交名』に爪点を懸けて、五人の阿闍梨を選定する、③義持が開白日・結願日を『五壇法阿闍梨交名』の端に記して、満済に返却する、④満済が各人に三宝院奉書で祈禱命令を触れ遣わす、⑤満済の許に祈禱勤仕者から諾否の請文が到来する」とその順序を説明した上で、義持期の満済は「五壇法実施に

おける要とも言うべき役割を果たしていた」と結論する。[4] けれども、「五壇法修法一覧」にみるように、満済が五つの壇の中心である中壇不動法を常に勤めているわけではない。

この史料は上野氏の指摘どおり、満済と五壇法との係わりを具体的に示していて興味深い。満済は事前に「五壇法阿闍梨交名」を足利義持に提出して、役割の振り分けについての義持の指示をうかがった点に注意すべきである。満済の係わりは基礎資料の提出にとどまり、最終決定権は義持にあったと考えられる。五壇法の開始と結願の日取りも義持が決めている。各壇を担当することが決まった僧たちにその旨を申し遣わし、承諾を得るのは満済の仕事であった。その過程で、義持によって候補の一人通覚僧正[5]が外されたり、選に入った竹内僧正良什の満済に対する申し入れ[6]があったりしている。なお「爪点」による意思表示法も留意される。[7]

さらに前年（応永三十二年）の事例であるが、以下のような記事もみいだされる。『満済准后日記』応永三十三年（一四二六）十月二日条である。

二日晴、自来七日五壇法可被始行、仍壇々人数交名為越後守（赤松持貞）奉行被注下了、中壇定助僧正、脇随心院（祐厳）故障、仍宗観僧正被召加、軍隆寛僧正、大竹内（良什）僧正、金興継僧正、各以書状触之了、

ここでは「五壇法阿闍梨交名」ではなく、単に「交名」となっている。しかし『満済准后日記』応永二十年（一四一三）五月十五日条に「五壇阿闍梨交名一紙入見参」とみえ、また同記応永三十二年（一四二五）二月五日条に「去年阿闍梨交名申入了」などとみえることや、さらに前掲の応永三十四年六月五日条の記事に鑑みて、この「交名」が「五壇法阿闍梨交名」であることは間違いあるまい。だとすれば、足利義持の近習赤松持貞[8]は事前に満済によって提出された「五壇法阿闍梨交名」に人選についての書き入れをして下した（史料表現は「注下」）ものと解される。

応永十五年（一四〇八）から同三十五年に及ぶ二十年間の足利義持執政期においては、およそこのような手続き・方法で、五壇法が催行されたのであろう。

ここで一、二注意しておきたい。一つめは、五壇法の供料の額としては、だいたい中壇不動法で五千疋、その他の脇壇以下で三千疋だったこと。[9] そして二つめは、選ばれた阿闍梨の中には、応永三十二年（一四二五）二月に「風労」や「腹病」などの「所労故障」（病気故障）のために勤仕を辞退した実相院増詮や地蔵院（持円カ）のごとき、[10] また応永三十四年二月に「緩怠之儀」ではなく「窮困過法」のゆえに勤仕困難に追い込まれた竹内僧正良什のごとき例[11]があったことである。

(2)足利義教期（応永三十五年〈正長元＝一四二八〉～嘉吉元年〈一四四一〉）

足利義持のあとをうけて登場する同義教の執政時代は、「恐怖の世」という言葉に象徴されるように、将軍の専制権が極度に強化された一種独特の時代とされている。しかし、この「恐怖の世」については、当時の社会状勢を考慮しつつ、それ自体を全面的かつ具体的に再検討する必要がある。

さて、義教の時代の五壇法はどのように運営されたのであろうか。基本的には前代の義持時代のそれを受け継いだものと考えられるが、具体的に検討するための史料は決して多くない。

筆者の収集によると、義教の時代十四年間に行われた五壇法修法の事例は三十回あり、年平均では二・一回となる。単純にみると、数字の上では義教期が義持期より開催頻度が高い。

以下の史料に注目したい。

①『満済准后日記』正長元年（一四二八）五月二十一日条

阿闍梨事、五人以折紙書進処、被出御点了、

②『満済准后日記』永享四年（一四三二）六月二日条

以広橋中納言（日野兼郷。もと宣光、親光）状申、自来十二日可被行五壇法、末壇阿闍梨一人可召進之由仰云々、仍可召進賢快僧正妙法院之由申了、

③『満済准后日記』永享五年（一四三三）十一月十八日条

日野《兼郷》中納言為御使来臨、五壇法可被修之、……次阿闍梨事、中壇以下可談合云々、門下僧正指合時分也、宗観僧正一人可召進之旨申入了、

まず①によると、折紙でもって書き進められたものとは、間違いなく先にみた「五壇法阿闍梨交名」であろう。したがって五壇法阿闍梨の人選は、満済が折紙に候補者名を書き連ねるという方法で室町殿に注進し、室町殿はそれに「御点」（爪点のこと）を付けて勤仕者を選定するという、従来どおりの方式が採用されていたことがわかる。しかし②によると、満済のこの時の五壇法修法への係わりは、「末壇阿闍梨一人」の召出だけにとどまっており、従来のような積極的な係わりはしていないようにも察せられる。なぜならば、これまで阿闍梨に欠員をきたさぬための根回しは満済が行ってきたからである。そこには義持時代の近習赤松持貞のような介在者、ここでは伝奏日野（広橋）兼郷の深い係わりがみてとれよう。また③によってみると、伝奏日野兼郷は中壇以下阿闍梨の人選について「談合」するように満済にいっているが、満済の消極的な対応の仕方からみて「談合」が満済の裁量権内にあるようには思えない。室町殿五壇法そのものは依然として催行されたが、満済は往時のごとき主導的役割を果さなくなっていたとみるほかあるまい。

二　室町時代の護持僧

護持僧とは、本来「天皇の身体を護るためにおかれた加持祈禱の僧」[12]のことであったが、護持の対象は天皇のみでなくなり、院・東宮・中宮はもとより鎌倉時代には鎌倉将軍や北条得宗、室町時代には室町殿、鎌倉公方なども護持の対象となった。つまり、護持僧とはその秀でた呪験力によってこれらの貴人を護持する役目の密教僧のことであるが、任命されるのは天台・真言両宗のトップクラスの複数の僧侶である。しかし関係史料の残存の関係から、[13]護持僧研究は鎌倉時代以前に重心が置かれており、[14]南北朝時代[15]や室町時代を扱った研究成果は皆無に近い。

足利義持と同義教の護持僧とは一体どのような顔ぶれなのだろうか。二六二～二六三頁の表「足利義持・同義教期の武家護持僧」は当該期の諸史料から武家護持僧の所見を拾って、出身宗派ごとに整理したものである。武家護持僧の中心的地位にいてさまざまの宗教行事を取り仕切った満済自らの日記『満済准后日記』の、特に護持僧が加持のために毎年揃って室町殿に参賀する正月八日の記事に多く護持僧がみいだされる（『満済准后日記』応永十八年正月八日条に、護持僧の室町殿参賀は「自去年所被定置法也」とあるので、正月八日の護持僧室町殿参賀制は応永十七年に始まったと考えられる）。しかも関係記事は満済自身の日記にみえるだけに信頼性は極めて高い。

表を一見して指摘できるのは、①足利義持期では護持僧の定数は六人であるのに、足利義教期ではおよそ十～十二人に増加していること、②出身宗派についてみると、山門派、寺門派（以上天台宗）、それに醍醐・小野派（真言宗）の三派に限定されていること、③全体的にみると、数の上では寺門派が群を抜き、これに醍醐・小野派と山門派とが続く形であること、④足利義持が没すると、足利義教は新たに護持僧を増員したこと、⑤義持の護持僧が義教に再任されて続投する場合も少なくないが、義教の新任護持僧もかなりいること、である。このように義持期と義教期とでは、護持僧の存在形態にかなりの相違があるので、その他細かな点については両時期に分けて論じることにしたい。

なお本稿では、室町殿の護持僧を主として取り扱う。この室町殿の護持僧を当時「武家護持僧」と呼んでいるが、天皇の護持僧たる「公家護持僧」も当時の史料にこの表記で散見する。[16] 武家護持僧と室町殿との関係については、南北朝時代の延文二年（一三五七）二月足利尊氏の厄年にあたり「以小量之身、祈代大樹(足利尊氏)之命」との願文を石清水八幡宮に収めた尊氏の護持僧三宝院賢俊の意識が参考となろう。[17]

足利義持と同義教の護持僧

系図Ⅰ　〈九条流〉　○＝義持護持僧　◎＝義教護持僧

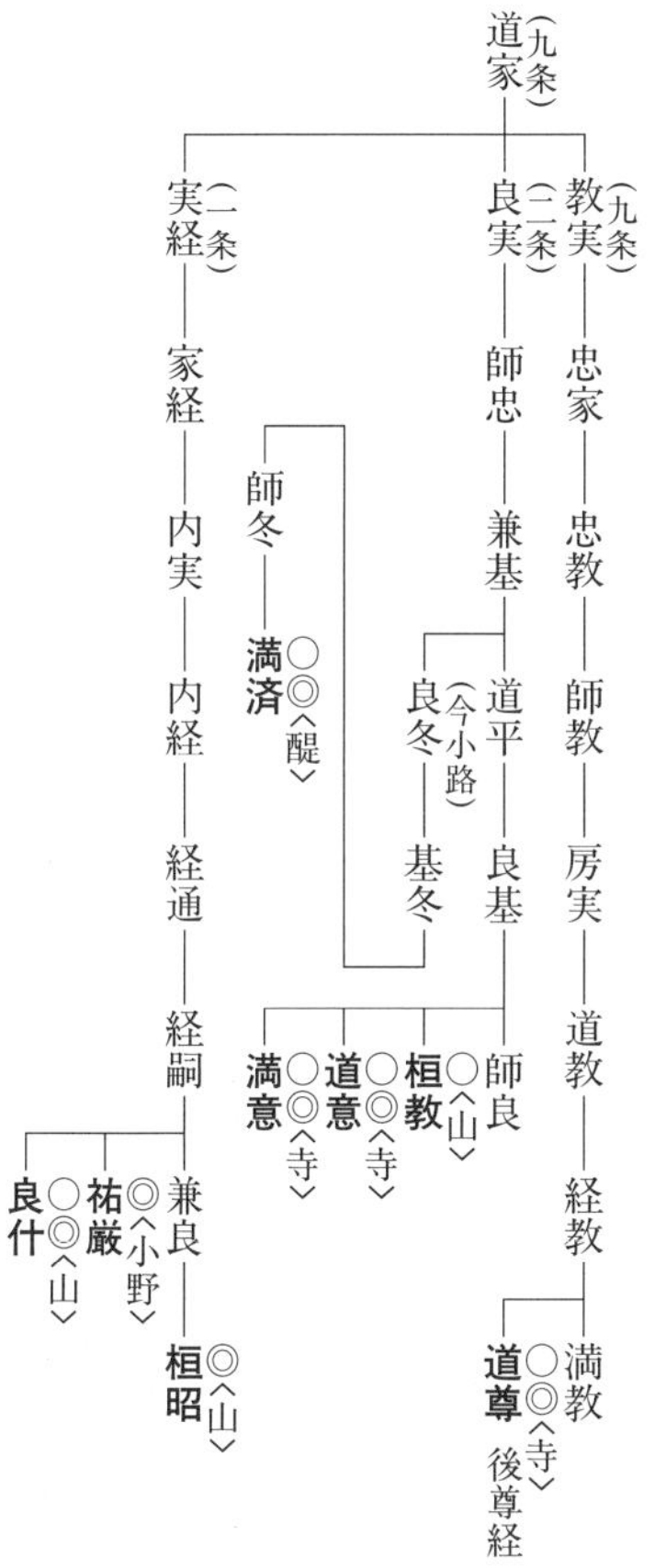

系図2〈足利〉

義詮―義満―義持
　　　満詮―○◎〈寺〉**義運**もと増詮
　　　　　―◎〈醍〉**義賢**
　　　　　―◎〈山〉**持弁**
　　　　　―○◎〈醍〉**持円**

系図3〈花山院〉

長定―兼定―通定―忠定―持忠―◎〈寺〉**教助**
　　　　　―○◎〈寺〉**定助**

系図4〈鷹司〉

房平―政平
　　―◎〈寺〉**尊雅**

系図5〈後醍醐皇胤〉

後醍醐天皇―後村上天皇―後亀山天皇―世泰親王
　　　　　　　　　　　　　　　　　―尊聖
　　　　　　　　　　―寛成親王―◎〈小野〉**尊聖**

(1)足利義持期の護持僧

足利義持期の護持僧については、任命方法に関する記事がある。『満済准后日記』応永三十一年（一四二四）二月晦日（三十日）条である。

晦日、晴（中略）、護持御教書今日晦日以宗済阿闍梨、遣花頂（定助）僧正方、任先例副状同書遣之、且依時宜令沙汰候也、

　御教書案

　　長日祈禱事、可被存知状如件、

　　　応永卅一年二月廿四日　　　　御判（足利義持）

　　花山院（定助）僧正御房

　予副状案

　将軍家護持事、可令存知給旨、内々被仰出也、恐々謹言、

、、（満済）

二月廿四日

花山院（定助）僧正御房

礼紙

御教書進之候、御判厳重殊以珍重也、

この記事中には、足利義持御判御教書と満済副状とが書き写されている。これによって知られることは、①花山院（花頂）僧正定助は足利義持の御判御教書によって武家護持僧に補任されたこと（この方法は前代の足利義満のそれを受け継いでいる）[18]、②室町殿の御判御教書は直接当人にあてられていること、③御判御教書では護持のことを「長日祈禱」と表現していること、④室町殿の御判御教書とともに、満済の副状が当人に書き遣わされていること、⑤この足利義持御判御教書が「護持御教書」と呼ばれていること、である。満済が副状を出したのは、彼が護持僧の中で中心的な立場に立っていたからである。

ここで参考までに公家護持僧の任命方法についてみておこう。公家護持僧の場合は天皇の綸旨によって任命された。ふつう東寺一長者（寺務）や法務に補された僧侶は速やかに護持僧に任命されたものと思われる。応永十六年（一四〇九）八月任命、永享三年（一四三一）六月再度任命の三宝院満済[19]、応永十九年三月任命の報恩院隆源[20]、正長元年（一四二八）五月任命の随心院祐厳[21]の例がある。また『建内記』正長元年五月三十日条の記事に「護持僧事、三流東寺・山・三井各近代付長官」とある。ここには、東寺・山門・寺門（三井）の長官は護持僧を勤めるものだとの認識の存在がうかがわれて興味深い。天皇の護持、すなわち「聖体安穏・宝祚延長」は、天台・真言宗のトップクラスの僧侶たちによって担われる宗教行為であった。

真言宗が行う国家的祈禱として注目すべき宗教行事に後七日御修法というものがある[22]。これは毎年正月八日から同十四日にかけての七日間内裏真言院で行われる恒例の祈禱行事で、真言宗のトップクラスの一人の僧侶が阿闍梨を勤め、胎蔵界・金剛界の両方式を交互に採用し、多くの請僧を指揮してこれを修した。目的は「玉体安穏・鎮護国家」の祈念である。その効験は著しかったらしく、「朝家護持、国土豊饒、併依此法之功力」（正平六年の後七日御修法請僧交名裏書）[23]とまでいわれている。

この後七日御修法を取り仕切る阿闍梨は、天皇の綸旨によって任命された。[24]つまり、後七日御修法阿闍梨の任命権者は公家護持僧と同様に天皇である。満済は応永十六〜十八年、同二十三〜二十七年の間東寺一長者の座にあった（「東寺長者補任」『続々群書類従　第二輯』）。満済と後七日御修法阿闍梨との関係をみると、満済が後七日御修法阿闍梨を勤めているのは、この間の応永十七年（一四一〇）と同二十四年（一四一七）の二度にすぎない。さらに満済がこのとき公家護持僧であった確証はないが可能性はある（前述のように応永十六年八月に任命）。一方、武家護持僧については、満済は応永十五年（一四〇八）八月、足利義持の護持僧になって（「醍醐寺文書」一〇四号）以降永享七年（一四三五）六月に没するまでの二十七年間、「室町殿」の護持僧をつとめている。つまり基本的には武家護持僧に職務的な重心をおいていた満済は、公家の国家的宗教行事たる後七日御修法に直接的にはさほど深く係わっていなかったとみられる。南北朝時代初期に満済の祖師にあたる賢俊が、武家護持僧でありながら後七日御修法阿闍梨を長期にわたり独占した事実を想起すると、大きな相違点である。[25]

さて、義持期の護持僧を史料に拾ってみよう。まず義持期当初の護持僧として、山門派の桓教（岡崎。応永十一〜同十六年、同十九年〜同二十年の間天台座主。応永三十一年二月六日没、五十七歳）[26]、寺門派の尊経[27]（常住院）、道意（聖護院。永享元年十月十五日没、七十六歳）[28]・増忠（実相院）、それに醍醐・小野派の満済（三宝院。永享七年六月十三日没、五十九歳）[29]・聖快（地蔵院。応永二十四年十二月十一日没、七十四歳）[30]。さらに義持期の途中から引退したとみられる桓教の代わりに良什（竹内）が応永二十八年から「新護持僧」として加わった（ただし未灌頂）[31]ほか、いったん護持僧を退いた寺門の道意の欠をうめる形で定助（花頂。永享四年六月十五日没、七十歳）[32]が応永三十一年から加わっている。[33]要するに、六人定員態勢を堅持していることがわかる。加えて、醍醐派の持円（地蔵院）が応永二十八年段階で、寺門派の増忠のあとを引きついだと思われる増詮（のちに義運）[34]。実相院）と満意（如意寺）が応永三十一年段階で顔をみせるようになっている。

彼らのうち俗系が判明するのは、桓教・道意・満意がともに関白二条良基の子[35]、尊経が九条経教の子[36]、満済が今小路師冬の子[37]（実は師冬の父基冬の子）[38]、良什が一条経嗣の子[39]、定助が花山院兼定の子[40]、増詮（義運）・持円が足利満詮（追号は養徳院。義満弟）の子[41]という程度で、その他の増忠・聖快はいまのところ不明。つまり、わかる範囲では九条流（九条・一条・二条・今小路家）の出身者が多く、足利流と花山院流も含まれているということがいえる。以下に述べるように、義教期になるとこの構成内容は変動する。

義持期の護持僧を論じるとき、いま一、二注目すべきことがある。一つは「室町殿護持僧交名」のこと、いま一つは護持僧による祈の内容である。まず前者から。『満済准后日記』応永二十二年（一四一五）九月三十日条に「自広橋大納言（宣光。のち親光、兼郷と改名）方書状在、依変異事、御祈方々可被仰、室町殿護持僧交名可注給云々、仍書遣也」とあり、ここに件の交名が出てくる。これは室町殿のために祈念する護持僧グループを満済が常に把握しており、必要に応じて室町殿に交名を提出したことを示すもので、護持僧中における満済の主導的立場を示唆している。室町殿は、先にみた「五壇法阿闍梨交名」の用途から推察すると、その交名の中から当該の祈禱修法を行うにふさわしい護持僧を選んだのであろうか。次に、義持護持僧の祈の内容については、「二星合変異」（表の2・5・6）、「変異」（7・14）、「天変地妖」（3）、「地動」（13）、「天気以下無為」（15）といった史料表現に明らかなように、ほとんど室町殿にとっての国家的な災厄を祈禳するものであったことが知られる。先に見た五壇法の願意（その中心は兵乱調伏、病気平癒・平産など）と比べて中核的部分において大きく異なる。義持期にあっては、護持僧の祈と五壇法とはその用途においてそれなりの区別があったものとみたい。

(2) 足利義教期の護持僧

足利義教期の護持僧は義持期のそれに比べてかなり異なると予告しておいたが、具体的に検討してみよう。つまるところそれは義持と義教の政治的スタンスの違いということに帰するであろう。

義教期において護持僧の任命方法に関する史料は見当たらない。おそらく義持期と同様の方法でもって任命された可能性は高い。ただ『看聞日記』永享七年（一四三五）五月二十七日条に「抑住心院実意僧正被補御持僧云々、仍遣賀札、住心院被補御持僧事無先例歟、仍殊自愛云々」とみえ、寺門住心院の実意が武家護持僧に補されたことが知られる[42]。しかも伏見宮貞成親王が賀札を遣わし、「無先例歟」「殊自愛」などと述べていることから考えると、武家護持僧に補されることは寺家にとって名誉だったと察せられる。義持期のように室町殿の御判御教書でもって補任されたのであろう。

義教期における満済の立場と役割については、『満済准后日記』永享五年（一四三三）正月一日条に関係記事がある[43]。

経祐法眼参申、護持僧管領御書夜前晦日可進由被仰、被召経祐被下云々、此御書事、永享元年歟已拝領了、

（下略）

経祐とは大蔵卿法橋の呼称で本日記に頻出する醍醐寺三宝院の坊官である。「護持僧管領御書」とは護持僧を

管領せよという満済あて足利義教自筆書状のことであろうことはおおよその見当がつく。ここで満済は、昨年十二月晦日（永享四年十二月三十日）に同御書を下されたが、[44]そのような御書はすでに永享元年（一四二九）かに拝領ずみだといっている。満済に与えられた「護持僧管領」の役割とは文字どおり、十人程度いる護持僧の統括者としてのそれであろう。満済は足利義教からそのような役割を与えられたのである。その時期については、満済自身が記事の中で「永享元年歟」と記しているが、これは永享二年、もしくは三年の誤認と思われる。[45]

「護持僧管領」の役目が義持期にすでに存在したか否かは不明であるが、護持僧の数が倍増したことを併考すると、これまで以上に人数の多い護持僧を統括するポストが新たに必要とされた可能性も高い。

その倍増した義教期の護持僧はどのような顔ぶれであったか。出身宗派や俗系に留意しつつ具体的にみよう。まず山門派では、良什（竹内）、持弁（浄土寺）、桓昭（岡崎）の三人がいる。良什は義持の護持僧でもあった。持弁は新任で、正長二年（永享元＝一四二九）ころから義教の護持僧として史料に登場する。[46]桓昭も永享二年（一四三〇）の新任である。[47]

次に寺門派では、尊経（常住院）、道意（聖護院）、義運（増詮改名。実相院）、定助（花頂）、満意（聖護院。もと如意寺）の五人は義持の護持僧でもあった。このうち満意は正長元年（一四二八）の再任。[48]さらに尊雅（円満院）は永享二年（一四三〇）の新任、[49]教助（花頂）は永享五年（一四三三）ころから、[50]また実意（住心院）は永享七年（一四三五）ころから護持僧として登場している。[51]

さらに醍醐・小野派では、前代以来の満済（三宝院。前出）がおり、さらに正長元年（一四二八）に祐厳（随心院）と義賢（宝池院。満済没後は三宝院）が新加され、[52]さらに尊聖（勧修寺）が永享元年（一四二九）三月に加わるが、[53]尊聖は足利義教の将軍就任を機に新加された可能性が高い。また、尊聖と同じ時期から持円（地蔵院）も登

場している。(54)

いっぽう、これら義教期に登場する護持僧の俗系について調べてみよう。まず九条流（九条・二条・一条・今小路）では、道意・満意が二条良基の子、(55)尊経が九条経教の子、満済は今小路基冬の子、祐厳・良什・桓昭が一条経嗣の子もしくは孫である。(56)次に鷹司流では尊雅が、(57)花山院流では定助・教助がいる。(58)また南朝皇胤（後醍醐流）では尊聖が認められる。(59)さらに武家の足利流では、義運（増詮）・義賢・持弁・持円の四人がいずれも足利満詮（養徳院）の子であることが注目される。(60)足利満詮は足利二代将軍義詮の子で、三代将軍義満の弟にあたるが、応永二十五年（一四一八）五月に没。(61)

義教期の護持僧の人的面での特色は、義持期における出身家門を母体として一層多くの護持僧を輩出させるとともに、新たな家出身の護持僧を加えている点である。すなわち、九条流の九条・二条・一条・今小路家からは七人（このうち五人は再任、二人は新任）、足利満詮の子息から四人（二人は再任、二人は新任）、花山院家からは二人（一人は再任、一人は新任）というように従来の護持僧の家から選任するいっぽう、永年護持僧を出していない鷹司家（同家では増基〈寺門〉・増仁〈寺門〉が南北朝初期に足利尊氏の護持僧となっている）(62)から一人、さらには南朝皇胤から一人を選任している。護持僧の定員増加と出身家門の広がりは、護持という行為の拡大化を物語っている。ちなみに、足利満詮（養徳院）の周辺については、何故その子息から四人（うち義運〈もと増詮〉と持円は義持護持僧）もの義教護持僧が出たのかも含めて検討する余地がある。

義教期の護持僧の祈念の内容についてみると、「公方様御祈」（26）や「御台御産御祈」（30）、「若君御祈」（46）などといった五壇法の願意にもみるような息災的なものの他に、「兵革御祈」（28）、「大友・少弐治罰事」（43）など護持僧の願意にこれまで例をみなかった兵乱調伏的なものが混じってきている。このことは護持僧の役目の重要部分が大きく変化していることを示唆しよう。

三　五壇法と護持僧との関係——むすびにかえて——

最後に、足利義持期・同義教期における、五壇法と護持僧の特質を検討することによって、室町殿をめぐる護持体制の変遷について考え、むすびにかえたい。

南北朝時代初期、足利尊氏の身辺に編成された護持僧は五人であった。醍醐寺三宝院の賢俊が「護持僧五人之最末」に加えられたのは建武五年（暦応元＝一三三八）四月のことであったが[63]、やがて観応の擾乱を経て武家護持僧五人の最上の地位に昇る。その過程は同時に三宝院門跡の確立の道筋でもあった[64]。五人の護持僧が五壇法をとりおこなう能力を有していた点に注目すべきであろう。周知のように、五壇法の主催権は貞和二年（一三四六）九月より室町幕府に移行する。つまり、この移行を可能にしたのが尊氏身辺に編成された護持僧であったと考えられるのである。足利尊氏の段階では、武家護持僧は武家五壇法勤修と不可分の関係にあったため、その人数は五壇の数と同じ五人でなくてはならなかった。護持僧が五壇法に規定されて五人であった時代といえよう。

これより約五十年経った足利義持の時期には護持僧の数は六人で、さらにこれに続く義教の時期には十二人程度に倍増していることが知られた（義満段階は明確ではないが、五人態勢であったと思われる[65]）。この護持僧の数の増加をもたらしたのは、おそらく護持の理念と方法の変化であろう。この数字は護持僧が五壇法から解放されて、月毎（輪番）護持の考え方が基本にあることを示唆している。当該期にあって武家五壇法の阿闍梨を同時に勤めている護持僧は数名に過ぎない。護持僧は五壇法との関係を保ちつつも、全面的な両属関係にはなくなったといえる。

それでも護持僧の祈念の内容では、義持期と義教期では異なる側面があることを見逃すことはできない。すでに述べたように、義持期では五壇法には兵乱等の調伏法としての性格が強く、護持僧の祈念は国家的な災厄祈禳が主であったのに、義教期になると、護持僧の祈念の内容に兵革や兵乱の調伏が入ってくる。つまり義教期になると、五壇法と護持僧の祈りの間の垣根が取り払われてしまうのではないか。

五壇法阿闍梨と護持僧の人的構成をみると、出身宗派の構成上の特質は共通している。天台宗寺門のウェイトが最も重く、次いで真言宗の醍醐・小野、その次に天台宗山門の順である。その点で五壇法と護持僧の活動は共通の宗教的・人的基盤のうえにあったといえる。満済は義持期・義教期を通して護持僧の中で中心的な立場にいたし、また義教の護持僧には義持の護持僧が再任されたケースも少なくない。このことは室町殿の精神史における両時期の連続的な側面であろう。義教期にみられた新しい側面とは、護持僧の数の倍増もさることながら、足利満詮(養徳院)の子息から一層多くの護持僧を採用し、さらに南朝皇胤からも護持僧を加えるという異色さである。やはり義教の独特な政治手法に起因することがらと考えられる。

(1) 比較的近年に属する研究成果として、①片山伸氏「室町幕府の祈禱と醍醐寺三宝院」(『仏教史学研究』三一―二、昭和六十三年)、②高橋千恵氏「室町初期の『修法』――武家と寺院の関係を考えるために――」(今谷明氏・高埜利彦氏編『中近世の宗教と国家』岩田書院、平成十年)、③上野進氏「室町幕府の顕密寺院政策――祈禱政策を中心として――」(『仏教史学研究』四三―一、平成十二年)、④細川武稔氏「室町幕府年中行事書にみえる僧侶参賀の実態」(『遥かなる中世』一九、平成十三年)、⑤西弥生氏「中世社会と密教修法――北斗法を通して――」(『日本女子大学大学院文学研究科紀要』八、平成十四年)、⑥藤井雅子氏「南北朝期における三宝院門跡の確立」(『日本歴史』六五四、平成十四年)などがある。

(2) 活字本では、京都帝国大学文科大学叢書(全三冊、大正七年・同九年、京都帝国大学文科大学)と続群書類従補

遺編（全二冊、続群書類従完成会、昭和三年）とがある。後者には誤脱・誤植、活字の転倒がみとめられるので、テキストとしては前者がはるかに後者より良質である。

（3）拙稿「五壇法の史的研究」（『九州文化史研究所紀要』三九、平成六年）、「五壇法修法一覧」（『福岡大学人文論叢』三〇―一、平成十年――ともに本書第二章第三節、章末。前者は、応永十二年〈一四〇五〉三月十五日、鎌倉の鶴岡八幡宮で行われた鎌倉公方足利満兼主催の五壇法（『鶴岡社務職次第』）にふれておらず、また後者では事例の脱漏が少なくない。ともに補訂する必要がある（本書に収録するにさいして手当てを施した）。

（4）注（1）所引、上野進氏論文、三五、三七頁。

（5）外された通覚僧正は同年（応永三十四年）二月十六日より禁中で始行された五壇法において金剛夜叉法を勤めた寺門の僧侶であった（『満済准后日記』同日条）。

（6）大威徳法を担当することになった竹内良什僧正は、引用史料中にみえるように、諾否を尋ねた満済に対して「明日以使者可申云々」と含みのある返答をしている。それは『満済准后日記』翌六日条に記されるように、修法は受諾するが、去る二月内裏五壇法の勧賞として「転大」つまり大僧正への昇進を許可されるようになっているので、その身分的な扱いで処遇されたいというものであった。僧侶の「転大」は勅許に属する事項で（例えば『満済准后日記』永享三年六月二十三日条参照）、内裏にその実否が問い合わされたりしたが（同記応永三十四年六月十一日条）、日程が差し迫って、結局はっきりしないまま良什は説得され了承することとなった（同十二日条）。良什が阿闍梨としての待遇にこだわったのは、経済的な理由からと察せられる。『満済准后日記』応永三十四年二月十六日条によると、良什は「窮困過法」によって五壇法の阿闍梨を勤めるに支障があり、ために足利義持から五千疋を与えられている。同様に、「窮困」により金剛夜叉法参勤が叶い難かった定意僧正に対して三千疋が与えられたことが同日記応永三十四年十一月二十一日条にみえる。

（7）「爪点」は他の個所では「御点」と記されている。『満済准后日記』応永三十四年十一月十八日条によると、満済は二十日から幕府で始行される五壇法について「阿闍梨交名」を注進するように指示された。このとき満済は「去六月人数」（六月十四日始行の五壇法の際の阿闍梨）の内から病気の隆寛僧正（水本）を除外し（すなわち四人）、これに理覚院僧正（尊順）・大慈院僧正（成基）・岡崎僧正（通覚）の三人を加えた全七人を交名の形で注進した。その結果足利義持からの返答では、大慈院僧正（成基）と岡崎僧正（通覚）とが外され、他の五人には選任のマークとしての「御点」が懸けられていた。また今一つ「爪点」の所見を示せば、応永三十四年九月二十七日、実相院僧正（増詮）の実名が室町殿足利義持の法名（『満済准后日記』応永三十年四月二十五日条によると、義持はこの日等持院で秘かに「落髪」〈出家〉している）と下の字が同一であるから改名しようとした時、満済が上覧に備えた三案の内最初に記載した「義運」の字がよいということで「御爪点」が懸けられ、この名前に決定した。むろん爪点をつけたのは室町殿であろう（『満済准后日記』同日条）。なお実相院義運はのちに足利義教の護持僧として登場する。

（8）赤松持貞については拙稿「赤松持貞小考――足利義持政権の一特質――」（『福岡大学人文論叢』三三―二、平成十三年）参照――本書第一章第四節。なお、五壇法と赤松持貞との関係について考えるとき、『満済准后日記』応永三十一年（一四二四）九月十三日条の記事が注目される。

　十三日晴、今日自赤松越州（赤松持貞）方使者、五壇人数今一人不足処、金剛乗院僧正（俊尊）可然歟、但為門跡可計申入旨被仰出間、其返事申入候趣、……

　この記事では門跡（満済）で計らい申すようにとの但し書き付きながらも、赤松持貞が五壇法阿闍梨の人選に口入している点が興味深い。

（9）『満済准后日記』応永三十四年二月十六日条。

（10）同右、応永三十二年二月五日条。

（11）同右、応永三十四年二月十六日条。なお、注（6）参照。

（12）『国史大辞典5』（吉川弘文館、昭和六十年）七六五頁「ごじそう　護持僧」の項。（田村圓澄氏執筆）。さらに「護持僧作法」（「醍醐寺文書九三函㈲」）参照。

（13）護持僧関係の史料としては、活字本では、①「護持僧補任」［桓武―醍醐］（『続群書類従　第四輯下』所収）②「護持僧次第」［朱雀―後嵯峨］（同前）③「護持僧補任」（桓武―後小松。「門葉記」五三、『大正新修大蔵経　図像第一一』所収、昭和六年。これは内容的に①および②と同系統）④「護持僧勘例」（「門葉記」五四、同前）があり、さらに写本では、⑤「護持僧記」（「護持僧勘例」〈④と同内容〉と「護持僧補任」〈③と同内容〉とを合綴。国立公文書館内閣文庫所蔵）⑥「護持僧補任」（③と同内容。同文庫所蔵）などがある。

（14）護持僧に即した研究では、比較的近年のものとして、湯之上隆氏「護持僧成立考」（『金沢文庫研究』二六七、昭和五十六年、のち同氏『日本中世の政治権力と仏教』所収、思文閣出版、平成十三年）、堀裕氏「護持僧と天皇」（大山喬平教授退官記念会編『日本国家の史的特質　古代・中世』思文閣出版、平成九年）などがある。

(15) 南北朝時代の護持僧についての研究では、醍醐寺三宝院の賢俊僧正を扱った拙稿「三宝院賢俊について」（川添昭二先生退官記念『古代中世史論集』吉川弘文館、平成二年）がある——本書第二章第一節。

(16) 例えば、「公家護持僧」の表記は『満済准后日記』応永三十三年（一四二六）八月二十九日条にみえ、また「武家護持僧」は同記永享三年（一四三一）正月八日条、『大日本古文書　醍醐寺文書別集之一』（三五二頁）八九五、八九七号「准三后満済書状土代」（編者は正長元年末頃のものと推定）にみえる。また、成立時期については不明確ながらも「五大成」（下巻が宮内庁書陵部蔵）には貞和二年（一三四六）、観応元年（一三五〇）の項には五壇法を修した五人の阿闍梨にかけて「已上五人武家護持僧」と注記した個所がある。一方「醍醐寺文書」に収められる「武家五壇法阿闍梨交名写」（一八函一八六。なお醍醐寺文化財研究所編『醍醐寺文書目録』㈠、平成元年、二七三頁では三一九九号「御祈次第交名」）にも同様の記載がみえる。

(17) 『大日本史料』六編之二一、二〇六～二〇七頁。拙著『太平記の群像』（角川書店、平成三年）一八四～一八五頁。

(18) 足利義満のものとしては、たとえば「醍醐寺文書」二一函に収められる次の文書が知られる。足利義満御判御教書である。

（封紙ウワ書）
「理性院僧正御房　右大将義満」

護持事、任例可被勤修之状如件、

永和五年三月廿一日　　右大将（足利義満）（花押）○武家様

理性院（宗助）僧正御房

なお『大日本古文書　醍醐寺文書之八』（一一八頁）一七九一号—㈢の同日付足利義満御判御教書案、『満済准后日記』応永三十一年二月二十一日条参照。参考までにもう一通、足利義尹段階のそれをあげておこう。同文書二五函に収められる。室町幕府奉行人連署奉書案である。

護持事、被仰付訖、早任鹿苑院殿（足利義満）御判之旨、可被勤修之由、所被仰下也、仍執達如件、

永正九年三月廿二日　　下野守（飯尾之秀）判
対馬守（松田英致カ）判

両文書の間には百三十年の時間的な間隔があるが、幕府の任命方法もこれを受ける寺側の機構もずいぶん変化した様子がうかがえよう。

(19) 『大日本史料』第七編之一二、五〇〜五一頁。『満済准后日記』永享三年六月一五日条。
(20) 『大日本史料』第七編之一五、二五三〜二五五頁。
(21) 『大日本古記録　建内記　一』一六六〜一六七頁。
(22) 直接関係史料としての後七日御修法請僧交名幷裏書続紙が「東寺百合文書　ろ」(『大日本古文書　東寺文書之一』所収)、「東寺百合文書　ふ」に収められ、『大日本古文書　醍醐寺文書之四』や『醍醐寺新要録　中巻』(昭和二十七年。平成三年復刊二巻本では下巻)に関係の文書が収録される。さらに、武内孝善氏「後七日御修法交名綜覧(一)〜(三)」(『高野山大学論叢』二一、二二、二三、昭和六十一〜六十三年)は、承和二年(八三五)から明治四年(一八七一)におよぶ後七日御修法の参仕者を各役割ごとに一覧表化したものである。
(23) 「東寺百合文書　ろ」(『大日本古文書　東寺文書之一』三二五頁)。
(24) 例えば、『史料纂集　園太暦　巻二』貞和四年(一三四八)正月七日条参照。ここで東寺長者僧正賢俊は光明天皇綸旨によって後七日御修法への参勤を依頼されている。
(25) 注(15)所引、拙稿参照。
(26) 『満済准后日記』応永三十一年二月六日条。
(27) 『系図纂要　第二冊』一八〇頁。
(28) 『満済准后日記』永享元年十月十五日条。
(29) 『看聞日記』永享七年六月十三日条。
(30) 『満済准后日記』応永二十四年十二月十一日条。
(31) 同右、応永二十八年六月一日条。
(32) 同右、永享四年六月十五日条。
(33) 同右、応永三十一年二月十三日条。
(34) 増詮がのち義運と名乗ったことについては、『系図纂要　第十冊』五七二頁に記載がある。

(35)『尊卑分脈　第一篇』九六頁。『系図纂要　第二冊』二二三頁。
(36)注(27)に同じ。
(37)『尊卑分脈　第一篇』九六頁。『系図纂要　第二冊』二二一頁。
(38)拙稿「日記に引用された文書とその性格――『満済准后日記』を素材として――」(『福岡大学人文論叢』三三―三、平成十三年)の注(3)参照――本書第二章第二節。
(39)『系図纂要　第二冊』二六二頁。
(40)『系図纂要　第六冊』五二五頁。
(41)『尊卑分脈　第三篇』二五二～二五四頁。『系図纂要　第十冊』五七二―五七三頁。
(42)史料表記では「御持僧」とあるのみで、これがいったい武家護持僧か否か判然としないが、『建内記』永享十一年二月二十八日条や『醍醐寺文書之四』(二一三頁)八三七号の護持僧交名写に武家護持僧として名をとどめているので、武家護持僧とみて間違いない。
(43)注(1)所引、片山伸氏論文、九三頁参照。
(44)この文書は『大日本古文書　醍醐寺文書之一』(六九～七〇頁)一一五号文書に相当する。
(45)満済が「永享元年歟」に拝領したという「護持僧管領御書」とは、『大日本古文書　醍醐寺文書之一』に一〇九号文書として収められた、(無年号)二月廿八日付足利義教自筆書状と思われる。この文書の直前の一〇八号には「三宝院(満済)殿　義教」と記された一封紙が収められていて、同巻の校訂者は「コノ封紙、アルヒハ第一〇九号文書ノモノナラン」と注記している。この注記に従えば、足利義宣が義教と名乗るのは正長二年(永享元)三月十五日征夷大将軍任命の時であるから(『建内記』同日条)、一〇九号文書の年次が永享元年であるはずはなく、二年もしくは三年とみるのが妥当である。なお、満済のこの種の誤認は他にも認められる。例えば、『満済准后日記』応永三十年(一四二三)正月八日条で「御所様(足利義持)等持寺へ令成給、此渡御事、応永廿七年以来事也」と記しているが、前年の応永二十九年四月二十八日条をみると「御所様自今日御座等持寺」とあり、応永三十年正月の足利義持の等持寺行きは同二十七年以来のことではない。

またこうした護持僧の数の増加は、その集団がひとかたまりの部署のような存在になっていったであろう。『満済准后日記』永享六年七月十三日条には「護持方」という表記がみえる。いかにも護持の専門部局といった印象を

24	▼	25	26	27	28	29	30	31	▼	32	33	34	35	36	37	38	39	40	41	42	43	44	45	46	47	48	49
満 〃35・1・8	義持没	満 〃35・1・30	満 〃35・2・4	満 正長1・5・3	満 〃1・9・29	満 〃2・1・8	満 〃2・1・30	満 〃2・2・18	義教将軍となる	『建内記』永享1・3・30	『建内記』〃1・8・4	満 〃2・1・8	満 〃2・5・7	満 〃2・7・28	満 〃2・10・4	満 〃2・閏11・16	満 〃3・1・8	満 〃3・2・16	満 〃3・4・28	満 〃3・8・22	満 〃5・4・8	満 〃5・4・27	満 〃5・7・19	満 〃6・3・15	『看聞日記』〃7・5・27	『建内記』〃11・2・28	『護持僧交名写』〃11・4・28
						○				○					○		○	●		不参		○					
						○					○	○	○				○	●		不参		○				○	○
																	○*3	●		不参		○				○	○
												○					○	●		○		○					
		○*4		○	○	○				○																	
						○				○	○	○	○				○	●		○		○				○	○
					○	○				○	○	○					○	●		不参							
					○	○*7				○	○	○	○				○	●		○		○				○	○
																○	○*8	●		不参		○				○	○
																						○				○	○
																									○*9	○	○
					○	○				○	○	○	○				○	●		○		○					
						○*10					○	○					○	●		不参		○				○	○
						○*11				○	○	○					○	●		○		○				○	○
										○*12	○	○	○														
						○				○		○					○	●		○		○				○	○

＊7去年新加。
＊8未灌頂、去年新補、16歳。
＊9補任。
＊10去年新加。
＊11去年新加。
＊12新加。
●は推定、満は『満済准后日記』を示す。
典拠個所欄の『護持僧交名写』は『大日本古文書　醍醐寺文書之4』837号文書。

宗派	典拠個所／護持僧名	1	2	3	4	5	6	7	8	9	10	11	12	13	14	15	16	17	18	19	20	21	22	23
		満 応永 18・1・8	満 〃 20・8・18	満 〃 20・12・5	満 〃 21・1・8	満 〃 21・閏7・1	満 〃 21・閏7・26	満 〃 22・9・30	満 〃 23・1・8	満 〃 24・1・8	満 〃 26・1・8	満 〃 28・1・8	満 〃 28・6・1	満 〃 28・7・22	満 〃 28・12・11	満 〃 29・11・14	満 〃 30・1・8	満 〃 31・1・8	満 〃 31・2・13	満 〃 31・2・30	満 〃 31・10・23	満 〃 32・8・15	満 〃 33・1・8	満 〃 34・1・8
山門	桓教(岡崎)＊1		○	○		○						○												
	良什(竹内)											○	○＊2								○			
	持弁(浄土寺)																							
	桓昭(岡崎)																							
寺門	尊経(常住院)		○	○		○			○	○														
	道意(聖護院)＊1		○	○		○	○					○									○			
	増忠(実相院)		○	○		○																		
	増詮(のち義運、実相院)																				○			
	定助(花項)＊1																		○＊5	○＊6	○	○		
	満意(如意寺・聖護院)																				○			
	尊雅(円満院)																							
	教助(花項)																							
	実意(住心院)																							
醍醐・小野	満済(三宝院)＊1	○	○	○	○	○	○		○	○	○	○		○			○	○		○				
	聖快(地蔵院)＊1		○	○		○																		
	祐厳(随心院)																							
	義賢(宝池院・三宝院)																							
	尊聖(勧修寺)																							
	持円(地蔵院)											○									○			

表　足利義持・同義教期の武家護持僧

注＊1 桓教は応永31年2月6日没(57歳)、道意は永享元年10月15日没(76歳)、定助は永享4年6月15日没(70歳)、満済は永享7年6月13日没(59歳)、聖快は応永24年12月11日没(74歳)。
＊2 未灌頂。
＊3 未灌頂、去年以来相続、12歳。
＊4 還補。
＊5 所望。道意の後任。
＊6 補任。

受ける。

(46)『満済准后日記』正長二年正月八日条参照。

(47)桓昭が護持僧としてあらわれる最初は、『満済准后日記』永享三年正月八日条であるが、「未灌頂、去年以来相続、年十二歳」と注記されている。「相続」とは同門で義持の護持僧であった桓教(応永三十一年二月六日、五十七歳で没)の跡を相続したという意か。だとすれば、護持僧のポストには「相続」の側面があったことになる。

(48)満意については、『満済准后日記』正長二年(永享元＝一四二九)正月八日条に「去年以来新加」護持僧(如意寺満意・随心院祐厳・宝池院義賢)の一人としてみえる。したがって、満意の義教護持僧補任は正長元年となる。満意は聖護院を名乗っていた道意が永享元年十月十五日に七十六歳で没すると、如意寺にかえて聖護院を名乗るようになる。『建内記』永享元年八月四日条、『満済准后日記』同二年正月八日条参照。

(49)尊雅については、『満済准后日記』永享三年(一四三一)正月八日条に「未灌頂、去年新補、当年十六歳」とみえ、永享二年に新任されたことがわかる。一人前の護持僧であるには「灌頂」ずみであることが条件だった。

(50)教助については、『満済准后日記』永享五年(一四三三)四月二十七日条に「六番　花頂」とみえるのが初見で、このころ新任されたらしい。

(51)実意は、永享七年(一四三五)五月ころに新任されたことが『看聞日記』同年五月二十七日条にみえる。

(52)『満済准后日記』正長二年正月八日条。注(48)参照。

(53)『建内記』永享元年三月三十日条。

(54)注(53)と同じ。

(55)満意については『尊卑分脈　第一篇』九六頁。

(56)良什については『系図纂要　第二冊』二六二頁。桓昭については、『建内記』永享十一年二月二十八日条で護持僧の一人「桓昭僧都」にかけて「山　岡崎　前摂政(一条兼良)息也」と注記されている。注(47)参照。

(57)尊雅については『建内記』永享十一年二月二十八日条の「円満院僧正」の肩に「鷹司弟也」とみえる。『系図纂要　第二冊』一二三頁参照。

(58)定助・教助については『系図纂要　第六冊』五二五、五二七頁。

(59)尊聖については『系図纂要　第一冊』三九六頁、同別巻一、一一一頁。拙著『闇の歴史、後南朝――後醍醐流の

抵抗と終焉――』（角川書店、平成九年）三三一～三三五頁参照。
(60)『尊卑分脈　第三篇』二五三～二五四頁。『系図纂要　第十冊』五七二～五七三頁参照。
(61)『満済准后日記』『看聞日記』応永二十五年五月十四日参照。なお、『看聞日記』によると、応永二十三年（一四一六）十月の上杉禅秀の乱のさい、足利満詮は「武衛（足利持氏）者為御烏帽子々、争可被見放申哉」と、（義持の）えぼし子足利持氏を救援すべきことを足利義持が招集した幕府評定の場で力説している（同年十月二十九日条）。
(62)増基・増仁の系図上の位置については『尊卑分脈　第一篇』七七、七九頁参照。両人の足利尊氏の護持僧としての動向については注(15)所引、拙稿、四一八～四二〇頁参照。
(63)「五八代記」賢俊の項（『醍醐寺文化財研究所研究紀要』四、昭和五十七年、四六頁）。
(64)注(1)所引、藤井雅子氏論文。
(65)「柳原家記録六十六異本長者補任」明徳四年六月二十九日条（『大日本史料』第七編之一、二三七頁）。

【追記】以下、成稿後に公表された研究論文の外題をあげる。
細川武稔氏「足利将軍家護持僧と祈禱」（『日本歴史』六六四、平成十五年）
大田壮一郎氏「室町殿の宗教構想と武家祈禱」（『ヒストリア』一八八、平成十六年）
西弥生氏「密教修法と『巻数』」（『古文書研究』五八、平成十六年）
細川武稔氏「禅宗の祈禱と室町幕府――三つの祈禱システム――」（『史学雑誌』一一三―一二、平成十六年）

【資料】五壇法修法一覧

筆者は、かつて『九州文化史研究所紀要』第三九号（九州大学文学部、平成六年）に「五壇法の史的研究」と題する論文をのせ（本書第二章第三節）、平安時代から室町時代におよぶ六百年間の五壇法修法のあらましと推移をたどり、その背後にひそむ政治の過程を考察した。本表は、その論文執筆のさい基本台帳として作成した五壇法の修法事例の編年一覧である。紙幅の関係で右論文に付すことができなかった。ここに公表するゆえんである。

本表には、右論文発表ののち新たに気付いた五壇法の修法事例も加えている。したがって、現段階において収集した修法の事例数は、右論文執筆段階のそれにくらべて若干増加している。新しい事例の収集は今後もなお続けなければならない。

追加した事例のうち、特筆すべき二つをあげよう。一つは、「日本紀略後篇一」（『新訂増補国史大系』）延長八年（九三〇）七月二十一日条にみえる「請天台阿闍梨五人於常寧殿、調備五壇修法」という記事。これは五壇法の初見記事といわれるものである。いま一つは、応永十二年（一四〇五）三月十五日に鎌倉公方足利満兼が鎌倉の鶴岡八幡宮で五壇護摩を修したとする「鶴岡社務職次第二〇」の記事である（『大日本史料』第七編之七、三三頁）。ここに記された五人の阿闍梨はいずれも京都幕府の周辺にあらわれる密教僧ではなく、この修法は当時将軍足利義満に対抗していた鎌倉公方足利満兼の独自の政治志向を示す宗教的行為として注目される。鎌倉時代において将軍九条頼経や北条氏家督（得宗）が行った鎌倉五壇法とのつながりについても考察の余地がある。これらの諸事例を詳しく検討することによって、中世における密教と政治との密接な関係が明らかになるであろう。

いうまでもなく、中世の祈禱修法には、五壇法以外にさまざまの種類のものがある。それら全体、つまり中世の祈禱体系のなかで五壇法がどのような位置をしめ、どのような時代的変遷をたどったかもまた必須の検討課題である。今後を期したい。

本一覧では、収載記事が多いため、便宜的に、Ⅰ平安時代、Ⅱ鎌倉時代、Ⅲ南北朝・室町時代の三つに分けて掲載した。

五壇法修法関係のまとまった史料として以下のものがある。刊本では、①「五壇法日記」（『続群書類従　第二六輯上』）、②「門葉記」巻三九（『大正新修大蔵経　図像第一一』）、③『大日本史料』（当該年月日条に分載）等があり、また未刊本では、④「五壇法記」（京都府立総合資料館所蔵、東寺百合文書の内）、⑤「五大成」（下巻のみ）、⑥「五壇法」、⑦「武家五壇法記」（観応元年六月）、⑧「同」（応安四年五月／同七年六月／永徳元年六月）、⑨「五壇法日記」（応安六年十月）、⑩「五壇法記」（応永二年～十一年）、⑪「御修法部類記」（国立公文書館内閣文庫所蔵）などがある。⑤～⑩は宮内庁書陵部所蔵、⑩は柳原家記録第一二五にも収める。本表はこのような史料などをもとにして作成した。記載事項なき場合は空欄にした。なお、表中の略称は以下のとおり。

（中）＝中壇不動法、（降）＝降三世法、（軍）＝軍荼利法、（大）＝大威徳法、（金）＝金剛夜叉法

〈山〉＝山門、〈寺〉＝寺門、〈三井〉＝三井寺、〈東〉＝東寺、〈仁〉＝仁和寺、〈醍〉＝醍醐寺、〈勧〉＝勧修寺、

〈東大〉＝東大寺

イ＝異本

また、橋本初子氏の指摘によれば、「醍醐寺文書」一四〇函二三号に、三宝院賢俊が出仕した五壇法の記録である「貞和元年五壇法記一巻」があるとのこと（同氏「三宝院賢俊僧正日記——貞和二年——」、『醍醐寺文化財研究所研究紀要』一二、平成四年、一五八頁）。東京大学史料編纂所写真帳を検するに、これは以下に掲載する一覧の386に該当するものである。ただし金剛夜叉法担当の阿闍梨を「岡崎僧正」に作る。

【追記】五壇法修法一覧を本書に再録するにあたり、『九州文化史研究所紀要』第三九号（平成六年）に載せた一覧と、『藝林』第五二巻第一号（平成十五年）に載せた一覧とを合体させたうえで、一部に補訂を加えた。

	始行年月日	場所(道場)	参加僧(阿闍梨)	備考(目的など)	出典
1	延長 八・七・二一(九三〇)	常寧殿	「請天台阿闍梨五人於常寧殿、調備五壇修法」		日本紀略後篇一
2	天慶 三・二・一八(九四〇)	法性寺五大尊御前	「五人阿闍梨」	「内裏御修法始」「為降伏東西兵乱東ハ将門、西ハ純友」〇将門・純友討取らるの報到来	五壇法記
3	応和 一・閏三・一七(九六一)	叡山大日院	(中)権律師喜慶〈山〉 (降)十禅師賀静〈山〉 (軍)十禅師尋真〈寺〉 (大)阿闍梨行誉〈寺〉 (金)阿闍梨長勇〈山〉		五壇法記 五壇法日記
4	康保 四・八・一一(九六七)	禁中	(中)阿闍梨遍斅〈山カ〉 (降)阿闍梨長勇〈山〉 (軍)阿闍梨長燭(憐ィ)〈山〉 (大)阿闍梨陽生〈山〉 (金)阿闍梨乗恵〈山〉	「於禁中為消御薬、被修五壇法」「主上・東宮不予、新帝即位并立太子、天変等有之、為此等御祈、何時被修之哉、委記可尋之」	五壇法記 五壇法日記
5	天元 四・八・一六(九八一)		(中)慈恵和尚(五壇法記では良源〈山〉) (降)寛朝〈東〉 (軍) (大) (金)餘慶〈寺〉	「為公家御祈、五大尊御修法被修之」	門葉記 五壇法日記
6	永祚 一・夏(九八九)	中堂	「摂政藤原朝臣(兼家)病悩之間、中堂ニ……少僧都暹賀、聖救、正算、法仁、覚慶ヲシテ五大尊法ヲ令修タリ」		五壇法記
7	長徳 三・五・二三(九九七)		「宮(太皇太后ヵ)五壇法始之、阿闍梨勝算僧都云々」		五壇法記 五壇法日記
8	寛弘 五・九・一一(一〇〇八)	土御門殿〇藤原道長の邸。一条天皇の中宮彰子	(中)権僧正勝算〈寺〉 (降)大僧都余(慶ィ)円 (軍)前権少僧都明救〈山〉 (大)心誉〈寺〉 (金)斉祇〈寺〉〇「御産部類記」は(軍)心誉、(大)斉	「或記云、後一条天皇(敦成)降誕、御母上東門院(藤原彰子)」	五壇法記 御産部類記

		が七月一六日より退下	祇、(金)明救に作る		
9	〃 七・二・二九 (一〇一〇)	内裏并所々	「公家被修五壇御修善、大裏并所々、此外於中堂、以座主被加修薬師法、家仁王講、以五僧、百箇日初」		御堂関白記
10	長和 二・八・一四 (一〇一三)	法性寺	(中)大僧都明救〈山〉 (降)少僧都慶命〈山〉 (軍)律師文慶〈寺〉 (大)阿闍梨雅算 (金)阿闍梨心誉〈寺〉	「小右記云、左相府(藤原道長)自今日七ケ日於法性寺修五大尊法」	五壇法記 五壇法日記 御堂関白記 小右記
11	〃 四・一二 (一〇一五)	(摂関家カ)	「……猶この殿(藤原頼通)は、ちゐさうよりいみじう風おもくおはしましますとて、風の治ともをせさせたまふ。ひごろすぐるに、そのしるしなし。さらに御心ちをこたらせ給はねば、いまはすぢなしとて、御修法五壇法はじめさせたまふ。……」		栄花物語 御堂関白記 小右記
12	寛仁 二・閏四・二〇 (一〇一八)	「小右記云、寛仁二年閏四月廿日、御修法去夜被始四壇、又初一壇、合五壇云々、前僧都心誉、夜部四壇阿闍梨、座主大僧都慶命、法橋睿効、仁海阿闍梨、仁海阿闍梨、仁海二人不定、可尋之」			五壇法日記
13	治安 二・五・二 (一〇二二)	(摂関家カ)		「或記云、五月二日従今日禅定(藤原道長)被行五壇法云々」	五壇法記
14	万寿 三・閏五・五 (一〇二六)		(中)阿闍梨大僧都心誉〈寺〉 (降)尋円(飯室僧正)〈山〉 (軍)永円(十楽院宮。大僧正)〈寺〉 (大)少僧都明尊 (金)阿闍梨□□(修学院僧都)	「小右記云」	五壇法記 五壇法日記
15	〃 三・一〇・九		(中)大僧都心誉〈寺〉 (隆)大僧都尋円(律師延尋イ)〈山〉 (軍)大僧都永円〈寺〉 (大)律師延尋(五壇法記では延昌)〈仁〉初 (金)阿闍梨良円〈山〉初	「山門二人、園城二人、東寺一人例」〇十二月九日、皇女(章子)誕生、母は藤原威子	門葉記 五壇法記 五壇法日記
	長暦 三・七・二四	禁中	(中)前大僧正永円〈寺〉 (降)権僧正成典 (軍)	「二壇(中と大)先被行、三壇	五壇法記

16	（一〇三九）		権少僧都最円〈寺〉　（大）大僧正明尊〈寺〉　（金）阿闍梨永慶〈寺〉	（降、軍、金）後日被副行例」○「玉体不快」による	五壇法日記
17	永承　七・　七・上旬（一〇五二）		（中）大僧正明尊〈寺〉　（降）権少僧都蓮昭（東南院僧都）〈寺〉　（軍）明快〈山〉　（大）慶範〈山〉　（金）法眼覚□〈東〉	「被修五壇御修法云々」	五壇法記
18	天喜　二・　八・二三（一〇五四）		「大僧正明尊〈寺〉、法印権大僧都明快〈山〉、権少僧都永慶〈寺〉、阿闍梨頼尊〈寺〉」「私云、今一人如何」	「天皇御悩若皇后宮歟」	五壇法記 五壇法日記
19	〃　三・一二・二八（一〇五五）		「経長大納言室日来有病悩、請三位阿闍梨覚助等、修五壇法」		五壇法記 五壇法日記
20	康平　二・一〇・一二（七ィ）（一〇五九）	法成寺五大堂	（中）阿闍梨大僧正明尊〈寺〉　（降）権大僧都長守〈寺〉　（軍）権大僧都行観〈寺〉　（大）権少僧都仁暹〈山〉　（金）権少僧都済延〈東仁〉		五壇法記
21	〃　二・一二		（中）権僧正慶範〈山〉　（降）権大僧都長守〈寺〉　（軍）権大僧都行観〈寺〉　（大）権少僧都永慶〈寺〉　（金）権少僧都仁暹〈山〉	「皇后宮行詣法成寺、於五大堂、行五壇法」	五壇法記 門葉記
22	〃　三・一〇（一〇六〇）		「一日、勅権僧正慶範・権大僧都長守・行観、修薬師・不動法・大威徳法、三日戊午、法印大僧都覚源・大僧都善信・静円・少僧都永慶令修降三世・軍荼利・金剛夜叉法」	「祈天皇不予」	五壇法記
23	〃　八・　二・一四（一〇六五）	禁中	（中）権大僧都行観〈寺〉　（降）権大僧都長守〈仁〉初　（軍）権少僧都良真〈山〉初　（大）権大僧都永慶〈寺〉　（金）権律師良深〈東〉（五壇法記では〈東醍〉）	「園城二人、東寺二人、山門一人例」	門葉記 五壇法記 五壇法日記

24	〃 八・一〇・一二		(中)大僧正明尊〈寺〉 (降)権大僧都長守(宴ィ)〈仁〉初 (軍)権大僧都行親〈寺〉 (大)権少僧都仁暹〈山〉初 (金)権少僧都済延〈東〉初		門葉記
25	治暦 二・ 一・二七 (一〇六六)	禁中		「五壇御修」	五壇法記
26	〃 三・一二・二三 (一〇六七)	〃		「五壇御修法」	五壇法記
27	〃 四・ 二・ 六 (一〇六八)			「五大尊法」	五壇法記
28	延久 五・ 三・ 八 (一〇七三)		(中)権僧正静円〈寺〉 (降)権大僧都良真〈山〉 (軍)権少僧都頼範〈寺〉 (大)権、、、広算〈山〉 (金)権律師頼覚	「太上天皇(後三条)不予、被始五壇法」「已上為房記」	五壇法記 五壇法日記
29	承暦 三・ 七・ 九 (一〇七九)	「堀川院(白河院第二皇子善仁)御誕生御祈、被修五大尊法、阿闍梨交名後日可注之」 ○善仁この日誕生、母は藤原賢子			五壇法日記
30	永保 三・ 五・ 五 (一〇八三)	平等院五大堂	(中)大僧正覚円〈寺〉初 (降)定賢僧都〈醍〉 (軍)念円律師(鶏足房僧都)〈寺〉 (大)定円(相生房律師)〈山〉 (金)行勝(塔坊僧都)〈寺〉	「園城三人、東寺一人、山門一人例」「殿下(藤原師実ヵ)北政所渡御平等院於五大堂被始修御法」「宇治五壇御法」	門葉記 五壇法記 五壇法日記
31	〃 三・ 五・二五		(中)僧正仁覚〈山〉 (降)大僧都禎範〈寺〉初 (軍)少僧都定賢〈醍〉 (大)律師念円〈寺〉 (金) 阿闍梨行(明ィ)勝(修学院律師)〈寺〉初		門葉記 五壇法記 五壇法日記
32	〃 三・閏六・ 八	「中宮御祈、被行五壇御修法、但中壇去月廿九日始了、四壇今日加行之」 ○御産御祈ならん			五壇法記

33	応徳 一・一〇・一七（一〇八四）	私云、殿下於禁中修之、	(中)大僧正覚円〈寺〉 (降)法印隆命(明ィ)(御室戸僧正)〈寺〉初 (軍)僧誉(一乗寺僧正)〈寺〉 (大)仁源(理智房座主)〈山〉 (金)寛意(観音院大僧都)〈仁〉(五壇法記では〈東仁〉)	「殿下(藤原師実)被行之」	門葉記 五壇法記 五壇法日記
34	〃 二・五・一〇（一〇八五）	於所々	「公家御祈、於所々被始五壇御修法、人々勤仕也」(為房卿記による)		五壇法記
35	〃 三・閏二・九（一〇八六）	於大炊殿	「今夕、二宮御祈、於大炊殿被始五壇法」(　〃　)		五壇法記
36	〃 三・八・五		「内大臣師通被奉迎新造五大尊像、自今夕被修五壇法」(　〃　)		五壇法記
37	寛治 二・五・四（一〇八八）		(中)大僧正覚円〈寺〉 (降)権僧正仁覚〈山〉 (軍)法印増誉〈寺〉 (大)僧都寛意〈山〉(五壇法記では〈仁〉) (金)律師良意(唐坊権僧正)〈寺〉		門葉記 五壇法日記
38	〃 三・八・七（一〇八九）	宇治五大堂	「殿下・北政所渡御宇治、於五大堂被修之」		五壇法記 五壇法日記
39	〃 四・二・九（一〇九〇）	〃	「於同所、又被始行云々」		五壇法記
40	〃 四・二・一四	法性寺五大堂	(中)法印仁源〈山〉 (降)権少僧都林豪(青蓮房僧都)〈山〉 (軍)法眼長覚〈寺〉 (大)阿闍梨義明 (金)阿闍梨慶源	「内大臣(藤原師通)参籠、法性寺五大堂被修之」	五壇法記 五壇法日記
41	〃 四・三・二五	二間	(中)座主僧正良真〈山〉 (降)権僧正仁覚〈山〉 (軍)法印仁源〈山〉 (大)権少僧都経範〈仁〉 (金)、、、林豪〈山〉	「申刻許、於二間供養調五大尊、其体五寸許也、(中略)則被始五壇御修法」「前々五壇法多所被請延暦寺・園城寺・東寺之人也、而今度無園城寺、如何」	五壇法記 五壇法日記

42	〃 四・三・二五 (右と同日)	鳥羽殿 (法性寺イ)	(中)法印増誉〈寺〉 (降)僧都寛意〈仁〉(五壇法記による) (軍)法眼長覚〈寺〉 (大)律師勝覚〈寺〉 (金)阿闍梨公円〈寺〉	「同日両所被修例」○「斎宮不例」により「上皇」(白河)が行う	五壇法記 五壇法日記
43	〃 五・一・一三 (一〇九一)	中寝殿宮	「被始五壇法、立后御祈」		五壇法記
44	〃 五・五・一三	左府(源俊房)土御門亭	(中)法印大僧都増誉〈寺〉 (降)権少僧都寛意〈東仁〉 (軍)権律師勝覚〈寺〉 (大)阿闍梨頼誉〈寺〉 (金)行尊(平等院僧正)〈寺〉	「為御祈、被修之」	五壇法記 五壇法日記
45	〃 五・八・二四		「宇治五壇御修法結願云々」		五壇法記
46	〃 六・三・七 (一〇九二)		「今日雖可有仁王会并五壇法・大般若御読経、依犬死穢、皆以延引了、(中略)即同十九日五壇御修法并熾盛光法・尊星王法被行之」		五壇法記
47	〃 六・三・一九	「被修之、阿闍梨後日可注之」			五壇法日記
48	〃 六・五・二八 (二〇ィ)		(中)座主大僧正良真〈山〉 (降)法眼覚意〈東仁〉 (軍)法眼勝覚〈寺〉 (大)阿闍梨親快 (金)阿闍梨行尊〈寺〉	「為中宮御悩御祈、被修之」	五壇法記 五壇法日記
49	〃 七・二・二八 (一〇九三) (二六イ)		○(中)は増誉。「不 法眼覚意〈東仁〉」ともあり「残三人可尋之」		五壇法記 五壇法日記
50	〃 七・三・一二		(中)法務増誉(他は不明)	「公家御祈」	五壇法記
51	〃 七・四・二三 (七ィ)	禁中	(中)僧正仁覚〈山〉 (降)法印仁源(宗イ)〈山〉 (軍)法眼良意〈寺〉 (大)権少僧都経範〈東〉 (金)法眼長覚〈寺〉		五壇法記 五壇法日記
52	嘉保 一・三・二四 (一〇九四)			「五壇法被修之」	五壇法記

53	〃 二・四・二九（一〇九五）		「善□房阿闍梨参勤金剛夜叉、初度云々、自余不注之」	「為女院郁芳門院（白河皇女媞子内親王）御祈、被修之」○御悩御祈ならん	五壇法記
54	〃 二・五・一〇	法勝寺五大堂		「女院御悩御祈」「阿闍梨不注之、廿六日依御悩平癒、被結願」	五壇法記
55	永長 一・八・二三（一〇九六）			「為公家御祈、被修之、阿闍梨不注之、不連壇、各別被修之」	五壇法記 五壇法日記
56	〃 一・九・三	宇治五大堂	（中）法橋厳覚〈東〉 （降）右府阿闍梨（名不明） （東）尋仁〈山〉 （大）仁恵〈山〉 （金）増賢〈寺〉		五壇法記 五壇法日記
57	承徳 一・一・二四（一〇九七）	御所	（中）権僧正増誉〈寺〉（法務） （降）少僧都経範〈仁〉（東寺三長者） （軍）法眼長覚〈寺〉 （大）相覚〈山〉（大原僧都） （金）権律師俊親（梵釈寺）〈寺〉（梵釈寺律師）	「於二対御等身五大尊供養、被修御修法」	門葉記 五壇法記 五壇法日記
58	〃 一・三・七	宇治五大堂	（中）法印仁源〈山〉（于時法性寺座主） （降）権少僧都林豪〈山〉 （軍）阿闍梨義朝〈寺〉 （大）頼証〈寺〉 （金）覚意〈寺〉		五壇法記 五壇法日記
59	〃 二・一・二四（一〇九八）		「阿闍梨交名追可尋之、中壇僧正隆明」		五壇法記
60	〃 二・三・七		「阿闍梨交名可勘之、中壇法印良意〈寺〉」		五壇法記
61	〃 二・五・一三	法性寺	隆明、長尊、範俊、覚意、勝覚		五壇法記
62	〃 二・五・二四	北対○北の対屋のことか	中壇隆明		五壇法記
63	〃 二・六・一三	法勝寺薬師堂	（中）僧正隆明（御室戸僧正）〈寺〉 （降）権少僧都	「東寺三人、山門一人、園城一	門葉記

			貞尋（具足房僧都）〈山〉（軍）範俊（勧修寺）〈仁東〉（大）法眼覚意〈仁東〉（金）勝覚（三宝院僧正）〈醍東〉	人例」	五壇法記
64	康和一・九・二五（一〇九九）	寝殿	「仁和寺宮（覚行法親王ヵ）率御弟子四口（覚意法眼、快禅阿闍梨、寛□律師、寛智阿闍梨）被勤修」	「東寺一門五壇法是初例歟」	五壇法記 五壇法日記
65	〃一・閏九・四		（中）僧正隆明〈寺〉（降）権僧正増誉〈寺〉（軍）法印良意〈寺〉（大）僧都経範（遍照寺法務、三長者）〈仁〉（金）僧都貞尋（具足房僧都）〈山〉	「公家御祈」	門葉記 五壇法記 五壇法日記
66	〃一・一〇・六		軍荼利良意僧都		五壇法記
67	〃一・一一・二二	聖護院	良意、長覚、行勝、公伊、公円　各僧正、各寺門	「公家御祈」	五壇法記
68	〃一・一一・二九		「中壇権僧正増誉、有勧賞、以証観任権少僧都」	「為院御祈、始之」「或記、増誉率門弟四人、行之云々」	五壇法記 五壇法日記
69	〔参考〕「五壇法勧賞事、中壇被行賞例、康和元年十一月二十九日、中壇権僧正増誉、依賞以証観任権少僧都」				門葉記
70	〃二・九・三（一一〇〇）			「中宮御邪気御祈、被修五壇御修法云々」	五壇法記
71	〃三・四・一〇（一一〇一）	基隆亭	（中）御室（覚行ヵ）（降）大僧都経範（軍）少僧都覚意（大）律師寛助（金）法橋厳覚	「仙院於基隆亭、安置御等身五大尊、始行五壇法」「五月一日御結願」	五壇法記 五壇法日記
72	〃四・一・二六（一一〇二）	公家	「中右記云、正月廿六日、今日公家於中殿南廂、被供養御等身像、導師仁和寺御室、今夕被始五壇法云々、但未勘僧名、追可尋云々」		五壇法記
73	〃五・一・二九（一一〇三）		（中）仁和寺宮（降）法印権大僧都経範〈東仁〉（軍）権律師済暹（延ィ）〈東仁〉（大）阿闍梨寛智（金）権律師寛助〈東仁〉	「東寺一門例」	五壇法記 五壇法日記

74	〃　五・二・二三（二二イ）	淑景舎	(中)権僧正良意〈寺〉 (降)権大僧都長覚〈寺〉 (軍)仁豪〈山〉 (大)権律師公円〈寺〉 (金)阿、、顕覚〈寺〉	「公家御祈」	五壇法記 五壇法日記
75	〃　五・五・一六	寝殿	(中)宮 (降)法務経範 (軍)律師済暹 (大)寛智 (金)律師寛助	「今宮御祈」「東寺一門例」	五壇法記 五壇法日記
76	〃　五・七・三〇		(中)権僧正良意(号唐坊僧正)〈寺〉 (降)法印仁源(理智房)〈山〉 (軍)権少僧都仁豪(南勝房)〈山〉 (大)権律師公円〈寺〉 (金)権律師寛助〈仁〉(五壇法記では〈東仁〉)	「鳥羽院立太子御祈、五壇法三七日被修之」	門葉記 五壇法記 五壇法日記
77	長治　一・三・二二（一一〇四）（二三イ）		(中)大僧正隆明〈寺〉 (降)法眼勝覚〈寺〉 (軍)権律師公伊〈寺〉 (大)行乗(カ)〈寺カ〉 (金)顕覚〈寺〉	「依院御悩、被行五壇法」「四月八日、院御悩御平愈、仍被結願了、大僧正隆明被聴牛車云々」	五壇法記 五壇法日記
		「長治元年三月二十二日、院御悩御祈、中壇大僧正隆明、依賞被聴牛車」			門葉記
78	〃　二・一・二五（一一〇五）	禁内	「於禁内、被行之」		五壇法記
79	〃　二・一(二カ)・一〇	尊勝寺五大堂	「今日天晴、於尊勝寺五大堂、被始五壇御修法」		五壇法記
80	嘉承　一・六・二二（一一〇六）	円宗寺金堂 ○後三条天皇の御願寺。仁和寺の南傍	(中)権大僧都覚意〈東仁〉 (降)権律師済暹〈東仁〉 (軍)権律師寛智〈東仁〉 (大)法橋厳覚〈東勧〉 (金)阿闍梨大法師源覚〈東仁〉	「於円宗寺金堂、丈六五大尊有御供養、即被始御修法」○同二十五日結願	五壇法記 五壇法日記
81	〃　一・七・二	内裏	(中)大僧正隆明〈寺〉 ((降)(軍)(大)(金)記載なし)	「今日、於内裏、召大僧正隆明以下五壇(阿脱カ)闍梨、可有御加持云々」	五壇法記

82	〃　一・九・二一	仁寿殿	(中)法印賢暹〈山〉 (降)法印寛慶(大乗房)〈山〉 (軍)律師頼基(円城房)〈寺〉 (大)律師増賢〈寺〉 (金)阿闍梨定海(三宝院)〈醍〉(五壇法記では定 海は(軍)、(大)(金)不記)	「依玉体不予、於仁寿殿被修之」	五壇法記 門葉記 五壇法日記
83	〃　二・四・一一 (一一〇七)	鳥羽殿	中壇天台座主僧正仁源〈山〉 ○六月十八日結願	「於鳥羽殿、被修之、各別壇所 也」	五壇法記 五壇法日記
84	天仁　一・八・一六 (一一〇八)	法勝寺五大堂	行尊、永清、頼基、経親、慶実	「於法勝寺五大堂、被修春季五 壇法」	五壇法記
85	〃　二・二・一五 (一一〇九)	六条殿	「阿闍梨交名追可勘之」	「上皇於六条殿被修之」	五壇法記
86	〃　二・五・二七	院	(中)法印権大僧都寛助〈東仁〉 (降)法眼厳覚 〈東勧〉 (軍)権律師禅誉〈東仁〉 (大)定覚 (金)左府阿闍梨源覚〈東醍〉	「於院、被始修之」	五壇法記 五壇法日記
87	天永　一・二・二一 (一一一〇)	鳥羽殿	(中)権大僧都厳覚〈東勧〉 (降)権律師寛智〈東〉(カ) (軍)権律師禅誉〈東〉 (大)阿闍梨定覚 (金)兼 意	「於鳥羽殿、被始修之」	五壇法記 五壇法日記
88	〃　一・五・二		(中)権少僧都行勝〈寺〉 (降)阿、、任尊 (軍) 阿、、良禅 (大)阿、、静信 (金)阿、、定覚	「被修之」	五壇法記
89	〃　一・五・一七		「為関白忠実祈禱、被修五壇法、権少僧都寛慶法験掲焉云々、余四壇法可尋之」		五壇法記
90	〃　一・八・一四	最勝寺新五大塔	(中)法印禅仁 (降)権少僧都良実 (軍)少僧都 相命 (大)権律師慶実 (金)阿闍梨覚宗	「顕隆記御幸最勝寺新五大堂、有 五壇御修法」	五壇法日記
91	〃　一・一〇・一	法成寺五大堂	「於法成寺五大堂、被修之」		五壇法記
92	〃　一・一一・一	最勝寺五大堂	(中)僧都源覚 (降)律師観恵 (軍)世豪 (大)		五壇法日記

			、、林覚　(金)法眼兼覚		
93	〃　三・一一・二〇（一一一二）		(中)権大僧都行尊〈寺〉　(降)権律師頼基〈寺〉　(軍)増賢〈寺〉　(大)阿闍梨頼延〈山〉　(金)阿、、定覚	「今日殿下(知足院殿藤原忠実)被修五壇法」	五壇法記
94	〃　四・　二・一五（一一一三）			「被修之」	五壇法記
95	〃　四・閏三・　一	禁中	(中)権僧正寛助〈東仁〉「自余可尋之」	「於禁中、被修之」	五壇法記
96	永久　一・　五・　一（一一一三）		(中)権少僧都厳覚〈東勧〉　(降)不記載　(軍)不記載　(大)不記載　(金)阿闍梨寛信(勧修寺法務)〈東〉	「興福寺与延暦寺依騒動、院有五壇法」	五壇法記　五壇法日記
97	〃　一・　五・　三	北対	(中)法印権大僧都寛助(一長者)〈仁〉　(降)権少僧都増智(白川僧正)〈寺〉　(軍)法眼相覚(大原大僧都)〈山〉初　(大)権律師覚実(平等房僧都)〈山〉初　(金)阿闍梨定海(後東寺一長者。醍醐座主)〈醍〉初		門葉記　五壇法記　五壇法日記
98	〃　一・　七・　四		厳覚〈東〉　経舜〈山〉　行勝〈寺〉　宗意〈東〉　源覚〈東〉	「院御祈」	五壇法記
99	〃　一・　八・　一	禁中	(中)権僧正寛助	「八日結願、伴僧束帯於二間有御加持」	五壇法記　五壇法日記
100	〃　一・一二・一一		中壇御室覚法　定覚　観恵　兼意　範覚	「為院御祈禱、被修之」「廿五日、満二七日結願」	五壇法記　五壇法日記
101	〃　二・　五・二一（一一一四）	「讃岐院降誕御祈、被行之、権僧正行尊兼験者余壇不注之、於御前被結願了」	永久法印勲僧正不審		五壇法日記

102	〃 二・六・二六		(中)権僧正寛助〈東仁〉 (降)僧都増智〈寺〉 (軍)律師増厳〈寺〉 (大)永基 (金)慶□〈寺〉	「院御祈、五壇法被始之」	五壇法記
103	〃 二・一〇・五	三条大宮伊予守基隆亭	(中)大僧正増誉(一乗寺)〈寺〉 (降)大僧都定慶〈山〉 (軍)権律師禅誉〈仁〉 (大)権律師増賢〈寺〉 (金)阿闍梨定海〈醍〉	○五壇法記では「於三条大宮伊予守基隆亭被修五壇御修法、中壇阿闍梨仁和寺宮」とあり	門葉記 五壇法記 五壇法日記
104	〃 三・一・一一 (一一一五)		(中)御室高野(覚法)「自余阿、、可尋之、東寺一門云々」	「為院御祈、被行之」「七ケ日之後、結願」	五壇法記 五壇法日記
105	〃 三・二・九	鳥羽殿	(中)長者権僧正寛助(法務)〈東仁〉「四壇阿闍梨追可尋之、東寺一流也」	「於鳥羽殿、被始修之」	五壇法記 五壇法日記
106	〃 三・三・二〇	円宗寺五大堂 ○後三条天皇の御願寺	(中)権僧正寛助〈東仁〉 (降)権少僧都厳覚〈東勧〉 (軍)権律師禅誉〈東仁〉 (大)阿闍梨定覚 (金)兼意(カ)	「円宗寺五大堂被始修之」	五壇法記 五壇法日記
107	〃 三・一二・七	院御所	(中)二品覚法親王(御室)〈仁〉 (降)聖恵親王(花蔵院宮)〈仁〉初 (軍)権律師頼誉(基ィ)〈寺〉 (大)法橋頼延〈山〉 (金)阿闍梨永基〈東〉	「於院御所大炊殿各別被始行之」「十四日御結願了」(五壇法記) ○同記載によれば(降)は東、(軍)は南、(大)は西、(金)は北	五壇法記 門葉記 五壇法日記
108	〃 四・閏一・一四 (一一一六)	鳥羽殿	(中)法印行尊(平等院)〈寺〉 (降)法眼相命(妙香院法印)〈山〉 (軍)権律師頼基(円城房大僧都)〈寺〉 (大)阿闍梨顕覚(龍花院法印)〈寺〉 (金)阿闍梨源覚(木寺僧都)〈仁〉	「於鳥羽殿、被始修之」○ここでも(中)以外は、東、南、西、北と表記	五壇法記 門葉記 五壇法日記
109	〃 四・八・六	大炊殿	(中)権僧正寛助〈東仁〉 (降)権僧正行尊〈寺〉 (軍)権少僧都教覚〈東〉 (大)権律師頼基(誉ィ)〈寺〉 (金)権律師増賢(カ)〈寺〉	「於大炊殿、被始行之」	五壇法記

110	〃 四・二二・一八	「今日内侍所御神楽也、於尊勝寺、自今日被始修五壇法御修法、若神楽御祈歟、阿闍梨不注之」			五壇法日記
111	〃 五・二・八（一一一七）		(中)権僧正行尊〈寺〉 阿闍梨定海〈東醍〉「自余可尋之」	「被修之」	五壇法記 五壇法日記
112	元永 一・三・七（一一一八）	宇治五大堂	「中壇法性寺座主、林豪僧都、義朝、頼証、覚意等也」		五壇法日記
113	〃 一・三・一五	法勝寺五大堂	(中)法眼尋仁〈山〉 (降)法眼相命〈山〉 (軍)阿闍梨行延(号少輔法眼)(五壇法記では〈寺〉) (大)慶実〈寺〉 (金)範覚〈仁〉(同じく範実)	「有法勝寺御幸、於五大堂被修之」(五壇法記)	五壇法記 門葉記 五壇法日記
114	〃 二・四・二七（一一一九）		(中)僧都増智(聖護院)〈寺〉 (降)法眼源覚〈仁〉 (軍)法橋頼延(北野別当)〈山〉 (大)内供慶実〈寺〉初 (金)兼覚〈仁〉初	○五壇法記のいう「崇徳院御誕生之時、二ケ度被勤仕五壇法」のうちの一度。崇徳院の誕生は、元永二年五月二八日	門葉記 五壇法記 五壇法日記
115	〃 二・五・二六（六イ）		(中)覚法親王(御室)〈仁〉 (降)法眼仁実(寂場房座主)〈山〉 (軍)律師頼基〈寺〉 (大)定海(座主)〈醍〉(五壇法記では権律師) (金)永基(円楽寺美乃阿闍梨)〈東〉(同じく阿、梨)	「又被修之」「以上両度為御産御祈、連月被修之」「一七箇日結願了」	五壇法記 門葉記 五壇法日記
116	保安 一・三・二三（一一二〇）			「為待賢門院(鳥羽皇后藤原璋子)御邪気御祈、被修之」	五壇法記
117	〃 二・？・？（一一二一）		「阿闍梨名可尋之、日時追可勘之」	「依関白忠通北政所産事、被修之」	五壇法記
118	〃 二・七・四		中壇僧正寛助〈東仁〉	「為院御祈、被修行之」(二一日間)「廿五日御結願了、於御前有加持云々」	五壇法記 五壇法日記

119	〃 三・八・一九 (一一二二)(九イ)		中壇高野御室(覚法)	「被始行之、相撲召合御祈云々」	五壇法記 五壇法日記
120	〃 三・八・一八《ママ》	土御門殿	(中)僧正行尊〈寺〉 (降)権少僧都仁実〈山〉 (軍)法眼頼延〈山〉 (大)権律師覚俊(亀塚律師)〈寺〉 (金)阿闍梨信証〈東仁〉(輔仁親王息)	「同十八日、於土御門殿又修之」「今案両日相続以別阿闍梨、被修歟」	五壇法記
121	〃 五・閏二・二〇 (一一二四)	法勝寺五大堂	(中)法印権大僧都増智〈寺〉 (降)権律師覚俊〈寺〉 (軍)権律師覚基(真如房)〈寺〉 (大)阿闍梨慶祐 (金)阿闍梨覚宗〈寺〉	「於法勝寺五大堂、被修之」「両院白川鳥羽御幸有之云々、則被供養丈六五大尊」○五阿闍梨の出自記事あり	五壇法記 五壇法日記
122	〃 五・三・二〇 (或いは右と同一事か)	法勝寺		「(白河法皇・鳥羽上皇)入御自法勝寺西大門、寄御車於五大堂南妻面階、以地敷高麗畳、為上達部座、母屋安置丈六五大尊、東庇各儲炉壇、引大幔為五壇御修法壇所、中壇法印増智開眼供養、次諸壇阿闍梨登壇、(後略)」○鳥羽中宮待賢門院璋子の御産御祈のため	御産部類記
123	天治 一・五・八 (一一二四)		御室花蔵院三品親王宮聖恵 法眼源覚 信証 寛暁(聖恵法親王御弟子)	「中宮(鳥羽中宮、待賢門院璋子)御産御祈被始之」○同二八日通仁誕生、則結願	五壇法記 五壇法日記
124	〃 二・五・一九 (四イ) (一一二五)		(中)僧正行尊〈寺〉 (降)頼延〈山〉 (軍)慶実 〈寺〉 (大)覚俊〈寺〉 (金)源覚〈仁〉	「依待賢門院御産、被修之」	門葉記 五壇法記 五壇法日記
		「天治二年五月 日、待賢門院御産御祈、中壇僧正行尊、依賞任大僧正」			門葉記
125	〃 二・五・二七	仙洞	(中)法印権大僧都寛助〈東仁〉 (降)厳覚 (軍)権少僧都禅誉〈東仁〉 (大)定覚 (金)法眼源覚〈東仁〉	「於仙洞、被始行之」	五壇法記 五壇法日記

126	大治 一・五・八 (一一二六)	御所	仁和寺御室(覚法ヵ)長尾宮(花蔵院聖恵)堀川院寛□三□法眼信証　左府入道法眼源覚	「女院御産御祈、方々被始祈禱」「五壇宮勤仕例」「東寺一門例」	五壇法記 五壇法日記
127	〃 一		(中)長尾宮(聖恵)〈仁〉 (降)源覚〈仁〉 (軍)信証〈仁〉 (大)寛暁〈仁〉 (金)観恵	「或説、大治元年待賢門院御産御祈」	五壇法記
128	〃		(中)大僧正行尊〈寺〉 (降)道覚〈寺〉 (軍)顕恵(カ)〈仁〉 (大)源恵〈山〉 (金)応仁〈山〉「改仁禅」	「已上並修之」	五壇法記
129	〃 二・六・三 (一一二七)		(中)源恵〈山〉 (降)覚賀 (軍)良延〈山〉 (大)良実〈東仁〉 (金)証勝〈寺〉(明王院)	「此夕、中納言殿依院宣請之、阿闍梨被始行五壇法」	五壇法記 五壇法日記
130	〃 二・九・二一		(中)大僧正行尊(平等院)〈寺〉 (降)法印覚宗〈寺〉初 (軍)権少僧都源恵〈山〉 (大)権律師覚顕〈表記なし〉初 (金)応仁(良実 ィ)〈山〉〈東仁〉ィ	「覚宗以下四人、于時皆凡僧也」「為女院御産御祈、被始行之」○後白河院誕生	門葉記 五壇法記 五壇法日記
131	〃		(中)権少僧都禅仁〈寺〉 (降)実意〈東〉 (軍)範賢 (大)道覚〈寺〉 (金)良実〈東仁〉	「被始行之、被並修之」「行順私云、以聖護院法親王類聚御本、書入之」	五壇法記 五壇法日記
132	〃 四・二・二四 (一一二九)		(中)記載なし (降)権大僧都禅仁〈寺〉 (軍)権律師慶実〈寺〉 (大)阿闍梨覚宗〈寺〉 (金)阿闍梨道覚〈寺〉	「被始行之」	五壇法記 五壇法日記
133	〃 四・一〇・八	仙洞	(中)僧都頼基〈寺〉 (降)法眼相命〈山〉 (軍)律師慶実〈寺〉 (大)阿闍梨覚仙〈寺〉初 (金)阿闍梨寛信〈勧〉初	於仙洞大□(炊カ)殿被修之、三七ケ日」○日付の肩に「為隆卿記」とあり	門葉記 五壇法記
134	〃 五・五・二四 (一一三〇)		「今暁、女院御方五壇御修法結願、御布施今夕被付壇所云々」○「朝隆記」と頭注あり		五壇法記

135	〃　五・八・三	北殿泉御所（内裏ヵ）	「於北殿泉御所、被始行之、不注僧名」		五壇法記
136	天承　一・四・二八 （一一三一）	三条坊門御所	(中)権少僧都行玄(無動寺座主。青蓮院)〈山〉　(降)権律師永意(蓮花院)〈山〉　(軍)範覚　(大)権少僧都源覚〈東仁〉　(金)権律師寛信〈東〉	「於三条坊門御所、為白河院姫宮女院御祈被始行」	五壇法記 五壇法日記
137	〃　一・八・一四	最勝寺五大堂	(中)法印大僧都禅仁　(降)権少僧都相命〈山〉　(軍)、、、良実〈東仁〉　(大)権律師慶実　(金)阿、、覚宗〈寺〉	「於最勝寺五大堂、被修季御修法」	五壇法記
138	〃　一・一一・一	同御堂	(中)権少僧都源覚〈東仁〉　(降)権律師観恵〈山〉　(軍)権律師世豪〈東仁〉　(大)権律師林覚〈東醍〉　(金)法眼兼覚〈東仁〉	「於同御堂、被修同御修法」	五壇法記
139	長承　一・九・七 （一一三二）		(中)増智　(降)行玄　(軍)覚基　(大)兼覚　(金)源恵	「被始行」	五壇法記
140	〃　一・一二・二〇	最勝寺		「於最勝寺、被始行」	五壇法記
141	〃　二・六・一四 （一一三三）	院御所白川北殿	花蔵院三品親王　聖恵親王〈東〉　兼覚〈東〉　永厳〈東仁〉　覚智　覚仁〈東仁〉	「於院御所白川北殿被始行云々」「同廿九日御結願、中壇被引御馬」	五壇法記 五壇法日記
142	〃　二・八・八		「被始行之、九月十四日、至于五七ケ日結願了、若中壇権少僧都覚誉〈寺〉歟、能々可尋之云々」		五壇法記
143	〃　二・九・五	三条殿寝殿	権律師覚仙〈寺〉　俊恵〈山〉　有幸　覚勝　良恵〈山〉	「於三条殿寝殿、為一品宮御祈、被修之」「満二七日被結願了」	五壇法記 五壇法日記
144	〃　二・九・七	宝荘厳院泉殿 ○鳥羽院の御願	(中)僧正増智〈寺〉　(降)権少僧都行玄〈山〉「已上二人兄弟」　(軍)権少僧都覚基〈寺〉　(大)法	「於宝荘厳院、被修之」	五壇法記 門葉記

		寺	眼兼覚〈仁〉（金）権律師源恵〈山〉		五壇法日記
145	〃 三・四・一五（一一三四）（二五イ）	円勝寺	「円勝寺季御修法、被始行之、中壇権律師元海〈東醍〉」		五壇法記 五壇法日記
146	〃 四・三・二二（一一三五）		「為院御祈、被始行之、中壇権少僧都寛信〈東勧〉」		五壇法記 五壇法日記
147	保延 二・六・五（一一三六）	最勝寺	「自今夜、被行最勝寺五壇御修法云々」		五壇法記
148	〃 四・九・二七（一一三八）	東塔食堂	「於東塔食堂、為院御祈、被修之」		五壇法記
149	〃 四・一二・一四	最勝寺	「最勝寺五壇法被始行之」		五壇法記
150	〃 五・九・八（一一三九）		（中）寛暁法印〈東仁〉（降）寛恵僧都〈東仁〉（軍）世豪〈東仁〉（大）寛遍法眼〈東仁〉（金）相模阿闍梨禎意〈東仁〉	「自今夕、院御祈被始行、薬師法一壇、五壇」「朝隆記」	五壇法記 五壇法日記
151	〃 六（五ヵ） ○近衛院の誕生からみて、五年の四月か五月ならん		花蔵院宮三品親王（聖恵）〈東仁〉法眼寛遍〈東仁〉円実（常住院）「今二人可尋之」	「為女御殿（美福門院得子）御産御祈、被始行之、近衛院御誕生」 ○近衛院は保延五年五月一八日生まれ	五壇法記 五壇法日記
152	〃 六・七・二六（一一四〇）	高陽院 ○里内裏	（中）権大僧都覚基〈寺〉（降）権律師快修（本覚院）〈山〉（軍）法橋良基〈山〉（大）円実〈山〉（金）能猶《カ》	「為院御悩御祈、被行之、於高陽院被始行云々」	五壇法記 五壇法日記
153	〃 六・八・二六（二三イ）		（中）権僧正覚宗〈寺〉（降）法印源恵（于時法性寺座主）〈山〉（軍）権律師快修〈山〉（大）法眼頼智〈寺〉（金）覚豪〈山〉○五人皆験者也（五壇	「公家御疱瘡御祈、被行之」	五壇法記 五壇法日記

			法日記）		
154	〃　六・一一・二〇		(中)座主行玄(青蓮院)〈山〉初参　(降)法印権大僧都世豪〈仁〉　(軍)権大僧都覚基〈寺〉　(大)権大僧都相命〈山〉　(金)法眼寛遍〈仁〉　(五壇法記では覚基が(降)、相命が(軍)、世豪が(大))	「今夕東宮近衛院御祈、自院鳥羽被始行之」(五壇法記)	門葉記 五壇法記 五壇法日記
155	康治　一・一二・六 (一一四二)	最勝寺		「於最勝寺、被始行之」	五壇法記
156	天養　一・五・九 (一一四四)	最勝寺		「於最勝寺、被始行之」	五壇法記
157	久安　二・九・二七 (一一四六)	冷泉殿	(中)大僧正行玄〈山〉(于時座主法務)　(降)法眼相実〈山〉　(軍)権律師寛雄〈東仁〉　(大)権律師猶(カ)乗〈寺〉　(金)法橋顕意〈寺〉	「為院御祈、於冷泉殿被修之」	五壇法記
158	〃　三・一一・一〇 (一一四七)		(中)法眼顕尋〈山〉　(降)阿闍梨宗実〈寺〉　(軍)任覚〈東仁〉　(大)昌雲〈山〉　(金)良顕〈山〉	「被修之」	五壇法記
159	〃　三・一一・一七		(中)前大僧都慶実〈寺〉　(降)法眼顕尋〈山〉　(軍)権律師有観〈寺〉　(大)法橋良恵〈山〉　(金)良顕〈山〉	「被修之」 (「已上朝隆卿記」とあり)	五壇法記
160	〃　四・一一・一八 (一一四八)	知足院寝殿 ○摂関家に縁の深い天台宗寺院	(中)権少僧都相源〈山〉　(降)増喜　(軍)良勝〈東〉　(大)運勝　(金)行政〈寺〉	「於知足院寝殿、被修之」「為高陽院(鳥羽皇后)姫宮御悩御祈、於彼御所寝殿、被始五壇法」 「同十二月八日寅刻薨逝」	五壇法記 五壇法日記
161	〃　四		(中)寛遍〈仁〉　(降)寛運〈仁〉　(軍)有親(観ィ)〈寺〉　(大)公経〈寺〉　(金)良顕〈山〉		門葉記

162	〃 五・九・一八 （一一四九）			「被修之」	五壇法記
163	〃 六 （一一五〇）	「五壇法中壇　青蓮院一度　久安六年九月十二日、為一切経供養御祈、於本坊、被始修之、脇壇皆門弟也」「中壇青蓮院大僧正行玄、以賞譲七宮覚快被任大僧都、又阿闍梨五口被寄置青蓮院」			門葉記 五壇法日記
164	仁平 一・四・一一 （一一五一）（一八ィ）	鳥羽殿	御室覚性法親王　法印権大僧都寛遍〈東仁〉　権少僧都覚任〈東仁〉　法眼覚壱（喜ィ）〈東仁〉　阿闍梨覚耀〈東仁〉	「於鳥羽殿、被始行之」「同四月十六日結願」（頭注）「東寺門例」	五壇法記 五壇法日記
165	〃 一・三・一一	最勝寺		「於最勝寺、被修之」	五壇法記
166	〃 二・一二・二三 （一一五二）			「為女院御産御祈、被始修之」	五壇法記
167	久寿 一・七・三 （一一五四）		（中）元海〈東〉（五壇法記では権大僧都元海〈東醍〉）　（降）行政〈寺〉（同じく権律師行政〈寺〉） （軍）実寛〈山〉（同じく権律師実寛〈山〉）　（大）全玄〈山〉（同じく権律師全玄〈山〉）　（金）禎寿（号円城寺僧正）〈東〉（同じく禎喜〈東仁〉）		門葉記 五壇法記
168	〃 二・一・一八 （一一五五）（六ィ）		（中）権僧正寛暁〈仁〉　（降）法印有親（観ィ）（権大僧都）〈寺〉　（軍）権少僧都猷尋（乗ィ）〈山〉（五壇法記では〈寺〉）　（大）暹覚〈寺〉（同じく〈山〉） （金）律師覚讃〈寺〉（同じく権律師）	「為女院御沙汰、公家御祈被始行」	門葉記 五壇法記
169	保元 一・七 （一一五六）		中壇権僧正寛雲（于時座主）〈山〉　「自余四壇逐可勘之」	「為天下合戦（保元の乱）御祈、被修五壇法」	五壇法記
170	〃 一・八		（中）権僧正厳（最ィ）雲〈山〉　（降）法印権大僧都寛遍〈東仁〉　（軍）僧都快修〈山〉　（大）阿闍梨憲覚〈寺〉　（金）阿闍梨昌雲〈山〉（出身宗派は五壇	「乱逆御祈」「今乱逆御祈両度被修之歟、将又中壇賞ニ被行之間、加此云歟、可尋検之」	門葉記 五壇法記 五壇法日記

			法記による）		
171	〃　一・九・一八		(中)権大僧都俊円〈寺〉 (降)権律師公経(世尊寺)〈寺〉 (軍)権律師行政〈寺〉 (大)玄操〈山〉 (金)公延〈山〉	「為今姫宮御祈、被行之、依御不例也」	五壇法記
172	〃　一・一〇・一		「日触、公家御祈、東寺長者寛遍為中壇、被行五壇法」(朝隆卿記)		五壇法記
173	〃　二・二・一八 (一一五七)	禁裏	(中)阿闍梨権僧正覚忠〈寺〉 (降)権大僧都相源〈山〉 (軍)法眼覚宗〈東〉 (大)権律師行政〈寺〉 (金)権律師全□〈山〉「或本行政金剛夜叉云々」	「従今夜、於禁裏被始修五壇法」	五壇法記
174	〃　三・六・二七 (一一五八)	宣陽殿	(中)大僧正行尊〈寺〉 (降)権少僧都行政〈寺〉 (軍)権律師憲覚〈寺〉 (大)権律師房覚〈寺〉 (金)法橋静宗	「被修之」「行尊辞退、権僧正覚遍勤之」	五壇法記 五壇法日記
175	〃　三・七・二五	公家	(中)権僧正覚忠〈寺〉 (降)権少僧都行政〈寺〉 (軍)権少僧都昌雲〈山〉 (大)権律師、、 (金)内供奉覚芸	「於公家、被行之」「是間、玉躰頗不予、是御邪気御□発之故也」「已上、信範記」	五壇法記
176	永暦一 (一一六〇)	「中壇法印重瑜〈山〉、以舜曜・良基両人、申叙法橋」○五壇法記の「永暦元年三月三日、五壇法結願」云々の記事と対応する			門葉記 五壇法記 五壇法日記
177	〃　一・一二・二九		「円勝寺季御修法、被行之、其内大法師宝心〈東醍〉、私云、余壇阿闍梨追可勘之」		五壇法記
178	応保　二・五・三 (一一六二)	内裏	(中)覚性親王(五宮)〈仁〉(五壇法記では「御室」〈東〉) (降)法印権大僧都円性(覚快親王本名。鳥羽院七宮。已上二人兄弟)〈山〉(同じく「青蓮院」とも) (軍)権少僧都公経(号世尊寺法印)〈寺〉 (大)公莚(五宮御室弟子)〈仁〉(同じく「公莚」〈東〉) (金)大法師宝心(号上野阿闍梨)(同じく〈東醍〉)	「於内裏、被始行之」	門葉記 五壇法記 五壇法日記

179	〃 二・六・三〇	内裏南殿	(中)少僧都実覚〈山〉 (降)権少僧都円仙(本名良顕)〈山〉 (軍)法橋行暁〈寺〉 (大)猷真 (金)阿闍梨宗命	「依八条女院(暲子内親王)御不予、被修五壇法」	五壇法記 五壇法日記
180	〃 二・八・二四		(中)大僧都俊円〈山〉 (降)権少僧都公延〈東〉 (軍)権少僧都円仙〈山〉 (大)権律師延源〈山〉 (金)阿闍梨乗海〈東醍〉	「為公家御祈、被行之」「九月廿九日満五七日結願、」	五壇法記
181	〃 二・一二・二〇	禁中	権僧正快修〈山〉 権少僧都円仙〈山〉 法眼最仁〈山〉 権律師長幸〈宗派記載なし〉 大法師行朝〈東醍〉	「於禁中、被始行之」「同廿七日、御結願了」	五壇法記 五壇法日記
182	長寛 一・四・二〇 (一一六三)		法性寺座主(俊円法印)〈山〉 公延僧都〈東〉 長重律師〈東仁〉 延源〈山〉 仁証〈東仁〉	「公家御祈被始行之、御神事間、於外壇所、各別修之」「六月十六日御結願了、……」	五壇法記
183	〃 二・一・二五 (一一六四)		俊円〈山〉 全玄〈山〉 良喜〈山〉 乗海〈東醍〉 俊証〈東仁〉	「公家御祈、被始行之」	五壇法記
184	〃 二・四・二三		俊円〈山〉 実寛〈山〉 行政〈寺〉 最仁〈山〉 仁証〈東仁〉	「依聖躰(二条天皇)不予、被始行之」「同五月十日結願、……」	五壇法記
185	〃 三・四 (一一六五)		「聖主(二条天皇)不予之間、始自四月廿三日被始行五壇法、五月廿七日自明日、依神事、五壇法以下被出陣外、六月廿八日、捨王位奉授太上(天脱カ)皇尊号、七月廿八日崩御(二三歳) 私云、不吉例也」		五壇法記
186	嘉応 二・一〇・二四 (一一七〇)	法住寺殿 ○後白河院の御所	(中)権僧正禎喜 (降)法印実寛 (軍)法印公顕 (大)法眼道証 (金)法橋豪心	「為建春門院(平滋子)御祈、被修之、法住寺殿」「十一月十五日結願」	五壇法記
187	承安 一・七・六 (一一七一) (六ィ)		(中)法務権僧正禎寿(喜ィ)(于時一長者)〈東〉 (五壇法記では〈東仁〉)初 (降)法印覚算〈山〉	「為公家御祈、被始行之」(五壇法記)	門葉記 五壇法記

			(軍)法印房覚〈寺〉初　(大)権少僧都兼毫〈寺〉(同じく〈東仁〉)初　(金)法眼行乗〈山〉初「金剛夜叉東寺行之」		五壇法日記
188	〃　四・六・二五（一一七四）		「依建春門院(平滋子)御悩、被始行之、則被供養御仏云々」		五壇法記
189	安元　一・九・三（一一七五）		法印実寛　権少僧都真円　僧都行乗　法眼尊証　律師延幸	「於七条新女院御祈、被行之」	五壇法記
190	〃　二・六・一七（一一七六）		(中)七宮　(降)法印覚算〈山〉　(軍)法印実覚〈山〉　(大)権大僧都勝賢〈東〉　(金)権少僧都実慶〈寺〉	「依建春門院(平滋子)御悩、被修之」「七月八日崩御」	五壇法記
191	治承　二・九・二〇（一一七八）	殿上西子午廊	(中)法印覚成(保寿院大僧正。初参。東寺一長者)〈仁〉(五壇法記では権大僧都〈東仁〉)　(降)権少僧都豪禅〈寺〉初　(軍)兼智〈東〉初(同じく権少僧都〈寺〉)　(大)実宴〈山〉初　(金)法眼実印〈寺〉初	「為中宮(徳子)建礼門院、安徳天皇誕生、御産御祈、被修之」	門葉記 五壇法記 五壇法日記 御産部類記
192	〃　二・一〇	池殿 ○平頼盛の邸宅	(中)法印権大僧都覚成〈東〉　(降)少僧都豪禅(雅実僧都辞退替)　(軍)、、、兼智〈東〉　(大)、、、実宴〈山〉　(金)法眼実印〈三井〉	「中宮(徳子)御産、於池殿被始行之」「不結願破壇巻数立之、文」	五壇法日記
193	〃　二・一二・八		(中)権僧正実寛〈山〉　(降)法印全玄〈山〉　(軍)大僧都兼豪〈東仁〉　(大)権大、、実任(感徳寺)　(金)権少僧都実全(妙法院)〈山〉	「為今宮(安徳天皇)立坊御祈、被行之」	五壇法記 五壇法日記
194	〃　三・一一・一〇（一一七九）	院中 ○後白河院	(中)法印行海(于時二長者)〈勧〉初(五壇法記では〈東仁〉)　(降)法印俊尭(五智院座主)〈山〉初　(軍)権少僧都実宴〈山〉　(大)権少、、実全〈山〉	「山門三人、円城一人、東寺一人例」「依天変地振事、院中被行之」	門葉記 五壇法記 五壇法日記

			(金)大法師行珍(同じく弥)(種智房)初〈寺〉		
195	〃 四・五・一五 (一一八〇)	新院(高倉)御所	(中)大僧正禎喜(五壇法記では〈東〉法務) (降)法印全玄〈山〉 (軍)法印権大僧都覚成〈仁〉(同じく〈東仁〉) (大)法印権大僧都勝賢(同じく〈東醍〉) (金)権大僧都兼毫〈寺〉(同じく〈東仁〉)	「高倉宮(以仁王)逆乱御祈」「於新院(高倉)御所、被始行之」 (五壇法記)	門葉記 五壇法記 五壇法日記
196	〃 四・七・六		(中)権僧正全玄〈山〉 (降)権大僧都兼豪〈東仁〉 (軍)覚成〈東仁〉 (大)権少僧都真円〈寺〉 (金)実海〈東醍〉	「被始行之」	五壇法記 五壇法日記
197	養和 一・一〇 (一一八一)	〔養和元年十月二十七日〕「伝聞、於天台山所被修之五壇法合戦調伏法御祈、降三世阿闍梨覚讃法印去夜頓死、人以成奇」 〔養和元年十月日〕「被始行之、法印覚算為降伏、於日吉社被修五壇法之内、令修降三世之間、十月廿七日於壇所頓滅云々」			玉葉 五壇法日記
198	〃 一・一〇・二一 (二一八イ)	日吉社	(中)座主僧正明雲〈山〉 (降)法印覚算〈山〉 (軍)法印円雲〈山〉 (大)法橋弁然 (金)阿闍梨全範 「道場各別所也」	「於日吉社被始行之、為被調伏謀叛輩也」「凡三七日被修之、同月廿七日覚算法印於大行事彼岸所、入滅□」	五壇法記
199	寿永 二・五・二一 (一一八三)	院御所 ○後白河院	(中)房覚僧正〈寺〉 (降)法印権大僧都兼豪〈仁〉(五壇法記では〈東仁〉) (軍)法印権大僧都実任〈仁〉 (大)実宴〈山〉 (金)実全〈山〉	「於院御所、被始行五壇法」「用途諸国召之、大蔵卿奉行之、中壇雖被召座主大僧正参勲最勝講証誠之間、有所労、両方難持(カ)得之由被申之云々」	門葉記 五壇法記

	始行年月日	場所（道場）	参加僧（阿闍梨）	備考（目的など）	出典
200	文治 一・一二・一二（一三ィ）（一〇・二四ィ） （一一八五）		(中)権僧正定(覚ィ)遍(五壇法記では〈東仁〉) (降)法印権大僧都俊証(同じく〈東仁〉) (軍)兼毫(同じく〈東仁〉) (大)権少僧都延果(同じく〈東仁〉) (金)権律師覚鏡(同じく〈東醍〉)	「義経謀反御祈」「同十九日結願也」「為院御祈、被始行之義経謀叛事」「同十九日結願、有勧賞」	門葉記 五壇法記 五壇法日記
201	〃 二・一一・一九 （一一八六）	院御所	(中)法務俊証(一長者)〈東仁〉 (降)法印権大僧都兼毫〈東〉 (軍)権、、、延果〈東仁〉 (大)権少、、覚鏡〈東醍〉 (金)已講理範〈東仁〉	○源義経の謀反にかかるか	五壇法記 五壇法日記
202	〃 三・四・九 （一一八七）		(中)法印兼智(明王院)〈寺〉 (降)法印権大僧都実全〈山〉 (軍)権大僧都延果〈東〉 (大)大法師禅聖〈寺〉初 (金)大法師仙雲(近江法印)〈山〉初	「院御発心地御祈、被始行五壇法」	門葉記 五壇法記 五壇法日記
203	建久 三・一・二六 （一一九二）		(中)座主権僧正顕真〈山〉 (降)良宴法院〈山〉 (軍)弁雅法印〈山〉 (大)勝基律師〈山〉 (金)仙雲、、〈山〉	「被修一門(山門のこと)五壇法、院(後白河)御悩御祈云々」「二月十八日結願云々、三七日二ケ日延引了」	五壇法記 五壇法日記
204	〃 三・三		(中)僧正顕真 (降)弁雄 (軍)良宴 (大)勝基 (金)律師仙雲	「後白川院御祈、被修之」	五壇法日記
205	〃 四・六・二六 （一一九三）		(中)法印行暁〈寺〉 (降)僧都印性〈仁〉 (軍)法眼実継〈醍〉初 (大)律師宗厳〈醍〉初 (金)已講成円〈山〉初	「左将軍(九条良経)御産御祈五壇法」	門葉記 五壇法記 五壇法日記
206	〃 六・七・二〇 （一一九五）	大炊殿々上北面	(中)大僧正実慶(桂園院僧正。号常陸僧正)〈寺〉初 (降)法印権大、、実全(仙ィ)(妙法院僧正)〈山〉 (軍)法眼円長(蓮賀房僧正)〈山〉 (大)顕	「中宮(藤原任子)御産御祈」「春花門院(昇子内親王)御誕生」	門葉記 五壇法記 五壇法日記

			運〈東〉　（金）権律師成円〈山〉		
207	〃　六・一二・二四	円勝寺	（中）法印慶智　（降）法眼顕雲　（軍）律師顕忠　（大）律師成円　（金）阿闍梨仁豪	「於円勝寺、被修五壇法」	五壇法記
208	〃　八・後六・二六（一一九七）		（中）僧正覚成〈仁〉　（降）法印倫円〈寺〉　（軍）権大僧都印性〈東〉　（大）権少僧都公胤〈寺〉　（金）権律師仙雲〈山〉		門葉記 五壇法記
209	〃　八・一二・二七	円勝寺	行舜、円長、顕□、任宴、（一人不明）	「於円勝寺、被修之」	五壇法記
210	正治　二・二・五（一二〇〇）	仙洞	（中）権僧正桓恵〈寺〉　（降）法印倫円〈寺〉　（軍）権少僧都仙雲〈山〉　（大）権少僧都禅覚〈寺〉　（金）権律師成円〈山〉	「光貞謀反御祈」「為追討」「……而仙洞即被始五壇御修法、不知其故云々」	五壇法記 五壇法日記 門葉記／吾妻鏡
211	〃　二・八・一九	春日殿	（中）権僧正桓恵〈寺〉　（降）法印権大僧都覚実〈寺〉初　（軍）前権少僧都仙雲〈山〉　（大）権少僧都成円〈山〉　（金）法橋練性〈仁〉初	「二位殿（藤原重子）御産祈」「中壇権僧正桓恵、以円晴申任権律師」	門葉記 五壇法記 五壇法日記
212	建仁　三・一〇・一二（一二〇三）		法印良宴、法印円長院主、前大僧都寛忠長吏、前少僧都仙雲、律師覚審	「山門堂衆騒動祈請、依大衆儀、始之」	五壇法日記
213	元久　一・三・一〇（一二〇四）	院御所	（中）権僧正行意（東光寺僧正）〈寺〉初　（降）権少僧都豪円〈山〉　（軍）権律師覚朝（安芸僧正）〈山〉初　（大）良雲〈山〉初　（金）法橋練性〈仁〉	「於院御所、被修之」「二位殿御産御祈」	五壇法記 五壇法日記 門葉記
214	〃　一・四・二		（中）東光寺法印（行意ヵ）　（降）僧都豪円　（軍）律師覚朝　（大）良雲　（金）法橋練性	「二位殿御産御祈五壇法」	五壇法日記 五壇法記
215	〃　二・一・二〇（一二〇五）	円勝寺	成円、隆顕、能遍、真忠（恵ヵ）、仁宴		五壇法記
216	建永　二・三・一五	院御所	（中）前大僧正真性（以仁王子）〈山〉初　（降）法印	「同廿七日結願了」	五壇法記

	(一二〇七)		権大僧都成円〈山〉 (軍)法印権大僧都覚教〈東〉初 (大)権少僧都真恵(一長者)〈仁〉初 (金)権律師覚朝〈寺〉		五壇法日記 門葉記
217	承元 二・四・二五 (一二〇八)	禁裏閑院殿	(中)僧正円忠〈寺〉 (降)法印成円〈山〉 (軍)権大僧都禅覚(法印賢教ィ覚教ィ)(菩提院)〈東〉 (大)権大僧都宗元(練性ィ禅聖ィ)〈仁〉〈東〉ィ (金)権少僧都定真〈寺〉	「於禁裏、被修五壇」「明年当三合之御祈」	五壇法記 五壇法日記 門葉記 猪隈関白記
218	〃 四・四・一三 (一二一〇) (一ィ)		(中)前大僧正真性 (降)法印権大僧都成賢 (軍)権少僧都覚朝 (大)親厳 (金)阿闍梨慈賢	「結願日二十一日被仰賞」	五壇法記 五壇法日記 門葉記
219	建暦 一・一一・一六 (一二一一)		(中)僧正行意〈寺〉 (降)法印公円(仰木僧正)〈山〉初 (軍)権大、、良遍〈仁〉初 (大)権少僧都良雲〈山〉 (金)阿闍梨快雅(功徳院僧正)〈山〉	「為修明門院(藤原重子。後鳥羽後宮)御祈」	五壇法記 五壇法日記 門葉記
220	〃 三・二・九 (一二一三) (四ィ) 建保改元	円勝寺季五壇	(中)法印親厳〈小野〉 (降)権大、、行守〈仁〉初 (軍)権少僧都玄修〈山〉初 (大)権少僧都尊親〈寺〉初 (金)権律師覚審〈寺〉初		五壇法記 五壇法日記 門葉記
221	建保 一・一〇 (一二一三) (一四ィ)	三条坊門寝殿	(中)法務前大僧正公胤〈寺〉初 (降)法印権大僧都覚朝〈寺〉 (軍)法印権大僧都豪円〈山〉 (大)権大僧都真恵〈仁〉 (金)権律師俊性〈東〉初	「南都北嶺騒動御祈」「同十一月八日結願、即被仰賞」	五壇法記 五壇法日記 門葉記
222	〃 一・一一・八	三条坊門殿寝殿	(中)長吏公胤僧正(成宝僧正辞退替)〈寺〉 (降)覚朝法印〈寺〉 (軍)豪円 (大)真恵大僧都〈仁〉 (金)俊性律師	「於三条坊門殿寝殿 五壇法被始行之、一院(後鳥羽院)御祈」「同廿一日結願了」	五壇法日記
223	〃 二・三・一二 (一二一四) (二ィ)	賀陽院殿弘御所	(中)権僧正成賢〈醍〉 (降)法印権大、、覚朝〈寺〉 (軍)真恵〈仁〉 (大)覚教〈仁〉 (金)已灌	「為院御祈」「五ケ日結願」	五壇法記 五壇法日記

			項快雅(功徳院僧正)〈山〉		門葉記
224	〃 三・一・一三 (一二二五)		(中)前大僧正真性 (降)法印権大僧都澄(隆ィ)真〈山〉 (軍)親厳(教ィ)〈東仁〉 (大)良遍〈東〉 (金)権律師慈賢〈山〉	「院御祈」	門葉記 五壇法日記 五壇法記
225	〃 四・一・七 (一二二六)		(中)権僧正承円(梶井西林院)〈山〉 (降)法印権大僧都親厳〈東〉 (軍)法印権大、、良遍〈東〉 (大)法印権大、、澄真〈山〉 (金)権律師快雅〈山〉	「被修之」	五壇法記
226	〃 四・六・一二 (一三ィ)	賀陽院殿	(中)前権僧正承円〈山〉初 (降)法印権大僧都覚朝〈寺〉 (軍)法印賢海(金剛王院僧正。醍醐座主)〈醍〉 (大)法印権大僧都覚教〈東〉 (金)権律師快雅〈山〉	「為院御祈、被始行之」	門葉記 五壇法日記 五壇法記
227	〃 四・一〇・二〇	賀陽院殿	(中)権僧正円忠〈寺〉初 (降)法印権大僧都覚朝〈寺〉 (軍)親厳(于時三長者)〈小野〉 (大)真恵〈仁〉〈東〉ィ (金)権律師快雅〈山〉	「於賀陽院殿、為院御祈、被始行之」	門葉記 五壇法日記 五壇法記
228	〃 五・二・九 (一二二七)	水無瀬殿弓場殿	(中)権僧正成賢〈東〉 (降)権大僧都覚朝〈寺〉 (軍)真忠〈東〉 (大)権大僧都俊性〈東〉 (金)権律師行聖〈寺〉	「於水無瀬殿弓場殿、為院御祈、被始行之」「十六日夜中結願」	五壇法記 五壇法日記
229	〃 五・三・一	一条殿寝殿西面 ○九条道家の邸宅か	(中)法印権大僧都良尊〈寺〉初 (降)権大僧都良雲〈山〉 (軍)権少僧都慈賢(康楽寺座主僧正。慈鎮弟子)〈山〉 (大)権律師教(厳ィ)海(亮僧正。東寺一長者)〈醍〉初 (金)阿、、隆尊〈仁〉初	「於一条殿寝殿西面、中宮御産御祈被修之」「同十二日御産平安、皇女、諸壇結願」	門葉記 五壇法記 五壇法日記
230	〃 五・七・一五	賀陽院殿弘御所南面	(中)僧正承円(座主。円融房)〈山〉 (降)法印権大、、定真〈寺〉初 (軍)真恵〈仁〉〈東〉ィ (大)	「院御発心地御祈、被始行之」「同二十八日被結願了二七ヶ日」	五壇法記 五壇法日記

			忠快(小川法印)〈山〉 (金)権少僧都快雅〈山〉		門葉記
231	〃 五・八・二三 (二二ィ)	水無瀬殿弓場殿	(中)法印権大僧都親厳(于時三長者)〈小野〉 (降)仁(行ィ)守〈仁〉〈東〉ィ (軍)真恵〈仁〉 (大)承信〈山〉初 (金)権律師行聖〈寺〉	「依伊賀局(亀菊)病悩、被始行之」「同九月五日結願了二七ヶ日」	五壇法記 五壇法日記 門葉記
232	〃 六・二・七 (一二一八)	御所道場	(中)僧正道尊(東大寺別当)〈東仁〉 (降)法印大僧都親厳〈東仁〉 (軍)行守〈東〉 (大)権少僧都快雅〈山〉 (金)権律師行遍〈東仁〉	「被始行之、御所道場、御願之趣同上」「十五日被結願了」	五壇法記 五壇法日記
233	〃 六・九・二〇	一条殿寝殿西面	(中)権僧正良尊〈寺〉 (降)法印賢海〈醍〉 (軍)法印権大僧都良雲〈山〉 (大)権大僧都静朝〈東〉初 (金)権少僧都快雅〈山〉	「中宮(順徳院后立子)御産御祈」「同十月十日寅刻王子(懐成＝仲恭天皇)降誕、仍巳刻許結願」	五壇法記 五壇法日記 門葉記
234	〃 六・一〇・一一	大炊殿寝殿東弘御所	(中)僧正円忠〈寺〉 (降)法印権大僧都良遍〈東〉 (軍)行守 (大)真恵〈東〉 (金)権律師行聖〈寺〉	「院御所、依山門事也」「依山門騒動、為院御祈」「同十六日結願」「山門騒動落居」	門葉記 五壇法日記 五壇法記
235	〃 六・一一・一九	旧亭云々	(中)権僧正良尊(常住院)〈寺〉 (降)法印慶範〈寺〉初 (軍)法印権大僧都賢海〈醍〉 (大)良雲〈山〉 (金)権少僧都行厳〈醍〉初	「為立坊(懐成)御所、被始行之」○同十一月二十六日、懐成立坊	門葉記 五壇法記 五壇法日記
236	〃 七・一・二三 (一二一九)	賀陽院殿西二棟御所	(中)前権僧正道誉〈寺〉初 (降)法印権大僧都真恵〈仁〉〈東〉ィ (軍)権大僧都俊性〈仁〉〈東〉ィ (大)快雅〈山〉 (金)慈賢〈山〉	「同廿八日被結願了」	門葉記 五壇法記 五壇法日記
237	〃 七・二・六	御所馬場同上	(中)前権僧正覚朝〈寺〉 (降)法印権大僧都行守〈仁〉〈東〉ィ (軍)法印権、、豪円〈山〉 (大)権大僧都禅覚〈寺〉 (金)権律師(少僧都ィ)行聖〈寺〉	「依鎌倉右大臣(源実朝)薨去事、為院御祈被始行之」「同十九日被結願了」	五壇法記 五壇法日記 門葉記
238	承久 一・閏二・七	閑院内裏仁寿殿	(中)法務僧正道尊〈東仁〉 (降)法印権大僧都浄	「於閑院内裏仁寿殿、為公家御祈、	五壇法記

	（一二二九）		朝〈東〉 （軍）賢海〈東醍〉 （大）行守〈東〉 （金）真恵〈東仁〉	被始行之」「同廿四日結願了」	五壇法日記
239	〃 一・七・五	高陽院殿西二棟御所	（中）前大僧正慈円〈山〉 （降）法印権大僧都真恵〈東〉 （軍）法印覚教〈東〉 （大）権大僧都快雅〈山〉 （金）前権大僧都慈賢〈山〉	「於賀陽院殿西二棟御所、院御祈被始行之」	五壇法記 五壇法日記 門葉記
240	〃 一・八・一二（一三イ）	水無瀬殿弓場殿	（中）僧正円忠（聖護院）〈寺〉 （降）法印権大僧都静朝〈仁〉〈東〉イ （軍）良雲（雲林院法印）〈山〉 （大）権大僧都光宝〈醍〉〈東〉イ （金）権律師厳海〈小野〉〈東仁〉イ	「院御祈」「同十四日御悩御減、同九月十二日被結願了」	五壇法記 五壇法日記 門葉記
241	〃 一・九		（中）僧正円忠 （降）法印静朝 （軍）良雲 （大）大僧都光宝 （金）少僧都厳海	「院（後鳥羽）御悩、御落馬、御祈被始行之」	五壇法日記
242	〃 一・一二・七	土御門堀川御所	（中）法印権大僧都定真〈寺〉 （降）権少僧都信尊〈寺〉 （軍）覚紹（カ）〈東仁〉 （大）権律師覚暹〈寺〉 （金）阿闍梨覚進（備中）〈寺〉	「依冷泉宮（後鳥羽院皇子頼仁親王）御悩土御門堀川御所、被始行之」「同十六日結願」	五壇法記 五壇法日記
243	〃 二・二・六（一二三〇）	水無瀬殿馬場殿	（中）権僧正良尊〈寺〉 （降）法印承信（北野法印）〈山〉 （軍）権大僧都快雅〈山〉 （大）権少僧都行聖〈山〉〈寺〉イ （金）権律師行遍〈仁〉〈東仁〉イ	「院御祈」「於水無瀬殿馬場殿、為院御祈被始行之」	門葉記 五壇法記 五壇法日記
244	〃 二・九・一八	同御所同道場	（中）前権僧正覚朝〈寺〉 （降）法印権大僧都真恵〈仁〉〈東仁〉イ （軍）権大僧都快雅〈山〉 （大）権少僧都猷円〈寺〉初 （金）行遍〈仁〉〈東仁〉イ	「於同御所、被始行之、前中納言宗行奉行」「有法験之由、以宗行被仰云々」	五壇法記 五壇法日記 門葉記
245	〃 三・一・一三（一二三一）	賀陽院殿弘御所北面	（中）前大僧正真性〈山〉 （降）法印承信〈山〉 （軍）権大僧都快雅〈山〉 （大）前大僧都慈賢〈山〉 （金）権少僧都行遍〈東〉	「於賀陽院殿弘御所北面、為院御祈被始行之」「同廿日結願了」	五壇法記 五壇法日記
246	〃 三・六・三	御所道場	（中）前権僧正道誉〈寺〉 （降）法印承信〈山〉	「被始行之、御所道場用之、大乱御	門葉記

	(五ィ)		(軍)権少僧都仙尊〈山〉初　(大)厳海〈仁〉〈東仁〉ィ　(金)行遍〈仁〉〈東仁〉ィ	祈也云々」	五壇法記 五壇法日記
247	貞応 三・三・一八 (一二二四)	一条新御所寝殿	(中)権僧正仁慶(十楽院)〈山〉　(降)法印権大僧都俊性〈東仁〉　(軍)真恵〈東仁〉　(大)法印豪円〈山〉　(金)権少僧都行遍〈東仁〉	「於一条新御所寝殿、法皇御悩御祈被始行之、御本尊新仏、行事皇后宮少進平知宗」「同十五日被結願了」「御悩聊御減」	五壇法記 五壇法日記
248	嘉禄 一・九・六 (一二二五)	一条殿 ○九条道家の邸宅	(中)権僧正良尊〈寺〉　(降)法印良雲〈山〉(五壇法記では法印権大、、賢海〈東醍〉)　(軍)権少僧都厳海〈仁〉(同じく法印権大、、良雲〈山〉)　(大)権大僧都行遍〈仁〉(同じく権大僧都厳海〈東仁〉)　(金)権少僧都成源〈山〉初	「為前摂政殿(九条道家)北政所御祈、被行之」	五壇法記 五壇法日記 門葉記
249	〃 一・一〇・四		(中)僧正御房(良尊ヵ)〈寺〉　(降)良雲〈山〉　(軍)厳海〈東〉　(大)成源〈山〉　(金)行兼〈醍〉	○御産御祈。一条殿にて御産	明月記
250	〃 三・一一・二四 (一二二七)	関東	(中)弁僧正(定豪)　(降)大進僧都(観基)〈寺〉　(軍)信濃法印(道禅)　(大)加賀律師(定清)　(金)宰相律師(円親)	九条頼経不例。「又秘法等被修之、先五壇法」同時に「炎魔天供丹後僧都(頼暁)」「北斗供　珍誉」「当年星供　珍瑜」	吾妻鏡
251	安貞 二・六 (一二三八)	一条殿	「中壇良尊僧正〈寺〉、残四壇可勘之」	「為同(前摂政殿北政所)御祈、於一条殿被行之」	五壇法記 五壇法日記
252	〃 三・二・一二 (一二二九)　(一六ィ) 寛喜改元	一条殿	(中)僧正良尊〈寺〉　(降)法印権大僧都賢海〈醍〉〈東醍〉ィ　(軍)権大僧都快雅〈山〉　(大)前権大僧都慈賢〈山〉　(金)権少僧都行厳〈醍〉	「於一条殿、為関白殿(九条道家)被始行之」「満七ケ日被結願了」	門葉記 五壇法記 五壇法日記
253	寛喜 一・七・八 (一二二九)	関東	(中)僧正定豪　(降)道禅　(軍)寛誉　(大)円智　(金)定(カ)雅	「於関東、被修之」○定豪・道禅は将軍九条頼経の護持僧(吾	五壇法記 吾妻鏡

				妻鏡安貞元年一二月一三日条)	
254	〃 二・九・二一（一二三〇）	閑院内裏	(中)僧正良尊〈寺〉 (降)法印権大僧都俊性〈仁〉〈東〉ィ (軍)賢海〈醍〉〈東仁〉ィ (大)厳海〈小野〉 (金)法印慈賢(康楽寺)〈山〉	「天変御祈」「於閑院内裏、為天変御祈、被始行之」	門葉記 五壇法記 五壇法日記
255	〃 二・九・二七	関東	「天変連々出現之間、為御祈、今日始行五壇法云々」		吾妻鏡
256	〃 二・一一		(中)良尊 (降)快雅 (軍)厳海 (大)行禅 (金)行厳	「中宮(後堀河院中宮。藻璧門院竴子)御産御祈、被行之」	五壇法記
257	〃 三・一・二一（一二三一）（二〇ィ）	一条殿殿上	(中)僧正良尊〈寺〉 (降)法印権大僧都快雅〈山〉 (軍)厳海〈小野〉〈東仁〉ィ (大)権大僧都行聖〈寺〉 (金)行厳〈醍〉〈寺〉ィ	「中宮御産御祈」「於一条殿殿上、為中宮御産御祈被始行之」「同二月十二日御産平安、皇子誕生」	門葉記 五壇法記 五壇法日記
258	〃 三・四・一一	関東	(中)信濃法印(道禅) (降)大進法印(観基) (軍)丹後僧都(頼暁) (大)宰相法印(縁快) (金)若宮別当(定親) ○他に「一字金輪 卿法印(快雅)」	「天変御祈御修法始行之」	吾妻鏡
259	〃 三・一〇・二五（二二ィ）	三条相国□条油小路亭	(中)長者僧正親厳〈東仁〉 (降)法印権大僧都賢海〈東醍〉 (軍)快雅〈山〉 (大)成源〈山〉 (金)権少僧都有果(杲ィ)〈東仁〉	「於三条相国□条油小路亭、為立太子(四条院)御祈被始行之」「同十一月三日結願了」	五壇法記 五壇法日記
260	貞永 一・二・七（一二三二）	関東	「御台所(頼経妻竹御所。源頼家女)御不例、今日々中以後頗御辛苦云々、仍被行御祈等、五壇法・北斗法・泰山府君・代厄御祭云々」		吾妻鏡
261	〃 一・八・一四	一条殿（二ィ）	(中)大僧正良尊〈寺〉 (降)法印快雅〈山〉 (軍)法印権大僧都行聖〈寺〉 (大)権大僧都有果〈東〉 (金)権少僧都聖増〈山〉(慈賢弟子)	「於一条殿、為中宮(竴子)御産、被始行之」「同九月三日御産平安、皇女」(五壇法記)	門葉記 五壇法記 五壇法日記
262	天福 一・九・一四	冷泉殿	(中)大僧正良尊〈寺〉 (降)法印権大、、行遍	「於冷泉殿、為藻璧門院(竴子)	門葉記

	(一二三三)		〈東〉(軍)権大僧都聖増〈山〉 (大)有果〈東〉 (金)実瑜〈寺〉初〈東仁〉ィ	御産御祈、被始行之」○竴子没(二五歳)	五壇法記 五壇法日記
263	〃 二・一・二七 (一二三四)	一条殿	(中)長者僧正親厳〈東〉 (降)法印実賢〈東醍〉 (軍)法印権大、、厳海〈東仁〉 (大)行厳〈醐ヵ〉 (金)権律師成厳	「於一条殿、為大殿(九条道家)御祈、被始行之」	五壇法記 五壇法日記
264	〃 二・七・二八	持明院殿	(中)権僧正良恵(上乗院)〈東仁〉 (降)法印覚進〈寺〉 (軍)実賢 (大)権大僧都実俊 (金)権少僧都尊源〈山〉	「於持明院殿、為院(後堀河)御悩御祈被始行之」「同八月六日結願了」	五壇法記 五壇法日記
265	嘉禎 二・一・九 (一二三六)	関東	「将軍家御疱瘡之後、今日有御沐浴之儀、行勇僧都加持御湯、……又入夜被始行御祈、五壇法、弁僧正定豪率伴僧修之、百日泰山府君祭、陰陽助忠尚朝臣奉仕、天曹地府、大監物宣賢勤之」		吾妻鏡
266	〃 二・九・二八	仁寿殿	(中)僧正円浄(円満院)〈寺〉初 (降)法印実賢〈醍〉 (軍)法印権大、、行遍〈仁〉 (大)覚助〈仁〉初〈東〉ィ (金)権大僧都聖増〈山〉	「南都北嶺騒動御祈」「於仁寿殿、為公家御祈、被始行之」「同十月六日結願了」	門葉記 五壇法記 五壇法日記
267	〃 三・六・二三 (一二三七)	関東	(中)安祥寺僧正良瑜 (降)信濃法印道禅 (軍)大夫法印賢長 (大)佐僧都寛耀 (金)民部卿僧都尊厳	「明日依可有新丈六堂供養、為除魔障、被修五壇法」○他に鎮壇供、外典を修す	吾妻鏡 同日条
268	〃 三・一二・四	一条殿	(中)僧正円浄〈寺〉 (降)法印快雅〈山〉 (軍)権大僧都猷尊〈寺〉初 (大)宣厳〈仁〉初 (金)浄真(松橋法印)〈醍〉初	「於一条殿、為北政所御産御祈、被始行之」「同□日御産、仍結願了」	門葉記 五壇法記 五壇法日記
269	〃 四・四・四 (一二三八)	征夷将軍(九条頼経)六波羅亭	(中)僧正道慶(後京極摂政息)〈寺〉初 (降)法印快雅〈山〉 (軍)法印権大僧都実賢〈醍〉 (大)聖増〈山〉 (金)権少僧都成厳〈安祥寺〉	「於征夷将軍(九条頼経)六波羅亭、始行之」○暦仁元年二～一〇月の間、頼経在洛	門葉記 五壇法記 五壇法日記
270	暦仁 二・一・二六	西園寺五大堂	(中)座主僧正慈源(青蓮院)〈山〉初 (降)法印快	「入道相国祈」「西園寺入道太相	門葉記

	（一二三九）　（二八イ） 延応改元		雅〈山〉　（軍）法印権大僧都明弁（実明卿息）〈寺〉 初　（大）法印権大僧都実瑜〈仁〉　（金）権少僧都 寛耀（行遍僧正弟子）〈仁〉初〈東〉イ	国（公経）祈、被修之」	五壇法記 五壇法日記
271	延応　一・　五・二〇 （一二三九）	法性寺殿	（中）権僧正慈賢〈山〉　（降）法印快雅〈山〉　（軍） 法印権大、、聖増〈山〉　（大）権大僧都浄真〈東〉 （金）権少僧都寛耀〈東〉	「於法性寺殿、禅定殿下（九条道家）不予之間、被始行之」	五壇法記 五壇法日記
272	仁治　三・　七・　三 （一二四二）	荘厳蔵院 （法性寺殿イ）	（中）座主僧正慈源〈山〉　（降）前僧正良禅〈山〉 （軍）前権僧正快雅〈山〉　（大）法印権大僧都聖増 〈山〉　（金）権大僧都公源〈山〉○すべて「慈円 一門」（五壇法記）、慈源は九条道家の兄	「為禅閤（道家）御祈」「今度東寺薗城寺不被請之。山門一流也。殊此御門流之輩皆以大和上御門弟也。先規未聞之。無双御面目歟。此事禅閤御意楽也。余流相交之時、有前後相違事故也」／「為禅定殿下御祈」「新仏木造之外、各奉懸画像、加難之輩有之云々」	門葉記 五壇法記 五壇法日記
273	寛元　一・　三・二四 （一二四三）	禁中	（中）僧正静忠　（降）法印穆千　（軍）宣厳　（大） 房円　（金）公源〈山カ〉	「為天変御祈、於禁中被修之」「廿（ママ）一日結願」	五壇法記
274	〃　　一・　六・　六	今出河相国禅門 （西園寺実氏）亭	（中）寛仁親王（座主辞退替。後鳥羽院御子）〈寺〉 （降）法印権大僧都尊源（覚助辞退替）〈山〉　（軍） 法印権大僧都寛耀〈仁〉〈東〉イ　（大）法印、、、 、実瑜〈仁〉〈東〉イ　（金）権大僧都公源〈山〉	「中宮（大宮院姞子）御産御祈」／「為中宮実氏公女、大宮女院是也御産御祈、於今出河相国禅門之亭、被修之」「六月十日午刻皇子誕生、新院（後深草）是也」	門葉記 五壇法記 五壇法日記
275	〃　　一・　八・　四	四条大納言隆親 卿亭于時内裏	（中）前大僧正良尊（常住院）〈寺〉　（降）法印定誉 〈寺〉初　（軍）法印聖増（横川長吏）〈山〉　（大）法 印実瑜〈仁〉　（金）法印公源〈山〉	「於四条大納言隆親卿亭　于時内裏、親王（後深草院）為立坊御祈、限七ケ日被修之」	門葉記 五壇法記 五壇法日記

276	〃　一・九・一(二イ)	今出川第〇五壇法記では一条相国禅門公経公今出河亭	(中)座主僧正慈源〈山〉　(降)法印聖増〈山〉　(軍)法印権大、、実瑜〈仁〉〈東〉イ　(大)法印隆弁〈寺〉初　(金)法印公源〈山〉	「入道相国(西園寺公経)瘧病祈」「今度山門二人座主御門弟也、且慈鎮和尚御時、快雅慈賢為五壇阿闍梨、……」「一七ケ日」「禅門毎時聴聞……」	門葉記 五壇法記 五壇法日記
277	〃　一・一一・ (門葉記の仁治□・一一・□の修法はこれか)	関東	(中)大僧正道慶　(降)法印賢長　(軍)法印円意　(大)法印猷聖　(金)法印承快 (門葉記では(中)大僧正道慶〈寺〉　(降)円意法印〈寺〉　(軍)賢長法印〈東〉　(大)猷聖、、〈寺〉　(金)承快、、〈山〉)	「於関東、被修之」	五壇法記 門葉記
278	〃　一・一二・一〇	関東将軍(九条頼経)家	(中)大僧正道慶〈寺〉　(降)僧正快雅〈山〉　(軍)権僧正良信〈山〉　(大)法印円意〈寺〉　(金)法印賢長〈東カ〉	「於関東将軍家、被行之」	五壇法記 門葉記
279	〃　二・三・一四 (一二四四)	関東将軍家	(中)大僧正道慶〈寺〉　(降)法印道禅〈寺〉　(軍)法印猷尊〈寺〉　(大)法印猷聖(性イ)〈寺〉　(金)法務定親〈東〉	「於関東将軍家、被行之」	五壇法記 五壇法日記
280	〃　二・五・一五(四イ)	将軍家	(中)僧正快雅〈山〉　(降)法印道禅〈東〉〈寺〉イ　(軍)法印猷尊〈寺〉　(大)、、猷聖〈寺〉　(金)法務定親〈寺〉イ〈東〉イ	「於将軍家、被修之」	五壇法記 五壇法日記 門葉記
281	〃　二・八・一九	関東将軍の「御所」	「於御所、今日被修五壇法云々」		吾妻鏡
282	〃　二・九・一	将軍家	(中)大僧正道慶〈寺〉　(降)権僧正猷尊〈寺〉　(軍)法印猷聖〈寺〉　(大)、、成恵〈山〉　(金)、、守海		五壇法記 五壇法日記

283	〃 三・三・一四 (一二四五)		(中)前大僧正静忠(普賢寺関白息)〈寺〉 (降)法印穆千〈寺〉初 (軍)宣厳(随心院僧正)〈仁〉 (大)房円(真乗院僧正)〈仁〉初 (金)公源〈山〉	「彗星等御祈」	門葉記 五壇法日記
284	〃 三・五・一五		(中)大僧正道慶〈寺〉 (降)法印賢長 (軍)法印公円 (大)法印承快 (金)法眼寛位	「関東大納言入道殿」	五壇法日記
285	〃 三・六・二六 (二七ィ)	関東将軍家	(中)大僧正道慶〈寺〉 (降)前権僧正道禅〈東〉 (軍)権僧正印円(定法寺)〈山〉 (大)法印権大僧都隆弁(如意寺僧正)〈寺〉 (金)法眼寛意(位ィ)〈東〉	「於関東将軍家、御祈被始行之」	五壇法日記 門葉記
286	〃 四・四・二 (一二四六)	(関東)	(中)僧正良禅(本覚院) (降)法印円意 (軍)法印賢長 (大)法印猷性 (金)法印成恵	「関東大納言入道殿」	五壇法日記
287	宝治 一・五・一七 (一二四七)	禁中/閑院	(中)覚仁親王(桜井宮、後鳥羽院宮)〈寺〉 (降)法印尊源(歓喜光院僧正)〈山〉 (軍)法印権大、宣厳〈小野〉〈東〉ィ (大)房円〈仁〉 (金)実瑜〈仁〉〈東〉ィ	「於禁中、被修之□□□院御悩御祈」(五壇法記)「於閑院、公家御祈被始行之」「同廿四日被結願」(五壇法日記)	五壇法記 五壇法日記 門葉記
288	〃 一・八・二七	今出河殿 ○西園寺実氏の邸宅か	(中)覚仁親王〈寺〉(金剛童子法兼行) (降)法印尊源〈山〉 (軍)法印覚(寛ィ)耀〈仁〉〈東〉ィ (大)法印権大僧都実瑜〈仁〉〈東〉ィ(愛染王法兼行) (金)法印権大僧都公源〈山〉	「大宮院中宮御産御祈」(門葉記)「十月九日御産平安」(五壇法記)○同時に一字金輪法、千手護摩、三星供を修す	御産部類記 門葉記 五壇法記 五壇法日記
289	〃 三・五・二八 (一二四九) 建長改元	北少御所/今出川殿	(中)桜井宮(覚仁親王)(五壇法記では聖増僧正(于時横川長吏)〈山〉) (降)法印穆千〈寺〉 (軍)法印尊源〈山〉 (大)法印公源〈山〉 (金)法印有快〈山〉	「大宮院御産御祈」(門葉記) ○同時に一字金輪法、六字法、鳥瑟沙摩法、千手法、如法愛染王法(関東沙汰)を修す ○恒仁親王(亀山天皇)誕生	御産部類記 門葉記 五壇法記 五壇法日記

290	建長 一・八・二四 (一二四九) (一四イ)	冷泉殿広御所	(中)前大僧正良恵〈東仁〉 (降)法印権大僧都宣(定イ)厳〈東〉 (軍)法印権大僧都房円〈東仁〉 (大)法印権大僧都寛海〈東ヵ〉 (金)法印権大僧都寛耀〈東〉	「被始行之」「同九月八日御結願了」「於冷泉殿広御所、院御祈被始行之」(五壇法日記)	門葉記 五壇法記 五壇法日記
291	〃 四・二・五 (一二五二)	仙洞／院御所南面寝殿	(中)仁助親王(土御門院御子、円満院)〈寺〉初 (降)法印穆千〈寺〉 (軍)法印房円〈仁〉〈東〉ィ (大)、、実瑜〈仁〉〈山〉ィ (金)、、公源〈山〉	「天下御祈」「於仙洞、被修之天下静謐御祈云々」「十二日々中結願」／「於院御所、為天下静謐、被行之南面寝殿」(五壇法日記)	五壇法記 五壇法日記 門葉記
292	〃 五・一二・一七 (一二五三)	仙洞／仙洞弘御所	(中)仁助親王〈寺〉 (降)法印覚耀〈仁〉〈東〉ィ (軍)、、房全〈山〉初 (大)法印権大、、仙朝〈寺〉初 (金)法印浄有〈寺〉初	「法勝寺阿弥陀堂供養御祈」「法勝寺阿弥陀堂供養御祈、於仙洞、自同十七日被修之」	門葉記 五壇法記 五壇法日記
293	〃 六・閏五・二 (一二五四)(五イ)(六イ)	今出川殿	(中)大僧正最守〈山〉初 (降)法印権大僧都仙朝〈寺〉 (軍)浄(静ィ)有〈寺〉 (大)隆助〈仁〉初 (金)有快〈山〉	「大宮院御産御祈」「大宮女院御産御祈、於今出川殿、被修之」(五壇法記)	門葉記 五壇法記 五壇法日記
294	〃 八・四・六 (一二五六)	今出川殿	(中)前大僧正道(通イ)乗(冷泉宮子)〈東〉 (降)法印寛海〈東〉 (軍)法印仙朝〈寺〉 (大)法印実深〈東醍〉 (金)法印隆助〈東仁〉	「大宮院御産御祈」「於今出川殿、大宮女院御産御祈、被修之」「十日王子降誕」(五壇法記)	門葉記 五壇法記 五壇法日記
295	正嘉 二・五・一 (一二五八)(二イ)(三イ)	禁中(広御所を道場と、五節所を御壇所と、記録所を助修等祗候所となす)／禁裏閑院	(中)尊助親王(青蓮院宮)〈山〉 (降)法印仙朝〈寺〉 (軍)法印浄有〈寺〉 (大)法印隆助〈仁〉 (金)法印有快〈山〉	「去月十七日依三井寺戒壇事、日吉神輿入洛、山門騒動、為彼御祈、所被修之也」「山門騒動神輿入洛御祈」	門葉記 五壇法記 五壇法日記
296	〃 二・八・一	仙洞	(中)仁助親王(円満院)〈寺〉 (降)権僧正房全	「立坊御祈、自同一日、於仙洞	門葉記

	（七ィ）		〈山〉（軍）法印権大僧都浄有〈寺〉（大）隆助〈仁〉〈東〉ィ（金）有快〈山〉	被修之」○恒仁（亀山天皇）、同八月七日立太子	五壇法記 五壇法日記
297	正元 二・二・一三 （一二六〇） 文応改元	今出川殿	（中）大僧正慈禅〈山〉初度（降）親寛法印〈東仁〉初度（軍）実深法印〈東醍〉第二度（大）有快法印〈山〉第五度（金）良覚法印〈山〉初度	「為大宮院御産御祈、於今出川殿被修五壇法」	門葉記 五壇法記 五壇法日記
298	文応 一・六・二一 （一二六〇）（二〇ィ）	亀山殿	（中）尊助親王〈山〉（降）権僧正親寛〈東仁〉（軍）法印奝（睿ィ）尊〈東〉（実深ィ）（大）法印実増〈山〉（金）法印良覚〈山〉	「為一院（後嵯峨）御瘧病御祈、被修之」「廿一日御落居」／「一院御発心地御祈、於亀山殿被行之」（五壇法日記）	門葉記 五壇法記 五壇法日記
299	弘長 二・五・一〇 （一二六二）	今出川殿	（中）前大僧正公豪〈山〉（降）法印頼誉〈東仁〉（軍）実増〈山〉（大）盛尊（金）道基（実基公息）	「東二条院（西園寺公子。後深草中宮）御産御祈」「六月二日御産、兼（ママ）三ケ日御悩乱、頗難座、然而女皇降誕」	門葉記 五壇法記 五壇法日記
300	〃 二・一〇・三 （一三ィ）	二条殿	（中）僧正定親（一長者）初〈東大〉〈東〉ィ（降）法印権大僧都忠尊〈寺〉（軍）法印有快（聖増僧正弟子）〈山〉（大）法印良覚（公源法印弟子）〈山〉（金）法印道基	「皇后宮（京極院藤原佶子《やすし》。洞院実雄の女）御産御祈、於二条殿被修之」「十一月九日皇女降誕」	門葉記 五壇法記 五壇法日記
301	弘長 三・一二・二〇 （一二六三）	仙洞／本院御所	（中）尊助親王（前座主。土御門御子）〈山〉（降）僧正定親（前一長者）〈東大〉〈東〉ィ（軍）前権僧正親寛〈仁〉〈東〉ィ（大）前権僧正房全〈山〉（金）権僧正浄有〈寺〉	「為天変御祈、於仙洞被修之」「為天下泰平、於仙洞、被始修之」／「天変恠異御祈」「今月二日白虹出現」	門葉記 五壇法記 五壇法日記
302	文永 一・五・九 （一二六四）	仙洞／一院弘御所	（中）僧正定親〈東〉（降）法印盛教〈東仁〉（軍）奝尊〈東〉（大）兼恵〈東〉（金）定済〈東醍〉	「於仙洞、被修之、依三井寺戒壇事、山門闘諍、諸堂焼失、神輿入洛、薗城寺焼失等之間、被	五壇法記 五壇法日記

				修此御祈」	
303	〃 一・七・四(一六イ)	一院弘御所	(中)僧正隆澄〈東仁〉 (降)法印盛教〈東〉 (軍)法印盛尊 (大)法印真敏〈東醍〉 (金)法印良覚〈山〉	「彗星出現御祈」	門葉記 五壇法記 五壇法日記
304	〃 二・七(一二六五)		(中)僧正慈禅〈山〉 (降)法印親快〈醍〉 (軍)円顕〈寺〉 (大)実雲〈山〉 (金)良覚	「為皇后宮御産御祈、被始行之」「各雖有請定、七月十一日御産平安、皇子降誕之間、不被行之」	五壇法日記
305	〃 二・一〇・一五	今出川殿	(中)前大僧正公豪(三条左大臣資房息。毘沙門堂座主)〈山〉 (降)法印頼誉〈仁〉〈東〉ィ (軍)法印兼恵〈小野〉〈東〉ィ (大)法印円顕〈寺〉 (金)法印実雲〈山〉(公房公息)	「於今出川殿、東二条院(藤原公子。西園寺実氏の女。後深草中宮)御産御祈、被修之」「十一月十四日御産女、即結願了」「三年正月上旬、姫宮御早逝云々」	門葉記 五壇法記 五壇法日記
306	〃 三・五・二四(一二六六)	広御所	「依御悩(将軍宗尊親王の病気か)事、於広御所、被始行五大尊合行法、若宮大僧正率伴僧八口奉仕之」		吾妻鏡
307	〃 四・一一・一四(一二六七)	土御門承明門院(万里小路ィ)御所	(中)静仁親王(土御門院御子)〈寺〉初 (降)法印親快(大納言雅親卿息)〈醍〉 (軍)法印実増〈山〉 (大)法印了遍(左大将実有卿息)〈仁〉初 (金)法印公誉(実平卿息)〈山〉初	「皇后宮御産御祈」○亀山皇后洞院佶子(京極院)、同年一二月一日、世仁(のちの後宇多天皇)を生む	門葉記 五壇法記 五壇法日記
308	〃 五・八・一九(一二六八)	一院(後嵯峨)御所大炊御門殿／仙洞	(中)円助親王(円満院)〈寺〉 (降)権僧正定済(四長者。醍醐座主)〈醍〉〈東〉ィ (軍)法印実雲〈山〉〈寺〉ィ (大)良覚〈山〉 (金)了遍〈仁〉	「立坊(世仁〈後宇多〉御祈」○世仁は同年八月二五日立太子、満一歳に満たず「同廿五日運時御結願了」	門葉記 五壇法記 五壇法日記
309	〃 六・七・二六(一二六九)	禁中五壇(禁裏)／五条内裏	(中)僧正道玄(青蓮院)〈山〉初 (降)法印権大僧都頼誉〈仁〉 (軍)法印、、、兼恵〈小野〉〈東〉ィ	「天変怪異御祈」「為天変御祈」「八月三日結願了」「在恠異等之	門葉記 五壇法記

			(大)法印円顗〈寺〉 (金)法印良覚〈山〉	故云々」	五壇法日記
310	〃 七・四・一九 (一二七〇)	禁裏	(中)座主前大僧正慈禅(浄土寺。猪隈摂政息)〈山〉(于時天台座主) (降)法印兼恵〈小野〉 (軍)法印円顗〈寺〉 (大)法印良覚〈山〉 (金)法印了遍〈仁〉	「為御瘧病御祈、於禁裏被修之」	門葉記
311	〃 七・四・二五	同御所(内裏)／五条内裏	同右	「禁裏(亀山天皇)御発心地御祈」「為公家御瘧病御祈」	門葉記 五壇法記 五壇法日記
312	〃 七・九・一〇	富小路殿／新院御所二条富小路	(中)僧正道乗(上乗院)〈仁〉〈東〉ィ (降)法印印(卯ィ)宗〈寺〉初 (軍)法印盛尊(兼恵法印辞退替。毘沙門堂)〈山〉 (大)法印公証(澄ィ)〈山〉初 (金)法印了遍〈仁〉〈東〉ィ	「東二条院(西園寺公子。後深草中宮)御産御祈」「同月十八日御産女王即結願了」○『問はず語り』にみゆ。「すみの御所」で御産	門葉記 五壇法記 五壇法日記
313	〃 九・二・二 (一二七二)	亀山殿	(中)静仁親王(法性寺。三山検校。土御門院御子)〈寺〉 (降)僧正定済〈醍〉〈東〉ィ (軍)法印印宗〈寺〉 (大)法印良覚〈山〉 (金)法印公誉〈山〉	「為法皇(後嵯峨)御悩御祈、被始行之」「同九日御結願了、同十七日法皇崩御」	五壇法記 五壇法日記 門葉記
314	〃 一〇・二・二四 (一二七三)	内裏	(中)僧正道玄〈山〉 (降)法印権大僧都兼恵〈小野〉〈東〉ィ (軍)良覚〈山〉 (大)了遍〈仁〉〈東〉ィ (金)静瑜(浄珍ィ)(二位中将基輔卿息)〈寺〉	「為主上(亀山天皇)御祈、五壇法中壇被修之」「彗星御祈」○五壇法記では「彗星御祈」	門葉記 五壇法記 五壇法日記
315	〃 一一・一一・二 (一二七四)	各本房	(中)覚助親王(後嵯峨院御子)〈寺〉初 (降)僧正仙朝〈寺〉 (軍)僧正奝(睿ィ)助(右大臣実親公息)〈仁〉初 (大)法印盛尊(毘沙門堂)〈山〉 (金)法印了遍〈仁〉〈東仁〉ィ	「異国御祈」「為異国降伏」「一七ケ日御結願了」「為蒙古調伏、於各々本房、被始修之」	五壇法記 門葉記 五壇法日記

316	建治 二・一〇・五 (一二七六)	近衛殿 ○時に内裏	(中)僧正仙朝〈寺〉 (降)法印権大僧都頼誉〈仁〉〈東〉ィ (軍)法印権大僧都定俊〈寺〉初 (大)法印、、、良覚〈山〉 (金)法印大僧都了遍〈仁〉〈東〉ィ	「御産御祈」「為新陽明門院(藤原位子。亀山女御)御産御祈」「同十一月十七日御産平安、皇子(継仁)誕生、即結願」	五壇法記 門葉記 勘仲記
317	弘安 二・六・二八 (一二七九)	靡殿 ○亀山上皇の御所	(中)僧正増忠〈寺〉初 (降)法印権大僧都兼恵〈小野〉〈東〉ィ (軍)法印、、、円顕〈寺〉 (大)法印公誉〈山〉 〈金〉法印公澄(証ィ)〈山〉初	「新陽明門院(藤原位子。亀山女御)御産御祈」「但御産以後也」	門葉記 五壇法記
318	〃 三・八・一九 (一二八〇)	常盤井殿 ○亀山上皇の御所	(中)長者僧正定済〈醍〉 (降)法印権大僧都覚済(金剛王院)〈醍〉 (軍)法印公誉(霊山)〈山〉 (大)法印権大僧都深寛(五智院)〈仁〉 (金)法印公澄〈山〉「二七ケ日御結願了」	「為今宮御祈、於常盤井殿被始行之」「九月三日結願、同十二日午刻皇子(亀山皇子継仁)薨逝、二歳、赤痢云々」	五大成 五壇法記
319	〃 四・三・二五 (一二八一)	靡殿 ○亀山上皇の御所	(中)前大僧正増忠〈寺〉 (降)法印権大僧都定俊〈寺〉 (軍)覚済〈醍〉 (大)法印公誉(霊山)〈山〉 (金)法印権大、、深寛〈仁〉	「於靡殿、為異国降伏、被始行之」	五大成 門葉記 五壇法記
320	〃 四・四	勝長寿院・明王院(鎌倉)	「……方々被仰之中、岡屋僧正於勝長寿院不動御修法、日光法印於日光山五大尊令行護摩、猪熊法印於明王院同五大尊令行護摩……」		弘安四年異国御祈禱記
321	〃 四・閏七・三	鶴岡八幡宮	(中)社務 (降)僧都円勇 (軍)法眼頼弁持明院 (大)律師承俊 (金)律師隆成	「依先例、為異国御祈、於当社下宮下経所被始行之」	鶴岡社務記録
322	〃 五・三・二九 (一二八二)	同御所	(中)無品親王澄覚〈山〉 (降)権僧正了遍〈東仁〉 (軍)法印権大僧都印宗〈寺〉 (大)覚済〈東醍〉 (金)法印公誉(霊山)〈山〉	「於同御所、被始行之」「春日神木御祈」「天下不静御祈云々」	五大成 門葉記 五壇法記 勘仲記
323	〃 六・二・八 (一二八三)	近衛第 ○時に内裏	(中)前大僧正奝助〈東〉 (降)法印権大、、敬宗〈寺〉 (軍)法印権大、、覚済〈東〉 (大)法印権	「於近衛第于時内裏、為神輿入洛御祈、被行之」「同十四日結願」	五大成 五壇法記

			大盛尊〈山ヵ〉 (金)法印権大寛伊〈東〉		
324	〃 九・二・二九 (一二八六)	仙洞(万里小路殿)	(中)大僧正了遍〈東〉 (降)法印権大覚済〈醍〉 (軍)法印権大、、静珎〈寺〉 (大)法印権大公澄〈山〉 (金)法印権大禅助(真光院)	「於仙洞万里小路殿、為天変御祈、被行之」「今度天変白虹貫日云々、自関東奏之、同三月五日結願、六日上皇御衰日之間、五日雖為凶会日、結願有之云々」	五大成 五壇法記
325	〃 九・三・二九		(中)澄覚親王(前座主)〈山〉 (降)権僧(ママ)正了遍(四長者)〈仁〉 (軍)法印権大僧都卯宗〈寺〉 (大)法印覚済(三品兼季卿息)〈醍〉 (金)法印公誉〈山〉		門葉記
326	〃 九・六・一八	三条殿	(中)僧正実雲〈山〉初 (降)法印覚済〈醍〉 (軍)法印実禅(毘沙門堂)〈山〉初 (大)大僧都道救〈山〉初 (金)僧都清誉〈寺〉初	「為下野局元号□王殿、当時廊御方産祈、於三条殿、五壇護摩被始行、法印実禅勤仕軍荼利壇云々、……皇子(兼良)降誕結願、……」	五大成裏書 門葉記
327	正応 三・五・二〇 (一二九〇)	仙洞(常盤井殿)	(中)覚助親王(聖護院法親王)〈寺〉 (降)前僧正良覚〈山〉 (軍)法印権大静珎〈寺〉 (大)法印権大寛伊(安祥寺)〈東〉(実躬卿記では〈小野〉) (金)法印権大公什(般若院。二位実隆卿子)〈山〉	「於仙洞常盤井殿、為三星合御祈被修之」「同廿七日結願」○「実躬卿記」正応三年五月二七日条に結願の記事あり	五大成 五壇法記 門葉記 実躬卿記
328	〃 五・二・一五 (一二九二)	禁裏(富小路殿清涼殿)	(中)前大僧正行昭(常住院。光明峯寺摂政〈九条道家〉息)〈寺〉初 (降)僧正円顗〈寺〉 (軍)権僧正深助〈仁〉初 (大)法印権大実承(檀那院)〈山〉初 (金)法印権大守誉(仏名院)〈仁〉初	「為南都北嶺騒動・熊野神輿遷座并天変地妖等御祈、於禁裏富小路殿清涼殿被行之」(天下静謐)	五大成 五壇法記 門葉記
329	〃 五・六・一五	亀山殿(京極准	(中)前大僧正覚済(一長者)〈東〉(門葉記では	「於亀山殿京極准后亭、為新院(後	五大成

		后亭）	〈醍〉初 （降）法印権大実円（花臺院）〈寺〉初 （軍）法印権大公尋〈山〉初 （大）法印権大公潤（山階左府息）〈山〉初 （金）権少僧都観昭（普賢院）〈寺〉初	宇多）御瘧病御祈、被行之」「同廿三日結願」	五壇法記 門葉記
330	永仁 五・三・二四（一二九七）	禁裏（富小路殿）	（中）前大僧正慈玄（妙香院。門葉記では法性寺座主、青蓮院）〈山〉初 （降）前権僧正実円〈寺〉 （軍）前権僧正公什〈山〉 （大）法印権大長遍〈仁〉（門葉記では〈東〉）初 （金）法印権大信瑜〈寺〉初	「於禁裏富小路殿、為彗星二星合御祈、被修之」	五大成 五壇法記 門葉記
331	〃 六・八・二（一二九八）	万里小路殿	（中）覚助親王（聖護院）〈寺〉 （降）僧正慈順（山階左大臣息）〈山〉初 （軍）権僧正長遍〈東〉（門葉記では〈仁〉） （大）権僧正公什（般若院座主。実隆公息）〈山〉 （金）法印権大雲助（檀那院）〈山〉初	「為立坊後二条御祈、於万里小路殿、被行之」「同九日結願」○邦治の立坊は永仁六年八月一〇日	五大成 五壇法記 門葉記
332	乾元 二・閏四・二四（一三〇三）	今出川殿 ○西園寺実兼の邸宅	（中）前大僧正公什〈山〉 （降）法印権大経恵〈山〉 （軍）法印権大信瑜〈寺〉 （大）法印権大賢覚〈山〉初 （金）法印権大定任〈東〉（門葉記では〈醍〉）初	「於今出川殿、為昭訓門院（西園寺瑛子。亀山後宮）御産御祈、被行之」○乾元二年五月九日、恒明誕生	五大成 五壇法記 門葉記
333	嘉元 二・七・四（一三〇四）	富小路殿	（中）覚助親王（聖護院法親王。二品）〈寺〉 （降）前大僧正公什〈山〉 （軍）僧正慈順〈山〉 （大）権僧正成恵（安祥寺）〈東〉（門葉記では〈小野〉） （金）法印権大賢覚〈山〉	「於富小路殿、為法皇後深草院御瘧病御祈、被修之」	五大成 五壇法記
334	〃 二・七・一一	仙洞（二条高倉）（門葉記では万里小路殿）	（中）無品親王慈道（十楽院）〈山〉 （降）前大僧正禅助〈仁〉 （軍）僧正親玄（源ヵ）（檀那院）〈山〉 （大）権僧正覚親〈山〉 （金）法印権大桓守（岡崎）〈山〉（信瑜、観昭法印故障の間、今度寺門なし）	「於仙洞二条高倉、為一院（後深草院）御瘧病御祈、被行之」○『公衡公記』四「後深草院崩御記」にみゆ。同七月一六日没	五大成 五壇法記 門葉記 後深草院崩御記

335	〃　二・九・一七	仙洞(二条高倉)	(中)前僧正了遍(菩提院)〈東〉(門葉記では〈仁〉)　(降)僧正親源(檀那院)〈山〉　(軍)権僧正公尋〈山〉　(大)権僧正信瑜〈寺〉　(金)法印権大浄経(右大将家教息)〈寺〉初	「為一院(亀山)御悩御祈、於仙洞二条高倉被修之已上両度被修之」「上皇御瘧再発御祈」「同廿四日結願」	五大成 五壇法記 門葉記
336	〃　三・四・一二 (一三〇五)	常盤井殿	(中)無品親王順助(聖護院宮。亀山院御子)〈寺〉初　(降)僧正慈順(曼殊院)〈山〉　(軍)権僧正定助(尊勝院。中納言冬輔卿息)〈仁〉初　(大)権僧正浄経〈寺〉　(金)権僧正能助〈仁〉初	「為亀山院御悩御祈、於常盤井殿、被行之」	五大成 五壇法記 門葉記
337	〃　三・七・二七 (八イ)	亀山殿	(中)無品親王慈道〈山〉　(降)前僧正親源〈山〉　(軍)前僧正慈順〈山〉　(大)権僧正実超(毘沙門堂)〈山〉　(金)法印権大観昭(照イ)〈寺〉	「為法皇(亀山)御悩御再発御祈、於亀山殿、被行之」	五大成 五壇法記 門葉記
338	〃　四・八・二一 (一三〇六)	二条高倉御所清涼殿	(中)聖護院二品親王覚□(助ヵ)〈寺〉　(降)僧正成恵〈東〉　(軍)権僧正公紹(松橋無量寿院)〈醍〉　(大)権僧正定助〈東〉　(金)法印権大僧都隆禅	「依　禁裏(後二条)御悩、於二条高倉御所被行之、道場清涼殿云々」「同廿八日依為凶会運時、廿六日被結願了」	五大成 五壇法記
339	徳治　三・八・二一 (一三〇八)	禁裏(二条高倉)	(中)無品法親王順助〈寺〉　(降)前大僧正親源〈山〉　(軍)法印権大観昭〈寺〉　(大)法印権大隆禅〈山〉　(金)法印権大桓守〈山〉	「依主上(後二条)御不予、於禁裏二条高倉被修之」「同廿六日卯刻崩御、仍不及結願之儀、諸壇阿闍梨令退出了」	五大成 五壇法記
340	〃　三・九・一二		(中)慈道親王(時に法性寺座主)〈山〉　(降)僧正実弁〈寺〉　(軍)僧正公尋〈山〉　(大)僧正雲助〈山〉　(金)僧正能助〈仁〉		門葉記
341	〃　三・九・一四	万里小路殿	(中)無品法親王慈道〈山〉　(降)大僧正実弁〈寺〉　(軍)前僧正公尋〈山〉　(大)前権僧正慈順〈山〉	「為中務卿親王(尊治)立坊御祈、於万里小路殿被修之」「十九日	五大成 五壇法記

			(定助〈東〉イ)　(金)前権僧正能助〈東〉	立坊、即御参夜居」○後宇多院側での修法	
342	延慶 三・四・二 (一三一〇)	本坊	(中)覚雲親王　(降)長吏僧正公什〈山〉　(軍)聖光院僧正澄尋　(大)北野別当僧正慈順〈山〉　(金)毘沙門堂僧正実超〈山〉	「為山門静謐御祈、五壇護摩被修之、金剛夜叉実超大僧都修之、於本坊行之、依院宣也、一七ケ日結願……」「是山門与仁和寺諍論静謐御祈」	五大成　徳治三年九月一四日条裏
343	〃 四・一・一七 (一三一一)	常盤井殿	(中)前大僧正尊教(妙法院)〈山〉　(降)前大僧正雲助〈山〉　(軍)権僧正実海(五智院)〈仁〉　(大)権僧正賢助(三宝院)〈醍〉　(金)法印権大実弘(威徳寺)〈仁〉	「為広義門院(西園寺寧子。後伏見女御)御産御祈、於常盤井殿被行之」「同二月廿三日寅刻御産平安、姫君、……」	五大成　五壇法記
344	正和 二・五・一八 (一三一三)	禁裏(押小路万里小路)	(中)無品法親王恵助(園城寺長吏。聖護院新宮〈寺〉　(降)前大僧正慈順〈山〉　(軍)法印権大、良重(世尊寺僧正)〈寺〉　(大)法印権大、、定顕〈寺〉　(金)法印権大顕誉〈東〉〈山〉イ	「為彗星御祈、於禁裏押小路万里小路被行之」「同廿四日、可有各壇賞之由、以 綸旨被仰中壇……」○勧賞約束の綸旨あり	五大成　門葉記　五壇法記
345	〃 二・六・二二	一条亭(権大納言内経亭)	(中)前大僧正浄雅(実蔵院)〈寺〉　(降)前権僧正寛教〈寺〉　(軍)前権僧正光誉(安祥寺)〈東〉　(大)法印権大、良重〈寺〉　(金)法印権大、、顕誉〈東〉	「為広義門院御産御祈、於一条亭権大納言内経亭被行之、道場殿上」○七月九日後伏見皇子(量仁)誕生。勧賞約束の院宣あり	五大成　五壇法記
346	〃 三・五・一三 (一三一四)	内大臣源具守第(二条堀河)	(中)前大僧正能助(菩提院)〈東〉　(降)法印権大僧都観昭(普賢院)〈寺〉　(軍)法印権大僧都実叡〈仁〉　(大)法印権大、、信耀〈醍〉　(金)権大僧都増昭〈寺〉　「抑今度依山門訴訟、門徒僧綱等不随公請」	「為春宮(尊治)御息所(西園寺禧子)御産御祈、於内大臣源朝臣具守公第二条堀河也、被修之」○同六月一三日、姫宮誕生	五大成　五壇法記
347	〃 四・一〇・八	常盤井殿	(中)聖護院二品親王覚助(後嵯峨院御子)〈寺〉	「為同御産御祈、於常盤井殿、	五大成

	（一三一五）		(降)前大僧正親源〈山〉 (軍)法印権大隆禅〈山〉 (助修に仲円みゆ) (大)法印権大実叡〈東仁〉 (金)法印権大信耀(理性院)〈醍〉	被行之」○同一六日、尊治の姫宮誕生	門葉記 五壇法記
348	〃 四・一〇・二八	今小路殿	(中)前大僧正道昭(常住院。後光明峯寺摂政息)〈寺〉 (降)僧正光誉(安祥寺)〈東〉〈醍〉ィ (軍)僧正賢助(三宝院。山本入道相国息)〈醍〉 (大)法印権大俊禅(大江挙俊子)〈山〉 (金)法印権大慈厳(山本左大臣息)〈山〉	「為広義門院御産御祈、於今小路殿被行之」○同一二月七日、後伏見の皇子誕生	五大成 門葉記 五壇法記
349	〃 四・一二・二〇	内裏(二条殿)	(中)無品法親王慈道(青蓮院)〈山〉 (降)前僧正寛教〈寺〉 (軍)僧正賢助〈醍〉〈仁〉ィ (大)権僧正顗(賢ィ)誉(宝池院。宮内卿顗相朝臣子)〈仁〉 (金)法印権大僧都俊禅〈山〉	「於禁裏二条殿、為彗星御祈、被始行之」「一日運時、同廿六日結願」	五大成 門葉記 五壇法記
350	文保 一・六・一九 （一三一七）	持明院殿	(中)前大僧正道昭〈寺〉 (降)僧正良重〈寺〉 (軍)前権僧正俊禅〈山〉 (大)権僧正慈厳〈山〉 (金)法印権大僧都重親〈寺〉	「依法皇(伏見)御楽(歓楽カ)事、於持明院殿、被始行之」	五大成 五壇法記
351	〃 二・三・三 （一三一八）	万里小路殿	(中)無品親王順助〈寺〉 (降)前大僧正定助〈東〉 (軍)前僧正光誉〈東〉 (大)僧正実弘〈東〉 (金)前権僧正忠覚(雲林院)〈山〉	「於万里小路殿、為立坊御祈、被始行之」「一日運時、同九日結願暁天也、則入夜立坊」	五大成 五壇法記
352	〃 二・三・二三		(中)順助親王(聖護院新宮)〈寺〉 (降)前大僧正定助(前長者。尊勝院)〈仁〉 (軍)僧正光誉(安祥寺)〈東〉 (大)僧正実弘〈仁〉 (金)僧正忠覚(雲林院、内大臣冬忠公息)〈山〉		門葉記
353	元亨 一・一二・一二 （一三二一）	今小路殿 (今出川殿ィ)	(中)常住院道昭〈寺〉 (降)僧正良重〈寺〉 (軍)僧正俊禅〈山〉 (大)僧正慈厳〈山〉 (金)法印慈什〈山〉	「於今小路殿、為広義門院御産御祈、被修之」○同一二月二三日、皇子誕生	五大成 五壇法記 花園天皇日記

354	〃 二・一二・二二 (一三二二) (二三イ)	禁裏	(中)青蓮院二品親王慈道〈山〉 (降)僧正顕誉〈仁〉 (軍)僧正良重(世尊寺僧正)〈寺〉 (大)僧正慈厳〈山〉 (金)法印顕助(真乗院。平貞顕朝臣子)〈仁〉初 ○顕助は北条一門	「於禁裏、為二星合御祈、被修之」	五大成 門葉記 五壇法記
355	〃 三・一二・一一 (一三二三)	御所鷹司高倉 (号土御門殿歟)	(中)僧正定助〈仁〉 (降)僧正慈厳〈山〉 (軍)法印信耀〈醍〉 (大)法印良耀〈仁〉 (金)法印顕助〈仁〉	「為 春宮(邦良)御息所御産御祈、被修五壇法」「結願日可尋之、終以無御産」(頭書)「有御祈、無御産例」	五大成 五壇法記
356	〃 四・五・一九 (一三二四)	(鎌倉)	(中)大御堂僧正道潤 (降)社務 (軍)安芸僧正御房 (大)佐々目僧正有助 (金)法印頼演	「為蝦夷降伏、於大守(北条高時)御亭開白、被修五壇護摩、一七ケ日……道場東□(向カ)南向連壇也」	鶴岡社務記録
357	〃 四・五・二九	大覚寺殿	(中)二品親王性円〈東〉 (降)前僧正観昭〈寺〉 (軍)前僧正桓守〈山〉 (大)法印権大僧都信耀〈醍〉 (金)法印権大、、実助〈醍〉	「於大覚寺殿、被行之、法皇(後宇多)御悩御祈」「同六月廿五日崩御」「雖無法験被行其賞歟」	五大成 五壇法記
358	正中 二・八・二三 (一三二五)	禁裏(仁寿殿など)	(中)二品法親王慈道〈山〉 (降)前僧正光耀(誉イ)〈仁〉 (軍)前僧正浄経〈寺〉 (大)法印良雅〈山〉初 (金)法印乗伊〈寺〉初	「於禁裏、被行之、天下静謐御祈歟」「為南都擾乱御祈、於禁裏修五壇法」	五大成 門葉記 五壇法記
359	〃 二・一一・一六	各本房	(中)二品親王覚助〈寺〉 (降)二品親王慈道〈山〉 (軍)無品親王承覚(天台座主)〈山〉 (大)僧正光誉〈東〉 (金)僧正観昭〈寺〉	「五壇護摩被始行、各本房三七ケ日被修之、南都闘乱以下御祈云々」(頭注)「護摩親王脇壇例」	五大成 五壇法記
360	〃 三・三・一六 (一三二六) 嘉暦改元	春宮(邦良)御所	(中)無品法親王恵助(聖護院新宮。伏見院御子)〈寺〉 (降)権僧正慈厳(曼殊院)〈山〉 (軍)法印信耀〈醍〉 (大)法印良耀〈仁〉 (金)法印顕助〈仁〉	「於春宮御所(土御門万里小路、永嘉門院御所)、為御悩御祈、被修之、自去月十九日、御違例云々」○同二十日、邦良没	五大成 五壇法記

361	〃　三・三 (或いは右と同一事か)		(中)恵助親王〈寺〉　(降)前僧正慈厳〈山〉　(軍)法印信耀(良カ)〈醍〉　(大)法印顕助(真乗院僧正)〈仁〉　(金)法印定耀(仁カ)〈東〉		門葉記
362	嘉暦　一・五・一一 (一三二六)(六イ)	常盤井殿 ○宮中	(中)無品親王承鎮(天台座主)〈山〉　(降)前僧正実弘〈仁〉　(軍)前権僧正公性〈醍〉　(大)法印実助(金剛王院)〈醍仁〉　(金)法印慈什〈山〉　○その後、担当者の異動あり	「中宮(禧子)御産御祈、於常盤井殿、被始行之」「自同十月十三日実弘・実助・慈什者所労退出、仍被加浄経僧正、乗伊僧正、仲円法印等了、……」(頭注)「有御祈、無御産例」○太平記は元亨二年春比よりとする	五大成 五壇法記 嘉暦元年六月御産御祈目録 太平記
363	〃　二・一・一六 (一三二七)	(禁裏)		「為中宮(禧子)御産御祈、始修五壇法」	門葉記
364	〃　三・五・六 (一三二八)	禁裏	(中)二品親王慈道〈山〉　(降)前僧正賢助〈醍〉　(軍)法印増昭(普賢院、観昭僧正弟子)〈寺〉　(大)法印仲円(中納言仲兼卿息)初〈山〉　(金)権大僧都慈快(竹林院入道左大臣息)〈山〉	「為禁裏御瘧御祈、於禁中五壇法」「翌日七日御落居」	五大成 門葉記 五壇法記
365	元弘　一・九・四 (一三三一)	六波羅北第仙洞	(中)尊円親王(青蓮院)〈山〉　(降)前大僧正賢助〈醍〉　(軍)僧正乗伊〈寺〉　(大)前権僧正俊禅〈山〉　(金)前権僧正慈什〈山〉	「於六波羅北第　仙洞、被修之」「同廿六日結願、去廿日践祚、自六波羅行啓土(御脱カ)門殿、今夜有其儀、……」(天下静謐御祈か)	五大成 門葉記 五壇法記
366	〃　一・一一・四	土御門殿(内裏)	(中)前大僧正道昭〈寺〉　(降)権僧正公厳〈山〉　(軍)法印大僧都行順〈寺〉　(大)法印権大僧都経禅〈寺〉　(金)法印権大僧都忠性〈山〉	「於土御門殿、為立坊御祈、被始行之」○同一一月八日、康仁親王(邦良息)立坊	五大成 五壇法記
367	正慶　一・五・二六	仙洞常盤井殿	(中)梶井宮尊胤(後伏見院御子)〈山〉初　(降)僧	「為天変以下御祈、於仙洞常盤	五大成

	(元弘二) (一三三二)	「寝殿為道場」 (花園天皇日記)	正俊禅〈山〉 (軍)僧正乗伊〈寺〉 (大)僧正実尊〈山〉 (金)法印尊什〈山〉	井殿、被修之」「天下未静之上、地震災之故也」	五壇法記 花園天皇日記
368	正慶 二・一ヵ (元弘三) (一三三三)	六条殿	(中)尊胤親王(梶井宮。座主。後伏見院御子)〈山〉 (降)大僧正俊禅〈山〉 (軍)権僧正実尊(毘沙門堂)〈山〉 (大)法印権大、、経禅〈寺〉 (金)法印権大、、賢俊(大納言俊光卿子)〈醍〉初	「於六条殿、始行楠木合戦御祈云々」○門葉記の「正慶元、五、二六」の記事はこの日にかかるか	五大成 五壇法記 門葉記

III 南北朝・室町時代

	始行年月日	場所(道場)	参加僧(阿闍梨)	備考(目的など)	出典
369	元弘 三・六・五 (一三三三) (四イ)	禁裏(二条富小路)	(中)二品慈道親王〈山〉 (降)僧正乗伊〈寺〉 (軍)僧正慈快〈山〉 (大)僧正公厳〈山〉 (金)法印尊浄〈寺〉	「於禁裏始行、五日従伯州還幸故、被修安鎮之心歟」「同十日結願云々」	五大成 五壇法記
370	元弘三年六月ころか	(禁裏)	「礼成門院(禧子)もまた中宮と聞えさす。六日の夜、やがて内裏へ入らせ給ふ。いにし年御髪おろしにき。御悩みなほおこたらねば、いつしか五壇の御修法始めらる。八日より議定行はせ給ふ。……」(中宮禧子のための御悩御祈)○禧子は元弘三年一〇月没		増鏡第十七 「月草の花」
371	元弘 四・一・一六 (一三三四) 建武改元	禁裏	(中)妙法院宮尊澄〈山〉 (降)僧正増昭〈寺〉 (軍)僧正慈快〈山〉 (大)僧正俊禅〈山〉 (金)僧正仲円〈山〉	「於禁裏、立坊(恒良ヵ)御祈」	五大成 五壇法記
372	建武 一・三・二三 (一三三四)	禁裏	(中)青蓮院二品親王慈道〈山〉 (降)僧正増昭〈寺〉 (軍)僧正慈快〈山〉 (大)僧正栄海〈勧〉 (金)僧正仲円〈山〉	「於禁裏、為天変御祈、被修之」	五大成 門葉記 五壇法記
373	〃 一・一二・一三	禁裏	(中)青蓮院慈道〈山〉 (降)僧正増昭〈寺〉 (軍)	「為天下泰平、於禁裏被修之、	五大成

			僧正乗伊〈寺〉 (大)僧正慈快〈山〉 (金)僧正仲円〈山〉	逆徒追罰云々」	五壇法記 続史愚抄
374	〃 二・二・五 (一三三五)	常盤井殿	(中)十楽院宮道熙(青蓮院新宮。伏見院御子)〈山〉 (降)僧正乗伊〈寺〉 (軍)僧正仲円〈山〉 (大)法印隆雅(賀イ)〈東〉〈醍〉イ初度 (金)法眼桓豪〈山〉初度(桓守僧正弟子。町太政大臣孫。山本左大臣猶子)	「於常盤井殿、為中宮(珣子)御産御祈、被修之」○二月一〇日如法尊勝法、二月一六日延命法、二月二九日孔雀経法を修す	五大成 五壇法記 門葉記 続史愚抄
375	〃 二・六・二五	禁裏	(中)天王寺宮慈道〈山〉 (降)僧正増昭(普賢院)〈寺〉 (軍)僧正乗伊〈寺〉 (大)僧正道祐(内大臣道顕公息)〈醍〉 (金)法印隆雅(賀イ)〈東〉〈醍〉イ	「西園寺大納言公宗卿陰謀露顕之間、為天下静謐、於禁裏被修之」○七月二日一字金輪法を宮中に修し、天下静謐を祈る	五大成 五壇法記 門葉記
376	〃 二・八・一	内裏近辺各々道場	(中)座主二品親王尊澄〈山〉 (降)僧正乗伊〈寺〉 (軍)僧正増昭〈寺〉 (大)僧正仲円〈寺〉 (金)二品親王慈道〈山〉 「軍タリノ阿闍梨者降三世ノ阿闍梨ヨリ上首也、金剛夜叉又親王、是皆別勅也」	「依信州蜂起、於内裏近辺各々道場、被修之非連壇、或禁中、或馬場殿等、各々所々、被修之」○八月八日如法尊勝法、八月一〇日、八月二八日大威徳法	五大成 五壇法記
377	〃 二・八・八	禁裏	(中)座主親王尊澄〈山〉 (降)僧正増昭〈寺〉 (軍)僧正乗伊〈寺〉 (大)僧正慈快〈山〉 (金)僧正公厳〈山〉	「信州蜂起興盛、已責落関東将軍宮以下、依有御没落、重又於禁裏、被修之、三七ケ日被修之」	五大成 五壇法記
378	〃 二・一一・二二	禁裏	(中)座主二品親王尊澄〈山〉 (降)僧正増昭〈寺〉 (軍)僧正乗伊〈寺〉 (大)僧正慈快〈山〉 (金)僧正仲円〈山〉	「為足利追罰、於禁裏、被修之」「自十二月下旬比、中壇天王寺宮慈道、金剛夜叉公厳僧正、翌年正月十日行幸山門之間、件日被結願了」	五大成 五壇法記

379	延元 一・四・二七 (一三三六)	禁裏花山院	(中)座主二品親王尊澄〈山〉 (降)僧正増昭〈寺〉 (軍)僧正慈快〈山〉 (大)僧正仲円〈山〉 (金)僧都忠雲	「於禁裏花山院、為兵乱御祈、被修之、二七ケ日」	五大成 五壇法記
380	建武 四・二・七 (一三三七)	各本坊	(中)常住院准后道昭〈寺〉 (降)僧正俊禅〈山〉 (軍)権僧正経禅〈寺〉 (大)権僧正良耀〈仁〉 (金)権僧正賢俊〈醍〉	「為天下静謐、各本坊、被修之」	五大成 五壇法略記 五壇法記
381	〃 四・六	(仙洞ヵ)	(中)座主宮尊胤親王〈山〉 (降)僧正俊禅〈山〉 (軍)僧正経禅〈寺〉 (大)僧正賢俊〈醍〉 (金)法印尊什〈山〉(慈什僧正弟子。藤長嗣朝臣子)	「宣政門院(後醍醐皇女懽子。光厳後宮)御著帯」	門葉記 御産御祈目録
382	〃 四・一〇・二三	仙洞	(中)座主尊胤〈山〉 (降)僧正俊禅〈山〉 (軍)僧正経禅〈寺〉 (大)僧正賢俊〈醍〉 (金)法印尊什〈山〉	「為宣政門院(懽子)御産御祈、於仙洞被修之」「同十一月四日御産女皇、則結願了」	五大成 五壇法記 門葉記
383	〃 五・閏七・六 (一三三八)	持明院殿	(中)常住院准后道昭〈寺〉 (降)僧正俊禅〈山〉 (軍)権僧正経禅〈寺〉 (大)権僧正賢俊〈醍〉 (金)法印大僧都隆雅(賀ィ)〈東〉(安祥寺)	「為 上皇御瘧病御祈、於持明院殿、被修之」「同十三日結願了、奉行大蔵卿雅仲卿」	五大成 五壇法記 門葉記
384	暦応 二 是歳 (一三三九)	持明院殿	(中)准后道昭 (降)僧正俊禅 (軍)僧正賢俊 (大)記載なし (金)記載なし	「為御瘧病御祈、於持明院殿被修之」	五壇法略記 五八代記
385	暦応 四・四・五 (一三四一)	仙洞	(中)梶井二品親王尊胤(梨下門主)〈山〉 (降)僧正俊禅〈山〉 (軍)前権僧正栄海〈勧〉 (大)権僧正桓豪〈山〉 (金)法印権大僧都清顕(乗伊僧正弟子)〈寺〉	「依南都合戦西阿法師、於仙洞、被修之、奉行大蔵卿雅仲卿」「同十一日運時結願、十二日依為御譲日也」	五大成 五壇法記 門葉記
386	康永 四・八・一五 (一三四五)	仙洞持明院殿	(中)円満院宮二品親王尊悟〈寺〉 (降)僧正賢俊〈醍〉 (軍)僧正増昭〈寺〉 (大)僧正隆雅〈東〉 (金)僧正清顕〈寺〉	「為彗星御祈、於仙洞持明院殿、被修之」	五大成 五壇法記 三宝院旧記

		仙洞		「後聞、自今日七日於仙洞、被行五壇法、依変異事也、円満院宮参候給云々」	師守記(八月一四日条 頭書)
387	貞和 二・九・二六(一三四六)	三条坊門左兵衛督(足利直義)亭	(中)前大僧正増基(実相院)〈寺〉 (降)前大僧正賢俊(三宝院。一長者) (軍)僧正栄海(慈尊院。加任長者) (大)前権僧正光恵〈山〉 (金)僧正増仁(南滝院) 「東寺一長者当職脇壇勤仕例」(頭注)	「於三条坊門左兵衛督亭、被修之」「已上五人武家護持僧云々、増仁僧正于時薗城寺長吏也、賢俊僧正等次ニ令烈之条、無面目之間辞退之、而武家時宜不宜之間、無力領状之、雖然、長吏当職依有憚辞職、申任実相院新僧正静深了、任本臈次者、栄海僧正次也、而申談中壇勤仕金剛夜叉壇、此法依為秘法、申請行之云々、閏九月二日結願、内々御馬一疋被送諸壇云々」	五大成 五壇法記
		三条坊門	「於三条坊門、五壇法有之、中実相院(増基) 軍栄海僧正 大増仁僧正 金光恵僧正」		賢俊日記
388	〃 三・五・六(一三四七)	東寺西院(小子坊、将軍幕府)	(中)長者前大僧正賢俊(他に記載なし)	「地震月在張宿、自今日於東寺西院小子坊、将軍(足利尊氏)幕府、為南方合戦祈、修行五壇法」	続史愚抄
389	観応 一・六・一九(一三五〇)	三条坊門典厩(足利直義)亭	(中)大僧正増基〈寺〉 (降)大僧正賢俊〈醍〉 (軍)僧正増仁〈寺〉 (大)僧正覚雄(地蔵院)〈醍〉 (金)権僧正桓豪(実乗院)〈山〉	「於三条坊門典厩亭、被修之」「已上五人武家護持僧也」「中壇阿闍梨登礼盤之後、惣礼ト高声ニ一音催之、軍荼梨・金剛夜叉礼盤ノ上ニテ三礼云々、降三世・大威徳両壇不礼云々」(同	五大成 五壇法記 門葉記 武家五壇法私記(柳原家記録)

				日条裏書	
390	〃 三・五・六 （一三五二）	東寺西院小子坊 ○当時、将軍足利尊氏は東寺に居住	(中)大僧正賢俊〈醍〉 (降)大僧正増仁〈寺〉 (軍)僧正清顕〈寺〉 (大)権僧正光恵〈山〉 (金)権僧正桓豪〈山〉 (門葉記では(軍)光恵(大)清顕に作る)	「於東寺西院小子坊、被行之、南方合戦御祈也、于時征夷将軍尊氏居住東寺云々」「已上五人武家護持僧也」	五大成 五壇法記 門葉記 東宝記
391	文和 二・五・一九 （一三五三）		(中)前大僧正賢俊〈醍〉 (降)前大僧正増仁〈寺〉 (軍)前僧正光恵〈山〉 (大)前僧正清顕〈寺〉 (金)権僧正桓豪〈山〉		門葉記
392	〃 五・二・二三 （一三五六）	武家亭	(中)前大僧正賢俊〈醍〉 (降)前大僧正増仁〈寺〉 (軍)前僧正光恵〈山〉 (大)前僧正清顕〈寺〉 (金)僧正桓豪〈山〉	「於武家亭、被行之」	五大成 五壇法記 門葉記
393	延文 二・二・二三 （一三五七）	武家亭二条	(中)賢俊〈醍〉 (降)増仁〈寺〉 (軍)光恵〈山〉 (大)清顕〈寺〉 (金)桓豪〈山〉	「於武家亭二条、修之」	五大成 五壇法記 三宝院文書
394	〃 三・四・二九 （一三五八）	武家	(中)増仁〈寺〉 (降)覚雄〈醍〉 (軍)清顕〈寺〉 (大)桓豪〈山〉 (金)権僧正隆寿〈山〉	「於武家、被修之、尊氏御腫物祈禱也、不吉例也」○「同卅日暁天他界、諸壇退散」(頭注)	五大成／五壇法記 愚管記(四月二九日条裏書)
395	〃 五・九・一五 （一三六〇）	武家亭	(中)大僧正覚雄〈醍〉 (降)僧正定憲〈醍〉 (軍)僧正隆寿〈山〉 (大)僧正尊兼〈寺〉 (金)権僧正光済(于時醍醐座主)〈醍〉	「於武家亭、為天下静謐御祈、被修之」「修中於江州合戦敵徒悉以敗北云々、法験之由有其沙汰、……」(裏書)	五大成 五壇法記
396	康安 二・六・四 （一三六二）	禁裏土御門殿	(中)青蓮院宮尊道〈山〉 (降)僧正定憲(妙法院)〈醍〉 (軍)僧正隆寿〈山〉 (大)僧正桓覚 (金)僧正慈昭〈山〉	「於禁裏土御門殿、為天下太平御祈、被修五壇法、天変(彗星)地揺(地震)御祈歟、供料一万疋為武家沙汰	五大成 五壇法記

				進云々」	
397	貞治 二・五・一三（一三六三）	禁裏	(中)聖護院宮覚誉〈寺〉 (降)僧正定憲〈醍〉 (軍)僧正隆寿〈山〉 (大)僧正覚信 (金)僧正尊玄(雲林院)〈山〉	「於禁裏被始行也」「於内裏有五壇法」	三宝院旧記 東寺執行日記
398	貞治 四・四・五（一三六五）	大樹(足利義詮)亭三条坊門	(中)常住院大僧正良瑜〈寺〉初度 (降)西方院権僧正仲我〈醍〉初度 (軍)竹内権僧正慈昭〈山〉 (大)雲林院(又号東南院)権僧正尊玄〈山〉 (金)花頂法印定尊〈寺〉	「於大樹(足利義詮)亭三条坊門、五壇法被行之、一七ケ日結願」	五大成 五壇法記 師守記
399	応安 一・後六（一三六八）（六・二七ヵ）	武家	(中)僧正光済(三宝院)〈東醍〉初度 (降)慈昭(竹内)〈山〉 (軍)尊玄(雲林院。後号東南院) (大)権僧正定尊(花頂)〈寺〉 (金)法印宗助(理性院)〈東醍〉	「於武家、被行之」「今度五壇人数事、以松田八郎左衛門貞秀、覚雄大僧正被申合之間、被計申了」(裏書)	五大成 五壇法記
400	〃 二・三・二三（一三六九）	武家	(中)大僧正良瑜(常住院)〈寺〉 (降)慈昭〈山〉 (軍)権僧正桓恵 (大)権僧正尊玄〈山〉 (金)権僧正宗助〈東醍〉	「於武家被行之、中壇事、雖被仰地蔵院大僧正覚雄、依老病辞退、仍被催良瑜大僧正了」	五大成 五壇法記
401	〃 三・一一・二四（一三七〇）	武家	(中)良瑜〈寺〉 (降)桓恵 (軍)慈昭〈山〉 (大)尊玄〈山〉 (金)宗助〈東醍〉	「於武家、二星合御祈、被行之」○武家による天変祈禱の初見	五大成 五壇法記
402	〃 四・五・一〇（一三七一）	武家三条坊門万里小路亭	(中)僧正光済〈東醍〉 (降)僧正慈昭〈山〉 (軍)権僧正尊玄〈山〉 (大)権僧正宗助〈東醍〉 (金)法印道快(地蔵院)〈東醍〉初度	「於武家、被修之」	五大成／五壇法記 武家五壇法記
403	〃 六・一〇・一七（一三七三）	武家	(中)良瑜〈寺〉 (降)慈昭〈山〉 (軍)宗助〈東醍〉 (大)桓忠〈山〉 (金)道快〈東醍〉	「於武家、被修之」	五大成／五壇法記 愚管記・後愚昧記 同日条

404	〃 七・六・八（一三七四）	武家	（中）良瑜〈寺〉 （降）慈昭〈山〉 （軍）宗助〈東醍〉 （大）権僧正桓忠〈山〉 （金）法印道快〈東醍〉	「於武家、被行之、三星合御祈」「於武家三条□□□小路亭、為大樹（足利義満）祈禱于時宰相中将、十七歳、五壇法」	五大成 五壇法記 武家五壇法記
405	永和 二・七・一九（一三七六）	武家	（中）大僧正光済（三宝院）〈醍〉 （降）尊玄（東南院）〈山〉 （軍）宗助（理性院）〈醍〉 （大）権僧正道快（地蔵院）〈醍〉 （金）桓忠（岡崎）〈山〉	「於武家、天変御祈、被修之」「伝聞、武家五壇法結願、依彗星変也云々、中壇三宝院僧正（光済）」（後愚昧記七月二六日条）	五大成 五壇法記 後愚昧記
406	〃 四・一〇・一六（一三七八）	禁裏（土御門殿皇居）	（中）二品親王尊道（青蓮院）〈山〉 （降）前大僧正定憲〈醍〉 （軍）権僧正道快〈醍〉 （大）権僧正隆源〈醍〉 （金）権僧正桓忠〈山〉（後愚昧記では（軍）隆賢、（大）道懐）	「於禁裏土御門殿皇居、為天変御祈、被始行之、奉行職事左中弁宗顕、伝奏万里小路一品仲房」○供料は武家沙汰（愚管記）	五大成 五壇法記 門葉記 後愚昧記
407	康暦 一・三・一六（一三七九）	武家	（中）光済〈醍〉 （降）宗助〈醍〉 （軍）道快〈醍〉 （大）権僧正俊尊〈大覚寺〉 （金）隆源〈醍〉	「於武家、被執行」	五大成 五壇法記
408	〃 二・六・二三（一三八〇）	室町第	（中）二品親王尊道（青蓮院）〈山〉 （降）大僧正桓恵〈山〉 （軍）前大僧正尊玄〈山〉 （大）大僧正道快〈醍〉 （金）権僧正光助 初度〈醍〉（光助の姉妹は藤原仲光の妻室）	「於右幕下亭室町殿、被執行」	五大成 五壇法記 迎陽記
		武家	「五壇法於武家被行、中壇青蓮院親王（尊道）」		花営三代記
409	永徳 一・六・一九（一三八一）	室町第	（中）良瑜〈寺〉 （降）尊玄〈山〉 （軍）道快〈醍〉 （大）隆源〈醍〉 （金）光助〈醍〉	「於右幕下亭室町、被執行」	五大成／五壇法記 武家五壇法記
410	〃 二・一一・二	各住坊	（中）二品親王尊道〈山〉 （降）行助親王（円満院）	「公家御祈、於各住坊、被修之、	五大成

	(一三八二)		〈寺〉　(軍)尭仁親王(妙法院)〈山〉　(大)興雅〈安祥寺〉〈東〉　(金)尊玄〈山〉	日比護摩自今日被成法畢」○門葉記によれば「為御夢想御祈」	五壇法記 門葉記
411	至徳　一・六・二三 (一三八四)	准三后御亭室町	(中)良瑜〈寺〉　(降)桓恵〈山〉　(軍)尊玄〈山〉　(大)道快〈醍〉　(金)光助〈醍〉	「於准三后御亭室町、被修之二星合御祈也」	五大成 五壇法記
412	〃　二・六・一九 (一三八五)	准三后御亭室町	(中)良瑜〈寺〉　(降)桓恵〈山〉　(軍)尊玄〈山〉　(大)隆源〈醍〉　(金)光助〈醍〉	「於准三后御亭室町、五壇法被行之」「同廿六日結縁云々、天下太平・御寿命長遠御祈云々」	五大成 五壇法記
413	〃　三・六・一九 (一三八六)	同御亭	(中)大僧正良瑜〈寺〉　(降)前大僧正桓恵〈山〉　(軍)前大僧正尊玄〈山〉　(大)大僧正隆源〈醍〉　(金)権僧正光助〈醍〉	「於同御亭、被行之」「同廿六日暁天結願如常」	五大成 五壇法記
414	〃　四・六・二三 (一三八七)	室町殿御亭	(中)前大僧正良瑜(于時天王寺別当)〈寺〉　(降)前大僧正桓恵〈山〉　(軍)前大僧正尊玄〈山〉　(大)僧正隆源〈醍〉　(金)僧正光助〈醍〉	「於室町殿御亭于時征夷大将軍、左大臣、被始行」「供料中壇五千疋、自余三千疋」	五大成 五壇法記
415	嘉慶　二・六・二九 (一三八八)	同御亭	(中)良瑜〈寺〉　(降)桓恵〈山〉　(軍)尊玄〈山〉　(大)隆源〈醍〉　(金)光助〈醍〉	「於同御亭、被始行」「同七月六日結願云々」	五大成 五壇法記
416	康応　一・六・二四 (一三八九)　(二五イ)	同御亭	(中)良瑜〈寺〉　(降)桓恵〈山〉　(軍)尊玄〈山〉　(大)隆源〈醍〉　(金)権僧正頼俊(金剛王院)初度〈醍〉	「於同御亭、五壇法被始行之、七月二日結願」	五大成 五壇法記
417	明徳　一・六・二五 (一三九〇)	同御亭	(中)良瑜〈寺〉　(降)桓恵〈山〉　(軍)尊玄〈山〉　(大)隆源〈醍〉　(金)頼俊〈醍〉	「於同御亭、五壇法被始行」「七月二日運時結願、三日依為赤舌日歟」	五大成 五壇法記
418	〃　二・六・一五 (一三九一)	同亭	(中)良瑜(于時准三宮)〈寺〉　(降)前大僧道基(良瑜弟子)初度〈寺〉　(軍)僧正道尊(良瑜弟子)初度〈寺〉　(大)僧正道淳(南滝院)(良瑜弟子)初	「於同亭、五壇法被始行」「已上五壇阿闍梨皆三井門流也、悉中壇之門下也、……同廿一日運時	五大成 五壇法記

			度〈寺〉（金）僧正頼照（理覚院）（良瑜門弟）初度〈寺〉	結願之」	
419	〃 二・一二・二四 ○明徳の乱	各本坊 ○武家の催か	（中）良瑜〈寺〉（降）道基（聖護院。于時一座僧正）〈寺〉（軍）道尊（大吉祥院）〈寺〉（大）道淳（実相院）〈寺〉（金）頼照〈寺〉	「為兵革祈禱、五壇法被行、各於本坊修之」「同晦日於二条大宮辺合戦、山名奥州氏清以下悉被打了、法験珍重之由、……」	五大成 五壇法記
420	〃 三・六・三 （一三九二）	前左大臣亭室町	（中）常住院准后良瑜〈寺〉（降）聖護院道基〈寺〉（軍）大吉祥院道尊〈寺〉（大）実相院道淳〈寺〉（金）理覚院頼照〈寺〉	「於前左大臣亭室町、被執行、三井一門勤仕之、同九日運時結願」	五大成 五壇法記
421	〃 四・六・六 （一三九三）	同御亭	（中）常住院准后（良瑜）〈寺〉（降）聖護院道基〈寺〉（軍）実相院道淳〈寺〉（大）理覚院頼照〈寺〉（金）上乗院権僧正範伊〈寺〉	「於同御亭、五壇法被修之」「已上一門勤仕之」	五大成 五壇法記
422	〃 五・六・五 （一三九四）	同御所	（中）常住院准后（良瑜）〈寺〉（降）聖護院前大僧正道基〈寺〉（軍）大吉祥院前大僧正道尊〈寺〉（大）実相院前大僧正道淳〈寺〉（金）理覚院僧正頼照〈寺〉	「於同御所、被行之、三井一門勤之」	五大成 五壇法記
423	応永 二・六・九 （一三九五）	室町殿	（中）聖護院（道基）〈寺〉（降）大吉祥院道尊〈寺〉（軍）実相院（道淳）〈寺〉（大）権僧正豪猷（住心院）初度〈寺〉（金）権僧正範伊〈寺〉「已上寺門一門勤仕之」	「於室町殿、為恒例御祈、被始行五壇法、同十五日運時結願」	五大成 五壇法記
424	〃 二（カ）・九	本坊	（中）上乗院宮乗朝親王（降）尊玄〈山〉（軍）道快〈醍〉（大）道豪〈山〉（金）桓暁〈山〉	「於本坊、五壇護摩修之、山門大講堂供養御祈也」	五大成裏書 五壇法記
425	〃 三・六・二三 （一三九六）	室町殿	（中）聖護院（道基）〈寺〉（降）東南院大僧正尊玄〈山〉（軍）竹内前大僧正道豪〈山〉（大）岡崎僧	「於室町殿、五壇法被始行」	五大成 五壇法記

			正桓暁(実乗院)〈山〉 (金)金剛王院権僧正頼俊〈醍〉		
426	〃 三・九・八	各本坊	(中)二品親王乗朝〈東〉 (降)前大僧正尊玄〈山〉 (軍)前大僧正道快〈東〉 (大)大僧正道豪〈山〉 (金)僧正桓教〈山〉	「為延暦寺大講堂供養幷御受戒御祈、各本坊五壇護摩始行」	五大成 五壇法記
427	〃 四・六・二三 (一三九七)	同御所(室町殿)	(中)聖護院〈寺〉 (降)大吉祥院大僧正道尊〈寺〉 (軍)道豪〈山〉 (大)桓暁〈山〉 (金)頼俊(光海イ)	「於同御所、被行五壇法」「同卅日結願云々」	五大成 五壇法記
428	〃 五・六・一九 (一三九八)	同御亭	(中)聖護院(改名道意) (降)常住院(道尊) (軍)曼殊院道豪 (大)実乗院(桓教) (金)金剛王院光海	「於同御亭、為恒例御祈、被始行之」	五大成 五壇法記
429	〃 六・六・二三 (一三九九)	北山准后御亭	(中)青蓮院一品親王尊道(天台座主) (降)前大僧正道豪 (軍)前大僧正桓教 (大)権僧正良順(道承改名) (金)法印権大僧都忠慶	「於北山准后御亭、五壇法被始行」	五大成 五壇法記 門葉記
430	〃 六・一〇・二七 ○応永の乱	各本坊	(中)前大僧正道意(于時園城寺長吏、熊野三山検校、法務) (降)前大僧正尊経(常住院) (軍)前大僧正増珎(実相院) (大)僧正頼昭 (金)権僧正範伊	「大内左京大夫入道義弘陰謀露顕間、為彼治罰御祈、各本坊被始行之」	五壇法記 柳原家記録
431	〃 六・一二・八		(中)前大僧正道意 (降)前大僧正尊経 (軍)前大僧正増珎 (大)権僧正豪猷 (金)権僧正範伊	「重被始行之」「此外勝軍不動法十壇七ケ日一千座、寺門十人之阿闍梨被修之……」「同十二月廿一日堺城被責破、酉剋大内義弘被討了、法験厳重之由、以御書被賀申、為天下為法珍重之由、諸人美談云々、同廿三日自	五壇法記応永二年至同十一年(宮内庁書陵部所蔵)

				八幡御陣、還御京都」	
432	〃　七・六・一 （一四〇〇）	北山准后御亭	（中）一品大王尊道　（降）前大僧正道豪　（軍）前大僧正桓教　（大）僧正道尋　（金）法印大僧都忠慶（号尊勝院）	「於北山准后御亭、五壇法被始行、五壇皆一流也」「同八日結願……」	五大成 五壇法記
433	〃　七・七・四	中壇道場北山殿小御所北向可向本方之由、自公方被計申自余於本坊（寺門分）	（中）前大僧正道意（十二度）　（降）前大僧正増珎（九度）　（軍）僧正頼昭（七度）　（大）権僧正豪猷（三度）　（金）権僧正範伊（五度）	「同七年七月四日、関東陰謀露顕之間、為彼御祈、於七ヶ所同日被始行之、寺門分」	五壇法記応永二年至同十一年（宮内庁書陵部所蔵）
		山門本坊 （山門分）	（中）一品親王尊道（八度）　（降）前大僧正桓教（七度）　（軍）法印大僧都忠慶（三度）　（大）法印権大僧都顕熈（初度）　（金）法印権大僧都仲祐（初度）	「以上各於本坊、被始行之、山門住侶於本山、護摩始行之」	同右
		仁和寺御室御本坊 （仁和寺分）	（中）御室（二品親王永助）　（降）前大僧正守融（菩提院）　（軍）前大僧正禅守（真光院）　（大）僧正守快（石山）　（金）法印権大僧都成珎（宝持院）	「為東国静謐御祈、於仁和寺御室御本坊五壇法被始行之」	同右 五大成 五壇法記
		東寺講堂五大尊前 （東寺分）	（中）寺務僧正俊尊（于時一長者）　（降）法印行宝　（軍）法印良宝　（大）法印頼教（暁イ）　（金）法印教遍	「同日於東寺五大尊前、五壇護摩被修之」	五大成裏書 五壇法記 柳原家記録
		醍醐寺 （醍醐寺分）	（中）法印隆宥　（降）法印顕祐　（軍）法印弘誉　（大）法印仙乗　（金）法印弘□	「同日於醍醐寺、五壇護摩修之」	五壇法記
434	〃　八・六・二三 （一四〇一）	北山殿	（中）聖護院大僧正道意〈寺〉　（降）常住院尊経　（軍）実蔵院僧正定助〈寺〉初度　（大）住心院豪猷　（金）権僧正範伊	「於北山殿、被始行五壇法、聖護院一門人々勤行之、七月朔日結願」	五大成 五壇法記 迎陽記

435	〃 九・六・九（一四〇二）	同所(北山殿)	(中)聖護院前大僧正道意　(降)常住院前僧正(改名尊経)　(軍)僧正定助〈寺〉　(大)住心院僧正豪猷　(金)上乗院僧正範伊	「於同所(北山殿)、被執行三井一門勤仕如例」	五大成　五壇法記
436	〃 一〇・六・五（一四〇三）	同御亭(北山殿)	(中)聖護院　(降)常住院　(軍)増弥　(大)定助〈寺〉　(金)豪猷	「於同御亭、被始行之」	五大成　五壇法記
437	〃 一一・一・一八（一四〇四）		(中)願暁　(降)教遍　(軍)隆禅　(大)隆我　(金)宣弘		東寺百合古文書(古事類苑　宗教部一、二三九～二四〇頁)
438	〃 一一・六・一三	同御亭(北山殿)	(中)聖護院前大僧正道意(十六度)　(降)常住院尊経(十三度)　(軍)実相院道淳(改名増弥)(十一度)　(大)定助(四度)〈寺〉　(金)権僧正豪猷(七度)	「於同御亭、被執行之」	五大成　五壇法記
			「自今日五壇法被始行、為申沙汰参北山殿(足利義満)」		兼宣公記
439	〃 一二・三・一五（一四〇五）	鶴岡八幡宮　○鎌倉公方足利満兼主催の五壇法	「応永十三年六月二日、鐘楼堂被立改、……其故如何者、去年(応永十二年)三月十五日、為勝光院(足利満兼)殿御祈禱、於社頭諸門跡参籠、五壇護摩在之、中壇西南院大僧正弘賢　大威徳宝幢院宮大僧正尊賢　金剛夜叉大納言法印頼賢、号社務一対、未護持　此三壇者下宮西経所、連壇　降三世一心院僧正　御子屋、軍荼利心性院大僧正澄守　同東経所」		鶴岡社務職次第二〇　応永一三年六月二日条
440	〃 一三・六・九	北山殿	(中)聖護院道意　(降)尊経　(軍)増弥　(大)定助〈寺〉　(金)豪猷	「於北山殿、五壇法被執行之」	五大成　五壇法記
441	〃 一三・六・一九（一四〇六）	北山殿	(中)聖護院前大僧正道意　(降)常住院前大僧正尊経　(軍)実相院前大僧正増弥　(大)僧正定助	「於北山殿、為今月御祈、恒例五壇法被始行之、奉行日野大納	五大成　五壇法記

			〈寺〉 (金)権僧正豪猷	言重光卿」	
442	〃 一四・六・二一 (一四〇七)	北山殿	(中)道意 (降)尊経 (軍)増珎 (大)定助〈寺〉 (金)豪猷	「於北山殿、被行之、同廿七日運時結願云々」	五大成 五壇法記
443	〃 一五・一一・一〇 (一四〇八)	各本坊	(中)前大僧正聖快(地蔵院)(於醍醐本坊修之)〈醍〉 (降)前大僧正(浄土寺)(於本坊修之)〈山〉 (軍)前大僧正桓教(岡崎)(於本坊修之)〈山〉 (大)前大僧正良什(竹内)(於本坊修之)〈山〉 (金)僧正満済(依為当番壇所、於御所中修)〈醍〉	「為地震御祈、於本坊各々修之、」	五大成 五壇法記
444	〃 一五・一一・二五	北山殿	(中)道意〈寺〉 (降)尊経〈寺〉 (軍)増珎〈寺〉 (大)定助〈寺〉 (金)弁誉(良瑜僧正受法灌頂弟子也)〈寺〉	「於北山殿、五壇法被始行之、」	五大成 五壇法記 教言卿記
445	〃 一六・二・二一 (一四〇九)		(中)道意〈寺〉 (降)尊経〈寺〉 (軍)増珎〈寺〉 (大)定助〈寺〉 (金)権僧正弁誉(積善院)〈寺〉	「二星合御祈、五壇法被行之、」	五大成 五壇法記 教言卿記
446	〃 一六・三・二四	北山殿	(中)道意〈寺〉 (降)聖快〈醍〉 (軍)満済〈醍〉 (大)増珎〈寺〉 (金)尊経〈寺〉	「於北山殿馬場御所、五壇護摩被行之、道場各々在所也、」○将軍足利義持の「御不例」御祈か	五大成 五壇法記 満済准后日記同三四年三月二日条
447	〃 一六・閏三・二〇	同御在所	(中)道意〈寺〉 (降)聖快(地蔵院)〈醍〉 (軍)増珎〈寺〉 (大)満済〈醍〉 (金)権僧正弁誉〈寺〉	「於同御在所、五壇法被修之、道場如以前、阿闍梨五人尊経僧正之外者、先度人数也、」	五大成 五壇法記 東寺執行日記 教言卿記
448	応永二〇・五・一五	小川殿御所	(中)前大僧正満済(三宝院)〈醍〉 (降)僧正超済	「於小川殿御所、被始行之、」	五大成

	（一四一三）		（妙法院）〈醍〉　（軍）権僧正房誉（霊鷲院）〈寺〉　（大）権僧正成基（大慈院）〈醍〉　（金）法印権大僧都尊順（理覚院）〈寺〉	「同廿二日結願、大方禅尼（紀良子）御病気少減、法験之至尤珍重之由風聞、」「小川殿五壇法今夜開白子初刻、」（紀良子は同年六月十二日没、七十八歳）	五壇法記　満済准后日記
449	〃　二二・四・一〇（一四一五）	各住房	（中）聖（聖護院道意ヵ）〈寺〉　（降）常住院尊経〈寺〉　（軍）実相院増詮〈寺〉　（大）僧正尊順（理覚院）〈寺〉　（金）僧正良縁〈寺〉	「聖護院五壇護摩始行云々、」「供料不被下行、以私力沙汰□□此勤修事非召請儀□□勢州凶徒治罰御祈儀歟、」	満済准后日記　教興卿記
450	〃　二二・八・一三	三条殿御所	（中）聖護院（道意）〈寺〉　（降）円満院　（軍）岡崎前座主（桓教）〈山〉　（大）満済〈醍〉　（金）常住院尊経〈寺〉	「道場震殿、南向、東方立中壇、降軍次第如常、脂燭中壇許歟、（下略）」	満済准后日記
451	〃　二三・四・二〇（一四一六）	三条殿御所	（中）聖護院（道意）〈寺〉　（降）常住院尊経〈寺〉　（軍）僧正尊順〈寺〉　（大）僧正良縁〈寺〉　（金）法印良讃〈寺〉	「寺門一列」「悉中壇門弟也、実相院（増詮）故障云々、徳大寺上﨟南向御祈云々、」	満済准后日記
452	〃　二三・一〇・一九	東寺講堂・醍醐	〔東寺〕（中）僧正隆禅　（隆）法印宣弘　（軍）法印杲淳　（大）法印宗海　（金）法印尭清　〔醍醐〕山務法印　法印弘鑁　法印弘参　法印仙乗　法印覚演	「自今日十九日方々御祈同時始行、東寺於講堂五大尊護摩、醍醐五大尊護摩、山上二人、山下三人、」○上杉禅秀の乱に対応	満済准后日記
453	〃　二三・一二・一四			「五壇法開白、大略如去年、岡崎僧正闕ニ俊尊僧正被召加、諸壇悉着平袈裟、後加持、発願ニ五大願加用之、但俊尊僧正一人不用五大願、」	満済准后日記
454	〃　二五・二・一	小河殿	（中）不詳　（降）不詳　（軍）実禅　（大）理性院	「於小河殿、五壇護摩在之、□	満済准后日

	(一四一八)		〈醍〉 (金)釈迦院	□□□□□実禅□□院、大理性院、金釈迦院、」	記
455	〃 二五・八・一七			「五壇法始行第一八可為明日十八日由、被□之処、□□道孝禅□□自今日可始行被触仰也、迷惑仰也、雖然□□□浄衣□□□為開白、中壇□□□□□□□僧都、大威徳□□□□、」	満済准后日記 看聞御記
456	応永二六・八・二八 (一四一九)		(中)聖護院(道意)〈寺〉 (降)金剛乗院僧正俊尊 (軍)僧正定助〈寺〉 (大)常住院(尊経)〈寺〉 (金)実相院(増詮)〈寺〉	「五壇法開白、」	満済准后日記
457	〃 二七・九・一〇 (一四二〇)	室町殿	(中)岡崎僧正桓教〈山〉 (降)花頂僧正定助〈寺〉 (軍)満済〈醍〉 (大)実相院僧正増詮〈寺〉 (金) 浄土寺僧正持弁〈山〉	「五壇法始行、」「御風気御祈定助僧正、三井当長吏上首トシテ脇壇勤仕、」	満済准后日記 康富記
458	〃 二八・八・一八 (一四二一)		(大)満済〈醍〉		満済准后日記
459	〃 二九・三・一六 (一四二二)	室町殿	(中)岡崎准后(桓教)〈山〉 (降)花頂僧正定助 〈寺〉 (軍)満済〈醍〉 (大)随心院前大僧正祐厳 〈小野〉 (金)実相院前大僧正増詮〈寺〉	「自今日五壇法始行、」「自今日於室町殿、被行五壇法、岡崎准后為阿闍梨令勤行中壇云々、此外所々御祈禱事等有之、」	満済准后日記 康富記
460	〃 二九・一二・二一	(室町殿)	(中)岡崎(桓教)〈山〉 (降)花頂僧正定助〈寺〉 (軍)満済〈醍〉 (大)随心院僧正祐厳〈小野〉 (金)実相院僧正増詮〈寺〉	「自今日五壇法被始行、壇々阿闍梨如今春、昨日俄被仰出候、今月中可被始行事ハ凡自兼日被仰出、仍内々用意歟、」	満済准后日記 看聞御記

461	〃 三一・九・一六 (一四二四)	室町殿御所三条坊門万里小路	(中)前大僧正定助(花頂)〈寺〉 (降)前大僧正満済(三宝院)〈醍〉 (軍)前大僧正祐厳(随心院)〈小野〉 (大)僧正持円(地蔵院)初度〈醍〉 (金)権僧正良什(竹内)初度〈山〉	「応永卅一年九月十六日ヨリ於室町殿御所三条坊門万里小路五壇法被行之、同廿四日結願云々、」	五壇法記
462	〃 三二・二・一八 (一四二五)		(中)花頂大僧正定助〈寺〉 (降)随心院大僧正祐厳前一長者〈小野〉 (軍)理性院僧正宗観初度〈醍〉 (大)僧正行雅花頂弟子〈寺〉 (金)竹内僧正良什〈山〉	「自今日五壇法被始行、道場等如常、」	満済准后日記
463	〃 三二・七・二二	(室町殿ヵ)	○一壇は満済〈醍〉	「自今夕五壇法可被始行云々、予(満済)一壇勤仕、」「抑室町殿自今日五壇法始行、天下恠異御祈禱云々、」	満済准后日記 看聞御記 兼宣公記
464	応永三三・一〇・七 (一四二六)	御所震殿(室町殿)	(中)僧正定助(花頂)〈寺〉 (降)僧正宗観(理性院)〈醍〉 (軍)僧正隆寛(水本)〈醍〉 (大)僧正良什(竹内)〈山〉 (金)僧正興継(慈尊院)〈勧〉	「自今夕五壇法被始行、道場御所震殿如常、……壇所事、中降両人殿上ニ参住、軍大随身所、金御車宿也、供料中壇五千疋、脇以下各三千疋、近年定法式也、降三世以下四大明王本尊自此門跡各借遣之、」	満済准后日記
465	〃 三四・二・一六 (一四二七)	禁裏(道場清涼殿)	(中)如意寺准后(満意)〈寺〉 (降)僧正覚基(実静院)〈寺〉 (軍)僧正房教(真乗院)〈仁〉 (大)僧正良什(竹内)〈山〉 (金)僧正通覚(岡崎)〈寺〉	「応永卅四年二月於禁裏被行之、主上(称光)御悩之御祈云々、」「道場清涼殿」	五壇法記 満済准后日記
466	〃 三四・三・二	(室町殿ヵ)	(中)宝池院〈醍〉 (降)僧正宗観〈醍〉 (軍)僧正隆寛〈醍〉 (大)僧正房仲〈醍〉 (金)法印賢長〈醍〉	「今度供料五千疋、自政所被下行之、」	満済准后日記

467	〃 三四・五・一八		(中)満済〈醍〉 (降)僧正成基〈醍〉 (軍)僧正宗観〈醍〉 (大)僧正隆寛〈醍〉 (金)僧正房仲〈醍〉	「自今日五壇護摩始行、(中略)当月臨時御祈也、各於本坊勤修、供料不及下行、各以自力沙汰也、但軍大二壇自今日不始行、公方御祈炎魔天供同始行、」	満済准后日記
468	〃 三四・五・三〇		(中)満済〈醍〉 (降)僧正成基〈醍〉 (軍)僧正宗観〈醍〉 (大)僧正隆寛〈醍〉 (金)僧正房仲〈醍〉	「今日臨時御祈五壇護摩、中壇勤仕、」「宝池院御出京、五壇法阿闍梨交名今日一紙注進、以越後守(赤松持貞)進候了、」	満済准后日記
469	〃 三四・六・一四	室町殿	(中)僧正定助(花頂)〈寺〉 (降)僧正興継(慈尊院)〈勧〉 (軍)僧正隆寛(水本)〈醍〉 (大)僧正良什(竹内)〈山〉 (金)僧正定意(聖無動院)	「自今夕於室町殿御所、五壇法被始行、」	満済准后日記
470	〃 三四・一一・二一	室町殿	(中)僧正定助〈寺〉 (降)僧正尊順〈寺〉 (軍)僧正興継〈勧〉 (大)僧正宗観〈醍〉 (金)僧正定意〈東〉	「五壇法自今夕始行、」「定意僧正依困窮参住難叶由、以誓文状申入間、其由披露処、御訪三千疋被下之了、仍参勤者也、」	満済准后日記
471	正長一・六・一三 (一四二八)	室町殿	(中)満済〈醍〉 (降)僧正定助(花頂)〈寺〉 (軍)僧正良讃(積善院)〈寺〉 (大)僧正賢長(妙法院)〈醍〉 (金)僧正良証(檀那院)〈山〉	「自今日於室町殿御所、五壇法被始行、」「室町殿自夜五壇法被始行之、当代初度也、珎重々々、」	満済准后日記 看聞日記 建内記
472	正長一・一〇・二一	室町殿	(中)聖護院准后道意〈寺〉 (降)僧正定助(花頂)〈寺〉 (軍)僧正良什(竹内)〈山〉 (大)僧正良讃(積善院)〈寺〉 (金)僧正宗観(理性院)〈醍〉	「今日於室町殿五壇法在之、」「中壇々所公卿座云々、殿上東半分相兼云々、」○同廿八日、日中結願	満済准后日記 建内記
473	〃 二・六・廿七	室町殿	(中)如意寺准后満意(壇所公卿座)〈寺〉 (降)僧	「室町殿五壇法、自今日被始	満済准后日

	(一四二九) 永享改元		正定助(壇所殿上)〈寺〉 (軍)随心院僧正(祐厳)〈小野〉 (大)僧正竹内(良什)(壇所随身所)〈山〉 (金)僧正良証(檀那院)(壇所車宿)〈山〉	行、」○七月五日結願か	記 建内記同年七月五日条
474	永享 一・七・一 (一四二九)	御会所(室町殿カ)	(中)如意寺准后満意〈寺〉 (降)花頂僧正定助〈寺〉 (軍)随心院僧正祐厳〈小野〉 (大)竹内僧正良什〈山〉 (金)権僧正良証〈山〉	「五壇、各壇阿闍梨今日被参御会所有御加持……」	建内記
475	〃 二・六・一三 (一四三〇)	室町殿	(中)聖護院准后満意〈寺〉 (降)僧正定助〈寺〉 (軍)僧正良讃〈寺〉 (大)僧正賢長〈醍〉 (金)僧正良昭(証)〈山〉	「於室町殿、五壇法始行之、毎年儀、」	満済准后日記
476	〃 三・六・一九 (一四三一)	室町殿	(中)聖護院准后満意〈寺〉 (降)僧正定助(花頂)〈寺〉 (軍)良讃(積善院)〈寺〉 (大)僧正良昭(証)(檀那院)〈山〉 (金)僧正実意(住心院)〈寺〉	「於室町殿、五壇法被始行之、……道場震殿南向、以東第一間、為中壇、脇壇以下次第建壇、」	満済准后日記
477	〃 三・九・一〇	(室町殿)	(中)聖護院満意〈寺〉 (降)僧正定助(花頂)〈寺〉 (軍)僧正良讃(積善院)〈寺〉 (大)僧正実意(住心院)〈寺〉 (金)僧正良昭(証)(檀那院)〈山〉	「自今日臨時五壇法始行、」	満済准后日記
478	〃 四・六・一二 (一四三二)	室町殿	(中)聖護院准后満意〈寺〉 (降)僧正良讃(積善院)〈寺〉 (軍)賢快(妙法院)〈醍〉 (大)僧正実意(住心院)〈寺〉 (金)僧正良昭(証)(檀那院)〈山〉	「自今日於室町殿五壇法始行、」	満済准后日記
479	永享 五・二・一八 (一四三三)	将軍御所御台御方	(中)聖護院准后満意〈寺〉 (降)僧正良讃〈寺〉 (軍)僧正賢快〈醍〉 (大)僧正実意〈寺〉 (金)僧正良昭(証)〈山〉	「於将軍御所御台(三条尹子)御方、為被御不例野狐気御祈五壇法被始行之、」	満済准后日記
480	〃 五・六・三	室町殿	(中)聖護院准后満意〈寺〉 (降)僧正良讃〈寺〉 (軍)僧正賢快〈醍〉 (大)僧正実意〈寺〉 (金)僧	「自今日五壇法始行、」「道場室町殿震殿」	満済准后日記

			正良昭(証)〈山〉		
481	〃 五・一〇・二二	住坊	(中)満済〈醍〉 (降)宝池院(義賢)〈醍〉 (軍)宗観(理性院)〈醍〉 (大)房仲(金剛王院)〈醍〉 (金)賢快(妙法院)〈醍〉	「室町殿聊御邪気欤之由昨日仰之間、自今夕五壇護摩各於住坊勤修、」	満済准后日記
482	〃 五・一一・二二	室町殿	(中)聖護院満意〈寺〉 (降)僧正良讃〈寺〉 (軍)僧正宗観〈醍〉 (大)僧正忠意〈寺〉 (金)僧正実意〈寺〉	「自今日於室町殿五壇法始行、道場御台御方云々、」「降大金悉中壇門弟也、」	満済准后日記
483	〃 六・五・二二 (一四三四)	室町殿	(中)聖護院准后満意〈寺〉 (降)僧正良讃〈寺〉 (軍)僧正宗観〈醍〉 (大)僧正房宗〈寺〉新衆 (金)僧正忠意〈寺〉	「自今日五壇法始行、道場室町殿寝殿南向如常、雖為御留守、可始行之由仰云々……大略如一門五壇、此内東寺一人相加計也、山門一人モ不参、時宜云々、如何、」	満済准后日記
484	〃 六・一二・一四		(中)聖護院准后満意〈寺〉 (降)僧正良讃〈寺〉 (軍)僧正宗観〈醍〉 (大)僧正仲順 (金)僧正忠意〈寺〉	「自今夕五壇法始行、」	満済准后日記
485	〃 七・六・一三 (一四三五)	室町殿	「室町殿自今日五壇法被始云々、」 ○三宝院満済、この日没す。		看聞御記
486	〃 八・五・一九 (一四三六)	室町殿	「……住心院(実意僧正)参、室町殿自今日五壇法被行、一壇大威徳法懃仕云々、其便路参、……」		看聞御記
487	〃 八・一二・一一	室町殿	(中)聖護院准后満意〈寺〉 (降)理性院前僧正宗観〈醍〉 (軍)若王子僧正忠意〈寺〉 (大)住心院僧正実意〈寺〉 (金)理覚院僧正中順	「於室町殿、始行五壇法、」	御修法部類記
488	〃 九・五・一六	(室町殿)	(中)聖護院准后満意〈寺〉 (降)理性院宗観〈醍〉	「大神宮恠異、為祈謝、為大名	御修法部類

	(一四三七)		(軍)若王子忠意〈寺〉 (大)住心院実意〈寺〉 (金)寺□	申沙汰、五壇法被始行、」	記
489	〃 九・一一・七		「自今日五壇法被行、凡陀羅尼祇候人数、天狗遮眼見云々、」		看聞御記
		小御所御台御方	(中)聖護院満意〈寺〉 (降)脇壇参勤 (軍)若王子忠意〈寺〉 (大)住心院実意〈寺〉 (金)理覚院中順	「同自三日(永享九年一一月)、五壇法始行、道場小御所御台御方、」	御修法部類記
490	〃 一〇・九・三 (一四三八)	講堂五壇法 (東寺分カ)	(中)権僧正宝清(宝厳院) (降)法印重耀(宝勝院) (軍)法印宗宝(観智院) (大)法印隆憲(妙観院) (金)法印厳忠(増長院)	「九月三日初夜初行之、同十一日中結願也、関東動乱之御祈、支具三千疋、乏少、」(東寺執行日記)	東寺執行日記 看聞日記
		(醍醐寺分)	(中)三宝院前大僧正義賢 (降)理性院前大僧正宗観 (軍)金剛王院僧正房仲 (大)中性院権僧正成淳 (金)勧修寺慈尊院法印(有玄)	「為関東調伏御祈、於七箇所五壇法幷護摩等被修之、其内醍醐寺五壇法阿闍梨事、」	御修法部類記
491	〃 一〇・九・五	(室町殿カ)	「聖護院(満意)行之、」	「自今夜室町殿五壇法、聖護院行之、於青蓮院五壇法同被行、調伏法歟、関東事已御中違治定、公方可有御進発之由、近習等被仰出云々、諸軍勢下向、既及合戦云々、」	看聞御記
		青蓮院	「於青蓮院五壇法同被行、」		
492	〃 一〇・一二	室町殿	「……去自五日、於室町殿恒例五壇法修中参住間、……」		御修法部類記
493	〃 一一・六 (一四三九)	室町殿	「中壇聖護院准后(満意)歟、」	「室町殿五壇法自先日被始行之、六月勤修毎年之例也、」	建内記同年六月二七日条

494	〃 一二・四・五 （一四四〇）	（室町殿）	（中）三宝院門跡（義賢）〈醍〉 （降）脇壇理性院僧正宗観〈醍〉 （軍）金剛王院僧正（房仲）〈醍〉 （大）中性院僧正（成淳） （金）慈尊院僧正法印	「永享十二年四月五日ヨリ関東御祈事、五壇御修法、……結願運時同十一日也、」	御修法部類記
495	〃 一二・五・二五	室町殿	（中）聖護院准后満意〈寺〉 （降）理性院前大僧正宗観〈醍〉 （軍）若王子僧正忠意〈寺〉 （大）住心院僧正実意〈寺〉 （金）理覚院権僧正中順	「永享十二年五月廿五日ヨリ五壇法開白、」	御修法部類記
496	〃 一二・六・一三	室町殿	（中）聖護院准后満意〈寺〉 （降）脇壇理性院前大僧正宗観〈醍〉 （軍）若王子僧正忠意〈寺〉 （大）住心院僧正実意〈寺〉 （金）毘沙門堂	「永享十二年六月十三日ヨリ於室町殿恒例五壇法被行之、」	御修法部類記
497	〃 一二・一二・一二	道場 北御所毎事如恒年	（中）聖護院准后満意〈寺〉 （降）脇壇参勤〈東〉 （軍）僧正忠意〈寺〉 （大）僧正実意〈醍〉 （金）上乗院大僧都〈山〉	「五壇法開白、」	御修法部類記
498	嘉吉 一・一・二六 （一四四一）	武家主催 「凶徒退治御祈」 （戦勝）	「自武家始行五壇法、於青蓮院・聖護院・三宝院等本坊」		続史愚抄
			（中）門跡 （降）実助〈山〉 （軍）金剛院僧正 （大）中性院僧正（成淳） （金）慈尊院法印（有玄）	本坊五壇法、「一流五壇」「修中畠山持国没落、」	御修法部類記 華頂要略巻三四
499	〃 一・三・九	室町殿（御息所寝殿之後）	（中）聖護院准后満意〈寺〉 （降）理性院前僧正（宗観）〈醍〉 （軍）住心院僧正（実意）〈寺〉 （大）五智院権僧正〈寺〉 （金）日厳院僧正	「為辛酉御祈禱、於室町殿、被始行五壇法、」	御修法部類記 続史愚抄
500	〃 一・五・二〇	室町殿	（中）聖護院准后満意〈寺〉 （降）理性院（宗観）〈醍〉 （軍）住心院僧正（実意）〈寺〉 （大）五智院僧正〈寺〉 （金）上乗院大僧都〈山〉	「五壇法開白、結願廿七日、於室町殿被始行、」	御修法部類記
501	〃 二・六・二五 （一四四二）	室町殿	（中）聖護院准三后 （降）脇壇理性院前大僧正 （軍）若王子僧正忠意 （大）定法寺権僧正実助	「自今日於 室町殿、五壇法始行、恒例之儀也、但御代之初度	御修法部類記

番号	年月日	場所	記事	出典
			(金)岡崎法印清意 也、於寝殿被勤行畢」	
502	〃 三（一四四三）	室町殿	「嘉吉三年癸亥、自今月……折節室町殿恒例五壇法参往(仕カ)、……」	修法部類記(古辞類苑宗教部二、三三四頁)
503	享徳 一・九・一〇（一四五二）	室町殿	(中)聖護院准后満意〈寺〉 (降)若王子僧正忠意〈寺〉 (軍)檀那院僧正〈山〉 (大)定法寺僧正〈山〉 (金)理性院権僧正宗済〈東〉 「開白 五壇法、……参勤初度也、今度御代初五壇法也、」「享徳元年九月十日ヨリ於室町殿、被始行五壇法、当御代初度也」	御修法部類記
504	〃 三・九・二二（一四五四）	（室町殿）	「室町殿(足利義政)自今日被行五壇法、中壇聖護院准后、脇壇檀那院僧正・寺岡崎山上乗院・寺乗々院等云々」「廿八日、……今日室町殿五壇法日中結願也……」	師郷記
505	康正 二・九・二八（一四五六）	（室町殿）	「室町殿五壇法結願也」	管見記
506	長禄 一・一二・三（一四五七）	禁中	「長禄元年十月末於 禁中、五壇ノ法可有始行之由、御沙汰、凡去夏比ヨリ其御沙汰也云々、雖然中壇之事、方々ヘ雖被申之、皆々御辞退云々、其御人数承及分、聖護院准后老屈云々、浄土院准后、三宝院准后、其外猶在之歟、各依辞退于今御延引也、御祈之志趣ハ指而被仰出事无之、雖然内々承及分、去夏比於禁中色々恠異等在之、又彗星出現云々、於御供料者、従武家可被進云々、(中略)十二月三日御開白、御結願同九日也、(中略)中壇青蓮院前僧正(尊応)〈山〉、降三上乗院前大僧正〈山〉、軍 若王子僧正〈寺〉 大 理性院宗済〈東〉、金功徳院権僧正〈山〉」	御修法部類記
		宮中清涼殿	「於宮中清涼殿被始行五壇法、中壇阿闍梨青蓮院准后前大僧正尊応、雖神今食神事中、依有例被行云、阿闍梨注進例、是今夏宮中妖恠及彗星等御祈禱也、所延引云、奉行蔵人左少弁俊顕」	続史愚抄
		禁裏	(中)尊応准后〈山〉 (降)実済(上乗院)〈山〉 「於禁裏、被修五壇法」	門葉記

			(軍)若王子〈寺〉 (大)理性院〈東〉 (金)康玄 (功徳院)〈山〉	
507	寛正 二・五・一九 (一四六一)	室町殿	「於室町殿、修五壇法之内軍荼利法」○軍荼利法は実助〈山〉の担当	華項要略巻三四
508	〃 六・一二・一一 (一四六五)	御所(幕府)	「自十一日、一七日御祈禱、於御所被勤五壇法也、聖護院勤之、御産所晩来御成云々」	蔭凉軒日録
509	文明 一 是歳 (一四六九)	室町亭	「去程ニ、細川右京大夫勝元、頻取被申ニ依テ、御敵調伏之為ニ、五壇法ヲ行セラレケル、(平将門・足利持氏退治の時、五壇法を修して奇特ありしことを述べる)……唯今、此法可執行ト云ヘ共、御堂(東山五大堂)敵陣ナレハ不及力、室町殿ノ唐門ト四足門之間ニ新造有、青蓮院・妙法院・三宝院・聖護院・南都ノ門跡一人被出テ、五壇之法ヲ行レケル、中壇之事、叡山座主ト三宝院ト相論有トイヘトモ、座主被行ケルトソ承、中壇之次ハ、西方之大威徳ノ法トソ承、カヤウ之験徳ニヤ、果シテ山名・一色被参、畠山右衛門佐下向シ、大内新介(政弘)降参ス、武衛・土岐下国シ、終ニ洛中静謐シテ、御所様、御悦ニソ成ニケル」	応仁記
510	永正 八・九・二六 (一五一一)	右京大夫(細川高国)亭	「……此間於右京大夫(畠山高国)亭、行五壇法云々、今日結願云々」	後法成寺尚通公記
511	〃 一二・六・四 (一五一五)	清涼殿	「依 内裏怪異事、於清涼殿、修五大尊合行護摩」	華項要略巻三四
512	大永 六・三・二〇 (一五二六)	武家(将軍足利義晴の新亭)	「於武家、修五大尊合行法」	華項要略巻三四

〔参考〕

	(寛正六〜文正一ヵ)八月十五日大内政弘書状(国分寺侍者上人宛)	「五壇法幷炎魔天供被修候、巻数送給候、祝義候、猶々信仰此事候、恐々謹言」○大内政弘は明応四年(一四九五)九月一八日没	周防国分寺文書

第三章　政治と文芸

第一節　朝廷と幕府――鎌倉時代の朝幕関係と『増鏡』――

はじめに

鎌倉時代の政治史は、公家と武家との関係（公武関係）、いいかえれば京都の朝廷と鎌倉の幕府との関係（朝幕関係）を一つの重要な軸として展開するといってよい。つまり、公武関係が政治史の重要な要素ということになる。公武関係の展開は、同時に鎌倉時代の文化史の展開とも連動している。

鎌倉時代の宮廷生活の実態を生々しく描き出す『増鏡』は、中世の歴史物語の傑作の一つに数えられる。それは、すでに先学によって指摘されているように、種々の先行史料を素材として構成された作品であるが、叙述の仕方は一党一派に偏することなく概して客観的であり、鎌倉時代の宮廷の動向や公武関係の展開を実に要領よくかつ簡潔に描いた歴史史料として重要なものである。また『増鏡』に載せられた朝幕関係記事の中には、他の史料にみることのできない貴重なものも含まれている。鎌倉時代の公武関係の骨格は、『増鏡』の中に示されているといってよい。それだけに『増鏡』は公武関係の展開、朝廷と幕府との関係に深い関心をもって制作されたものとみられる。また、京都宮廷を舞台としたけだるい歴史物語のストーリーの展開に、鎌倉幕府の関与は小気味よい刺激とテンポを与えており、その意味で、中世の歴史物語にとって、朝廷と幕府との間の緊張関係が一種の推進力として働いたのではないかと思いたくなる。

本稿では、『増鏡』の時代背景を、特に公武関係の視点からトータルに述べることを目的としているが、そのことを通して、『増鏡』に扱われた公武関係記事の特徴についても考えてみたい。それが、『増鏡』という歴史物語の作品理解のための一助となれば幸いである。なお、本稿で用いる『増鏡』のテキストは、日本古典文学大系『神皇正統記　増鏡』(岩波書店。このうち『増鏡』は時枝誠記氏・木藤才蔵氏校注)である。

周知のように、『増鏡』は、後鳥羽天皇の誕生(治承四年＝一一八〇)より後醍醐天皇の京都帰還(元弘三年＝一三三三)までの約百五十年間を扱っており、鎌倉時代のほぼ全体を覆っているといってよい。後鳥羽に始まり後醍醐で終わることの意味については種々議論があるが、ここでは立ち入らない。ただ、以下の叙述の都合上、時期区分をしたいのであるが、この点については『増鏡』の構成についての加納重文氏の見解[1]がある。同氏は『増鏡』全一七巻を、巻一～三、巻四～一二、巻一三～一七という具合に三つのグループに分け、それぞれを主人公の面から「後鳥羽院物語」、「後嵯峨院物語」、「後醍醐帝物語」と、さらに公武関係の面から「公武対立時代」、「公武協調時代」、「公武対立時代」と呼んでいる。この区分はおおむね妥当なものであり、本稿でも基本的にこれに従うが、各時期の公武関係の特徴については少しニュアンスを変えて、「対立」「安定」「二分化」と表現することにした。

一　対立

慈円が『愚管抄』で「保元元年七月二日、鳥羽院ウセサセ給テ後、日本国ノ乱逆ト云コトハヲコリテ後、ムサノ世ニナリニケルナリ」(2)と述べたように、保元元年(一一五六)の保元の乱は京都の公家世界に身をおく者たちに「武者の世」の到来を実感させた。当初公家の走狗に過ぎなかった武者たちは、やがて鎌倉に武者の府を樹立し、京都公家と対等の交渉をなしうるまでに成長した。ややもすれば公家の利害と武家のそれとは相反したため、両者の間には不満・反感が鬱積し、やがて対立・抗争へと顕在化していった。この鎌倉時代の初期段階における公武関係の結末が承久の乱(承久三年＝一二二一)であることはいうまでもない。源実朝の死後まもなくこの乱が起こったのには、それなりの理由があった。したがってこの段階における公武関係の特質は一言でいえば対立ということになろうが、幕府成立当初から承久の乱に直結するような対立関係が公武の間にあったわけではない。また、『増鏡』第三「藤衣」は承久の乱後の後堀河院、四条天皇の時代も扱っているので、対立関係の解消、そして次の段階への移行過程とでもいうべき部分も含んでいる。

この段階の公武関係を総括的に述べるならば、京都の朝廷と鎌倉の幕府の間に交渉のルートが開かれ、このルートにそって初期の公武関係が築かれたということができよう。幕府の主帥源頼朝は、まず信頼する権中納言吉田経房を対朝廷交渉の媒介者とすることに成功し、一点突破のチャンスをうかがった。鎌倉幕府の記録『吾妻鏡』は、経房について頼朝の「膠漆《こうしつ》の御知音」(3)と表現している。「膠漆」とは離れがたいほどに親しい間柄のたとえに用いる言葉である。源頼朝が吉田経房を信頼する機縁となったのが、平氏政権の時代に伊豆守であった吉田経房と同国在庁官人北条時政とのつながりだったことが指摘されている。(4)この吉田経房の役目はのちの「関東申次」（公家側において公武交渉を専管する役職）につながるものである。

吉田経房が正治二年（一二〇〇）二月に没すると（源頼朝は前年没）、この役目は坊門信清（正治二年当時権中納言）と西園寺公経（同じく参議）によって受け継がれた。信清は三代将軍源実朝の舅（かつ後鳥羽院の外舅）、公経は一条能保と源頼朝の実妹の間に生まれた全子を妻にした人物で、ともに将軍家と縁戚関係にある上流クラスの廷臣だった。朝廷と幕府をつなぐものが「知音」から縁戚に変化していることは注意される。

源頼朝の没後円滑を欠いていた公武関係は、三代将軍実朝の登場によって再び相対的な安定期に入ることになったが、この安定は多分に後鳥羽上皇と源実朝との間の個人的な信頼関係に支えられていたといってよい。承久の乱の背景的事情をうかがうためには、従来のように京都の後鳥羽の朝権回復という視点からみるのではなく、京都と鎌倉相互の諸矛盾の中にその要因を見据えなければならない。鎌倉側にも積年の不満が鬱積していたであろうことは容易に推測できるからである。

この段階における坊門信清と西園寺公経の公武交渉の公家側窓口としての活動をみてゆくと、公経のかかわった事例が多く、信清のそれは少ない。実態としては、公経の主導するところであったのだろう。幕府より朝廷への申し入れはまだ萌芽的で、内容の上でさして重要なものはなく、御家人の任官要請の事例がほとんどを占めている。

承安元年（一一七一）生まれの公経が、公武交渉史料に足跡を残しているのは建保年間（一二一三～一九）の半ば以降だが、この時期、後鳥羽との関係を断ち切れない将軍実朝は鎌倉御家人たちの支持を急速に失い、ために後鳥羽と幕府の関係は緊張の度を加えていった。

他方、摂家出身で建久四年（一一九三）生まれの九条道家は、祖父兼実没の翌年の承元二年（一二〇八）四月、公経の女綸子と結婚。道家の姉立子（東一条院）は承元四年（一二一〇）十月に順徳の女御、同五年正月には中宮となった。建保六年（一二一八）十月には懐成親王（仲恭天皇）が生まれた。道家は天皇家・西園寺家との縁戚関係を深めながら、政界への出番を待っていたのである。

こういう時に鎌倉と京都で天下をゆるがす大事件が発生する。承久元年（一二一九）正月、将軍源実朝が殺害され、公武をめぐる緊張関係は承久の乱へと急転回する。この乱は幕府創業以来の朝幕間の矛盾に起因するものであって、昨日今日に始まったものではない。乱の後、公武関係は大きく変わる。

承久の乱後、公武交渉の表舞台には、従来の西園寺公経に加えて九条道家が踊り出てくる。やがて道家はその地位（四条天皇の外戚）をフルに活用して、公経をリードする活躍ぶりを示す。後鳥羽院政期以来、四十年の長きにわたって朝幕間の連絡交渉をつかさどった西園寺公経が寛元二年（一二四四）八月、七十四歳で没すると、この仕事はひとり九条道家の担当するところとなる。

さて、ここで『増鏡』の叙述との対応関係をみておこう。「後鳥羽院物語」とされる第一から第三にいたる部分である。まず第一「おどろの下」では、後鳥羽院の出生・践祚、在位の間のこと、院政時代のことなど、同院の事績の概要を述べて、第二「新島守」では、承久の乱の顚末と幕府による乱後処理、あわせて歴代の鎌倉将軍の周辺状況、九条三寅《みとら》（のちの将軍頼経。九条道家と西園寺綸子〈公経の女〉の間の子）の鎌倉下向などのことを述べて、武家政権の歩みをも概括する。後鳥羽が討幕にふみきった理由としては、

かくて（執権北条義時が）世をなびかしした、め行なふ事も、ほと〳〵古きには越えたり。まめやかにめざましき事も多く成りゆくに、院の上（後鳥羽）、忍びて思したつ事などあるべし。

と述べられ、義時の専横に対する後鳥羽院の怒りをあげている。

乱後処理については、「東よりいひおこするまゝに、かの二人の大将軍（北条泰時・時房）はからひをきてつゝ、保元の例にや、院の上（後鳥羽）、都の外に移し奉るべし」、つまり島流しということになったが、元弘の変後の後醍醐天皇、尊良・尊澄両親王に対する処置から[5]みて、この処置は幕府が独断で決定したのではなく、乱直後に幕府によって擁立された後高倉上皇（守貞）の「聖断」によって事前に承認を受けた可能性が高い。皇族や上流公家を処分するに際して、幕府があくまで朝廷側の裁断という形を取り繕った点は公武関係上注意してよい。土御門上皇は自ら連座して土佐国に流されたが、事件への関与度の薄い同上皇に対して「東より」「せめて近きほどにと」「奏した」ので、のちには阿波国に移ることになったと「新島守」は述べる。皇族の処分についての先の事例に準じて扱ってよい。

第三「藤衣」に、順徳院の子仲恭天皇廃位後の天皇選びについてしるすくだりがある。

> 東よりのをきて（掟）にて、かの入道の親王（守貞親王＝後高倉上皇）の御子（茂仁親王＝後堀河天皇）の十になり給を、承久三年七月九日、にはかに御位に即けたてまつる。父の宮（守貞）をば太上天皇になし奉りて、法皇ときこゆ。いとめでたく、横さまの幸いをはしける宮なり。

他に有力候補者がなく、難なく落ち着いたものと思われるが、これが鎌倉幕府が天皇人事に直接的に関与した初例であった。同様の記事は『百錬抄』『梅松論』にもみえる。

さらに、この後堀河天皇が、貞永元年（一二三二）に「御門降りさせ給べきよしきこゆ」、つまり退位なさるだろうとの噂があり、同年十月四日に「御悩み（病気）重きによりて」、前年十月立太子していた子息秀仁に譲位した。数え年二歳の四条天皇である。この時の皇位交替についても、貞永元年（一二三二）閏九月に幕府にきちんと「仰遣」し、その承認を得たことが『民経記』（広橋経光の日記）によって知られる。[6]

「藤衣」は四条天皇の外戚としての九条道家の得意絶頂ぶりを描く。むろんその道家とて悲運にみまわれることはあった。道家の女竴子（後堀河天皇中宮。四条天皇母）が藻璧門院という院号をうけたばかりの天福元年（一二三三）九月、出産がもとで二十五歳で薨。そののち二年もたたない嘉禎元年（一二三五）三月には子息の摂政教実が二十六歳で薨じた。ここで「大殿」道家は摂政として三度目の登板となる。道家が外孫四条天皇に大きな期待を寄せていたことは容易に推測できる。

二　安　定

その道家をさらに落胆させたのは、希望の星四条天皇の幼逝だった。しかし、それは結果的にみて、公武関係の長期安定をもたらした後嵯峨天皇（土御門院皇子邦仁）の登場に道を開くことになる。先の加納重文氏の区分によれば、この時期に属するのは、第四「三神山」から第一二「浦千鳥」にいたる「後嵯峨院物語」とされる部分である。実年代でいうと、邦仁即位直前の仁治二年（一二四一）ころより伏見院が崩ずる文保元年（一三一七）までとなる。

公武関係が最も安定していたのは後嵯峨上皇院政の期間である。そのことは、正嘉二年（一二五八）八月恒仁（のちの亀山天皇）が十歳で立坊したときの後嵯峨の気持ちを、『増鏡』第六「おりゐる雲」が「よろづ定まりぬる世の中、めでたく心のどかに思さるべし」と推察した言葉に集約的に表現されている。しかし、その前後の期間には若干のトラブルが朝幕の間に生起した。その前とは、九条道家の子で鎌倉将軍となっていた頼経の係わる寛元年間（一二四三〜四七）の鎌倉幕府の騒擾で、背後に父道家がいた関係で京都にも波及した事件である。またその後とは、文永九年（一二七二）の同院崩ののち、後嵯峨院皇子の後深草・亀山両院の皇統（いわゆる持明院統と大覚寺統）の間に皇位の継承をめぐって抗争が生起、調停者としての鎌倉幕府をまきこんでの慢性的な皇位争奪戦が続いて朝幕の間に波風が立ったことである。

この段階の公武関係で特筆すべきことがらは多い。なかでも、①仁治三年（一二四二）の四条天皇幼逝にともなう天皇選び、②鎌倉将軍九条頼経の京都帰還、父道家の失脚、③後嵯峨院皇子宗尊親王の鎌倉下向（宮将軍の始まり）と廃立、④後嵯峨院崩後の治天下の地位をめぐる抗争、これに続く皇位をめぐる両統の抗争と幕府の対応、それに⑤両度にわたる蒙古の襲来への対応、といったことである。朝幕間交渉の方式については、大殿九条道家が寛元四年（一二四六）五月以後、交渉の担当からはずされ、大相国西園寺実氏が正式に関東申次という役職に任ぜられて、これにあたることになった。[7] 道家の失脚は鎌倉における北条庶流名越光時の乱鎮圧（道家の子前将軍頼経が光時に通じていた）に連動するもので、道家の失脚後朝幕間交渉は関東申次のポストを世襲する西園寺氏の専管するところとなった。西園寺氏の歴代が幕府の信頼を背景にして廟堂内に卓越した地位と権勢を築いたことはいうまでもない。安定した朝幕関係は、後嵯峨院—関東申次西園寺実氏の線を軸にして整序されたとみてよい。以下右の①〜⑤について順に述べる。

まず①については『増鏡』第四「三神山」がかなりのスペースをさいて後嵯峨の生い立ちから即位の経緯を描く。「さてしもやはにて、東へぞ告げやりける」と描かれるように、皇位のことが朝廷から幕府へ通告され、ポスト四条をめぐる幕府と朝廷の綱引きが始まり、結果的には幕府の力によって、大殿九条道家が推す順徳院皇子忠成が斥けられ、「廿にもあまり給ぬれど御冠沙汰もなし」（「三神山」）といわれた土御門院皇子邦仁が即位するわけである。父母に先立たれたとはいえ邦仁は全く孤立無援というわけではなく、父土御門が幕府に好意的にうけとられていたことに加え、母通子の叔父土御門定通の妻が時の幕府執権北条泰時・六波羅北方探題北条重時の姉妹であったことをみのがすことはできない。それなりの支持基盤を有し、候補となる資格は十分備えていた。しかし、このときの朝幕交渉において何よりも注意すべきは、幕府が態度決定に頭を悩ましている事実である。[8]そもそも道家が本件について鎌倉に申し入れたのは、幕府の意向をうかがうためではなく、忠成を後継にすえるという京都側の決定を通告するためだったろう。[9]貞永元年（一二三二）幕府の反対を押し切って後堀河譲位・四条即位を断行した九条道家にしてみればいっこうに不自然でない。[10]しかし幕府はこれを拒否した。邦仁を推す幕府の決意は関東使安達義景と二階堂行義によって道家側に申し入れられたが、他の信頼のおける史料（『平戸記』等）によると、道家は不同意の色を見せたという（当初は西園寺公経も同様であった）。『増鏡』は記さないけれども、幕府の申し入れに対して公家側がまだ反抗的態度をとりえたことに注意しておきたい（このことは後に述べるように、『増鏡』の成立時期を推定する手がかりの一つになる）。しかしなにはともあれ、幕府にとってはこのときが始めての天皇人事への実質的介入であり、のちに皇位問題に深く係わるきっかけとなったのである。ちなみに、後嵯峨の中宮におさまり後深草（久仁）・亀山（恒仁）両天皇の母となるのは、西園寺公経の子実氏の女姞子（大宮院）である。

後嵯峨即位より院政期を通じて（仁治三年～文永九年）、朝廷側から幕府に皇位関係事項（立坊を含む）の打診をした史料的所見が二つある。一つは寛元三年（一二四五）六月、明年正月に後嵯峨天皇が譲位することを「仰遣」したこと。このとき幕府はどうぞ御自由に、と返答した（『平戸記』）。いま一つは文永五年（一二六八）八月、幕府に「仰合」わせ、翌月の世仁親王（のちの後宇多天皇）の立坊を決したことである（『吉続記』）。朝廷人事に関してもう少し幅広くみると、天台座主や摂関以下の朝官人事に幕府が関与した事例が散見する。

次に②について。この事件は、幕府を支配下に置こうとする九条道家勢力を消滅させ、幕府との融合を基調とする後嵯峨体制の到来に道を開くという意味で、鎌倉時代政治史上の重要な画期をなすものであるが、『増鏡』では、第五「内野の雪」に、

かくて、又の年（寛元二年）、あずまの大納言頼経の君、なやみ給よしきこえて、御子（頼経の子頼嗣）の六になり給にゆづりて、都へ御返あれば、若君はその日やがて将軍の宣旨くだされ、少将になり給。頼嗣と名のり給べし。

としか記されていない。承久元年（一二一九）二歳で将軍予定者として鎌倉に下った頼経（幼名三寅。九条道家の子）は嘉禄二年（一二二六）将軍に任ぜられ、次第に将軍としての実質を備え権力をふるうようになるが、北条執権体制に不満の御家人たちは将軍頼経を核に集結し、幕府内部に対立が生まれた。元来京都朝廷で修されてきた国家的な密教祈禱である五壇法が道家―頼経の線を通して鎌倉に導入され、史料的に確認できる範囲では、嘉禄三年（一二二七）十一月から寛元四年（一二四六）四月までの約二十年間、頼経の周辺で修されたことはすでに指摘したところである。(11) このような頼経の動向の背後で父道家が重大な係わりを有していたことは間違いなく、京都を巻き込む形で幕府内の政争が高じていった。この動きは寛元四年（一二四六）閏四～五月の「宮騒動」(12)（名越光時の乱）、宝治元年（一二四七）六月の宝治合戦（三浦氏の乱）へと展開し、結局執権派の勝利に終わる。寛元二年に執権（当時病弱の北条経時）派から子頼嗣への将軍職移譲を強いられたものの、「大殿」として鎌倉にとどまり、なお隠然とした勢力を保持していた頼経は、寛元四年の「宮騒動」で失脚、ついに七月京都に送還されるのである。与同の嫌疑は父道家にも及んだ。道家は六月以来一件との関係を否定するための釈明を何度も行い、九月には西山に籠居、その政治生命はほぼ絶たれた。

このような朝幕にとっての重大事件を『増鏡』は実にあっさりと書き流している。記事に時間的な齟齬も認め

られる。そこにはこの事件に深くふれまいとする意図さえ働いているように見受けられる。『増鏡』が先の記事につづけて「この比は天の下の御後見、この相模の守時頼朝臣仕うまつる。いと心かしこくめでたき聞えありて、つは物もなびき従ひ、大方世も静かに治まりすましたり」と執権北条時頼の治世をことほぐにいたって、その意図が北条時頼讃仰に発することは明瞭といわねばならない。では何故時頼の治世を讃仰したか。筆者はこれを『増鏡』が成立した時代、すなわち後に述べるように、足利義満の武家政治に対する賛美の裏返しではなかろうかと推測する。

さて③は内容的に②と関係しているが、頼嗣の将軍職剝奪・京都帰還、これにかわっての宗尊親王（建長四年の鎌倉下向時に十一歳）の身上、将軍宣下・鎌倉下向のことは第五「内野の雪」に、また文永三年（一二六六）の鎌倉騒動にともなう将軍宗尊の廃立、京都帰還のことについては巻七「北野の雪」に描かれる。失脚の理由は九条頼経と同様、執権派による攻撃の標的になったことであるが、『増鏡』は「世を乱らむなど思ひよりける武士」つまり北条執権派を倒そうとたくらむ武士たちが和歌を介して宗尊に親しく仕えるうちに同心者を増やし、宗尊にも同様の意思があるといいふらしたということだ、と弁明してやっている。この事件に宗尊本人がどの程度係わったか不明であるが、当時の北条体制の中枢陣容の異様さ（執権北条政村、連署北条時宗）にあらわれているように、北条氏が内部に深刻な問題を抱えており、そのことが宗尊に対する過度の警戒心をかきたてたものと思われる。「院（後嵯峨）にも、東の聞こえをつゝませ給て、やがては御対面もなく、いと心苦しく思ひきこえさせ給けり」（「北野の雪」）の一文は、院政を行っていた父後嵯峨上皇の幕府に対する過度の配慮をよく表現している。なお、平棟範（棟基か）に付された「ぬし」という敬語表現は『増鏡』の作者が属する身分階層を推定するうえで注意される。(13)

ことのついでにこの後のことに少しふれておく。宗尊の将軍職は三歳の子惟康親王に譲られたが、惟康も正応二年（一二八九）北条氏との間に摩擦を引き起こして廃される。『増鏡』第一一「さしぐし」はその様子を「文永三年より今年（正応二年）まで廿四年、将軍にて天下のかためといつかれ給へれば、日の本のつは物を従へてぞおはしましつるに、今日は彼らにくつ返されて、かくいとあさましき御有様にてのぼり給」と描く。惟康のかわりは後深草の皇子久明親王（十四歳）に決まった。正応二年（一二八九）十月の久明の下向は実に重々しい筆致で述べられ、「当代（伏見天皇）の御はらからにて、いま少し寄せ重くやむごとなき御有様なれば、たゞ受禅の心ちぞする」、つまり現職天皇の兄弟（正確には弟）で、惟康よりいま一段とうしろだてが重いので、まるで皇位を譲り受ける時のような気持ちがするという意である。得宗被官飯沼資宗（内管領平頼綱次男）を筆頭とする「つは物のすぐれたる七人」が迎えのために幕府より派遣された。三十七年前の建長四年（一二五二）、宗尊が鎌倉に下向するに当たって「御迎へに東の武士どもあまたのぼ」（「内野の雪」）ったことが想起されるが、この「東の武士ども」の中には得宗被官ばかりでなく御家人も含まれていたろう。迎えに赴いた武士たちの身分の相違は幕府政治の変質、すなわち得宗専制体制の本格化を示唆している。さらに第一一「さしぐし」が久明の鎌倉下向にことよせて、

関の東を宮こ の外とて、をとしむべくもあらざりけり。都におはしますなま宮たちの、より所なくたゞよはしげなるには、こよなくまさりて、めでたくにぎはゝしく見えたり。

と描くに至っては、武者の府鎌倉の、政治都市としてのめざましい発展を認めないわけにはゆかない。その発展は京都との関係を媒介として得られたわけで、後嵯峨院政以来の朝廷と幕府の政治的な融和体制を背景にしていることはいうまでもない。

後嵯峨上皇の院政は、中世の公家政権下で初めて評定衆の制度を導入した。評定衆とは院政下における最高合議機関としての評定を構成するメンバーで、上皇の信任厚き上級廷臣が選任された。いわば評定衆は院政の中枢をなす。寛元四年（一二四六）院政を始めた後嵯峨上皇は同年十一月、「評定人々」（評定衆）について幕府の承認を得ている（『葉黄記』）。後嵯峨上皇はその院政政権の陣容について幕府の承認を求めているのである。後嵯峨院政期の朝廷と幕府との融和体制はこのような後嵯峨院の過度の配慮によって支えられていたといってよい。むろん公武交渉の窓口関東申次西園寺実氏の果した役割も大きい。

さて、二十六年間の長期にわたり治天として公家政治を統括し、武家との間に安定的な関係を築いた後嵯峨院が文永九年（一二七二）二月に五十三歳で崩ずると、この安定はとたんに動揺しはじめる。その発端は後嵯峨崩後の治天の地位をめぐる息子の後深草上皇・亀山天皇兄弟の競い合いであった。後嵯峨が後継者をあえて指名しなかったためである。④の問題はこうして生じた。そこで「後嵯峨院御素意」[14]、つまり後嵯峨が兄弟のどちらに治天を継がせようと考えていたかに関心が集まった。『増鏡』第八「あすか川」は、後嵯峨の遺志がどちらかにあったか明確に記さず、両人の母大宮院姞子が「朝の御まぼりとて田村の将軍より伝はりまいりける御佩刀などをも、かの御気色（後嵯峨の意向）のしかおはしましけるにや、御かくれの後、やがて内裏（亀山）へ奉らせ給にしかば」、ようするに亀山の側に軍配をあげるような行為をとったので、後深草はそれを「女院（姞子）の恨めしき御事」と思ったが、そのままにしておくわけにはゆかないので、このことを幕府に訴えたと記している。この後深草の訴えに対して幕府がどう動いたかについて『増鏡』は記していない。幕府はこの訴えを受理せず、暗黙のうちに姞子の行為をよりどころにして亀山の治天を認めたものと推測される。

ちなみに『神皇正統記』はこの点について「関東ヨリ母儀大宮院ニタヅネ申ケルニ、先院（後嵯峨）ノ御素意ハ当今（亀山）ニマシマスヨシヲオホセツカハサレケレバ、コトサダマリテ、禁中ニテ政務セサセ給[15]」と記すが、あまりにも単純明快にすぎてかえって疑わしい。本件についての史料所見は他にみられないこと、『神皇正統記』の立場を考慮するとこのような記述は疑ってかかる必要があることからみて、幕府が正面切って大宮院に尋ねるということはなかったものと推測される。

いっぽう、敗れた後深草は一陽来復の機会を待ったが、亀山側では文永十一年（一二七四）正月春宮世仁（時に八歳）が即位（後宇多天皇）、亀山上皇の院政が開始された。世仁はすでに文永五年に立坊していたから、その即位は予想されたことではあった。『増鏡』第九「草枕」が描くように、こういう時失意の後深草が出家しようと考えても不思議ではない。そのことは幕府にも伝わり、時の執権北条時宗は「本院（後深草）のかく世を思し捨てんずる、いとかたじけなくあはれなる御ことなり」として調停に乗り出し、「新院（亀山）へも奏し、かなたこなた宥め申て、東御方（後深草院妃愔子）の若宮[16]（熙仁親王。のちの伏見天皇）を坊にたてまつりぬ」、つまり後深草をなぐさめるために、亀山院側等と交渉して後深草の皇子熙仁親王（後宇多より二歳年上）を立坊させた。こうして幕府が皇位継承問題に調停者としての立場から関与することが始まった。同時に時宗の言のようにみうけられる「御二流れにて、位にもおはしまさなむと思ひ申けり」（「草枕」）のごとき、天皇を二つの流れから出すという方式が生まれてきた。弘安十年（一二八七）「本院（後深草）の待ち遠に思さるらんと、いとをしく推し量り奉にや、例の東より奏する事」ありて、同年十月後宇多天皇は譲位、かわって伏見天皇が即位した。幕府の斡旋により、政権は伏見の父後深草院に移ることになったのである。ここに二つの皇統、持明院統（後深草の系統）と大覚寺統（亀山の系統）が並び立つ素地が形成される。

このののち正応二年（一二八九）四月胤仁親王（伏見院皇子。のちの後伏見天皇）の立坊（『公衡公記』）、永仁六年

（一二九八）八月邦治親王（後宇多院皇子。のちの後二条天皇）の立坊（『続史愚抄』）、正安三年（一三〇一）正月邦治親王の即位（『実任卿記』、『増鏡』第一一「さしぐし」等）、延慶元年（一三〇八）九月尊治親王（後宇多院皇子。のちの後醍醐天皇）の立坊（『増鏡』第一二「浦千鳥」）、以上の四例については、斡旋もしくは承認の形で幕府が係わったことが史料によって知られる。天皇人事にしてこのような具合なのだから、その他の朝官人事についてはなおさらのことである。

残りの一つは⑤蒙古の襲来に関することである。蒙古の襲来をめぐる朝幕交渉についてはすでに述べたことがあるので繰り返さないが、(17)ここでは『増鏡』の関係記事についてみよう。『増鏡』に蒙古襲来関係の記事は二カ所にある。一つは第八「あすか川」で、文永五年（一二六八）二月後深草院の富小路殿での舞御覧の模様を描く段の後に、唐突に、

かやうに聞こゆるほどに、蒙古の軍といふ事起こりて、御賀止まりぬ。人々口惜しく本意なしと思すこと限りなし。何事もうちさましたるやうにて、御修法やなにやと、公家・武家、たゞこの騒ぎなり。されども、ほどなくしづまりて、いとめでたし。

という記事がある。これは文永十一年の文永の役関係の記事であるが、時間的な流れでは文永五年の個所に置かれているのは、蒙古の国書を持った高麗の使者がこの年正月初めて大宰府に到着し、関係者が対応に奔走したからであろう。

いま一つの蒙古関係記事は、第一〇の「老のなみ」にみえる。

其比、蒙古起こるとかやいひて、世の中騒ぎたちぬ。色々さまぐ〵に恐ろしう聞こゆれば、「本院（後深草）・新院（亀山）は東へ御下りあるべし。内（後宇多）・春宮（熙仁）は京にわたらせ給て、東の武士ども上

りてさぶらふべし」など沙汰ありて、山々寺々に御祈り、数しらず。（下略）

弘安四年（一二八一）の弘安の役関係の記事だが、右の書き出し部分からもわかるように、描写は文永度と比べて大がかりである。山々寺々に異国降伏の祈禱を修させたのは文永度と同様だが、弘安度では伊勢神宮に勅使を派遣したり、亀山院が石清水八幡に御幸したり、さらには真言律宗大和西大寺長老叡尊を召して「真読の大般若供養」を行ったりしている。

蒙古の襲来という未曾有の「国難」への対応は、行動のうえでも意識のうえでも、公武の融合を強力に推し進めたものと考えられる。公武をあげての異国降伏のための祈禱はその最たるものである。しかし、ここで注目したいのは、弘安度において後深草・亀山両院を鎌倉に下し、後宇多天皇と春宮熙仁を京都にとどめて、関東武士を上洛させて戦おうという計画が持ち上がった点である。この計画が幕府から出たことは容易に推測されよう。決行されることはなかったものの、国家的危機のまえに朝幕はここまで一体化していたのである。そこには持明院統と大覚寺統の区別はない。

このことに関連して思い合わされるのは、元弘三年（一三三三）五月京都が陥落する直前に、六波羅探題が後伏見上皇・光厳天皇を連れて関東に下り、捲土重来を期そうとしたことである（『太平記』巻第九）。光厳天皇の関東行幸は、単なる六波羅の思いつきでも『太平記』の虚構でもなく、すでに同年正月には光厳天皇の朝廷で「大略治定」(18)されていたのである。この皇族の関東下向という発想の淵源をたどってゆくと、少なくとも右に述べた弘安度の提案までさかのぼることができる。弘安度と違うのは関東下向を試みた皇族が持明院統であったことである。朝幕の一体化をはかる指標といえよう。

三　二分化

十三世紀後半の蒙古の襲来は、日本の中世社会の変革を大きく加速することになった。その影響はあらゆるところに及び、それの変容を余儀なくした。朝幕関係もその例にもれない。ここでは鎌倉時代後期の、幕府滅亡へと結末する政治状況の推移について述べることとしたい。例によって『増鏡』の巻数でいうと、第一三「秋のみ山」から第一七「月草の花」にいたる「後醍醐帝物語」がこの時期に該当する。この時期の朝幕関係の特徴は、大きく二流に別れつつも、幕府との間に融和体制を築いてきた天皇家及びその廷臣集団のなかから幕府を倒そうとする一派が登場し、幕府との間に緊張関係が生まれたことである。いわば天皇家内部に保守と革新の二つの派閥が生まれ、幕府との関係は二分化したことになる。

『増鏡』において、尊治親王（後醍醐）はすでに「院（後宇多）の二の御子」「帥の宮」（第一一「さしぐし」）の表記で登場しているが、「中務の御子」尊治が幕府の承認を得て立坊するのは延慶元年（一三〇八）九月のことである（第一二「浦千鳥」）。第一三「秋のみ山」は、文保二年（一三一八）二月の後醍醐天皇践祚のことから語り始める。注意すべきは、父後宇多院による幕府を巻き込んでの執拗な皇位獲得運動たる「文保の和談」[19]のことが一切記されていない点である。後醍醐の即位はその結果なのであるから、何らかの記事があってしかるべきだろう。『増鏡』研究のための検討課題の一つである。

後醍醐が幕府と厳しく対立する要因となったのは皇位問題だった。後醍醐は文保二年二月に大覚寺統の窮地のなかで即位したものの、その地位は「一代の主」、つまり一代限りの天皇という条件が後宇多によって付されていた。後宇多の本意は亡き長子後二条の遺子邦良の即位であり、大覚寺統嫡流に皇位を継がせたいと念願していた。そのために後宇多は後醍醐の即位とほぼ同時に邦良を立太子させている。後醍醐にとってはこの制約がおもしろくない。できれば自身の子孫に皇位を継がせたい、そんな思いを抱いたとしても不思議ではない。鎌倉幕府は両統迭立の原則を堅持しているし、後宇多の目の黒いうちは後醍醐に勝手はできなかった。しかし、後醍醐にとって幸運なことには、寄る年波に勝てぬ後宇多が元亨元年(一三二一)十二月、二度目の院政を停止し、政権を後醍醐に譲り渡したのである。『増鏡』第一三「秋のみ山」は、当時の後宇多の身辺状況、政権譲渡の承認を得るため吉田定房を幕府に派遣したことを記し、あわせて「かばかりの事は、父御門の御心にいとやすく任せぬべき物をと、めざまし。されど、昨日今日はじまりたるにもあらず。承久よりこなたは、かくのみなりもてゆきければなめり」とこのようなやり方に嘆息する。治天の権を父院から子天皇へと移動させるために幕府と交渉したという例は他にみられず、特異なケースである。「秋のみ山」によると、後醍醐の側近公卿と後宇多との間に政治的なわだかまりが生じていた気配もうかがわれ、この時の政権譲渡の理由を単に後宇多の多忙さや体調の悪さだけに帰せないことは明らかである。後醍醐が奪い取った可能性さえある。以降後醍醐は意欲的な天皇親政を断行、その実績が胸に秘めた討幕にむけての自信につながったことは否めない。

こうなると次期天皇の座をねらう東宮邦良と現職天皇後醍醐との確執は一層の激しさを加えよう。第一四「春の別れ」は、このころの両人の不仲とこれを憂える後宇多の様子を「御門(後醍醐)の御なからい、うはべはいとよけれど、まめやかならぬを、(後宇多法皇は)いと心苦しくおぼさる」と描いている(同様の記事は『花園天皇宸記』にもみえる)。

後醍醐が討幕計画を実行しようとした最初は後宇多の没(元亨四年〈一三二四〉六月)直後だった。元亨四年九月二十三日の北野祭の日にセットされたクーデター計画は事前に露顕し、鎮圧された。いわゆる正中の変である。

この事件は『増鏡』では第一四「春の別れ」に描かれるが、クーデターの立案から露顕した理由、首謀者の名前や処分内容が詳しく述べられ、後醍醐の不関与を弁明するため、重臣の権中納言万里小路宣房が鎌倉に派遣されたことなどが続く。『増鏡』は後醍醐が黒幕だと明言しないが、宣房が鎌倉で「この事（クーデター計画）さらに御門（後醍醐）の知ろしめさぬよしなど、けざやかにいひな」したと記しているから、背後で糸を引いていたのは後醍醐だということを見抜いている。『増鏡』の正中の変描写は正確で客観的である。後醍醐にとっては明らかな失点だったが、幕府は皇位移譲を促すような動きはとっていない。

このような時大きな歴史の歯車を動かしたのは、嘉暦元年（一三二六）三月の東宮邦良の死だった（時に二十七歳）。「春の別れ」はその波紋について描く。朝幕の関心は誰を東宮に据えるかであったことは推測に難くない。この時東宮の座をうかがっていた皇子としてはまず大覚寺統では、亀山院皇子恒明（式部卿宮。二十四歳。母は昭訓門院瑛子）と後二条院皇子邦省（邦良の弟）とがいた。恒明は亀山院晩年の子で、亀山が死の直前その立坊を子の後宇多に託した人物。また邦省は病身の兄邦良同様に祖父後宇多の期待を受けたことがある。[20]二人にとって立坊は長年の悲願であった。加えて、後醍醐天皇も自分の子を東宮に立てようとしたであろう（実際、皇子尊良を推している）。他方、約十年間政権からはなれていた持明院統もこれを座視するはずはない。しかし、結局幕府の支持を受けて後伏見院皇子量仁が同年七月東宮の座につく。この人選に当時の関東申次西園寺実衡の推挙が与っていたこともすでに指摘したところである。[21]「春の別れ」はこの辺の状況について「（後醍醐に）かくさまざまに（皇子たちが）おはしますを、この度いかで坊にと思しつれど、かねて催し仰せられし事なれば、東より人（関東使中原親秀）参りて、本院（後伏見）の一の宮（量仁）を定め申しつ」と記している。

元弘の変、これに続く元弘の乱についても、『増鏡』第一五「むら時雨」が詳しく述べている。鎌倉時代最末期の政治・軍事状況をうかがうための貴重な史料であることはいうまでもない。そこでの朝幕関係はというと、鎌倉幕府勢力と後醍醐天皇勢力との熾烈な軍事的抗争と、鎌倉幕府に接近・依存して戦時状況の中で幕府と一体化した後伏見院側皇族の存在とが好対照をなしている。鎌倉時代の朝幕関係の二分化の行き着く先はこういうところであった。

『増鏡』最終の第一七「月草の花」は、鎌倉幕府を倒した後醍醐が元弘三年（一三三三）六月京都帰還を果し、いわゆる建武の新政を開始する場面で終了する。建武の新政では幕府は存在しないから、朝幕関係は形式的には成立しない。しかし、新政が短期間で崩壊して南北朝時代に入ると、鎌倉時代後期の二分化した朝幕関係はあらたなよそおいで復活するということができよう。

おわりに

最後に『増鏡』の成立の問題に少しふれて稿を閉じることにしたい。一つは作者、もう一つは成立時期についてである。むろん、これまでの研究史に対して何ら新味を付け加えるものではなく、本稿での考察を踏まえて何かいえまいかという程度のことがらである。

作者をめぐっては、二条良基（一三二〇～八八、北朝の太閤）が有力視されているが、確証はない。良基は同時代人に「貪慾」だと批判されているけれども（三条公忠の日記『後愚昧記』応安五年〈一三七二〉九月二十八日条）、文芸面でも優れた才能の持ち主で、『増鏡』のような書物を述作する可能性は高い。

成立の時期についても議論があり、上限については延文五年（一三六〇）とみたり、応安初年（一三六八）とみたりして一致しないが、下限については永和二年（一三七六）というのがだいたい一致した見解のようである。

しかし近年、井上宗雄氏は『全訳注　増鏡（下）』（講談社、昭和五十八年）の解説において、暦応元年（一三三八）～延文三年（一三五八）説を提出され、南北朝時代前期成立の可能性を指摘された（同書三九五頁）。さらに作者に関しては、二条良基説にくみせず、「資料を博捜し、宮廷・貴族の歴史を広くとらえ、まとめうる才のある、しかも貴族として標準の感覚の持主で、いわゆる羽林家ないしは大臣以上の、ほぼ上層に属する北朝貴族という」程度のことしかいえないと述べておられる（同書三九九頁）。

ここでこれらの意見の当否を判定することはできないけれども、『増鏡』の朝幕交渉記事を読んで、別の観点から一つの感想を述べておきたい。

本稿でみてきたように、幕府から公家側への申し入れ（むろん逆方向のそれもある）は時間の経過とともに件数増加し、内容もだんだん重要度の高いものになってゆく。それは朝幕関係の深まりを示している。こうして鎌倉時代の初期に始まった幕府より朝廷への申し入れの仕方は制度化し、南北朝時代になっても室町幕府―北朝間に受け継がれる。そして幕府が北朝に対する影響力を強化するにつれて、北朝内部には幕府の申し入れ（「武家の執奏」という）を拒否することはできないという意識・観念が形成されてゆく。その形成過程を明確にするのは困難だが、すでに永徳元年（一三八一）八月の公家日記の記事にそのような意識・観念の定着を認めることができる。[22]

結論的にいうと、『増鏡』制作時におけるそうした意識・観念が過去の鎌倉時代のできごとを描写するさい影を落としたのでないかということである。具体的には、例えば仁治三年（一二四二）の後嵯峨擁立をめぐる朝幕交渉を描く『増鏡』の記事に、この種の投影を認めることはできまいか。他の信頼できる史料によると、朝廷側はかなりの抵抗と難色を示しているのに、『増鏡』では幕府の意向をすんなり受け入れたような書きぶりである。

筆者はこのような点に着目して、『増鏡』の成立は、従来のように南北朝時代末期に置くのがよいのではないかとひそかに考えている。

(1) 加納重文氏「『増鏡』の思想(上)」(『古代文化』通巻二〇九号、昭和五十一年)八〜九頁。
(2) 日本古典文学大系『愚管抄』二〇六頁。
(3) 『吾妻鏡』文治三年六月二十一日条。『新訂増補国史大系　吾妻鏡　第一』二六五頁。
(4) 森幸夫氏「伊豆守吉田経房と在庁官人北条時政」(『季刊ぐんしょ』再刊第八号、平成二年)。
(5) 『花園天皇宸記』元弘元年十一月二十八日、十二月二十七日条。『史料纂集　花園天皇宸記　第三』(続群書類従完成会)二二一、二二六頁。
(6) 『民経記』貞永元年閏九月二十八日条。『大日本古記録　民経記之五』二一五〜二一六頁。
(7) 『葉黄記』寛元四年三月十五日、八月二十七日、十月二十三日各条。『史料纂集　葉黄記　第一』八一〜八二、一九二、二〇三頁。
(8) 『増鏡』第四「三神山」は、酒宴の最中であった北条泰時は京都からの通報に接して「その席よりやがて神事はじめて、若宮社(鶴岡八幡宮)にてくじをぞとりにける」と記し、『五代帝王物語』(『群書類従　第三輯』)は「三日三夜寝食を忘れて案ける」とも記している。
(9) 南北朝時代初期成立の北畠親房著「神皇正統記」は、この件について、「入道摂政道家ノオトヾ、彼御方ノ外家ニオ《(オ)》ハセシカバ、此御流ヲ天位ニツケ奉リ、モトノマ、ニ世ヲシラントオモハレケルニヤ、ソノヲモブキヲ仰ツカハシケレ」と述べている(日本古典文学大系『神皇正統記　増鏡』一六二頁)。
(10) 上横手雅敬氏「鎌倉幕府と公家政権」(『岩波講座日本歴史5　中世1』、昭和五十年)六〇頁。拙著『鎌倉時代の朝幕関係』(思文閣出版、平成三年)一八〜一九頁。
(11) 拙稿「五壇法の史的研究」(『九州文化史研究所紀要』三九、平成六年)——本書第二章第三節。
(12) 「鎌倉年代記裏書」寛元四年。『増補続史料大成　51』(臨川書店)一四三頁。
(13) 井上宗雄氏『全訳注　増鏡(上)』(講談社、昭和五十四年)二七七頁参照。

(14) 宮内庁書陵部所蔵「恒明親王立坊事書案　徳治二年」にこの表現がみえる。注(10)所引、拙著、二四八～二四九頁参照。
(15) 日本古典文学大系『神皇正統記　増鏡』一六五頁。
(16) 後深草院第一皇子の煕仁親王が当初重んじられていなかったことは、『増鏡』第七「北野の雪」にみえる「大方も又うけばりやむごとなき方にはあらねば」（井上宗雄氏『全訳注　増鏡（中）』講談社、昭和五十八年、一〇六頁によると、「だいたい、だれはばかることのない尊い方というわけでもないから」という意味）という記述によって知ることができる。これは同皇子の母愔子（洞院実雄の女。玄輝門院）が皇后でも中宮でもなかったことによるとされている（同書一〇七頁および日本古典文学大系『神皇正統記　増鏡』三二八頁頭注一五）。
(17) 注(10)所引、拙著、第二章第二節「蒙古襲来と朝幕交渉」。
(18) 宮内庁書陵部所蔵「後光明照院関白記」正慶二年（元弘三）正月二十一日条。岡見正雄氏校注『太平記（一）』（角川文庫、昭和五十年）に付録一として収められた「道平公記抄（正慶二年）」では四七九頁にみえる。
(19) 拙著『南北朝期公武関係史の研究』（文献出版、昭和五十九年）第一章第一節「鎌倉後期の朝幕関係」で少し考えたことがあるが、最近では本郷和人氏が「文保の和談――鎌倉時代、皇位の継承はだれが定めたか――」と題する文章を『UP』二八一号（東京大学出版会、平成八年）に寄せている。
(20) 拙稿「邦省親王の悲願」（『政治経済史学』三三二、平成六年）――本書第一章第三節。
(21) 注(10)所引、拙著、七六～七七頁参照。
(22) 『後愚昧記』永徳元年八月二十四日条。『大日本古記録　後愚昧記　三』四〇～四一頁。

【追記】「増鏡」の著者とされることのある二条良基について、近年、往年の研究論文を集大成された小川剛生氏『二条良基研究』（笠間書院、平成十七年）が刊行された。同書は二条良基の政治と学問とを総合した文字どおりの「二条良基研究」の決定版といってよい。

第二節　後醍醐天皇——その怨霊と鎮魂、文学への影響——

はじめに

後醍醐天皇といえば、いろいろな表現の仕方がある。例えば、鎌倉幕府を倒壊に導いた「建武の中興」の主人公、「綸旨万能」の専制君主、自ら法服を身にまとい密教祈禱を修した「異形の王権」、さらに南北朝時代の幕開け役を果した動乱の立役者、といった具合にである。これらの言い方はすべて正しく、後醍醐天皇のいろいろな側面をいい当てたものということができよう。

しかし、以下述べるのは、後醍醐天皇の死後のことがらについてである。一言でいえば、死後の後醍醐天皇が南北朝—室町時代の政治と文化にどのような影響を与えたかということである。このことを掘り下げることによって、南北朝—室町時代の時代思潮というか、精神世界の一端をうかがい知ることができるのではないかと考える。さらにそのことが、室町幕府を中心とする南北朝—室町時代の政治状況の思想的背景の一つを構成するということはいうまでもないことである。

ようするに、後醍醐天皇の怨霊がどのように災いし、これを鎮めようとする幕府の行為（鎮魂の仏事）がどのようになされたかを具体的にたどることによって、南北朝―室町時代の思想状況、精神世界の一端を探ろうとするものである。

なお、『太平記』の本文引用にあたっては、比較的古い形をとどめるとされる「西源院本」を翻刻した鷲尾順敬氏校訂『西源院本太平記』（刀江書院、昭和十一年）によった。

一　後醍醐天皇怨霊の呪縛

(1)「先帝崩御事」

後醍醐天皇が大和国吉野で崩じたのは、延元四年（暦応二＝一三三九）八月十六日のことである。享年五十二歳。後醍醐が吉野に出奔したのは延元元年（建武三＝一三三六）十二月であったから、吉野での生活はわずか三年に満たない。吉野の地と後醍醐との密接な関係から、後醍醐の吉野居住は長かったように思われがちだが、実際それは短かった。

後醍醐が吉野で体調をくずしてゆく様子を、『太平記　巻二一』（西源院本。以下同じ）は、

康永三年《(延元の誤)》八月九日ヨリ、吉野之先帝御来縁《(不予)》之御事有ケルカ、次第ニ重ラセ給テ、

と述べている。[1] 延元三年初めに旧臣の吉田定房（同年正月二十三日没、前内大臣、六十五歳）と坊門清忠（同年三月二十一日没、右大弁、五十六歳）が相次いで没したことも、後醍醐を悲しみの淵に突き落とした。このころ後醍醐が詠んだ歌が『新葉和歌集』（宗良親王撰）に収められている。[2]

こととはむ人さへまれに成りにけり　我が世のすゑの程ぞしらるる

この歌は、これまで何かにつけて頼りにしてきた輔弼の臣をなくした寂寥感をストレートに詠んだものであり、自らの最期を予感したもののようにみえる。これまで何かにつけ強気で通してきた後醍醐にしてはいかにも気弱である。

延元四年当時、常陸国筑波郡小田城において東国経営に腐心していた北畠親房（四十七歳）は、その著『神皇正統記』のなかで、後醍醐の死去を次のように描いている。(3)

さても八月の十日あまり六日にや、秋霧におかされさせ給てかくれましく〳〵ぬとぞきこえし。ぬるが中なる夢の世は、いまにはじめぬならひとはしりながら、かず〳〵めのまへなる心ちして、老いの泪もかきあへねば、筆の跡さへとゞこほりぬ。

親房の悲しみようは尋常ではない。これは、同じ『神皇正統記』のなかで、前年の延元三年（一三三八）五月に二十一歳で戦死した、いとし子顕家のことをいとも淡々と述べたのと比べると、大きく異なっている。

後醍醐死去の報は、右の北畠親房の言に明らかなように、南朝各方面に大きなショックを与えた。遠江国引佐郡の井伊氏のもとにいた皇子宗良は、その訃報を聞いて、次の歌を詠んで父の死を悼んだ（『新葉和歌集』『李花集』）。(4)

おくれじと思ひし道もかひなきは　この世の外のみよしのの山

後醍醐の死去は、むろん北朝側にも大きな衝撃をもって受け止められた。南北に二つの朝廷が並び立つことによって、いわゆる南北朝時代が始まってまもない当時、吉野の後醍醐天皇の存在はそれほど重く室町幕府＝北朝にのしかかっていたのである。

後醍醐の死は当時の公家の日記をはじめとする諸記録に書きとめられ、その時の状況を今日に伝えているが、以下にそのなかの一つだけをあげておこう。

それは、村上源氏の中院通冬（当時、権中納言・正三位、二十五歳）の日記『中院一品記』である。同日記によると、通冬は延元四年八月十九日になって「去十六日（後醍醐の）崩御之由」を聞いたが、「猶不足信用」と半信半疑のていである。[5] 同二十八日になって、室町幕府より正式の報告が北朝の朝廷に入るに及んで、疑いを容れる余地はなくなった。そして、この日の条に以下のように記している。[6]

天下之重事、言語道断之次第也、公家之衰微、不能左右、愁歎之外無他事、諸道再興偏在彼御代、賢才卓爍(躒)（たくらく。高くぬきでること）于往昔、衆人不可不悲歎者歟、春秋五十二、後宇多院第二御子、諱尊治、

この中院通冬の言によく表現されているように、後醍醐の死去は、京都の北朝社会にはにわかには信じがたい「天下之重事」と受けとめられた。後醍醐は、北朝公家たちにとって決して簡単に忘れ去ることのできない「聖主」「明君」[7]であったのである。

後醍醐の怨霊が、こののち、室町幕府＝北朝によって運営される支配体制をながく悩まし続けることになろうとは、まだだれも予想だにしなかった。

(2)後醍醐臨終の場面

後醍醐天皇の臨終の場面については『太平記』巻二一が詳しく描写している。すこし長いが、いまそのくだりを必要なかぎりで引いてみよう。[8]

朝敵ヲ亡シテ、四海ヲシテ太平ナラシメント思フ事ノミ。朕カ早逝之後ハ、第八(七カ)之宮(義良親王)天子之位ニ即ケ奉リテ、忠臣賢世(士カ)事ヲハカリ、義貞・義助カ忠功ヲ賞シテ、子孫不義之行無者、股肱之臣トシテ、可令天下於鎮撫。

是ヲ思ヒキ故、玉骨ハ縦雖(衍)南山之苔ニ埋マルトモ、魂魄ハ常ニ北闕ノ天ヲ望マント思フ。若、命ヲ背キ、義ヲ軽ンセハ、君モ非継体之君、臣モ非忠烈之臣。

右の言葉には、後醍醐の望んでやまない京都制圧、つまり天下統一の夢が語られている。その夢は「第八(七カ)之宮」義良親王（のちの後村上天皇）以下の南朝君臣に託されたわけである。「玉骨ハ縦雖(衍)南山之苔ニ埋マルトモ、魂魄ハ常ニ北闕ノ天（つまり京都）ヲ望マント思フ」という言葉は、後醍醐の執念をみごとに表現している。

このような最期の言葉を残して後醍醐は亡くなったわけだが、『太平記』はなお「左ノ御手ニハ法華経ノ五巻ヲ持セ給ヒ、右ノ御手ニハ御剣ヲ按シテ」と、死に臨んだ後醍醐の姿恰好まで描いてみせる。左の手に持った「法華経ノ五巻」とは、法華経のなかで最も功徳が多いとして尊重された提婆品（品とは仏典で章とか編の意）をふくむ巻である。この「法華経ノ五巻」と剣との組み合わせをどのように解すればよいのだろうか。

臨終の場での、左手に法華経の経典、右手に剣という尋常ならざる後醍醐の姿は、事実か否かは別として、後醍醐の治世者としての重要な性格を象徴しているといってよい。つまり、法華経の経典に象徴される仏法的世界、そして剣に象徴される王法的世界、後醍醐はこの双方を一手に掌握することに全精力を傾けたことを、この記事は暗示しているであろう。

さらに『太平記』は、後醍醐の葬儀・埋葬のことまでも述べている。後醍醐の死に対する『太平記』の執拗な描写もここに極まるといった感さえある。(9)

葬礼ノ御事ハ、兼テ遺勅有シカハ、御終焉ノ御形ヲ替スシテ、棺槨ヲ厚シ、御坐ヲ直クシテ、吉野山ノ麓、蔵王堂ノ艮（うしとら。北東の方向）ナル林ノ奥ニ、団(円カ)丘ヲ高ク築テ、北向ニ奉葬。

かねてよりの遺勅どおり、最期の姿のままに厚い棺におさめ、吉野の金峰山蔵王堂の北東方向の林のなかに円丘を高く築いて、北向きに葬った、と述べる。後醍醐天皇の陵とは『新葉和歌集』にいう「塔尾の御陵[10]」（現、奈良県吉野郡吉野町）である。この陵は正しく真北を向いている。後醍醐天皇の遺詔そのままに、北向きに建てられているのである。

ちなみに『太平記』巻三四の「吉野御廟神霊事[11]」には、後醍醐廟に参詣してまどろんだ南朝所属の上北面の夢のなかで、後醍醐が円丘からあらわれ、幕府の南朝攻撃の結末を予言する話が出てくる。後醍醐は成仏していなかったのであろう。

(3)足利尊氏の追慕と悔恨

後醍醐の死は多方面に大きな衝撃を与えた。もっとも重苦しくこれを受け止めたのは、ほかでもない室町幕府の将軍足利尊氏であったろうことは推測に難くない。結果的にみて、後醍醐が京都から吉野に逃れたのは尊氏のせいだったからである。後醍醐の生年は正応元年（一二八八）、尊氏のそれは嘉元三年（一三〇五）、年齢差は十七歳である。したがって、後醍醐が五十二歳で崩じたとき、尊氏は三十五歳だった。

南北朝時代の成立とされる『保暦間記』という史料は、この間の事情について以下のように述べる[12]。

カヽル外都山中ニテ崩御ナラセ給フコトコソ、アサマシケレ。仰セ置カレケルトテ、御追号ヲバ後醍醐院トゾ申シケル。コレモ思ヘバ、讃岐院（崇徳院）ノ皇法ヲタヽント御誓願ノ有リケルナル故ト覚エテ恐シ〱。

この個所には、京都より遠く離れた吉野の山中での後醍醐の死が、同様の最期を遂げた崇徳院の記憶を呼び起こしたことが記されている。崇徳院とは、保元元年（一一五六）に起こった保元の乱で讃岐国に流された上皇で、配所の国名から讃岐院とも呼ばれた。この院は長寛二年（一一六四）失意のうちに崩じたが、死後怨霊として世人に恐れられたため朝廷は、治承元年（一一七七）に「崇徳院」の追号を贈り、その怨霊の慰撫に努めたのであった。

さて北朝朝廷は、後醍醐の怨霊を封じ込めようとして、先手をうった。後醍醐が自分の追号を「後醍醐院」とあらかじめ決めておいたことは周知のところであるが、右の記事は、北朝朝廷が後醍醐の遺言のままに「後醍醐」の追号を贈ったこと、それは讃岐院（崇徳院）の前轍を踏まないようにとの意図からでたものであったことを示している。北朝朝廷では後醍醐の怨霊をひどく恐れていた様子である。

京都の天龍寺造営の歴史をつづる「天龍寺造営記録」は、「諸人周章、柳営武衛両将軍（将軍足利尊氏と弟直義）哀傷恐怖甚深也」[13]と述べ、尊氏・直義兄弟がひどい悲嘆と恐怖の念にかられたことを伝えている。

横浜市の神奈川県立金沢文庫は鎌倉北条氏に伝わる文書類を蔵する図書館として著名であるが、この金沢文庫の所蔵文書のなかに「後醍醐院百ケ日御願文」と称される一点の古文書がある。『金沢文庫古文書　第八輯』（仏事編）の第六一四五号文書である。[14]『大日本史料』第六編之五にも収められている。[15]

この文書は、反故になった文書の裏に記されたもので、かなり長く、しかも文中には片仮名でふりがなが付されたり、訓点が施されたりしている。この文書を「後醍醐院百ケ日御願文」と称するのは、文書冒頭にそのように書かれていることによる。日付と差出書は一部破損してはいるが、「暦応二年十一月廿六日　弟子征夷大将軍正二位権大納言源朝臣尊氏敬白」と読める。つまり、この文書は足利尊氏が暦応二年（延元四＝一三三九）十一月二十六日にしたためた願文であるので、差出人にそくしていうと、足利尊氏願文ということになる。

では、この願文の日付の日は一体どのような日なのであろうか。結論から先にいうと、この日は後醍醐天皇が亡くなった日から数えて、ちょうど百日目にあたる。この年の八月は大の月（ひとつき三十日）、九月は小の月

（ひとつき二十九日）、十月も大の月であるからである。したがって、この文書は足利尊氏が後醍醐の没後百日目の仏事を営むにさいして納めた願文ということになるが、どこに納めたかは必ずしも明らかでない。

足利尊氏が後醍醐の百カ日法要を行ったことについては、当時の公家中原師守の日記『師守記』同日条に記事がある。[16] この日、師守は武家の三条坊門第（尊氏の弟直義の邸）の等持院（洛中にあった。まもなく等持寺と改称される）[17] において随心院僧正経厳を導師として曼陀羅供が修されたということを伝え聞いている。法会が足利直義邸で行われた点からみると、実質的にそれは直義主導のもとでなされた可能性も高い。また「虎関紀年録」は、尊氏が南禅寺において千僧供養を修したと記している。[18]

百カ日供養のためにしたためられたこの願文には、足利尊氏の後醍醐に対する思いが多少の誇張はあるにせよ、もっとも直接的かつ率直に述べられているであろう。尊氏は後醍醐をまず「外致王道之大化」「内専仏法之紹隆」とその政道を賞賛しているが、尊氏の複雑な思いをもっとも端的に吐露しているのは以下のくだりである。

倩顧微質之鷹揚　起於先皇之鴻将□者矣、温柔之叡旨　猶留耳底、攀慕之愁腸　難尽心端、恩恵無窮　報謝何疎、

尊氏は願文中に自らのことを「弟子」と称しており、後醍醐からこうむった恩に報いたいと念じている。「温柔之叡旨　猶留耳底」「攀慕之愁腸　難尽心端」などの言葉に象徴されるように、尊氏の後醍醐に対する思いとは、追慕と悔恨であるといえよう。尊氏が後醍醐の百カ日法会を行ったのは、疑いなく、後醍醐の鎮魂のためであった。

以上をようするに、足利尊氏は後醍醐の百カ日にあたり、願文をしたためて後醍醐を供養し、その冥福と成仏を祈念したのである。このことを裏返していうと、尊氏は後醍醐の怨霊によってひどく悩まされていたというこ

とになる。こののちも尊氏は後醍醐の供養のための仏事をおこたっていない。後醍醐の怨霊は、幕府の歴史のうえに大きな影を落としてゆく。

二　後醍醐天皇怨霊の鎮魂

(1)天龍寺の建立

そのような意味で、足利尊氏による天龍寺の造営をまず取り上げなければならない。京都市右京区嵯峨の臨済宗寺院である天龍寺は京都五山の一つで、山号は霊亀山。この寺の建立の経緯については『太平記』巻二五の「天龍寺事」のくだりに記事がある。それはだいたい以下のとおりである。

軍費調達のための武士たちによる所領押領や過差によって国や民は疲弊し、飢饉疫癘や盗賊兵乱が止まない。それは天罰でなく、為政者が自らの責務を果していないからだ。そこで、ある人（流布本では、南禅寺住持夢窓疎石とする）が、将軍（足利尊氏）の前に進み出て（流布本では、左兵衛督足利直義に対して、となっている）、次のような意見をする。(19)

近年、天下之様ヲ見候ニ、人力ヲ以テ天災ヲ収メ得ツヘシ共不覚候。是ハ何様先帝之御神霊御憤リ深クシテ、国土ニ災ヲ下シ、禍ヲ成サレ候カト覚候。哀可然禅院ヲ一所御造営候テ、彼御菩提ヲ弔ヒ奉ラセラレ候ハヽ、天下何トカ静マラテ候ヘキ。宇治ノ悪左府（藤原頼長）ニ官ヲ贈リ、北野天神ニ爵ヲ奉リ、讃岐院（崇徳院）・隠岐院（後鳥羽院）ニ尊号ヲ謚シ奉テ、仙宮ヲ帝都ニ遷奉リシカハ、怨霊者シツマリ、却テ鎮護之神ト成セ給ヒ候ナル物ヲ。

ようするに、ある人（夢窓疎石）がいうには、天下の災禍は亡き後醍醐天皇の怨霊の所業であるから、しかるべき禅寺を造営して後醍醐の菩提を弔うならば天下は静まるだろう、と。天龍寺の造営事業に関しては「天龍寺造営記録」というまとまった史料がある。[20] これによって、一件は、足利尊氏・直義の要請をうけるかたちで、当時北朝で院政をしいていた光厳上皇が認可したものであることがわかる。暦応二年（一三三九）十月、光厳上皇は関係する院宣を三通出している。うち二通[21]は夢窓疎石方丈あてで、後醍醐天皇の冥福を祈るために「亀山殿」（後嵯峨上皇の旧御所）を禅寺となし、夢窓疎石を開山とするというもの、それに寺号を暦応寺（天龍寺の旧称）とするというもの。いま一通[22]は、「鎌倉大納言」足利尊氏あてで、同寺の「造進」を命ずるものである。つまり、天龍寺の建立は「勅願」ではあるが、「武家沙汰」、つまり造営料は幕府側で負担するというものだった。二通の院宣に「後醍醐院の御菩提に資せられんために」、仙居「亀山殿」を仏閣に改めるのだ、と明記してあるのが象徴的である。

新しい寺院を経済的に支えるために、日向国国富荘《くどみ》等の荘園が寄進された。国富荘は、足利尊氏が元弘の乱（鎌倉幕府の倒壊にいたる騒乱）の恩賞地として後醍醐天皇から拝領した「元弘朝恩の専一」たる所領であった。この荘園は足利尊氏・直義兄弟に与えられた所領目録[23]にきちんと載せられている。

こうして天龍寺が建立された。『太平記』はこの寺について「惣シテハ公家之勅願寺、別シテハ武家之祈禱所トシテ、千人之僧衆ヲ置カル」（巻二五）、「公家・武家尊崇異他ニシテ、五山第二ノ招提」「聊爾ニモ攘災集福懇祈ヲ専ニスル大伽藍」（巻四〇）と述べている。天龍寺の性格を北朝・幕府の側から的確に表現した言葉である。しかし前述のように、寺号は当初天龍寺ではなく暦応寺（正式名称は霊亀山暦応資聖禅寺）と称した。光厳上皇の院宣によって暦応寺が天龍寺（これも正式には霊亀山天龍資聖禅寺）と改称されるのは、暦応四年（一三四一）七月のことである。改称のきっかけは「武衛将軍」（足利直義）の二度の夢想だったと「天龍寺造営記録」はいう。[24] こうなると天龍寺の建立と足利直義との関係は、尊氏に劣らず相当に深かったこと疑いない。

ようするに、天龍寺は室町幕府＝北朝体制が、後醍醐天皇の怨霊を封じこめるために、つまり、鎮魂の目的で「亀山殿」に建てた特別の寺院だったのである。

(2)後醍醐の物語としての『増鏡』『太平記』

後醍醐の怨霊は足利政権を悩ますのみならず、南北朝時代の文化思潮にも大きな影響を及ぼした。いまそれを『増鏡』と『太平記』によってみよう。まず両書の成立や概要について簡単に述べておこう。

『増鏡』は、異論もあるが、南北朝時代後期に二条良基（一三二〇～八八、北朝の太閤）によって著されたとされる歴史物語で、後鳥羽天皇の代から後嵯峨天皇の代を経て後醍醐天皇による討幕にいたるまでの、京都宮廷を中心とした歴史をつづったものである。『増鏡』についての研究は近年めざましい発展を遂げ、いろいろな観点から究明が進められている。それらについていちいち触れることはできないけれども、ここで着目すべきは『増鏡』のなかの後醍醐天皇に関係する記事である。

『増鏡』が史実性の高い歴史物語であることは誰もが認めるところであろう。そのことを念頭において、『増鏡』における登場から討幕・帰京にいたる後醍醐天皇関係記事を史実の経過にそって読み進んでゆくと、一つ不思議なことにぶつかってしまう。それは何かというと、文保元年（一三一七）から翌二年にかけての父後宇多法皇による皇位獲得交渉、いわゆる「文保の和談」のことが一切語られていないことである。後醍醐の歴史を描くのがメインのはずの『増鏡』に、後醍醐天皇登場の直接的契機となった「文保の和談」のことが語られないのは不自然をとおりこして、むしろ意図的でさえある。(25)

うがった見方をすれば、それは後醍醐天皇にとって不面目なことであったために、あえて描写することを避け出てくる。

たのではあるまいか。このように考えると、『増鏡』は後醍醐に対する何らかの目的のもとに著された可能性が

『増鏡』を「後醍醐帝の物語」とみる見解はすでに提出済みであるが、[26]まさにこの見解こそ、『増鏡』における後醍醐の描写と著作の目的とを関連づけてもっとも自然に理解させるものではあるまいか。だとすると、先に述べた何らかの目的とは、後醍醐の鎮魂であったとみるのが妥当であろう。ようするに、『増鏡』は南北朝時代後期に、しかも後醍醐の供養を意図して成立したとみることができよう。後醍醐の怨霊はこういうところにも影を落としているのである。

次に『太平記』はどうか。『太平記』は周知のとおり、十四世紀の南北朝動乱の展開を主題とした軍記物語である。戦乱と同時進行で編集され、一三七〇年代には一応の完成をみていた。『太平記』の具体的内容にはふれないが、本書についても、後醍醐の物語とみなし、怨霊思想の側面から読み解こうとする視点がすでに提出されている。[27]

とくに『太平記』を二部構成で考えるとき、後醍醐の挙兵（巻一）から天龍寺供養（巻二四）あたりまでを第一部とし、室町幕府の確立過程を描くそれ以降を第二部とするが、このうち第一部は後醍醐の物語というにふさわしい内容である。後醍醐の霊を慰めるための後醍醐の物語であるから、筆致が後醍醐顕彰に傾くのは当然であろう。もと九州探題今川了俊がその著『難太平記』のなかで「この記の作者は宮方深重の者にて[28]」と嘆いたのも、ゆえなきことではないのである。この傾向は巻が進むにつれて薄れてゆくが、『太平記』が後醍醐の物語として制作開始されたことは認めてよいと思われる。

それでは『太平記』において後醍醐の怨霊がどの辺まで影を落としているかについてみると、最後は巻三四の

「吉野御廟神霊事」であろう。この記事は先述した後醍醐の怨霊が吉野の陵から出てきて、幕府軍の南方攻撃について語るというものである。史実としての、この幕府軍の南方攻撃は、近衛道嗣の『愚管記』によると延文五年（一三六〇）五月のことである。足利尊氏が没した延文三年四月より二年後である。尊氏は死ぬまで後醍醐の怨霊に悩まされたということになろうか。ちなみに尊氏が没する年の正月、天龍寺は初めて炎上した。(29) 当時の人々が尊氏の死と天龍寺の炎上とをセットで考えたであろうことは想像に難くない。
ようするに、後醍醐の怨霊は南北朝の後期段階になっても、なお政治や思想のうえに暗い影を落とし続けていたのである。

(3)『太平記』のなかの足利直義

先述の『太平記』巻二五の「天龍寺事」のくだりで、夢窓疎石が幕府の将軍足利尊氏に意見をしているが、室町幕府開創期の幕府政治は二頭政治の形態をとっていた。軍事面は足利尊氏が、また政務の面は直義が担当した。両人は一歳ちがいの兄弟である。

直義の性格は、兄尊氏とは異なって生真面目で責任感が強かったようである。『太平記』の作者もそのことを知ったうえで直義の人物描写をしているが、『太平記』以外にも傍証となる史料がある。一つは、康永二年（一三四三）六月七日足利直義諷誦文案(30)である。その中に以下の文章がある。

夏節以来陰陽乖和、疾疫大起、衆庶不安、家々多負薪之憂、戸々有黏席之類、若暈隠義不修、政教有欠之故欤、歎息之思、寤寐不休、仰願以三宝之加被、救衆人之艱難、然則瘴煙忽消、人々触抜苦之清風、病源速尽、各々浴解毒徳水、

諷誦文とはふつう故人の追善供養の目的で記された文章であるが、足利直義はこの諷誦文のなかで、「疫病大起」「衆庶不安」などの災厄の生起は「政教に欠あるの故か」、つまり政治に欠陥があるからなのかと自問している。当時幕府の執政者は他ならぬ直義自身であったから、この言葉は自己に対する批判だったのである。もう一つは、「風雅和歌集」（光厳上皇撰、貞和五年〈一三四九〉成立）巻第一七雑歌下のなかの、以下の歌である。[31]

述懐の歌の中に　　　　　　　　　左兵衛督直義

しづかなるよはの寝覚に世中の　人のうれへをおもふくるしさ

この歌は、自らの施政のかげで憂いをかこつ人々の怨嗟の声を思い、一人悩む直義の姿を彷彿とさせる。この二つのことからも、直義が強い責任感と内省的性格を合わせもつ人間であったことがうかがえる。

さて、そこで『太平記』において足利直義がどのように扱われているかみてみよう。『太平記』は直義を顕彰しない。顕彰どころか批判される場面が多い。特に注意すべきは、後醍醐天皇の皇子たちを殺害する役回りが多いことである。たとえば、建武二年（一三三五）七月の中先代の乱のさなか鎌倉に幽閉中の護良親王を殺害させた（巻一三）のをはじめとして、延元三年（一三三八）恒良・成良の両親王を毒殺したと記す（巻一九）。史実としては、護良殺害については否定できまいが、恒良殺害については確証がなく、成良殺害にいたっては明確な反証がある。[32]

また後醍醐の没後、いろいろな怪異が現れていたが、暦応五年（康永元＝一三四二）春、足利直義がにわかに邪気（じゃき。病気などを起こす悪い気）におかされ、重病に陥るという話が『太平記　巻二三』に出てくるが、これは以上のようないきさつからみると、当然の結果ともいえる。つまり、結論的にいうと、『太平記』は、因果応報的な見地から後醍醐の怨霊を鎮めるという目的のもとで、直義の行状を意図的に描いているのではあるまいか。

そもそも『太平記』は軍記物語の体裁をとりながら、実は、室町幕府政治の成立・展開の必然性を歴史のなかから解き明かし、幕府支配を合理化し、かつ正当化するというすぐれて政治的な性格をあわせもっている。足利直義は、観応の擾乱に敗北して観応三年（文和元＝一三五二）二月鎌倉で毒殺されるが、幕府草創期において二頭政治の片方を担い、幕府政治史にじつに大きな足跡をのこした政治家・武将であった。しかし、直義の役割はこれで終わったのではない。死後、『太平記』の世界において、身をもって後醍醐天皇の霊を慰める役割を負わされたのである。

後醍醐を鎮魂する物語、いいかえれば、後醍醐の怨霊を封じ込める物語は、そのまま室町幕府政治の確立の物語へと昇華する性質のものであった。その意味で『太平記』を二部構成でみる場合、後醍醐の物語である第一部と室町幕府の確立の物語である第二部とは、調和こそすれ、決して齟齬したり矛盾したりしてはいないのである。[33]

しかしこのままでは直義がうかばれないだろう。殺害されたあげく、物語の世界で巧妙に利用された直義が、今度は怨霊として幕府の前にたちはだかることも考えられる。その意味で次の事実は注目される。それは関白近衛道嗣の日記『後深心院関白記』延文三年（一三五八）二月十二日条によると、幕府が「故入道左兵衛督直義」の贈位のことを北朝に対して「俄かに申し行」ったことである。[34] 当時右大臣であった近衛道嗣（二十六歳）さえ「その故を知らず」と記しているように、唐突な幕府よりの要請であった。贈位の位記は内々幕府に遣わされた。このことについては流布本の『太平記　巻三三』に記事があり、そこには「従二位の贈爵」とある。[35] これはおそらく没する直前の足利尊氏（同年四月三十日没）の亡き弟直義に対する供養であったろう。尊氏は亡き弟の霊によっても悩まされていたのである。

直義の供養のための贈位等については、まだまだ以下のような続きがある。

一つは、『後深心院関白記』康安二年（貞治元＝一三六二）七月二十二日条[36]である。そこに、「武家之沙汰」として直義の勧請があって天龍寺の傍に「仁祠」（寺のこと）を構えた、とあること。道嗣は「聊有子細有此事云々」と記している。直義は神に祭り上げられ、贈位されているのである。この道嗣の言葉は、この措置がすぐれて訳ありであったことをうかがわせる。同じことについて、国立歴史民俗博物館所蔵「綱光公記」文安五年（一四四八）九月二十九日条[37]は、康安二年のこの日、直義は「大倉宮」という神格を与えられ、正二位を追贈されたと記している。

もう一つは、直義の供養のための法要である。当時の法曹吏僚中原師守の日記『師守記』によると、貞治三年（一三六四）二月二十六日将軍足利義詮臨席のもとに、等持寺において足利直義十三回忌が営まれ[38]、また五山僧義堂周信の日記『空華日用工夫略集』によると、永徳四年（至徳元＝一三八四）二月二十六日には等持院で三十三回忌が修されている[39]。くだって、永享八年（一四三六）、および同十〜十二年の二月二十六日には「大休寺殿」（足利直義）の年忌法要が行われている[40]。これらはいずれも直義の追善供養のためのものであり、室町幕府が直義の怨霊慰撫につとめていることを示している。室町幕府にとって足利直義という人物は、この上もなく尊い犠牲者であったがゆえに、ひとたび供養をおこたればたちまちに怨霊となって天下に仇をなす恐るべき存在だったのである。

(4)後醍醐院聖忌

同じようなことが後醍醐についてもいえる。後醍醐が崩じた八月十六日を「後醍醐院聖忌」として追善供養のための法要が行われるようになる。応永元年（一三九四）八月にはすでに西院（東寺の西院か）で「後醍醐院追善」が行われている。[41]これに続いて応永七年（一四〇〇）には、京都の東寺で八月十三日から翌十四日にかけて、一昼夜不断光明真言が「後醍醐院聖忌」のために誦されている。[42]残存する史料によると、後醍醐供養のための法要は応永初年ころに開始され、その後も長く続けられた模様である。とすれば、後醍醐供養は、南北朝の合体（明徳三年＝一三九二）を契機に始められた可能性も高い。南北両朝を合体させて統一国家を維持運営してゆくために、室町幕府は後醍醐の怨霊を封じ込めなければならなかったのであろう。

このような状況のなかで最も注目すべきは、以下の記事である。相国寺鹿苑院蔭涼軒主の公用日記である『蔭涼軒日録』長享二年（一四八八）三月二十三日条によると、京都吉田神社の神官公家吉田兼倶は足利将軍家にとって後醍醐天皇を弔うことが非常に大切（史料の表現は「尤簡要」）であると説いているのである。[43]この兼倶の言葉は戦国時代に入った室町幕府体制にとって後醍醐のもつ意味を端的に表現しているといってよい。

さらに室町時代後期の公卿中御門宣胤の日記『宣胤卿記』によると、これより二、三十年を経た永正三年（一五〇六）、同四年、同十四年（一五一七）の八月十六日の忌日にそれぞれ「後醍醐院聖忌」としての年忌法要が営まれた事実を確認することができる。[44]

これらのことによって推測すると、後醍醐天皇の怨霊を慰めることは室町幕府の繁栄にとって不可欠なことで、それは京都の幕府や朝廷にとってごく自然に受け止められていたものと思われる。この「後醍醐院聖忌」がいつまで営まれたかは明確ではないが、右にみたように、長期にわたって続けられたことは疑いない。このようにして、後醍醐天皇の怨霊は、延元四年（一三三九）八月の同天皇崩御以来、少なくとも約二百年にわたって室町幕府体制に重苦しい影を落とし続けたのであった。

このようにみてくると、後醍醐が日本歴史に与えた影響は絶大であったといわざるを得ない。後醍醐が、元弘三年（一三三三）に鎌倉幕府を滅亡に至らしめ、建武新政といわれる公家一統政治を始めたこと、建武三年（一三三六）には大和吉野に出奔して南北朝時代の幕開け役を果したことは周知のところである。後醍醐が後世に与えた影響は並みのものではない。後醍醐は、その崩後永く政治・社会の動向や文化思潮に強い影響を及ぼしているのである。

このことが、いわゆる「後南朝史」の問題と密接に関係していることは明らかである。明徳三年（一三九二）の南北朝合一ののち約九十年の間、旧南朝勢力の動向は確かな史料のうえにあらわれ、中央政局の大きな変わり目に旧南朝の皇胤が反体制派勢力に担がれて顔を出した。後醍醐の怨霊は後南朝にとって強力な援軍であったに相違ない。

おわりに

以上、後醍醐天皇の崩後、その怨霊がどのような影響を社会に及ぼしたかについて、特にその鎮魂仏事を追いかけることによって考えてみた。その結果、後醍醐天皇を克服する形で立ち上げられた室町幕府では、少なくとも永正十四年（一五一七）まではその鎮魂のための年忌法要が営まれたことを知ることができた。永正十四年は後醍醐崩の延元四年（一三三九）から数えて、なんと百七十八年後である。

網野善彦氏は、鎌倉時代まで多少ともうかがわれた、天皇の「聖なる存在」としての実質は南北朝の動乱を通じてほとんど失われたこと、その決定的な契機をなしたのがほかならぬ後醍醐であることを述べているが、その聖なる権威を失墜せしめた後醍醐が死後、聖なる存在として長く供養されたのは興味深い現象といわねばなるまい。

(1)『西源院本太平記』六一六頁。

(2)岩佐正氏校訂『新葉和歌集』(岩波書店、昭和十五年)二五二頁。

(3)日本古典文学大系『神皇正統記　増鏡』(岩波書店、昭和四十年)一九一頁。

(4)『新葉和歌集』二四一頁。『校註国歌大系　第一四巻』三三二頁。

(5)『大日本史料』第六編之五、六六一頁。

(6)同右、六六一～六六二頁。

(7)『西源院本太平記』五頁。

(8)同右、六一七頁。

(9)注(8)と同じ。

(10)『新葉和歌集』二四三頁。

(11)『西源院本太平記』九八七～九八九頁。

(12)『群書類従　第二六輯』六三頁。なお、この記事中の「皇法」の表記についていえば、内閣文庫本「保暦間記」は「わうほう」に作り、テキストの点でやや検討の余地がある。

(13)「天龍寺造営記録」(『大日本史料』第六編之五、六)には以下のようにある。関係部分を一括してあげておく。

(暦応二年〈一三三九〉十月五日条)

暦応資聖禅寺造営記

後醍醐院号吉野新院暦応二年八月十六日崩御事、同十八日未時自南都馳申之、虚実猶未分明、有種々異説、終実也、諸人周章、柳営武衛両将軍(将軍足利尊氏と弟直義)哀傷恐怖甚深也、仍七々御忌慇懃也、御仏事、記在別且為報恩謝徳、且為怨霊納受也、新建立蘭若、可奉資彼御菩提之旨、発願云々、則被定奉行人、

(中略)

①亀山殿事、為被資後醍醐院御菩提、以仙居改仏閣、早為開山、被致管領、殊令専仏法之弘通、可奉祈先院之

証果者、院宣如此、仍執達如件、

暦応二年十月五日　按察使経顕（勧修寺）奉

謹上　夢窓（疎石）国師方丈

②亀山殿事、為被資後醍醐院御菩提、可令造進給者、院宣如此、仍執達如件、

十月五日　按察使経顕奉

謹上　鎌倉大納言（足利尊氏）殿

自爾以来、連々相談、有造立之沙汰、先可寄付寺領之間、可為日向国々富庄也、是則依為元弘朝恩之専一也云々、武州父子知行分、両郷先被避進寺家了、其外当知行之領主数輩、有悋借之愁訴、傍倫亦及種々所難之間、施行停滞、

同十三日、重被下勅号、

③亀山殿事、可被号霊亀山暦応資聖禅寺者、院宣如此、仍執達如件、

暦応二年十月十三日　按察使経顕奉

謹上　夢窓（疎石）国師方丈

同十五日、可有木作始之由、在実朝臣（賀茂）択申之処、為勅願武家沙汰也、礼節不可有聊爾之儀、且相尋東大寺佳例、且糺明南禅・建仁禅院法式、可被遂行之由、有其沙汰延引、

（暦応四年〈一三四一〉七月二十二日条）（前略）此間、依障碍事繁、国師嫌退、然而既有領納、及土木之沙汰子細、有院参奏聞之、次師檀和睦、有改号被下勅裁云々、其状云、

暦応寺事、可被改号霊亀山天龍資聖禅寺者、院宣如此、仍執達如件、

七月廿二日　権大納言経顕奉

謹上　夢窓（疎石）国師方丈

此事、聊有奇特、今年夏比武衛将軍（足利直義）有両度之夢想云々、語云、金龍赴于此地、大虚ニハヒコル、或時亦示云、銀龍天ヨリ降テ、此地ニハヒコル、両度瑞夢、共以兼日之儀也、而後日之改号有天龍之名、信仰彌深云々、

(14)『金沢文庫古文書　第八輯』六一四五号（一一六八～一一六九頁）。後醍醐院百ケ日御願文。

(15)『大日本史料』第六編之五、八一七～八一九頁。

(16)『史料纂集　師守記　第一』四九頁。原本は国立国会図書館所蔵。

（暦応二年〈一三三九〉十一月二十六日条）伝聞、是日於武家三条坊門第等持院、有曼陀羅供、導師真乗《随心》院僧正云々、是後醍醐院百ケ日仏事云々、

(17)今枝愛真氏『中世禅宗史の研究』（東京大学出版会、昭和四十五年）第三章第一節「足利直義の等持寺創設」四三三頁参照。

(18)『大日本史料』第六編之五、八一九頁。

(19)『西源院本太平記』六八三～六八四頁。

(20)注(13)参照。

(21)注(13)史料のうち、①と③の院宣。

(22)注(13)史料のうち、②の院宣。

(23)「比志島文書」。『神奈川県史　資料編3』一頁。

(24)注(13)参照。

(25)拙稿「朝廷と幕府――鎌倉時代の朝幕関係と『増鏡』――」（『歴史物語講座七　時代と文化』所収、風間書房、平成十年）――本書第三章第一節。

(26)西沢正二氏「『増鏡』に関する一試論」（『日本文芸論稿』三、昭和四十五年）。

(27)長坂成行氏「帝王後醍醐の物語――『太平記』私論――」（『日本文学』三一、昭和五十七年）、五味文彦氏「後醍醐の物語――玄恵と恵鎮――」（『国文学』三六―二、平成三年）。八木聖弥氏「室町初期の怨霊思想――天龍寺創建をめぐって――」（『文化史学』四九、平成五年）。同『太平記的世界の研究』（思文閣出版、平成十一年）。

(28)『群書類従　第二二輯』六一二頁。

(29)「康富記」（権大外記中原康富の日記）文安四年〈一四四七〉七月七日条。『増補史料大成40　康富記　三』一三八頁。

天龍寺炎上年々事、

天龍寺炎上年々奉尋之処、□□年中建立供養以後、延文三年正月四日炎上、貞治六年三月廿九日炎上、応安六

年九月廿八日炎上、今度又炎上、以上四ケ度云々、

(30)　『大日本古文書　醍醐寺文書之十』二四四～二四五頁。

(31)　『校註国歌大系　第七巻』四三八頁。

(32)　「師守記」康永三年正月六日条。『史料纂集　師守記　第二』九四頁。

(33)　拙稿「『太平記』と足利政権――足利直義の係わりを中心に――」（『軍記文学研究叢書八』所収、汲古書院、平成十年）――本書第三章第三節。なお『太平記』と足利直義との関係について論じたものに、北村昌幸氏「『太平記』における足利直義像の改修」（『国語と国文学』七六―一一、平成十一年）がある。

(34)　『大日本古記録　後深心院関白記　一』一九九頁。

（延文三年〈一三五八〉二月十二日条）晴、故入道左兵衛督直義有贈位事云々、暁鐘以後、上卿万里小路中納（仲房）言着陣行云々、今日為重復日之間、及暁更云々、武家俄申行云々、不知其故、贈位々記内々被遣武家云々、

（頭書）「仰詞

従三位源朝臣直義、可贈従二位、々記令作よ云々、尋聞奉行職事、記之、」

(35)　例えば、日本古典文学大系36『太平記　三』二五三頁。ただし、『西源院本太平記』にはこの記事はみうけられない。

(36)　『大日本古記録　後深心院関白記　二』二一〇頁。

（康安二年〈一三六二〉七月二十二日条）晴、為武家（足利義詮）之沙汰、今日故入道左兵衛督直義（足利）卿有勧請事、構仁（大倉二位）祠於天龍（明神）寺傍、聊有子細有此事云々、

(37)　「綱光公記」（国立歴史民俗博物館所蔵）文安五年（一四四八）九月二十九日条

兼名勘進

贈位以後被勧請神近例

大休（足利直義）寺殿

延文三年二月十二日贈従二位元従三位、

年月日贈正二位、

康安二年七月廿二日勧請奉号大倉宮、

(38)「師守記」貞治三年（一三六四）二月二十六日条裏書。『史料纂集　師守記　第七』五九頁。
「廿六日
今日故錦小路禅門《足利直義》十三廻忌陰云々、於等持寺有拈香□□□《陞座云》々、鎌倉大納言《足利義詮》以下被渡之云々、」

(39)『空華日用工夫略集』（義堂周信）永徳四年（一三八四）二月二十六日条。（太洋社）、一九六頁。
冒雨赴等持院、大休寺殿《足利直義》三十三忌千僧勝会、陞座南禅太清、拈香天龍徳叟《周佐》、府君入院証明、

(40)「蔭凉軒日録」永享八年（一四三六）二月七日条。『増補続史料大成21　蔭凉軒日録　一』一九頁。
来廿六日、大休寺殿拈香、以梅岩和尚・与可和尚伺之、（下略）
こののち、同十～十二年の二月二十六日にも同様の年忌法要が行われた形跡がある。

(41)「観智院賢宝日記」。『国宝東宝記紙背文書影印』（東京美術、昭和六十一年）三三六頁。
明徳五年（応永元＝一三九四）八月十三日「西院後醍醐院追善開始之」。

(42)「東寺百合文書よ」。『大日本史料』第七編之四、六二三～六二四頁。

(43)「蔭凉軒日録」長享二年（一四八八）三月二十三日条。『増補続史料大成23　蔭凉軒日録　三』一二一頁。『大日本史料』第八編之二四、一九九頁。
二位公（吉田兼倶）曰、後醍醐帝御位牌見立之、可有御弔之事、於当家尤簡要也、（下略）

(44)「宣胤卿記」。『増補史料大成45　宣胤卿記　二』一二九、二〇一、二八五頁。

【追記】以下、成稿後に公表された研究論文の外題をあげる。
徳永誓子氏「刑部僧正長厳の怨霊」（『怪異学の技法』臨川書店、平成十五年）
同　「後鳥羽院怨霊と後嵯峨皇統」（『日本史研究』五一二、平成十七年）

第三節　『太平記』と足利政権――足利直義の係わりを中心に――

はじめに

十四世紀の南北朝動乱の展開を題材とする軍記物語『太平記』が、おそくとも応安七年（一三七四）には成立していたことは、『洞院公定日記』の同年五月三日条によって広く知られているところである。『太平記』の編纂は南北朝時代初期に開始され、幾多の時代の荒波を乗り越えて、南北朝時代末期に一応の形を成したということになる。この大部の作品がわずかの制作者によって、一朝一夕に完成されたとは考えられない。おそらく役割を異にする多くのスタッフを擁する制作者集団によって、新旧の交替を重ねながら長い期間を要して完成にこぎつけたに相違ない。こうして成立した『太平記』は今では、この書なくして南北朝時代は語れないといわれるほどにまでその史料的価値を高め、さまざまの観点から研究されてきた。

本稿で考えたいのは、『太平記』の成立と足利直義との関係である。足利直義は周知のように、足利尊氏の一歳違いの同母弟で、室町幕府の開創に深く関与し、その初期にあっては兄尊氏とともに二頭政治を分担するなど、幕府成立史にきわめて重要な役割を果した人物である。二頭政治において足利直義が掌握した権限は、兄尊氏の軍事指揮と恩賞給付を中核とする主従制的な支配権に対して、裁判権を中核とする統治権的な支配権であった。今川了俊が応永九年（一四〇二）二月に著した「難太平記」[1]が両人の権限を「弓矢の将軍」（尊氏）、「政道」（直義）と書き分けていることも周知の事実である。

この政道＝政務の権を掌握し「理知的で緻密な論理をむしろ得意とする」[2]直義が、軍記物語の体裁ではあれ鎌倉幕府の滅亡から建武新政を経て南北朝動乱の歴史を描く物語の制作が進行していることを知ったならば、その物語の制作方針と盛り込まれる内容に無関心でいられたとは到底考えられない。かならずや自らの立場と価値観から口だしをしたに相違ない。

これも周知のことだが、直義は尊氏派勢力と激しい戦いを交えたすえ、尊氏によって殺害されたとされている（観応の擾乱）。『太平記』は南北朝の動乱の進展と並行してしかも長い時間をかけて制作されたので、最終的に出来上がるまでに幕府中枢におけるその時々の政治の影響を直接的に被り、さまざまの書き替えがなされたことは十分予想できる。直義についての記述も失脚の後に書き替えられた可能性は高い。そのような状況であるから、ある時点で『太平記』にどのように記述されていたかを知るのは不可能というほかない。しかし、今に伝えられている『太平記』諸本において、書き替えられた可能性の高い個所を比較検討することによって、もとはどのようであったかを考える手がかりは得られよう。本稿が注目するのは、そのような視点からの『太平記』と足利直義との関係である。[3]

一　『太平記』と足利直義

「風雅和歌集」巻第一七雑歌下のなかに、次のような和歌が収められている。(4)

述懐の歌の中に　　　左兵衛督直義

しづかなるよはの寝覚に世中の　人のうれへをおもふくるしさ

この歌は足利直義の作である。直義の心を苦しめる「世中の人のうれへ」とは、直義の判決によって敗訴した人々の怨嗟の声ともとれるし、もっと広い意味で、直義の懸命な政治にもかかわらず社会の底から湧き上がってくる人々の憂いや嘆きともとれる。そこには政権担当者たる直義の苛立ちや自責の念が色濃く漂っている。その意味でこの歌に詠まれた悩みは、直義の職務ゆえに生じたものと考えられる。直義の生真面目で責任感の強い性格がよくあらわれているといってよいのではあるまいか。

足利直義は、裁判の判決書である裁許状(5)を中心にして、多くの公私の文書を今日に残しているが、それらのなかに直義と『太平記』との係わりを示すものは見当たらない。したがって直義と『太平記』との関係を考える場合、方法としては今日に伝わる『太平記』の叙述のなかにその痕跡を見いだし、そこから考察の糸口をさぐるというのが常套的手法であろう。しかし周知の史料だが「難太平記」に注目すべき関係記事がある。足利直義と『太平記』の直接的関係を示すもっとも重要かつ貴重な史料である。以下に引用するのは「現存本中では良書」(6)とされている京都大学附属図書館谷村文庫所蔵本（谷村文庫本）の一節である。翻刻は原本によったが、変体仮名は通常の仮名に直した。

一六波羅戦の時、大将名越（高家）うたれしかハ、今一方の大将足利殿（尊氏）、先皇（後醍醐天皇）に降参せられけりと太平記に書たり、かへす／＼無念の事也、此記の作者ハ宮方深重の者にて、無案内にて、押て如此書たるにや、寔に尾籠の至なり、尤切出さるへきをや、すへて此太平記事、あやまりも空もおほきにや、むかし等持寺にて法勝寺の恵珎（鎮）上人此記を書て、先三十よ巻持参し給ひて、錦小路殿（足利直義）の御目にかけられしを、玄恵法印によませられしに、おほく空ことも誤も有しかは、仰に云、是ハ且見及中にも以の外ちかひめおほし、追而書入切出すへき事等有、其程不可有外聞之由、仰有し、後中絶なり、近代重而書続けり、次てに入筆共を多所望してかゝせければ、人の高名数をしらす書り、（中略）人々の高名なとのいつはりおほし、まさしく錦小路殿の御前にて玄恵法印読て、其代の事、むねとかの法勝寺上人（恵鎮）の見聞給ひしにたに、如此空言有りしかハ、唯おさへて難し申にあらす、

右の記事が『太平記』と足利直義の関係を考える場合の基幹をなしているといっても過言ではない。まずこの記事によって知られる足利直義と『太平記』との関係についてみると、「むかし」等持寺にて法勝寺恵鎮上人が、『太平記』を書いてまず三十余巻持参して足利直義に見せたおり、玄恵法印に読ませたところ、虚構も事実関係の誤りも多かったので、直義はこの書の修訂（史料表現では「書入・切出」）を命じ、あわせて修訂作業が終わらないうちは本書を門外不出扱いしたことが知られる。

足利直義と『太平記』との係わりを具体的に考えるうえで押さえておくべきは、直義が等持寺で『太平記』を読ませ聞いたのはいつかということであるが、このことについては「暦応（一三三八～四一）の末から康永（一三四二～四四）にかけてのころ」[7]と想定する見解が通説のようである。

また「先三十よ（余）巻持参し給ひて」のなかの「三十よ巻」については、現存本の巻数との対応関係も問題となる。あえて内容の面から対応させると、この三十余巻は少なくとも現存本でいえば、観応の擾乱を描き始める巻第二

七より以前の部分に対応すると考えられるが、もとより『太平記』の編成法は固定したものではないから、比較することと自体にさしたる意味はない。

『太平記』と恵鎮（円観）・玄恵との関係については、右に掲げた谷村文庫本「難太平記」の記述が整合的である。すなわち、恵鎮が『太平記』を主導的立場から書き、玄恵がこれを直義の前で読んだというものである。引用史料の末尾の辺にある「むねとかの法勝寺上人（恵鎮）の見聞給ひし」の文言もこの理解を支えてくれる。この段階の『太平記』はまだ今日のような編成をとっておらず、記述内容も観応の擾乱の前の段階でとどまっていたが、これこそいわば原『太平記』であろう。この原『太平記』にどのような内容がどのような表現でもって盛り込まれていたか知るすべはない。しかし、右の「難太平記」の記事を読む限りでは、この原『太平記』が足利直義やその他幕府関係者の要請を受けて制作された気配はない。原『太平記』はもともと幕府とさして関係のない場で制作が始まったと考えてよいのではないか。その制作の場としては、天台律の宗教的系譜をもつ法勝寺の恵鎮を中心とする教団であったという意見があるが、(8)これは説得的である。

足利直義はこの原『太平記』に修訂を加えさせたのである。その修訂作業は直義の三条坊門邸にあった学問所で行われたのではないかという意見も出ている。(9)やがて足利尊氏・義詮父子との抗争に敗れた直義は、貞和五年（一三四九）十月、それまで本拠としていた三条坊門高倉邸を新たに執政の座についた義詮に譲り、自らは錦小路堀河邸に移っている。(10)このように三条坊門高倉邸は政務の統括者の政庁なのであるから、直義失脚以前にあっては直義のいたこの三条坊門高倉邸こそ幕府と呼ぶにふさわしいのである。(11)したがって、三条坊門高倉邸に学問所があったのならば、直義監督のもとで遂行された原『太平記』の修訂作業がそこで行われないはずはあるまい。

観応元年（一三五〇）三月二日に没した玄恵（『園太暦』同日条）(12)が『太平記』のどの部分あるいは成立のどの

段階でもっとも深く関与したかは、もとより明確ではない。つまり、原『太平記』の制作に係わったのか、あるいはその修訂作業に係わったのか、はっきりしたことはわからない。しかし無関係であったとは考えられない。双方に関与した可能性は高いが、足利直義との密接な関係からみると、より主導的に係わったのは修訂作業の方だったのではあるまいか。玄恵と直義の密接な関係は、次に示す頓阿の「草庵集」に収められた足利直義の和歌(13)によくあらわれている。

法印玄恵身まかりて後、入道左兵衛督《（足利直義）》経料紙のためによませられし二首に、哀傷

なき跡をとはるるまでも残りけり　窓にあつめし雪の光は

すでに指摘されているように、(14)玄恵が史料に登場する最初は『花園天皇宸記』元応元年（一三一九）閏七月二十二日条(15)である。玄恵はそこでは「玄恵僧都」という表記で登場し、「御堂殿上局」(16)での論語談義に参加している。玄恵を宋学の達人とみることについては疑問視する意見もあるが、(17)花園院が日記同日条で「玄恵僧都義誠達道歟」と述べるように、広く儒学の碩学とみることに異論はなかろう。玄恵の没は前述のように観応元年（一三五〇）三月で、洞院公賢から「文道之衰微歟」（『園太暦』）と惜しまれたが、その享年は明確ではない。(18)

他方、恵鎮についてみれば、その没が延文元年（一三五六）三月一日、(19)享年七十六歳(20)であることから、弘安四年（一二八一）の生まれとなる。恵鎮は鎌倉時代の日記類にはほとんど登場しない。『花園天皇宸記』元弘二年（一三三二）四月十日条(21)にみえる、鎌倉幕府の調伏を祈った罪で仲円僧正らとともに「円観僧正」が遠流処分になったという記事がおそらく唯一ではなかろうか。元弘の変（元弘元年＝一三三一）の時点で五十一歳であった恵鎮が鎌倉時代の史料にほとんど登場しない理由は何かあったはずで、これは別途検討の余地があろう。また恵鎮の宗教の性格と社会的役割については松尾剛次氏の最近の研究(22)がある。

『太平記』の成立を考えるうえで恵鎮と玄恵との関係は一つのキーポイントとなるが、この点については不明というほかない。ただ『西源院本太平記』にみえる、(23)朝廷による天龍寺供養を停めさせるための協力を興福寺に要請する康永四年（貞和元＝一三四五）八月日延暦寺牒を玄恵が草したという所見をふまえると、玄恵は延暦寺の側に活動の本拠を置いており、広く天台系の宗教的脈絡と文道をつうじて恵鎮と交わる素地はあったものと思われる。そう考えると、等持寺において直義の前で恵鎮が『太平記』を玄恵に読ませたのも自然に理解されよう。しかし両人の間柄が緊密であったか否かについてはこれを検証するための史料がなく何ともいえない。恵鎮と足利直義との関係もよくわかっていない。

二　直義による修訂とその後の改訂

室町幕府の裁判制度を主管した足利直義が、役務柄その基礎をになう幕府の裁判官僚（幕府奉行人）たちとの間に親密な人間関係を形成したとしても不自然ではない。その一例として幕府問注所執事の大田時連（法名道大）との関係が注目される。大田時連は康永四年（貞和元＝一三四五）二月九日に七十七歳で没したが、洞院公賢は時連を「武家宿老、故実者」と評している。(24)公賢のこの評言は大田時連の地位と役割を集約的に表現している。要するに、武家故実に詳しい幕府の宿老だというのである。

この大田時連が「不食所労」(25)をわずらっているとき（おそらく没日をさほどさかのぼらない時期と思われる）、足利直義は時連の延命を祈って泰山府君祭(26)を行うようにと太刀を送り届けたが、それに歌を詠んでそえた。典拠は「新後拾遺和歌集」巻第一七雑歌下に収められた次の和歌である。(27)

道大法師やまひにわづらひ侍りけるに、泰山府君まつるべきよし申して、太刀

などおくりつかはしけるに、読みそへて侍りける　　　　　　　　左兵衛督直義

世のためにわれもいのればかぎりある　命なりともながらへやせん

時の執政者である足利直義が「世のために」時連の延命を祈るというのであるから、時連の特技である故実の知識が直義の政道を支えているという状況を想定しなければ、両人の関係は理解できまい。直義はおそらくこのような意識でもって、すべてのとはいかないまでも、多くの幕府奉行人たちとの間に緊密な人間関係を取り結んでいたのではないか。このような関係が直義の担当する政務の遂行の原動力となったであろうことは想像に難くない。原『太平記』の修訂を行うさいにも、このような配下の奉行人たちの協力があったであろう。おそらく原『太平記』の修訂作業は、直義の三条坊門高倉邸の学問所で、玄恵を中心にして幕府奉行人たちの助けを借りながら進められたものと思われる。そこでどのような制作の方針が採用されたかはわからない。しかし直義の性格や政道観から推測すると、直義は原『太平記』の「空こと」「誤」を正させ、形態や文体はどうあれ、おそらくは鎌倉幕府の歴史を叙述する『吾妻鏡』を意識した、室町幕府の成立を語る正史のようなものに改変しようとしたのではあるまいか。原『太平記』が遭遇した最初の方向転換はこのようにして行われたと考えてよかろう。この直義の修訂の後、原『太平記』がどのように変わったか今日知ることはできない。なお、直義と熾烈な抗争を演じた高師直・師泰兄弟の悪逆・非道ぶりは、この段階で実際以上に誇張して描かれた可能性なしとしない。

足利直義の失脚は、この修訂『太平記』に更なる改訂を加えることになった。足利尊氏派勢力と同直義派勢力との間の熾烈な抗争である観応の擾乱は、観応三年（文和元＝一三五二）に入ってほどなく直義が殺害されて直義派勢力の敗北という形で終息し、結果的に室町幕府の将軍親裁権の確立に道を開くことになった。前掲の「難太平記」の記事にみる「後中絶なり」とは、直義による修訂『太平記』の制作が擾乱の激化によって頓挫し、直

義の敗北によって中断の余儀なきにいたった事実を示唆している。さらにこの文言に続く「近代重而書続けり」とは、擾乱の後しばらくたってから、再び制作が開始されたという意味であろう。

この制作開始がいつ、だれによってなされたかは明確でない（その最終段階で小島法師らが係わったことだけはいえよう）。「難太平記」が「次てに入筆共を多所望してか丶せけれは、人の高名数をしらす書り」と記すように、多くの武将たちの手柄話が盛りこまれた。了俊は「高名なとのいつはりおほし」と批判している。しかしここで『太平記』の改訂という観点から何より注目すべきは、直義の修訂『太平記』に大幅な改訂が施されたことであろう。『太平記』はここで二度目の方向転換を迫られることになる。もう一つ見落とせないのは、「難太平記」の著者今川了俊の時代認識の仕方である。すなわち了俊のいう「近代」とは観応の擾乱の終息以降であり、それ以前の時期とは意識のうえで区別されていることである。つまり改訂『太平記』は「近代」の幕府のできごとを記す物語であるとの認識であるといってよい。

『太平記』と足利直義の関係を論じる本稿では、直義没後の、観応の擾乱以降を扱う部分はひとまず考察の外におくことにしたいが、了俊のいう「近代」の改訂作業で、直義との関係において目を離せないのは、その改訂の手が直義修訂の『太平記』に及んでいるからである。近年、五味文彦氏は、(28)

『太平記』を二部構成でもって考えるならば、第一部は後醍醐の挙兵から天龍寺供養までの後醍醐の物語と見做せるのではないか。そして第二部はそれ以後に書き継がれたもので、公武一統の歴史を描いたものといえよう。

との理解から、「『太平記』はもともとは後醍醐の霊を慰める物語としての性格をもっていたのではないか」と述べているが、これはたいへん魅力的な意見である。また松尾剛次氏(29)も死者の鎮魂という視点をとりいれて、

『太平記』は（中略）南北朝動乱で死んだ人々の鎮魂を第一義として中立的な立場で書かれた。しかし、足利直義の「検閲」を受け、また幕府に結集した武士たちの希望をいれるなどしたために室町幕府の神話としての機能も担うことになった書なのである。

と述べている。「室町幕府の神話」とは「室町幕府の成立と、それに結集した武士たちが自己あるいは先祖の存在とを納得するための神話」[30]と説明されている。筆者もかつて、

『太平記』は軍記物語の形態をとりながら、実は、室町幕府政治の成立・展開の必然性を歴史のなかから解き明かし、幕府支配を合理化し、かつ正当化するというすぐれて政治的な性格を合わせ持っている。

と述べたことがある。[31]

五味氏の見解のように、『太平記』を二部構成とみ、その第一部を後醍醐天皇の鎮魂を目的とした物語と読むと、[32]「近代」の改訂『太平記』における足利直義の描かれ方は理解しやすくなる。結論からいうと、「近代」における改訂の力点の一つは、ことさら因果応報的な見地から後醍醐の怨霊を鎮めるという目的のもとに、直義の行状を意図的に描きあげることではなかったか。

暦応五年（康永元＝一三四二）春、後醍醐の怨霊が直義にとりついて直義を重病に陥れるという話が『太平記巻二三』に出てくる。直義の病気は結局光厳上皇が平癒を懇祈する願文を石清水八幡に納めることで治るのであるが、そこでの主目的は北朝の治天下光厳上皇の「聖徳」の強調の方にあったとみられる。

改訂『太平記』は、足利直義の功績を顕彰しない。例えば、建武三年（一三三六）三月の筑前多々良浜の戦いで武家方が勝利をおさめたことについて、

是全ク菊池（武敏）カ不覚ニモ非ス、又左馬頭（直義）ノ謀ニモヨラス、只将軍（尊氏）天下ノ主ト成リ給ヘキ過去ノ善因モヨヲシテ、

霊神擁護ノ威ヲ加シカハ、此軍不慮ニ勝事ヲ得テ、九国中国悉ク一時ニ随ヒ靡ニケリ（巻一五）

という具合に、[33]わざわざ直義の策略によるのではないと特記している。直義の描かれ方で特に注意すべきは、後醍醐の皇子を殺害する役回りの多さである。直義が建武二年七月の中先代の乱のおり鎌倉に幽閉していた護良親王を殺害させたことまで疑うわけではないが、[34]延元三年（一三三八）恒良・成良の両親王を足利直義が「調進」した毒薬で殺害したと描く点[35]は故意であるように思えてならない。現に成良はこの時殺害されたのではない。[36]恒良の死については他に確たる史料がなく何ともいえないが疑わしい。うがった見方をすれば、改訂『太平記』は後醍醐の怨霊が直義にとりつく必然性をこうして作為し、物語の中で後醍醐の鎮魂という方向で直義にふるまわせた可能性なしとしない。

この方向性は西源院本などの古態本よりも、慶長八年（一六〇三）古活字本などの流布本系において一層顕著となる。流布本の例を一二あげると、

（恒良・成良両親王毒殺の段の最後に）カクツラクアタリ給ヘル直義朝臣ノ行末、イカナラント思ハヌ人モ無リケルガ、果シテ毒害セラレ給フ事コソ不思議ナレ、[37]

（直義の生涯を総括する形で）サテモ此禅門《（直義）》ハ、随分政道ヲモ心ニカケ、仁義ヲモ存給シガ、加様ニ自滅シ給フ事、何ナル罪ノ報ゾト案ズレバ、此禅門依レ被レ申、将軍《（尊氏）》鎌倉ニテ偽テ一紙ノ告文ヲ残サレシ故ニ其罰ニテ、御兄弟ノ中モ悪ク成リ給テ、終ニ失給歟、又大塔宮《（護良親王）》ヲ奉殺、将軍宮《（成良親王）》ヲ毒害シ給事、此人ノ御態ナレバ、其御憤深シテ、如レ此亡給フ歟、[38]

などという記事が新たに付加されている。これは『太平記』がもともとそのような素地をもっているためとみたい。このようにみてくると『太平記』の構想というものがわかってくるし、同時に直義についての叙述は、その

ままの形で信用するわけにはゆかないこともわかる。

ようするに、原『太平記』を修訂した足利直義は、観応の擾乱に敗北して最終的には毒殺されたが、しかし、室町幕府草創期において二頭政治の片方を担い、幕府政治史にじつに大きな足跡を残した直義の役割はこれで終わったのではなかった。次には『太平記』の世界で、身をもって後醍醐天皇の魂を慰める役割を背負わされたのである。後醍醐を鎮魂する物語、いいかえれば後醍醐の怨霊を封じ込める物語は、そのまま室町幕府成立の物語へと昇華する性質のものだった。その意味で、『太平記』を二部構成でみる場合、後醍醐物語を内容とする第一部は、室町幕府の確立の物語である第二部と調和こそすれ、決して齟齬したり矛盾したりすることはないのである。

ちなみに、今川了俊が読んだ『太平記』はむろん原『太平記』ではないし、直義監督下で修訂されたそれでもない。直義が修訂させた『太平記』は、直義の失脚後さらに改訂されたことは明らかであるからである。しかし前掲の「難太平記」の記事によれば、六波羅合戦のさい、足利尊氏は大将の名越高家が討たれたので降参したのだという記述はそのまま残り、今川了俊の批判の対象の一つとなったものと考えられる(39)。

三　後醍醐物語としての原『太平記』と恵鎮

ここで、直義による修訂をへる以前の『太平記』、これまで原『太平記』と称してきた作品の制作の動機について みてみたい。

このことについては、五味文彦氏の、

さてでは恵鎮門下はどうして『太平記』を作ったのであろうか。恵鎮が後醍醐のためになにかしようとしたことは十分考えられることである。ところが足利尊氏・直義は禅僧の夢窓疎石の勧めによって、天龍寺を建立したものの、そこには恵鎮の出番はなかった。そのことから、後醍醐の鎮魂の物語の発想が生まれたのではなかったか。『太平記』が夢窓に冷たいのも興味深い。(40)

という意見と、松尾剛次氏の、

（前略）恵鎮教団が『太平記』を描いた第一の理由が南北朝動乱で死んだ人々の鎮魂にあったからであって、それゆえ怨霊となった人々、たとえば後醍醐天皇、護良親王らにスペースがさかれている。(41)

という意見がある。両氏の意見を比べたとき、鎮魂の対象をどうみるかという点に多少の違いはあるが、鎮魂の思想を媒介として理解する点では共通しており、両意見には基本的な相違はない。五味氏が指摘するように、『太平記』が本来後醍醐の物語として始まっていたと考えると、見えてくることが少なくない。『太平記』の冒頭では後醍醐の紹介が丁寧に行われる。尊氏や直義についてのそのような記事はどこにもない。『太平記』制作の直接の契機は後醍醐その人のことに発しているとみてよい。

しかしそのような鎮魂の思想は他の場面にもあらわれている。一つは、五味氏が触れた後醍醐天皇の冥福を祈るための天龍寺の創建、もう一つは元弘以来の戦没者の遺霊を弔い天下の泰平を祈念するための全国への安国寺・利生塔の設立・設置である。いずれも足利政権の担当者たる足利尊氏・直義が中心となって推進した宗教的事業であり、原『太平記』の成立事情と根を同じくするといってよい。

まず、天龍寺の創建については『太平記　巻二五』のなかの「一　天龍寺事」に記事があり、創建の経緯や比叡山よりのクレームなどのことが述べられている。天龍寺は、暦応二年（一三三九）の光厳上皇院宣をうけての造営決定、寺号暦応資聖禅寺、同三年の木作始、同四年の天龍資聖禅寺への寺号変更などをへて、貞和元年（一三四五）の後醍醐天皇七年忌の年に落慶供養が営まれた(42)。また安国寺・利生塔の設立・設置について、今枝愛真氏は「安国寺は暦応三年頃から貞和三年ごろ（マヽ）にわたって設置されたことがしられるが、おそらく利生塔と同様、建武五年頃から設置されはじめたのではなかろうか(43)」、利生塔は「建武五年頃から康永・貞和年間にかけて着々と設立されていったことが知られる(44)」と述べている。元弘・建武の乱後うちつづく社会不安のもと、鎮魂の思想が公武の上下を覆うなかで、原『太平記』の制作は開始されたといえよう。

その原『太平記』の制作において、恵鎮（円観）の役割が大きかったことはいうまでもない。恵鎮がそのような役割を果せたのは、松尾氏が指摘するように鎌倉時代末期は後醍醐天皇方、建武新政以後は中立的な立場をとったためだろう(45)。諸国の情報収集を得意とする多くの律僧を配下においていたこともあろう。恵鎮がその中立的な立場から南朝との和平交渉をするための幕府使者となったり、足利尊氏・直義兄弟の和睦のための仲立ちになったりしていることは『園太暦』によって知られるが、そのうちもっとも早い事例は、観応二年（一三五一）八月の将軍足利尊氏の使者としての南山行きである(46)。

恵鎮はこの種の活動をいつごろから行っていたのであろうか。このことは『太平記』制作の時期の問題とも係わってこよう。この点について考えるとき、国立公文書館内閣文庫所蔵の「山科家古文書　四(47)」に収められる、康永元年（一三四二）九月二十六日に書かれたとの注記のある前欠の文書目録が一つのてがかりとなる。以下に関係部分のみをあげる。

（上略）

一通　恵鎮上人状正文　康永元年九月十六日和平事、依彼口入落居事、

（下略）

この文書目録は山科家のものであるから、右の「恵鎮上人状正文」とは山科家に所蔵されていた文書の中の一通と考えるのが自然であろう。つまり、康永元年九月十六日付の恵鎮上人書状の正文が存在したわけである。「和平事」とは山科教兼―同行盛（教行）というという一門間の家領をめぐる争いの調停である。(48)「依彼口入落居」とあることからみて、恵鎮の仲介・斡旋によって事態が「和平」したことはまちがいない。すなわち、恵鎮は観応二年より約十年ほど前の康永元年にはすでに、このような問題の調停者としての活動を開始していたのである。原『太平記』の制作はこうした恵鎮の中立的な活動と密接な関係を有していたのではないか。

おわりに

『太平記』と足利政権という観点から『太平記』の性格の一端を垣間みてきたが、残された課題は多い。観応の擾乱を契機に『太平記』の改訂・制作は中断、そして再開されるわけだが、再開の時期はいつか、どのようなメンバーがこの作業に携わったか、制作の方針や理念はどうか、といった問題である。

『太平記』の成立が管領細川頼之の執政期にあたることも見落とせない。『太平記』が成立の最終的場面で細川頼之の強い影響を受けたことは容易に想像される。細川頼之の管領就任でもって『太平記』が終わるわけであるから、『太平記』の成立と細川頼之との関係は深く掘り下げて考えてみる必要があろう。しかし本稿では『太平記』と足利直義との関係を述べるのが主旨なので、そこまでは言及しなかった。

問題は多々残っているが、本稿での考察によって、足利直義は南北朝動乱の時代を代表する政治家・武将として政治・軍事史のうえに大きな足跡を残すのみならず、『太平記』という室町幕府の歴史を語る物語のなかでも後醍醐天皇の怨霊を鎮める役割を演じ、文化・思想史のうえでもことに注目すべき存在であることを確認できたように思う。

(1)『群書類従　第二一輯　合戦部』所収。
(2)豊田武氏編『人物・日本の歴史5　内乱の時代』(読売新聞社、昭和四十一年)九五頁。
(3)永原慶二氏「太平記と直義」(『季刊　ぐんしょ』再刊第15号、平成四年)はそのような観点から『太平記』の見直しを提言したものである。
(4)『新編国歌大観　第一巻』(角川書店、昭和五十八年)五九〇頁。
(5)足利直義裁許状についての最新の研究としては、岩元修一氏「足利直義裁許状の再検討(一)(二)」(『宇部工業高等専門学校研究報告』四〇、平成六年)がある。
(6)杉山次子氏「京大谷村文庫本『難太平記』の太平記作者に関する記事」(『日本歴史』二八七、昭和四十七年)四四頁。なお谷村文庫本「難太平記」の諸本中での位置については、同氏「難太平記の諸本について」(『軍記と語り物』九、昭和四十七年)がある。
(7)増田欣氏『太平記の比較文学的研究』(角川書店、昭和五十一年)一〇一頁。
(8)松尾剛次氏「『太平記』と恵鎮教団――鎌倉新仏教を見直す(1)――」(『春秋』三三八、平成四年)。関連論文に同氏「恵鎮円観を中心とした戒律の復興――北嶺系新義律僧の成立――」(『三浦古文化』四七、平成二年)がある。
(9)注(7)所引、増田欣氏著書、一〇一頁、一〇六頁注43。
(10)『大日本史料』第六編之一一、九九三、一〇〇九～一〇一二頁。
(11)八木聖弥氏「足利政権の成立」(『文化史学』五〇、平成六年)三八頁。この論文のなかで、足利直義の邸宅の移動についても詳しく触れられている。なお同氏『太平記的世界の研究』(思文閣出版、平成十一年)参照。
(12)『史料纂集　園太暦　巻三』(続群書類従完成会、昭和四十六年)二三四頁。『大日本史料』第六編之一三、四六九～四七五頁の没日条に関係史料が一括掲載されている。
(13)『新編国歌大観　第四巻』(角川書店、昭和六十一年)一九〇頁。この和歌については、斎藤清衛氏「玄恵法印私考」(『南北朝時代文学新史』春陽堂、昭和八年)二三九頁、和島芳男氏「玄恵法印新考――中世宋学史の再構成

――」（『神戸女学院大学論集』四巻二号、昭和三十二年）一三頁に指摘がある。

(14) 注(13)所引、斎藤清衛氏著書、二四八頁、和島芳男氏論文、四～五頁。

(15) 『史料纂集　花園天皇宸記　第二』（続群書類従完成会、昭和五十九年）四三頁。

(16) 注(13)所引、和島芳男氏論文、六頁参照。和島氏はこの「御堂」を持明院殿とみている。

(17) 注(13)所引、和島芳男氏論文。同『中世の儒学』（吉川弘文館、昭和四十年）。

(18) 注(13)所引、斎藤清衛氏著書、二四八頁によると、「玄慧八十二歳入寂説」というものがあるとのことだが、典拠は不明。

(19) 『大日本史料』第六編之二〇、三七七～四三四頁に関係史料が一括掲載されている。

(20) 「園太暦」による。『史料纂集　園太暦　巻五』（続群書類従完成会、昭和四十八年）一五八頁。

(21) 『史料纂集　花園天皇宸記　第三』（続群書類従完成会、昭和六十一年）二六八頁。

(22) 松尾剛次氏「恵鎮円観を中心とした戒律の復興――北嶺系新義律僧の成立――」（『三浦古文化』四七、平成二年）。

(23) 『西源院本太平記』（刀江書院、昭和十一年）六九五～六九七頁。

(24) 『大日本史料』第六編之八、八三一～八三三頁に関係史料が一括掲載されている。引用個所は『園太暦』康永四年二月十日条による（この日の条に「去夜卒去」とみえる）。太田時連（道大）は建武政権下で雑訴決断所の奉行人を勤めた経験もある（「雑訴決断所結番交名」にみえる「信濃入道道大」がそれ）。鎌倉幕府下でも評定衆・問注所執事を勤めた。「永仁三年記」は時連が記した職務日記の一部とされている。

(25) 『師守記』康永四年二月十日条（『史料纂集　師守記　第二』二七〇頁）。なお『師守記』当日条頭書に「今日問注所信濃入道道太《ママ》他界」とあるが、頭書の位置を誤ったものと考えられる。

(26) 泰山府君祭は陰陽道の祭祀であるが、病気の平癒はその効験の一つとされた。『太平記』には、暦応五年春、後醍醐天皇の怨霊のために足利直義が病におちいったとき、陰陽寮がその平癒を祈って泰山府君を祭った記事がある（巻第二三「上皇御願文事」）。

(27) 『新編国歌大観　第一巻』七一八頁。

(28) 五味文彦氏「後醍醐の物語」（『国文学解釈と教材の研究』三六巻二号、平成三年）七二頁。

(29) 注(8)所引、松尾剛次氏「『太平記』と恵鎮教団」一一頁。
(30) 注(29)に同じ。
(31) 拙著『太平記の群像――軍記物語の虚構と真実――』(角川書店、平成三年)三〇〇~三〇一頁。
(32) 『太平記』を後醍醐の物語とみ、怨霊思想の側面から読み解こうとする視点は、すでに北爪幸夫氏「後醍醐の死に対する幕府及び北朝の対応」(『太平記研究』三、昭和四十八年)、長坂成行氏「帝王後醍醐の物語」(『日本文学』三一、昭和五十七年)等にあらわれている。
(33) 『西源院本太平記』四二六頁。なお「神宮徴古館本　太平記」には「是全ク」から「謀ニモヨラス」の部分がない(長谷川端氏・加美宏氏・大森北義氏・長坂成行氏編『神宮徴古館本太平記』和泉書院、平成六年、四六〇頁)。
(34) 北畠親房「神皇正統記」にその旨の記載がある(日本古典文学大系87『神皇正統記　増鏡』岩波書店、昭和四十年、一八七頁)。
(35) 『西源院本太平記』五六六~五六八頁、『神宮徴古館本太平記』六〇二~六〇三頁。
(36) 拙著『皇子たちの南北朝――後醍醐天皇の分身――』(中央公論社、昭和六十三年)七八頁。
(37) 日本古典文学大系35『太平記　二』(岩波書店、昭和三十六年)二八二頁。
(38) 日本古典文学大系36『太平記　三』(岩波書店、昭和三十七年)一六二頁。
(39) この記述は今日に伝わる諸本の地の文にはない。ただ、『太平記』の引用する建武二年(一三三五)十一月日新田義貞奏状(足利尊氏・直義の誅伐を奏上)のなかにその旨を述べたくだりが残っている(『西源院本太平記』三五五頁、日本古典文学大系35『太平記　二』四六頁等参照)。引用史料のなかまで改訂の手が及ばなかったものか。なお『西源院本太平記』が新田義貞奏状の年次を「建武元年」とするのは「建武二年」の誤り。
(40) 注(28)所引、五味文彦氏論文、七四頁。
(41) 注(29)に同じ。
(42) 『国史大辞典9』(吉川弘文館、昭和六十三年)「てんりゅうじ　天竜寺」の項、一〇四一頁(竹貫元勝氏執筆)。
(43) 今枝愛真氏『中世禅宗史の研究』(東京大学出版会、昭和四十五年)一〇九頁。
(44) 同右、八七頁。
(45) 注(29)に同じ。

(46)「園太暦」観応二年八月七日、十二日条。『史料纂集　園太暦　巻四』(続群書類従完成会、昭和四十六年) 一九〜二〇頁。

(47) 国立公文書館内閣文庫の函号は古三七―六五四。

(48) 菅原正子氏『中世公家の経済と文化』(吉川弘文館、平成十年) 六五頁。

【追記1】足利直義の思想については、堀川貴司氏「『等持院屛風賛』について」(『国語と国文学』六九―五、平成四年)、同氏「足利直義――政治・信仰・文学――」(『和漢比較文学叢書　第一三巻』所収、汲古書院、平成四年) 参照。

【追記2】本書三八九頁五行目の「世中の人のうれへ」に関して一言すれば、『太平記 巻三五』に「民ノ憂ヘ天ニ昇テ災難ヲナス。災変起レハ国土乱ル」とみえ、この言説は「世中の人のうれへ」の意味内容を考える場合のヒントとなる。

第四節　『太平記』に引かれた文書

はじめに

『太平記』は中世の軍記物語の傑作として、テキスト校訂と内容に即した研究成果が蓄積している。特に国文学の方面での研究が多く、近年では、歴史資料として見る立場からの関心も集まっている。よくいわれるように『太平記』は実に不思議な作品であって、読めば読むほど、その感を深くする。その性格を明らかにするには、国文学からのアプローチのみならず、日本史学からのそれも重要と考える。

『太平記』の性格を考える手がかりの一つは、その叙述の素材となった資料の検討であろう。『太平記』に引かれた和歌にはすでに着目されている[1]が、文書にはまだ検討の手が及んでいないようである。日本史学からのアプローチの一つはこういった点からなされるべきであって、そこから得られた知見は『太平記』の理解を助けるに相違ない。

本稿は、そういった視点から、『太平記』に引用された文書を検討しようとするものである。『太平記』はむろん第一に文芸作品だから、虚構も多々あろう。しかし、同時に南北朝の動乱史を語る歴史書的な側面もあわせもっているから、ときには正確な史料を使用したであろうし、それがはしなくも露顕した個所もあろう。たとえ創作された文書だとしても、それが創作された事情・背景をさぐれば、その創作文書は別の意味で生きてくるし、その背後に隠れた歴史事実をとらえることも不可能ではない。

なお、本稿では、古態本中の善本という評価の定まった西源院本によることとし、テキストとしては、鷲尾順敬氏校訂『西源院本太平記』（刀江書院、昭和十一年。以下、西源院本と略称する）を使用し、流布本の一つたる日本古典文学大系34～36『太平記　一～三』（岩波書店、昭和三十五～三十七年。底本は「慶長八年古活字本」。以下、文学大系本と略称する）を適宜参照することとしたい。

一　『太平記』に引かれた文書

まず、『太平記』にはどのような文書が引用されているか調べてみよう。ここでは、独立した一通の文書として引用されたものを対象とし、取意文の形で『太平記』の地の分のなかに出てくるものは除外することにしたい。

①元弘三年二（三）月十一日大塔宮護良親王令旨[2]（左少将奉。新田小太郎〈義貞〉あて）（巻七。「義貞賜綸旨事」）
②元弘三年五月七日足利尊氏願文[3]（丹波篠村八幡宮に奉納）（巻九。「五月七日合戦事、同六波羅落事」）
③建武二年三月五日護良親王消息[4]（前左大臣〈二条道平〉あて）（巻一二。「兵部卿親王流刑事」）
④建武元（二）年十月日足利尊氏奏状[5]（巻一四。「足利殿与新田殿確執事、付両家奏状事」）
⑤建武元（二）年十一月日新田義貞奏状[6]（同右）
⑥建武二年十一月三日後醍醐天皇綸旨[7]（右中弁光守奉。武田一族中・小笠原一族中あて）（巻一四。「箱根軍事」）

⑦延元元年六月日延暦寺牒[8]（興福寺衙あて。差出書「延暦寺三千衆徒等」）（巻一七。「山門牒送南都事」）

⑧延元元年六月日興福寺牒[9]（延暦寺衙あて。差出書「興福寺衆徒等」）（同右）

⑨延元二《(三)》年七月日新田義貞家牒[10]（延暦寺衙あて）（巻二〇。「義貞朝臣山門贈牒状事」）

⑩延元二《(三)》年七月日延暦寺牒[11]（左近衛中将〈新田義貞〉家衙あて）（同右）

⑪暦応五年二月日光厳上皇願文[12]（八幡宮〈石清水ならん〉に奉納）（巻二三。「上皇御願文事」）

⑫康永四年七月日延暦寺三千大衆法師等申状[13]（差出書「三千大衆法師等上」）（巻二五。「天龍寺事」）

⑬康永四年八月日延暦寺牒[14]（興福寺衙あて）（同右）

⑭観応元年十月二十五日光厳上皇院宣[15]（権中納言国俊奉。足利左兵衛督〈直義〉あて）（巻二八。「恵源禅巷南方合体事并自持明院殿被成院宣事、付吉野殿へ恵源状奏達事」）

⑮（観応元年）十二月九日恵源（足利直義）書状[16]（四条大納言〈隆資カ〉あて。差出書「沙弥恵源」）（同右）

⑯正平五年十二月十三日後村上天皇綸旨[17]（左京権大夫正雄奉。足利左馬頭入道〈直義〉あて）（巻二八。「漢楚戦之事、付吉野殿被成綸旨事」）

⑰康安元年九月三日細川清氏願文[18]（吒祇尼天に奉納。差出書「相模守清氏」。裏判）（巻三六。「志一上人上洛、細川清氏叛逆露顕即没落事」）

⑱（年紀なし。文脈からみて至聖《(正)》二十二《(六)》年〈貞治五年〉）元国牒状[19]（巻三九。「高麗人来朝事」）

流布本では、以上のほかに、建武四年七月二十七日尾張守斯波高経書下（平泉寺衆徒御中あて。[20] 巻二〇「義貞重黒丸合戦事付平泉寺調伏法事」）があるが、西源院本では、取意文の形で地の文に組み込まれ[21]、年紀はない（文書名としては「御教書」と地の文に記されているが、これは当時の守護クラスの武士が発給した「書下《かきくだし》」とみてよい）。

以上によって、現存『太平記』に地の文の中ではなく、独立して引用された文書は全部で一八点、流布本の一通を加えると十九点になることが知られる。しかし、流布本の一通は、本来独立していなかったと考えられるので、いましばらく考案の外におく。

二　引用された文書の特徴

『太平記』にどのような文書が引用されているかを具体的に述べたから、次にはそれらの文書の特徴について考えてみよう。

まず、文書の種類ごとに整理すれば、どうなるか。点数の多い順に並べてみよう。

牒（延暦寺・興福寺・新田義貞家）……⑦⑧⑨⑩⑬
願文（足利尊氏・光厳上皇・細川清氏）……②⑪⑰
消息・書状（護良親王・足利直義〈恵源〉）……③⑮
奏状（足利尊氏・新田義貞）……④⑤
綸旨（後醍醐天皇・後村上天皇）……⑥⑯
院宣（光厳上皇）……⑭
令旨（護良親王）……①
申状（延暦寺三千大衆法師等）……⑫
元国牒状……⑱

これをみると、『太平記』が引用した文書は、綸旨・院宣といった公家の公文書の典型的なものから、願文という心の内面を吐露した文書までに至る。寺家の牒の存在は、当時の延暦寺と興福寺（いわゆる南都北嶺）の卓絶した勢力を物語ろう。発給人の顔ぶれも、南北朝の動乱史をいろどる、そうそうたる人物がそろっており、『太平記』制作者の構想の一端をうかがわせる。

次に、それぞれの時点における、発給人の政治・社会的勢力の性格（南朝系・北朝系、寺社など）によって分類しよう。これは分類基準の立て方に異論が出ようが、以下はおおまかなところである（⑮の時点で恵源は南朝に帰順の意思を表明しているが、彼はもともと幕府側の人物なので、本質的な面から、北朝系に入れた）。

南朝系……………………………①③⑤⑥⑨⑯

北朝系……………………………②④⑪⑭⑮⑰

寺院………………………………⑦⑧⑩⑫⑬

その他……………………………⑱

以上のことから、『太平記』は叙述にあたって、南北いずれかにかたよることなく、ほぼ同等に素材を両朝のことがらに求めたことがうかがえよう。このことは、『太平記』が南朝史でもない北朝史でもない、文字どおり南北両朝史をトータルに描いた作品となっていることとも関係していよう。

さらに、時間的な観点からみよう。

建武政権の成立以前（元弘三年六月以前）……………①②

建武政権期（建武二年十一月の足利尊氏の離反まで）……③④⑤⑥

観応の擾乱以前……………………⑦⑧⑨⑩⑪⑫⑬

観応の擾乱期………………………⑭⑮⑯

観応の擾乱以後 ……………………………………(17)(18)

このことから、『太平記』の中の引用文書は、足利尊氏の離反から観応の擾乱にかけての時期のものが最も多く、ここを頂点にし、前後の方向にゆるやかなスロープを描くように減少していることが知られる。

三　個々の文書の検討

右で、『太平記』に引かれている文書の全体的特徴について粗述したから、こんどは、個々の文書に即して、その注目すべき点をさぐってみよう。できれば、文書原文をあげつつ説明したほうが分かりやすいのであるが、紙幅の都合で、それはできない。

まず、①の大塔宮護良親王令旨が本物か偽物か、確実なことはわからない。しかし、この令旨はもし偽者だとしても、この日付当時の護良親王の立場を正確に写し出しているといってよい。その点については別稿で詳しく指摘したが、(22)このころ同親王の権威はピークに達しており、父後醍醐天皇は隠岐配流中であったから、その令旨は綸旨に代わる役割を果した。『太平記』が「令旨ニハアラテ、綸旨ノ文章ニテ書タリ」と記し、「綸旨如此」なる文言を備えた令旨を掲出したのには、それなりの理由と背景がある。

②の足利尊氏願文については、種々議論があることは周知のところである。(23)特に、丹波篠村八幡宮現蔵の元弘三年（一三三三）四月二十九日足利尊氏願文との関係に注目が集まっている。むろん、この四月二十九日願文が本物か偽作か、古来議論されてきたが、近年は本物説がにわかに強まった。ここでこれらの点に細かく触れる余裕はないが、とにかく『太平記』所載の足利尊氏願文も歴史的文脈上、存在の蓋然性が高く、『太平記』作者の創作として一笑に付してしまうわけには到底ゆかない。

③の護良親王消息については、『平家物語』の「義経腰越状」との関係が指摘されているが、[24] しかし『平家物語』『吾妻鏡』所載の腰越状をみる範囲では必ずしも同消息との内的関連は認められない。ただ、鎌倉の足利直義のもとに拘禁中の護良がかかる消息をしたためて、京都の「前左大臣」に送ることができたかについては疑問も残る。

④⑤の、足利尊氏と新田義貞の奏状はどうか。後醍醐―尊氏の対立はもとをたどれば、尊氏―義貞という源氏一門同士の権力抗争に一因があったから、建武二年（一三三五）十、十一月段階でこのような後醍醐に対する奏状の出し合いが演じられた可能性は十分ある。ただ、『太平記』に載せるものがその原文か否かは即断できず、なお検討を要するが、筆者が特に注目したいのは⑤の義貞奏状で、義貞が尊氏を「名越尾張守高家、於戦場墜命之後、始与義卒軍丹州」と非難している点である。何故注目するかといえば、このくだりが今川了俊の『難太平記』（応永九年二月成立）が「かへすがへす無念の事」と嘆息した。「六波羅戦の時、大将名越うたれしかば、今一方の大将足利殿（尊氏）先皇（後醍醐）に降参せられけりと太平記に書きたり」[25] という事実と符合するからである。原『太平記』では足利尊氏の寝返りをそのように説明してあったらしい。このことは逆に⑤の史料としての信憑性を高めている。現存『太平記』の地の文ではそのような不名誉な表現はちゃんと削られたが、さすが引用された文書までには手が延びなかったのであろうか。

⑥の後醍醐天皇綸旨は、『太平記』本文では、足利尊氏に叛意を起こさせようとした弟直義が（上杉重能のアイデア）、尊氏に示した「謀ノ綸旨」とされているが、尊氏の離反後に後醍醐天皇が現に発した綸旨にこのような文言のものがあるから、『太平記』では謀綸旨と明記されていても、本物を文脈上そのように扱ったとみられないこともない。つまり⑥の文書は実際存在したと考えて一向に不自然ではないのである。

『太平記』には寺家の文書が多く含まれるのが特徴の一つである。この種の文書で興味深いのは、草稿の起草者の注記が見えることである。⑦に「定海法印草書」、⑧に「大乗院草」、⑫に「自徹草」、そして⑬に「玄恵草」、という具合である。この点には、西源院本の校訂に鷲尾順敬氏とともに携わった村田正志氏がすでに着目している。[26]『太平記』の引く寺家の牒には差出書を有するなど定型にはずれるものもあるが、この注記は特に疑う余地は認められず、むしろ文書自体の信用度を高めているようにも思える。⑨は新田義貞家牒、⑩はこれに対する延暦寺牒。⑩には草者の注記がないので、これらは他の牒とは別扱いするべきなのかもしれない。

⑭の光厳上皇院宣は、出家して恵源と名乗っていた足利直義を鎮守府将軍・左兵衛督に任ずるという内容だが、これはにわかには信用しがたい。⑪の同上皇願文は足利直義の病気平癒を「八幡之社」に祈ったものだが、これ自体の真偽を判断する材料がない。しかし光厳―直義間のことがらを内容としている点から、⑭に引きつけて考えれば、これも要検討文書の一つといえまいか。

⑮の恵源書状は、内容上、次の⑯と直接関係する文書である。以下に述べるように、⑯は正確な文書であるから、これに対する⑮もさほど疑う余地はないようにも思うが、断定するまでには至らない。

⑯の後村上天皇綸旨は特に注目される。これは、兄足利尊氏と熾烈な戦いを演じた足利直義が南朝と結ぶのが得策との打算から、後村上天皇に投降の意志を表明したため、窮地に追い込まれてまさに藁をもつかむ思いの同天皇がこれを許した綸旨であるが、この文書はもともと醍醐寺の僧房玄の日記『観応二年日次記』（『房玄法印記』）の観応二年（一三五一）正月四日条に書き留められたものである。[27]したがって、『太平記』の作者は房玄日記を素材として使用したことになる。『太平記』が正確な文書を含んでいることを示す一挙証である。

⑰の細川清氏願文については、特別に本文を挙げよう。

敬白

吒祇尼天宝前

一清氏管領四海、子孫永可誇栄花事、

一宰相中将義詮朝臣忽受病悉（患）、可被死去事、

一左馬頭基氏失武威、背人望、可被降我軍門事、

右三ヶ条之所願一々令成就者、永為此尊之檀度、可専真俗之繁昌、仍祈願状如件、

康安元年九月三日　相模守（細川）清氏

これは、細川清氏が陰謀を企てたとして将軍足利義詮から追討をうけるきっかけとなった文書である。清氏が四海を管領、つまり天下を取ること、足利義詮の病死、鎌倉公方の足利基氏が清氏に降伏すること、以上三カ条を吒祇《だき》（荼枳・荼吉）尼天《にてん》（夜叉、羅刹の一種）に祈願し、所願成就のあかつきには檀徒となって帰依しよう、と誓っている。

この願文について『太平記』は、佐々木導誉に「相模守陰謀ノ企有テ、志一上人ニ就テ将軍ヲ呪咀シ奉リ候ケルソヤ、自筆自判之願書分明ニ候」と語らせ、また伊勢入道（将軍足利義詮の側近）に「手跡ハ誰共知ネトモ、於判形無疑」しと慎重な発言をさせている。「裏判ニコソセラレケル」とあるのは、願文の署名「清氏」の紙背に花押が据えられていたことをいうのだろう。この事件は清氏と道誉の対立・抗争という文脈のなかで考えなければならないが、ここで注目されるのは、今川了俊の『難太平記』の中の関連記事である。以下、必要最低の限りで掲出する。(28)

一、細川清氏事、実には野心なかりけるにや。余りに過分の思有て上意にそむきし処に、或人の仕落しけるや。

（中略）一には神殿に願文を納けるに、可執天下文言有けるを、従社家公方へ進ける故と云り。此願文は清氏が非筆か。判形も不審也けりとこそ故殿（了俊の父、範国）は語給ひしか。

直接関係するのは、後半部の「一には」以下である。恩賞地の配分のことで細川清氏に憤りさえ感じていた（『難太平記』）今川範国が、この願文は清氏の自筆でなく、花押も不審だったと述懐しているのである。この証言には極めて信頼性がある。つまり清氏ははめられて失脚したわけである。『太平記』の載せるこの願文が、大筋において範国の見たものと同じであることもうかがえる。

最後に、⑱の元国牒状について。『太平記』では、使者の来朝を貞治五年（一三六六）九月としているが、他の正確な史料によれば、元の中書省の書を携えた高麗使が来朝したのは貞治六年二月[29]だから、時間を約半年遅らせることによって、この史料を生かすことができるのではあるまいか。

おわりに

年代記的性格をあわせ持つ『太平記』の叙述にとって、文書の引用の目的と効果は、ひとえに叙述の客観性・事実性を高めるという点にあろう。しかも、以上の考察によって、『太平記』に引用された文書は全く荒唐無稽の創作ではなく、かなり正確な文書たる蓋然性の高い史料であることが知られたし、現に、醍醐寺僧房玄の日記から採られた文書のあることもわかった。『太平記』の持つ史実性はこうした文書の引用によって支えられている、といって過言ではないのではあるまいか。

（1）　小松茂人氏「太平記における和歌の位置」（『文芸研究』五九、昭和四十三年）。弓削繁氏「太平記の和歌——索

引と資料――」（『名古屋大学軍記物語研究会会報』三、昭和四十九年）。

（2）西源院本、一五九～一六〇頁。

（3）同右、二一六頁。

（4）同右、三一九頁。

（5）同右、三五四～三五五頁。

（6）同右、三五五～三五七頁。

（7）同右、三六六頁。

（8）同右、四八三～四八四頁。

（9）同右、四八四～四八六頁。

（10）同右、五八六～五八七頁。

（11）同右、五八八頁。

（12）同右、六五〇頁。

（13）同右、六八五～六八七頁。

（14）同右、六九五～六九七頁。

（15）同右、七九四頁。

（16）同右、七九四～七九五頁。

（17）同右、八一〇頁。

（18）同右、一〇四一～一〇四二頁。

（19）同右、一一二六～一一二七頁。

（20）文学大系本二、三一三頁。

（21）西源院本、五九一～五九二頁。

（22）拙稿「大塔宮護良親王令旨について」（小川信氏編『中世古文書の世界』所収、吉川弘文館、平成三年）――本書第一章第一節。

（23）①後藤丹治氏『太平記の研究』（大学堂書店、昭和十三年）第一章、②今枝愛真氏「丹波篠村における足利尊氏の挙兵とその願文」(『史学雑誌』七〇―一、昭和三十六年)、③上島有氏「篠村の高氏願文偽作説に対する疑問」(『日本歴史』四三三、昭和五十九年)、④藤本孝一氏「足利尊氏の二つの願文と篠村八幡宮」(『日本歴史』四四八、昭和六十年)、⑤上島有氏「再び篠村の足利高氏願文について」(『日本歴史』四五七、昭和六十一年)。

(24) 注(23)所引、後藤丹治氏著書、一〇六頁。

(25) 『群書類従　第二二輯』六一二頁。

(26) 「日本古典文学大系　月報」五〇(岩波書店、昭和三十六年)所載、村田正志氏「太平記の史実」。

(27) 『続群書類従　第二九輯下』三五四～三五五頁。

(28) 『群書類従　第二二輯』六二〇～六二一頁。

(29) 関係史料は『大日本史料』六編之二七に収める貞治六年二月条、同年四月十八日条、同二八に収める同年五月二十三日、六月二十六日に網羅されている。

【追記】　注(23)に関連して、近年の研究動向について一言しておこう。まず、小松茂美氏は『足利尊氏文書の研究』全四冊(旺文社、平成九年)を刊行し、その研究編第五章の「篠村八幡宮奉納の足利高氏願文の吟味」で元弘三年四月二十九日高氏願文を検討し、また上島有氏は『足利尊氏文書の総合的研究』全二冊(国書刊行会、平成十三年)を刊行し、その本文編に注(23)にあげた③⑤論文を再録(上島氏著書、第二部第一・二章)するとともに、右の小松氏論文に対する反論として新稿「三たび丹波篠村の足利高氏自筆願文について」(第二部第三章)を付け加えた。上島氏右著書の第三部第四章第二節「古文書学と古筆――篠村の高氏自筆願文の外形をめぐって――」には、古文書学と古筆との相違についての上島氏の考えが述べられている。

第五節　「博多日記」の文芸性と九州の元弘の乱

はじめに

元弘元年（一三三一）八月二十四日、後醍醐天皇の京都脱走（同二十七日笠置寺に到着）によって本格化した元弘の変は、同年九月末の笠置寺の陥落、後醍醐の捕縛によって終焉するが、それが、鎌倉幕府を滅亡に導く元弘の乱の始まりを意味したことはいうまでもない。元弘の乱、およびこれに続く建武の乱は、鎌倉幕府体制から室町幕府体制への移行期に生起した歴史的な事件であって、これによって中世日本の政治と社会の構造は大きく変わり、新しい時代の到来に道を開くこととなる。

まず「元弘の乱」という言い方は、南北朝時代に成立した「保暦間記」や『太平記』に登場する。例えば「保暦間記」では、鎌倉幕府を倒すため縦横無尽に活躍した護良親王（後醍醐天皇の皇子）を「元弘ノ乱ヲモ宗《むね》ト御張本有シゾカシ」(1)と説明するくだりに登場する。また「建武の乱」は『太平記　巻一二』「一　千種頭中将事」において、はじめ後醍醐側だった播磨の豪族赤松円心が恩賞と処遇の問題からやがて足利尊氏側に回った理由を述べるくだり「サレハ建武ノ乱ニ俄ニ円心々替《かわり》シテ朝敵ニ成リタリシモ此恨トソ聞シ」[2]という文章のなかなどに登場する。

本稿は、そうした時代の大きな変わり目に生起した元弘の乱の一面、とくに九州の中心的な位置をしめる筑前国博多を舞台として展開した九州の元弘の乱の様相を、「博多日記」という記録史料を主たる素材として描き出し、そこから「博多日記」の文芸的な性格と、新しい時代の新しい合戦の特質とをあわせて究明しようとするものである。

一 「博多日記」とは

元弘元年八月の元弘の変の勃発について、『太平記 巻二』(「一 尹大納言師賢卿替主上山門登山事」)は次のように述べ、新しい時代の到来を予感している。

此比マテハ天下久閑ニシテ、軍ト云事ハ敢テ耳ニモ触サリシニ、俄ナル不思議出来ヌレハ、人皆アハテ騒テ、天地モ只今打帰サンスル様ニ云沙汰セヌ所モ無リケル[3]、

それは動乱の時代の始まりであった。それは同時に変革の時代の到来であった。時代は大きく次の時代へと歯車を回転させたのであるが、新しい時代への途上には幾多の争いや合戦が待ち受けていた。しかし、その争い、合戦は決して単調に、同じテンポで進行したのではなく、本格化するのはそれより三年ほどのちの元弘三年五月からであった。先の「保暦間記」は、その様子を「去ル元弘三年五月中旬ヨリ毎日所々合戦ヲス」[4]と描写している。

本稿で述べようとする「菊池合戦」は、こうして全国的に本格化する元弘の乱の、いわば端緒となった事件で

ある。鎌倉幕府を滅亡に導く元弘の乱の終盤戦は、九州の博多において火ぶたが切られたといってよい。元弘元年（一三三一）八月二十四日の後醍醐の内裏脱走事件（九州の史料では「京都御事」[5]「京都騒動」[6]「京都騒乱」[7]などと表記）が翌九月の四日に九州の鎮西探題に伝達され、鎮西探題ではそれより翌十月にかけて臨戦態勢がとられた。九州の元弘の乱はこうして実質的に開始される。この乱は、元弘三年五月二十五日の鎮西探題陥落（当時の史料では「博多合戦」[8]「鎮西合戦」[9]と表現）をもって終わる。[10]

このように九州における元弘の乱は実質的に一年八カ月という時間的な幅を有するのであるが、この乱が最終的な局面を迎えるのは最後の三カ月のことに属する。本稿でのべる「菊池合戦」は、この最終局面への導火線的な意味を持っている。

(1)「博多日記」の立場

東京都目黒区駒場にある前田旧侯爵家の「尊経閣文庫」には、俗に「正慶乱離志」と称される一巻の巻物が所蔵されている。[11]それは、嘉暦四年（元徳元＝一三二九）七月三日付で良覚という僧が記した「東福寺領肥前国彼杵荘文書目録」[12]の裏を翻して記された年代記風の記録で、巻頭端裏に「楠木合戦注文 正慶二年分」と書かれているが、[13]内容は大きく二つの部分に分かれる。

筆跡の点からみれば、料紙として用いられた文書目録が良覚によって書かれたことはその奥に示される通り明らかであるが、その紙背に記された「楠木合戦注文」本文の書風も文書目録のそれと同じであることから、表裏ともに良覚が記したもので、それが全く当時の記録であることが指摘されている。[14]

前半は、正慶二年（元弘三＝一三三三）正月、楠木正成の拠る河内国千早赤坂城攻撃に向かう鎌倉幕府の大軍の交名を載せ、さらにこの軍旅において発された幕府の事書を写しとったり、同年閏二月一日までの楠木との合戦のいくつかの場面を具体的に活写したりしている。「楠木合戦注文」とは、この前半部分の名称としては当を得たものである。

さらに後半は、同年三月の肥後国御家人菊池武時（法名寂阿）による鎮西探題北条英時館襲撃事件を皮切りにして、同四月上旬までの約一カ月にわたる筑前国博多を舞台とした探題側（幕府側）勢力と反探題側（反幕府側）勢力との攻防戦の始終を記録したものである。具体的にいうと、記事は正慶二年（元弘三）三月十一日から四月七日までの二十六日分が現存している（ただし、四月七日分は後欠）。この部分は「楠木合戦注文」という題ではカバーすることができないので、便宜上、内容にそくして「博多日記」と呼称されている。

「博多日記」は、鎌倉時代最末期の九州地方の政治・軍事情勢をうかがうための一級史料として早くから注目を集め、特にこのあと本格化する討幕運動の前哨戦「菊池合戦」の基本史料として重用されてきた。[15]さらに「菊池合戦」の主人公菊池武時をめぐる諸問題を究明する素材としても活用されている。[16]加えて「博多日記」は中世博多の地誌研究の素材としても極めて有用な史料なのである。[17]しかし、「博多日記」がそのように著名な記録史料であるにかかわらず、それを一つのまとまった記録として本格的に検討した研究成果を寡聞にして知らない。

「博多日記」の性格を知るには、まずその立場を考えねばなるまい。手かがりはいくつかある。一つは、使用した年号である。「博多日記」が使用している年号は正慶年号で、正慶は後醍醐の京都出奔を機に擁立された光厳天皇が、後醍醐隠岐配流中の元弘二年（一三三二）四月二十八日に改元した新年号である。この点からみると、「博多日記」は光厳天皇＝鎌倉幕府側に立って叙述しているということになる。もう一つは、「博多日記」が「殿」の尊称を誰に対して用いているかである。「殿」の尊称を使用している人物の立場に近いことはいうまでもあるまい。こうした観点から検討すると、「博多日記」は以下のような人物に対して「殿」の尊称を用いている[18]（探題英時を「匠作御方」と呼んでいる点も良覚の基本的なスタンスを明示している）。

Ⅰ　鎮西探題北条英時一門

①武蔵四郎殿[19]　②糸田殿（豊前守護北条貞義）　③三河殿（大隅守護北条〈桜田〉師頼）

④規矩殿（肥後守護北条高政）　⑤上野殿・長門殿（長門探題北条時直）

⑥乙隈殿（記載の仕方からみて北条一門か）

Ⅱ　北条一門以外の有力守護

①筑後入道殿（少弐貞経・法名妙恵）　②大友殿（大友貞宗・法名具簡）

Ⅲ　在地土豪

①弥次刑部殿（弥次刑部房明慶、姓不明）　②安芸殿（明慶の嫡子）　③吉見殿（石見国の高津道性か）

以上の具体例によってみると、「博多日記」が「殿」を付して尊称しているのは、鎌倉幕府の執権北条氏一門の庶流（九州に守護職を得て下った事例多し）、九州の守護では筑前守護少弐貞経と豊後守護大友貞宗の二人、その他在地の土豪では弥次刑部房父子それに石見国の反幕府勢力吉見氏にとどまっている。九州の支配秩序において最高位の鎮西探題北条英時、および一門守護に対して尊称を用いるのは当然といえるが、九州地着の有力守護では筑前守護少弐貞経（妙恵）および豊後守護大友貞宗（具簡）に対して尊称を用いている点、さらに在地土豪クラスでは弥次刑部房父子および吉見氏に尊称を用いている点は留意してよい。右記の人々のうち、「三河殿」桜田師頼、少弐貞経、大友貞宗は、北条英時をトップとする鎮西探題の裁判機構、鎮西引付方のそれぞれ一番、二番、三番方の引付頭人でもある[20]。

こうしたことの理由の大半は、おそらく「博多日記」の記主良覚が鎮西探題北条英時および引付方の頭人たちと仕事上日常的に交流があったことによろう（そのことは紙背の文書目録によってもある程度うかがわれる）。また弥次刑部房明慶は肥前国彼杵で「先帝一宮」（尊良親王）を擁立して反幕挙兵した当人でありながらも、良覚が「殿」を付したのは、良覚が京都東福寺の僧としての同寺領肥前国彼杵荘の経営をとおして形成された両者の私的な関係によるものであろう。なお「吉見殿」はやや特殊か。

このように考えると、「博多日記」の記主良覚は、体制側（幕府側）に立ちながらも、その任務や職務をとおして鎮西探題や九州各国の守護を兼ねる引付頭人たちと交流を持ち、自らが職務上関係する肥前国彼杵荘の有力武士たちとも親密な関係にあったことが推測される。このことは、同時に、すぐれて具体的でバラエティに富む「博多日記」のニュースソースの問題と直結している。良覚は、東福寺僧という聖界に身をおく者に特有の宗教的なルートや、以上に述べたような人間関係を情報ネットワークとして活用し、それによって得た情報を「博多日記」に書き込んだものと考えられる。

しかも同じ良覚の記すところになる前半部「楠木合戦注文」の末尾あたりに「去月（元弘三年二月）廿二日ヨリ以前注進委細令申之間、其後分ヲ申上候」とあること、「楠木合戦注文」が正慶二年（一三三三）閏二月二日の日付で閣筆されていることなどを勘案すると、東福寺僧良覚は幕府の側に立ち、元弘の乱の渦中に身を置きながら、事態の推移と地方の動向を本寺東福寺に報告する役目を負っていたことが考えられよう。その現場からの報告のうち、正慶二年分を控えとしてひとまとめにしたものが本書であると推測することができる。本巻の巻頭端裏にある「正慶二年分」という良覚の文字はその証拠となろう。

(2)「博多日記」の構造

「博多日記」がいきなり菊池武時の鎮西探題館襲撃で始まっているのは、この事件が当時の博多での特筆すべき重大事件であり、記主良覚がこの事件に格別の関心を抱いたからにほかならない。この事件は良覚の目には九州の騒乱の始まりと映ったのであろう。まさに九州の元弘の乱はここにその火ぶたが切って落とされた。「博多日記」は内容的にどのような性質をもっているか。このことは記主良覚の立場や視座ともかかわってくる。ここでは「博多日記」の内容的な構造について調べてみよう。

「博多日記」の内容を、その個々の事件・事柄が関係した地域に即して詳しくみてゆくと、いくつかの特徴点を指摘することができる。

まず第一に、当然のことながら場所としては鎮西探題が所在した博多が中心で、ここで起こった事柄が「博多日記」の中核をなしていること。菊池武時による探題館襲撃事件＝菊池合戦はそのなかのハイライトをなす部分であることはいうまでもない。

第二に、鎮西探題の兄弟分ともいえる「上野殿」（周防・長門守護北条時直）との緊密な連携関係である。長門国からはたびたび早馬が到来してその戦況が博多の探題に伝えられるし、探題からは援軍が差し向けられる。また、九州における元弘の乱をどのように叙述しているかというと、まず中心的な位置に鎮西探題と「上野殿」との軍事的連携、それと討幕勢力とのせめぎあいという戦いの記事を中心にし、そして背景部分には、肥前国彼杵郡の反幕挙兵や探題軍による肥後菊池・阿蘇氏掃蕩戦、「上野殿」の伊予征討作戦の失敗や石見国あたりの軍事状況などについての記事をおくといったような構成的な描写方法を採用している。

そして第三には、敵味方双方の勢力ともにそれにつながる中央権力との関係を描き落としていない。具体的にいうと、探題側では関東の幕府との連絡交渉、討幕側では後醍醐天皇との結び付きである。

こうした構成的な描写を可能とする条件は、記主が、情報がもっとも多く正確に集まる場所に自らの身を置くこと以外にありえまい。元弘三年三～四月の当時にあって、もしそのような場所があるとすれば、それは九州における最高レベルの政治機関＝鎮西探題に深く関係していなければなるまい。つまり、ここからも「博多日記」の記主良覚が鎮西探題から提供された情報を素材に本記を書いた可能性は高いと考えられる。

ちなみに「博多日記」の欠損部分には、「長門探題」北条時直の動向に関する事柄が書かれていたものと思われる。『太平記』が「博多日記」を素材としたことについては後述するが、『太平記　巻一一』のなかの「一　長門探題事」のくだりに「京モ鎌倉モ早皆源氏ノ為ニ滅サレテ、天下悉ク王化ニ順ヌト聞ケレバ、（長門探題北条時直は）鳴渡ヨリ舟ヲコキモトシテ、九州探題ト一ニ成ラントテ、心ツクシニソ赴キケル(21)」という文章がみとめられるが、この部分は「博多日記」の三月二十三日条にみられる「（時直が）但、来廿二日必可参ト申間、鎮西ニ一ニ可成由被仰云々」というくだりを踏まえているのではあるまいか。特に前者の「九州探題ト一ニ成ラントテ」と後者の「鎮西ニ一ニ可成由被仰」とに注目すると、両者の間に横たわる近似性は何人も否定できまい。『太平記』が「博多日記」を素材の一つとした可能性は高い。

さらに、「博多日記」の欠落部分には、『太平記』が「長門探題」を描写するさいの素材となった記事が含まれていたに相違あるまい。

二 「博多日記」の文芸性

(1)『太平記』との関係

ここで「博多日記」と『太平記』との関係について論じたい。いうまでもなく、『太平記』は十四世紀末に成立した、南北朝の動乱を題材とした軍記物語の傑作である。端的にいうと、「博多日記」が『太平記』の素材の一つであったのではないかということ、さらに「博多日記」を『太平記』という作品のプロトタイプ（原型）とみなすことができるのではないか、ということである。

内容的にみると、「博多日記」は後欠のため九州の元弘の乱の全容を描ききっていない。記事は、正慶二年（元弘三＝一三三三）三月十一日、菊池武時（寂阿）の博多到着から開始される。いわゆる菊池合戦（武時の鎮西探題館襲撃、武時らの敗死）は同月十三日である。記事は時間の経過にそっており、現存部分の最後は、四月七日の、長門探題北条時直の応援のため長門に向かっていた桜田師頼（三河殿）が門司より帰還したという記事である。

一方、『太平記』において「博多日記」の記事に該当するのは、西源院本で示せば、巻一一のなかの「一　筑紫合戦、九州探題事」およびこれに続く「一　長門探題事」の段である。まず前者では、菊池武時の鎮西探題館襲撃から始まり、武時が戦死する直前に妻子への和歌を子息武重に託したこと、五月七日に六波羅探題が陥落すると少弐貞経（妙恵）・大友貞宗（具簡）は本格的に反鎮西探題行動をとり、ついに同探題を滅亡に追い込んだことを描く。そして後者では、六波羅・鎮西両探題滅亡後、よるべをなくした長門探題北条時直が降伏して、九州の討幕軍を取り仕切っていた「峯僧正(22)」の温情によって助命されたことが描かれる。

表「博多日記」と『太平記』の記事の対応関係

	博多日記	太平記
①武時の着到と決起	〇三月十一日、菊池武時が（本拠の肥後菊池から）博多に着く。 〇十二日、鎮西探題の招集をうけて出仕したが遅参、着到に付けようとしない侍所下広田新左衛門（久義）と口論。 〇十三日、博多の所々に火を付け、焼き払う。 〇同時に、武時が少弐貞経・大友貞宗に使者（「宣旨使」）を立て、挙兵を呼びかける。	〇三人（少弐貞経・大友貞宗・菊池武時）のかねての一味同心を知った北条英時は、その野心の実否をうかがいみようとして、まず菊池武時を博多に呼ぶ。 〇武時は陰謀の露顕に気付き、一挙に勝負に出ようとして、一味同心の約束を交わした少弐と大友に決起を促す。
②少弐・大友の対応	〇武時の呼びかけに対し、少弐は堅粕で使者二人の頸を切り、十三日夕方頸を北条英時方に進める。 〇大友は挙兵を思い止まるとの情報があったので、大友に遣わされた使者は逐電した。 〇武時は少弐・大友の力を借りず、挙兵することを決意する。	〇大友は天下の趨勢を見極められずにはっきりした返事をせず、少弐は京都合戦における幕府方優勢を聞き、保身のために、「菊池カ使八幡弥四郎」宗安を討ち、その頸を探題に差し出す。 〇武時大いに怒って少弐・大友を「日本一之不覚人共」と罵倒。 〇武時は少弐・大友の力を借りず、十三日卯の刻に百五十騎で探題館に押し寄せる。
③少弐・大友への使者	〇十三日に武時が少弐と大友に決起を要請するために遣わした使者を「宣旨使」（後醍醐天皇の討幕意思を伝達する使）と表記する。 〇二十三日（武時敗死から十日後）、「八幡弥四郎宗安」という者の頸を切り、頸が（犬射馬場に）かけられる。宗安を、二十日に御所陣内で「院宣」（後醍醐の綸旨）を大友貞宗に付けようとして捕らえられたとし、「院宣」六通を帯持した「院宣所持仁」「先帝院宣所持人」と表記する。	〇武時が少弐・大友に遣わした使者を「宣旨使」や「院宣所持仁」などと表記しない。「八幡弥四郎宗安」を（十三日に）少弐に向けて遣わされた「菊池カ使」と記す。 〇宗安の頸切りは、右欄に示したように、武時が当初少弐を誘ったとき（十三日）、日来の約束を違えた少弐貞経によってなされたと記す。

④錦の御旗	⑤櫛田宮・探題館での不思議	⑥武時の奮戦	⑦古里への想い
○謀反計画が露顕した武時は、「錦旗」を捧げて松原口・辻堂より御所（探題館）に押し寄せた。 ○十三日の合戦で（炎が探題館にかかろうとした時、それまでの西風が東風に変わり、館は兵火を免れ）、菊池の旗差が「錦旗」を打ち捨てて倒れた。	○「今度合戦ニ不思儀事」として、兵火が探題館にかかろうとした時、館に光物が出来し、煙中に白鳩二が飛び来ると見えたとたん、それまでの西風が東風に変わって館は延焼を免れ、また菊池の大手軍による襲撃をも免れることができたことを特記している。「博多日記」はこれを武時への「神罰」と記す。	○……即及合戦、武田八郎ハ負手、竹井孫七、同舎弟孫八、弁安富左衛門将監等被討畢、サテ御所ニ押寄及合戦、菊池入道（武時）、子息三郎二人ハ犬射馬場ニテ被討、……	○四月四日、菊池武時の甥「左衛門三郎」（「童名菊一」）という者の霊が、「或人ノ従女」に乗り移り、従女の口を通して、菊池に残した新妻への熱い思いや、敵の首を取らないで討ち死にした口惜しさを語らせる。
○少弐、大友、菊池の三人は、ひそかに伯耆船上山の後醍醐天皇と款を通じ、綸旨と「錦の御旗」を得ていた（少弐が得ていた「錦之御旗」については、のちの少弐の討幕決起の場面にもみえる）。	○三月十三日、武時が百五十騎で探題館へ押し寄せ、櫛田宮の前を乗馬で通過しようとした時、馬がにわかにすくんで進めなくなった。怒った武時は「イカナル神ニテモヲワセヨ、寂阿（武時）カ軍場へ向ハンスル道ニテ、乗馬ヲトカメ給フ様ヤ有、其儀ナラハ矢一進セン」と言い放ち、神殿の扉に二矢を射たところ、馬のすくみも直り、難無く通過できた。のちに社壇で武時の矢に当って死んだ「二丈計」の大蛇がみつかった。ここではむしろ武時が怪異を破ったことを賞賛する。	○……菊池小勢也ト云共、命ヲ塵芥ニ比シ、義ヲ金石ニ類シテ責戦フ、……菊池彌勝ニ乗テ、塀ヲ乗越、木戸ヲ切破テ、スキマナク責メケル間、……其後菊池入道ハ子息肥後三郎相共ニ、……英時カ屋形へ責入リ、ツヰニ一足モ引ス、敵ニ指チカヘ々々、一人モ不残打死ス、……	○武時は、討ち死にの直前、「出シヲツヰノ別トモシラテ、帰ヲ今ヤトサコソ待ラメト哀レニ思」うので「古里ニ留シ妻子共」に一首の和歌を袖の笠符に書いて、嫡子武重に持ち帰らせた。その歌は「古里ニ今夜計ノ命トモ　シラテヤ人ノ我ヲ待ラン」

したがって、『太平記』の記事と「博多日記」のそれとを比較検討するとき、対応するのは冒頭の菊池合戦を中心とした前半部分だけであるから、全面的な対応関係についての検討結果を踏まえて議論することはできない。そのような限定のもとであっても、「博多日記」が『太平記』の素材となった可能性を否定できない。素材になったということは、必ずしも、原文が引用されたとか、記述内容が同じだということではない。簡単にいうと、発想のもとがそこにあったのではないかということである。以下、その点について、具体的に検討してみよう。

漢字と仮名の混じった文体のスタイルといい、いくさを題材にしたテーマの設定といい、「博多日記」と『太平記』とは、形式・内容の両面においてかなり近接した位置関係にあるといってよい。加えて、右表のように、扱われた話題・題材、つまり内容の面から具体的に比較検討してみると、その観を一層強くする。

むろん「博多日記」と『太平記』では、そのテーマも立場もおのずから異なる。したがって、たとえ両方に同じ記事が認められなくとも、両者の間にこれほどの内容的な類似点が認められる以上、『太平記』の記事は「博多日記」のそれを参考にして書かれたものとみなさざるを得ない。かくして、『太平記』は「博多日記」を原材料の一つとしていたことが知られるのである(23)。

そこで次なる問題は『太平記』の立場と、それが何故「博多日記」の表記を改変したかについての検討である。『太平記』は「博多日記」というドキュメントを素材にして九州の元弘の乱を描写した時、なぜこのように元本の記事を改変したのであろうか。このことを考えるためには、まず『太平記』の政治的な立場を考慮しなければならない。

「博多日記」が体制側（幕府側）に立った叙述をしていることを前述したが、そのことは「博多日記」が別の個所で、光厳天皇を「帝」と、他方後醍醐天皇を「先帝」と表記している事実によっても裏付けられる。しかし、

『太平記』の立場は「博多日記」のそれと異なっている。筆者は先に『太平記』の政治性を検討したとき、

『太平記』は軍記物語の形態をとりながら、実は、室町幕府政治の成立・展開の必然性を歴史のなかから解き明かし、幕府支配を合理化し、かつ正当化するというすぐれて政治的な性格を合わせもっている

と結論づけたことがあるが、(24) このことを念頭にして先の表に整理した七つの項目について具体的に検討しよう。

まず①の菊池武時の博多着到と決起については、「博多日記」と『太平記』との間にさしたる相違はない。ただ、少弐・大友・菊池らの後醍醐との通款を探題北条英時が事前に察知していたか否かについて「博多日記」では明確には読み取れないが、他方『太平記』では、探題が事前に察知し、その野心をうかがい見るためにまず菊池武時を博多に召集、武時はそれを知らずのこのこと探題館に遅れて着到したとあるが、この話自体は、着到のことといい謀反露顕のことといい、『太平記　巻一』の「一　謀叛露顕、土岐・多治見被討事」の段の、(25) 土岐頼有・多治見国長だまし討ちのストーリー展開と酷似している。おそらく、『太平記』特有の改変様式のひとつといってよかろう。『太平記』の方により豊かな文芸性が認められよう。

②の少弐・大友の対応については、「博多日記」が、

寂阿《（菊池武時）》カ筑州《（少弐貞経）》、江州《（大友貞宗）》ニ立使者、申云、宣旨使ニ罷向候、忩可有御向之由、触廻ル、筑後入道殿《（貞経）》ハ、堅粕ニテ此使二人ガ頸ヲ切リ、十三日夕方被進匠作方《（北条英時）》、江州ハ可打止之由被仰之間、彼使逐電畢、

と書くにとどまるのに対して、『太平記』は、

（武時は）兼テノ約諾ニ任テ、少弐・大伴《（友）》（大友のこと）カ許ヘ事ノ由ヲソ触タリケル、大伴ハ天下ノ落去未何ナルヘシトモ見定メサリケレハ、分明之返事ニ及ハス、少弐ハ又其比京都之合戦ニ、六波羅常ニ勝ニ乗由ヲ聞テ、己カ咎ヲ補ハントヤ思ケン、日来ノ約ヲ変シテ、菊池カ使八幡弥四郎ヲ打テ、其頸ヲ探題ノ方ヘソ

出シケル、菊池入道大ニ怒テ、日本一之不覚人共ヲ憑テ、此一大事ヲ思立ケルコソ越度ナレ、

とかなり大がかりな描き方をしている。ここでは『太平記』の記事が「博多日記」の記事をもとに、演出効果を意識して誇大描写をしていることを確認しておきたい。「博多日記」の「彼使」と『太平記』の「菊池カ使八幡弥四郎」宗安との関係については後述する。

③の少弐・大友への使者については一考の余地がある。関係の部分を掲出してみよう。「博多日記」正慶二年(元弘三＝一三三三)三月十三日条には、

同十三日刁(寅)時、博多中所々ニ付火焼払、寂阿(菊池武時)カ筑州(少弐貞経)・江州(大友貞宗)ニ立使者申云、宣旨使ニ罷向候、忩可有御向之由触廻ル、

とあり、また同月二十三日条には、

同日院宣所持仁八幡弥四郎宗安ト云物被切頸、即被懸畢、銘云、先帝院宣所持人八幡弥四郎宗安頸云々、此ハ去廿日御所陣内ニシテ院宣ヲ大友(貞宗)殿ニ奉付之間、即召捕之云々、院宣六通帯持之、大友、筑州、菊池、平戸、日田、三窪以上六通云々、

と記されている。まず二つの記事の関係についてみよう。

後者の記事中の「院宣」とは、同記が後醍醐を「先帝」と称している点から考えると、後醍醐のものということになるが、前者の記事中にみえる「宣旨」との関係については、平泉澄氏は二段階説をとっている。すなわち「宣旨」は「隠岐よりの綸旨」、また「院宣」は「船上山よりの綸旨」とみる見解である。[26] まず最初に「宣旨」が、そのあと「院宣」が届けられたとする理解である。この理解に立つと、前者の「宣旨使」と後者の「院宣所持仁(人)」八幡弥四郎宗安とは別人でなくてはならない。

後者の記事中に、八幡弥四郎宗安は「去廿日（三月二十日）御所陣内ニシテ院宣ヲ大友殿ニ奉付之間、即召捕之云々」とあるから、宗安は正慶二年三月二十日に後醍醐天皇の討幕綸旨を探題の陣内で大友貞宗に付けようとして捕らえられたものとみられる。武時の挙兵がすでに鎮圧されていた三月二十日の段階で再び後醍醐綸旨の使者が博多に遣わされたとは考えにくいが、この史料の文面からはそのようにしか読み取れない。

問題の一つは、前者の史料の「宣旨」と後者の史料の「院宣」の関係、およびなぜそのように良くないタイミングで「院宣」が届けられたかである。また八幡弥四郎宗安は『太平記』のいうように、果して「菊池カ使」、つまり菊池武時が遣わした使者なのか検討を要する。結論的にいうと、筆者は「宣旨」は後醍醐天皇の勅旨ではなく、正体は護良親王（後醍醐天皇の皇子）の令旨であり、「院宣」（後醍醐天皇綸旨）を運んだ八幡弥四郎宗安は菊池の使者ではなく、後醍醐天皇の密使であった可能性が高いと考えている。詳しくは後述するが、護良と父後醍醐とは別個の方針で討幕運動を進めていたから、このような珍奇な現象が生起したのではないかと推測する。

④の錦の御旗についてはどうか。錦の御旗が史料上に登場する早い事例は『太平記　巻三・五』および『梅松論』においてである。[27] 元弘元年（一三三一）九月後醍醐天皇が立て籠もった笠置城に日月を金銀で打ち付けた錦の御旗が白日に輝き、[28] また元弘二年中のことと思われるが、畿南の山中で再起を企てる護良親王が大和の芋瀬荘司に対して「月日ヲ金銀ニテ打テ付タル錦之御旗」を下しているし、[29] さらに建武三年（一三三六）二月には西走する足利尊氏に赤松円心が錦の御旗を獲得するように勧めた。[30]「博多日記」の「錦旗」記事も比較的に早期の具体事例としてそれらに含めてよい。「博多日記」では「サテ菊池捧錦旛、松原口・辻堂ヨリ御所（探題館）ニ押寄之処」と「錦旛一流・菊池旛幷一門旛アマタ捧テヒカヘタリ」という個所と、「不思儀事」としてあげる御所が炎上しようとした時、西風がにわかに東風に変わって御所は炎上を免れたが、武時の旗差が「錦旛」を捨てて

倒れた、という個所に「錦籏」が登場する。[31]この「錦籏」は後醍醐天皇サイドから菊池が獲得したものであろう。一方『太平記　巻一一』では、「一　筑紫合戦、九州探題事」の冒頭部分に「三人（少弐・大友・菊池）同心シテ御方ニ参スヘキ由ヲ申入レル間、綸旨ニ錦之御旗ヲ副テソ下サレケル」という文中に「錦之御旗」が登場する。「博多日記」『太平記』ともに菊池が後醍醐とひそかに款を通じていたと書いている。

⑤の櫛田宮・探題館での不思議については、「博多日記」が以下のように描く。

凡今度合戦ニ不思儀事アリ、炎御所ニ懸リ、既アフナク見ケル所ニ、御所中ニ光物出来、煙中ニ白鳩二飛来ト見ケル程ニ、本ノ風ハ西風ニテアリケルカ、ニワカニコチ風（東風）ニ吹ナヲリテ、御所不焼、爰菊池籏サシ錦籏ヲウチステ畢、菊池モ籏サシヲ失テ仰天ス、其上自櫛田浜口、打入櫛田宮、此ハ御所カト云テ、二三反宮ヲ打廻、即人二人打コロス、サテ御所ニハ大手ハ寄タルカト、人ヲ以テミせケレハ、使走返テ、サル事モ候ハスト申ケレハ、腹ヲ立テ、御所ニ押寄ケリ、神罰ヲ蒙カト披露アリ、

右の段を読むと、探題館が神の恵みによって炎上を免れたことを不思議を交えて描写する。兵火が探題館にかかろうとした時、御所（探題館）に光物[32]が出現し、煙中に二羽の白鳩が飛来したかと見えた瞬間、それまでの西風がにわかに東風に変わり、ために御所は延焼を免れた。菊池の旗差は「錦籏」を捨てて倒れてしまった。旗差を失った武時は仰天して、櫛田浜口より櫛田宮に入り「ここは御所（探題館）か」といったことから知られるように、位置感覚を失ってしまったものとみられる。大手の軍勢も手筈どおり御所を攻めていないので、武時は立腹している。平常心を失ったものと思われる。ここの「神罰」とは、武時が受けた神罰のことであるから、武時は櫛田宮の神の罰を受け、逆に探題は櫛田の神の加護を得たということになろう。なお、鳩はふつう八幡神の使いとして理解されるが、ここに登場する「白鳩二」の象徴的な意味については明瞭ではない。

一方、『太平記』ではまったく異なることが描かれている。武時が櫛田宮の前を乗馬で通り過ぎようとすると、馬の足がすくんで進めなくなった。武時は「イカナル神ニテモヲワセヨ、寂阿（武時）カ軍場へ向ハンスル道ニテ、乗馬ヲトカメ給フ様ヤ有、其儀ナラハ矢一進セン」と、神殿の扉に向けて二矢放ったところ、馬のすくみは直り進むことができた。のちに社壇で武時の矢に当って死んだ二丈ばかりの大蛇がみつかった。この場面では武時は「神罰」をこうむるどころか、武士の道の象徴たる弓矢によって大蛇の魔性をみごと打ち破ったことを賞賛されているのである。ここには『太平記』の軍記物語たる真骨項がいかんなく現れている。

⑥の武時の奮戦については、軍記物語の常として合戦シーンが誇張されるのは当然であるが、「博多日記」の記事が『太平記』に至って軍記物風に一層展開する様子がよく知られる事例であろう。すでに「博多日記」のこの記事のなかに、のちの『太平記』につながる軍記物語としての萌芽を認めることができよう。

最後に⑦の菊池の古里への想いについては、「博多日記」と『太平記』とで表現の仕方は異なるけれども、古里たる肥後菊池の家族をおもんぱかる心情には変わりはない。「博多日記」は、討ち死にした武時の甥の霊が「或人ノ従女」に憑依して、その女の口を借りて菊池に残した新妻への熱い思いや敵の首を取らないで討ち死にした口惜しさを語らせている。

この話が『太平記』では大幅に改変されている。武時は古里で帰りを待つ妻子に自分の思いを伝えようとして嫡子武重に和歌を持ち帰らせている。また、父武時とともに討ち死にをと主張する武重に対して、武時は「汝ハ天下之為ニ留ルソ」と堅く諭し、武重は「是ヲ最後之別ト見捨テ、泣々肥後ヘソ帰リケル心ノ内コソ哀ナレ」と続ける。この話は、川添昭二氏が指摘するように、(33)楠木正成・正行父子のいわゆる摂津国桜井宿の別れ（『太平記　巻一六』「一　正成兵庫下向、子息遺訓事」）の場面と同工異曲であり、右の武時・武重父子の別れは楠木の桜井の別れの「ひな型」とみてよい。

このようにみると、十四世紀後半に成立した『太平記』は、その制作の過程において十四世紀前半に成立し、おそらく東福寺に所蔵されていたと思われる「博多日記」という記録を素材として使用したことは十分にありえよう。なお、現在「博多日記」は四月七日条の途中から欠落しているが、この欠落部分についても『太平記』に利用された可能性も否定できない。

(2)「博多日記」の文芸性

『日本国語大辞典　第二版』をひもとくと、「文学」という言葉について、以下のように解説している。(34)

芸術体系の一様式で、言語を媒介にしたもの。詩歌・小説・戯曲・随筆・評論など、作者の、主として想像力によって構築した虚構の世界を通して作者自身の思想・感情などを表現し、人間の感情や情緒に訴える芸術作品。また、それを作り出すこと。文芸。

「文学」を人間の芸術的所産ととらえるならば、従来、日本史研究の史料として使用してきた日記や記録にも文芸性をみいだすことは必ずしも困難ではない。歴史の史料のなかにも、文芸的な側面を十分認めることが可能なものもある。そのような観点から鎌倉時代の日記を考察した研究もすでに現れている。(35)

要するに、「博多日記」は歴史事実を伝える記録としての性格の他に、のちの軍記物語の傑作『太平記』につながることによって全面開花する文芸としての要素・性格をも合わせ持っているということができるのである。

ってよい。

三　「博多日記」にみる九州の元弘の乱

(1)合戦の性格

「博多日記」に書きとめられた合戦の様相は、やがて『太平記』に至って一般化する南北朝時代の合戦の素型とみてよいように思われる。その意味では、九州の元弘の乱は南北朝の動乱の様相を予兆するものであったといってよい。

前述のように、九州における元弘の乱は菊池武時による鎮西探題館襲撃、いわゆる「菊池合戦」を契機として本格化するが、「博多日記」はこの九州の元弘の乱を描ききっているのではない。「博多日記」の記事は正慶二年（元弘三＝一三三三）四月七日条の途中から欠落しているので、同年五月二十五日の探題陥落によって終焉する九州の元弘の乱の全容を描くまでに至らない。残存する部分には一連の騒乱の冒頭部分だけが描かれるにとどまり、その後に描かれたであろう騒乱の核心部分についてはこれをうかがい知ることはできない。

そのような条件付きであるけれども、「博多日記」の描く合戦がこれまでの鎌倉時代の合戦とは異なる様相を呈していることは確かであろう。いわば新しいタイプの合戦の形が顔を出しているのである。それは具体的にはどのような特徴なのであろうか。

まず、第一に、合戦の場が局地的でなく、戦いは中央と地方とが連動する形をとり、かなりの広範囲にわたっていること。「博多日記」に描かれた戦いの場としては、むろん九州の政治・軍事の中心博多が主たる舞台となっていることは当然であるが、その近隣の国々、たとえば隣国の肥前国彼杵郡（江串三郎入道、弥次刑部房明慶らが「先帝一宮」〈尊良親王〉を擁して挙兵、探題はこれに対して討手を差し向けた）、筑後国や肥後国（筑後国赤自弥二郎に討手を遣わし、菊池合戦の張本菊池氏や阿蘇氏の追討軍を派遣した）などに事件の余波は及んでいるし、とりわけ海を隔てた隣国長門の政治や軍事の状況は早馬によって時々刻々と博多に伝えられている。長門より北条時直の室やその「御内人々」の女房たちが、探題を頼って博多へ避難すべく「筥崎津」に到着したという記事もある（三月二十五日条）。加えて、赤松円心の戦いぶりや光厳天皇の動静といった京都の情報も博多に伝えられている（四月六日条）。つまり、合戦の描写が、その中核的な事件の詳述を中心にして、それを取り巻く周辺地域での出来事を包みこむ形で、総合的かつ構成的になされていることである。

第二に、合戦の主体である双方が、ともに戦いのための大義名分を持っていることである。探題側が光厳天皇朝廷の王朝的権威を背景にしていることはむろんのことであるが、反探題側の菊池氏にしても「宣旨使」と呼号したり「錦旛」を捧げたりして味方を募っているし、「先帝院宣」（後醍醐天皇の綸旨）が探題を倒すための大義名分として使用されている。つまり敵味方ともに天皇の権威を掲げて戦っているわけで、どちらが官軍でどちらが朝敵か区別できない状況でのいくさであったことである。換言すれば、どちらも「私戦」ではなく「公戦」だったことになる。[36] この点は南北朝動乱期のいくさを最も強く特徴づける性格である。これより二十年後の文和二年（一三五三）五月、南北朝動乱の真っ最中にあって、北軍（北朝＝幕府軍）と南軍（南朝軍）との戦いに翻弄された北朝の前関白一条経通はその日記『玉英記抄』のなかで、次のように嘆息している。[37]

昨日合戦南軍・北軍各有御旗、其銘今上皇帝、我朝両主何時例哉、衰乱之甚也、

昨今の合戦では、南軍も北軍もともに錦の御旗をかかげ、その旗には「今上皇帝」と銘している。（「天に二日なく、土に二王なし」〈『礼記』〉というが）わが朝ではいったいいつ両主がいたためしがあったというのか。国家は甚だ衰え乱れてしまった。だいたい以上のような意味であろう。ここに書かれた一条経通の嘆息は、さきにみた

元弘三年（一三三三）の状況の発展延長線上において考えてよい。

そして第三に、合戦の形態と作法である。以下のような特徴点を指摘することができよう。①菊池武時は探題館を襲撃するにあたり、博多の所々に火を付け、町を焼き払っていること（市街戦、広範囲の放火）。②三月十三日の合戦で戦死した菊池武時、子息三郎、舎弟覚勝ら敗残の謀叛人たちの頸を取り、犬射馬場に懸け、晒し首にしたこと。彼らの頸にはそれぞれの名前を書いた札銘が付けられたこと（頸はねと晒し首）。③菊池合戦（三月十三日条）や伊予の反乱軍と戦った北条時直軍の人的損害状況に明らかなように（三月十六日条）、戦いは一族や守護管国の家人の総力を投入した激戦の様相を呈し、それだけに人的・物的な損害が甚大であること（総力戦と甚大な被害）。④戦いにおいて武士たちが騎馬であったか否かについて「博多日記」は明瞭にこれを語らないけれども、「菊池加江入道三十五騎、宰府ニ隠居タル」（三月十八日条）や「日田肥前権守入道、五百騎ニテ博多ニ参到」（三月二十日条）などの記事によってみると騎馬戦も重要な戦法であったことは間違いないし、また武器については、「卯剋ニ矢合（やあわせ。開戦の矢を敵味方から射込むこと）ノ由告ケ来ル」（三月二十九日条）、「寄手、射シラマサレテ引退」（四月二日、四月四日条）などと見え、また四月七日に長門国の応援から帰った「三川殿」（大隅守護桜田師頼）が「長門ニハ敵ノ厚東ヲ始トシテ、今月一日押寄テ、至于五日、毎日合戦、矢戦許ニテ無太刀打、敵大勢被射候処」（四月七日条）と語っているところから推測すると、「博多日記」の描く合戦では主として弓矢が使用されたのではあるまいか（騎馬戦、弓矢の使用）。

こうした合戦の性格は、やがて南北朝の動乱時代に入って一層明確なかたちをとって現れると考えられるが、武士たちの合戦観を具体的に示す文言を『太平記』に探してみると、

①「合戦之習ニテ候ヘハ、一旦之勝負ハ必シモ御覧セラルヘカラス」（巻三「一　笠置臨幸事」）、

②「戦場ニ望ム習ヒ、馬物具ヲ捨、太刀刀ヲ落テ敵ニ取ル、事、サマテ恥ナラス」（巻五「一　大塔宮十津川御入事」）、

③「（両六波羅の言葉）合戦ノ習、時ノ運ニ依テ雌雄ヲカウル事、先古ヨリ是ナキニ非ス」（巻六「一　楠出天王寺事并六波羅勢被討事、同宇都宮寄天王寺事」）

④「（和田和泉守正武の言葉）軍ノ習負ルハ常ノ事也、只可戦処ヲ不戦シテ身ノ慎ヲ以テ恥トス」（巻三四「一　和田夜打事」）

などを拾い出すことができる。これらによって、いくさの勝ち負けは時の運だとする観念の存在がうかがわれるが、こうした武士たちのドライな合戦観は、南北朝の動乱という新しい時代に対応した、それまでになかった新しい要素といえよう。

ちなみに、このうちの②に関連して一つ付言しておこう。②では、戦場にのぞんでは、馬物具を捨てたり太刀や刀を捨てて敵に奪われることは、さほどの恥ではない、といっている。つまりここでは、戦いで命を保つためには馬物具や太刀・刀を捨てることなどさほどの恥ではない、というのである。これに対して「博多日記」（三月十六日条）にみえる、長門・周防守護北条時直が伊予を撤退する時に「馬鞍以下兵粮米」を全部捨てたため、敵の土井九郎通益がこれを奪ったが、このとき、長門・周防国の御家人百騎ばかりが「我等は重代の者である。上州（北条時直）の御供をして落ちて憂き名を流すより、ここで留まって討ち死にするほうがましだ」といい放ち、そろって討ち死にしたという記事が注目される。むろん彼らは「重代の者」であるから他のそうではない者と一緒には論じられないけれども、武士たちの主従制の観念に大きな変化の兆しが現れていたことは間違いあるまい。(38)

(2)大塔宮護良親王の係わり

後醍醐天皇が元弘元年（一三三一）九月末に捕縛されやがて隠岐に流されると、討幕運動は最大の求心力を失ったが、後醍醐の隠岐配流中、その皇子護良親王によって討幕運動は継続・推進された。この護良親王の討幕運動についてはすでに別に述べたことがある。[39] ここでは護良の九州に対する係わりについて述べてみよう。

建武政権成立前後の九州の政治・軍事情勢についてもすでに述べたことがあり、[40] その中で、鎌倉最末期における護良親王の九州との係わりについても触れている。現存史料によれば、護良親王と九州との関係は元弘三年二月六日薩摩牛屎氏にあてて軍勢を催促した護良親王令旨[41]をもって開始される。加えて、同年二月七日付筑後三原氏あての軍勢催促の護良親王令旨[42]も早期の事例として注意される。

一方、元弘三年の後醍醐天皇綸旨についてみると、後醍醐天皇が隠岐を脱出し伯耆国船上山に依拠してのちの同天皇綸旨は、元弘三年三月四日付[43]（「相見文書」、伯耆巨勢宗国の軍忠を褒め、恩賞を約す）や元弘三年三月十四日付[44]（「出雲大社文書」、いわゆる「王道再興の綸旨」）などが最も早期に属するものである。そのような後醍醐天皇綸旨がいちはやく肥後菊池氏に獲得されたとは考えにくい。つまり「博多日記」三月十三日条にみえる「宣旨」とは、後醍醐天皇の勅旨・叡旨とはみなしにくい。

そこで、右に述べた護良親王勢力の九州への波及時期を勘案すると、その「宣旨」とは直接的には護良親王に関係すると考える方が実態に即しているといわねばならない。護良親王の令旨を「宣旨」と称することがあり得るかどうかについては、例えば、新田義貞が元弘三年二月（実は三月）十一日付の護良親王令旨を「綸言」と受け取ったという『太平記　巻七』のエピソードにうかがわれる。護良親王のこの時期における絶大な権威を想定すれば、あり得ないことでは決してあるまい。むしろ、積極的にそのようにみなすことによって、当時の九州への討幕派中央権力の波及状況の特徴を正確にとらえることができよう。

つまり、九州に最初に及んだ討幕指揮勢力は護良親王よりのものであって、菊池氏はそれに依拠して三月十三日の挙兵に踏み切ったものとみられる。そののち、七日ほど経って、後醍醐天皇からの討幕を呼びかける綸旨が九州にもたらされた。「博多日記」によると、三月二十日に「先帝院宣」を九州に持ち込んだ八幡弥四郎宗安が探題によって捕らえられている。その「院宣」六通の名宛人は、「大友（貞宗）・筑州（少弐貞経）・菊池（武時）・平戸（貞カ）・日田[45]・三窪[46]」（三月二十三日条）の六人であったとするが、これによって、後醍醐天皇の九州にむけての戦略構想の基幹部分をうかがうことができよう。

おわりに

以上述べたことを整理して終わりとしよう。

九州における元弘の乱は、正慶二年（元弘三＝一三三三）三月十三日に起こった菊池武時による鎮西探題襲撃事件、いわゆる菊池合戦によって火ぶたが切られる。その意味で菊池合戦は九州の元弘の乱の前哨戦といってよい事件であるが、「博多日記」にはこの事件を中心とした九州の元弘の乱初期の顚末が具体的に描きだされている。

そこに描き出された合戦の様態は、南北朝の動乱を予兆するものであった。南北朝の動乱の特徴はそれが及んだ範囲の広さや交戦の激しさにおいて前代の合戦と一線を画するものであり、しかも敵味方ともに「錦の御旗」をかかげた、いわば双方ともに天皇の権威に由来する大義名分に裏打ちされた戦いであったことに特徴があった。抗争が短期間で終わらず長期間にわたった理由の一端は、奉戴する権威において双方は対等の関係にあったことに起因しよう。南朝が当初から弱体であったにもかかわらず半世紀以上の長期にわたって存続した理由もまた同様である。

「博多日記」に萌芽的に現れたこうした新しい合戦のかたちは、そののち南北朝の動乱を通じてなおいっそうの展開をみせ、南北朝時代の時勢相をいろどることになる。その具体的な様相は、南北朝の動乱をテーマとして製作された軍記物語『太平記』に余すところなく描きだされている。また「博多日記」と『太平記』との関係を系譜的に検討すると、「博多日記」は『太平記』の制作の材料、素材のひとつに使用された形跡が認められた。そうした意味では、南北朝時代の成立とされる歴史書『梅松論』との関係も十分に検討されねばならない。[47]

いったい、京都の東福寺僧と考えられる良覚は、どのような目的で「博多日記」を書き残したのであろうか。おそらく直接的には良覚の職務である肥前国彼杵荘の訴訟に関係する行為ではあろうと思われるが（九州の政情報告）、間接的には新しい時代の到来を予感した良覚の内発的な意識に起因することかも知れない。

（1）「保暦間記」（『群書類従　第二六輯』五九頁）。
（2）鷲尾順敬氏校訂『西源院本太平記』（刀江書院、昭和十一年）三〇七頁。
（3）『西源院本太平記』四八頁。
（4）「保暦間記」五七頁。
（5）元徳三年十月十七日豊前宇佐屋形諸利着到状写（「豊前屋形米二郎文書」、『鎌倉遺文』四〇巻三一五二一五号）。
（6）元徳三年十月十七日薩摩紀俊正着到状案（「薩摩新田神社文書」、『鎌倉遺文』四〇巻三一五二一六号）、元徳三年十月十九日薩摩斑目行恵着到状（「薩摩斑目文書」、『鎌倉遺文』四〇巻三一五二一七号）、元徳三年十月十九日薩摩仲原尚友着到状（「薩藩旧記前編」、『鎌倉遺文』四〇巻三一五二一九号）。
（7）元徳三年十月十九日薩摩河上導乗着到状（「薩摩河上文書」、『鎌倉遺文』四〇巻三一五二一八号）、元徳三年十月二十日大隅建部別当丸着到状（「大隅池端文書」、『鎌倉遺文』四〇巻三一五三〇号）、（元徳三年）十月二十九日薩摩本性着到請取状（「薩摩比志島文書」、『鎌倉遺文』四〇巻三一五三八号）。

(8) 元弘三年七月日橘禅性軍忠状案（「姉崎正義所蔵文書」、川添昭二氏編『鎮西探題史料集（下）』昭和四十年、一〇五五号）。

(9)（元弘三年）六月十日足利高氏感状（「大友文書」、『鎌倉遺文』四一巻三二二五九号）、（元弘三年）六月十日足利高氏感状（「島津家文書」、『鎌倉遺文』四一巻三二二六〇号）。

(10) 九州における元弘の乱の経過については、拙稿「建武政権と九州」（川添昭二氏編『九州中世史研究　第二輯』文献出版、昭和五十五年）において述べたことがある。

(11) 昭和十一年四月に育徳財団昭和丙子歳叢刊の一として刊行された「前田侯爵家所蔵　楠木合戦注文・博多日記」（コロタイプ本）に付された解説には、「本書は元禄二年に前田家五代松雲公諱綱紀が東福寺より獲られたものであつて、その旨包紙に自筆を以て記されてある」と書かれている。本書はもと東福寺に所蔵されていたのであり、そのことは記主良覚の素姓や本書の成立を考える場合無視することはできない。

(12)『九州荘園史料叢書七　肥前国彼杵荘伊佐早荘史料』（竹内理三氏発行、昭和三十九年）五九号文書（五七〜七一頁）。ちなみに『鎌倉遺文』には収められていない。

(13)「楠木合戦注文」は注(11)で述べたように原本さながらのコロタイプ本が所蔵元の尊経閣文庫から出されているが、活字本では、角川文庫『太平記（一）』（岡見正雄氏校注、角川書店、昭和五十年）の付録として「楠木合戦注文・博多日記」という外題で翻刻されている。この活字本はまことに重宝であるが、まま誤記や誤植があり、先のコロタイプ本と合わせ読むのがよい。

(14) 注(11)所引の解説（四頁）による。さらに、川添昭二氏『菊池武光』（人物往来社、昭和四十一年）三一頁は「（「博多日記」は）良覚の写したものであることは明らかで、武時戦死（元弘三年三月十三日＝筆者注）の直後ごろに書かれたもっとも信頼のおける記事である」とする。「良覚の写」といっても、原本は良覚のオリジナルであるとみてよかろう。

(15) 平泉澄氏『菊池勤王史』（菊池氏勤王顕彰会、昭和十六年）など。

(16) 蟹江秀明氏「太平記に於ける菊池氏――博多日記を中心として――」（『中央大学国文』七、昭和三十九年）、杉

本尚雄氏『菊池氏三代』（吉川弘文館、昭和四十一年）、および注(14)所引、川添昭二氏著書。

(17) 佐伯弘次氏「鎮西探題の位置と構造――文献史料から見た――」（『法哈噠』一、平成四年）、同氏「中世博多の火災と焦土層」（『法哈噠』三、平成四年）。

(18) 注(13)所引の角川文庫『太平記（一）』付録活字本によると、「筑州祗候人饗場兵庫殿」「兵庫殿」が認められるが、ここの「殿」は「允」の読み誤り。

(19) 川添昭二氏は「北条氏一門（赤橋氏か）と思われるが姓名は不明」とする（同氏「鎮西評定衆及び同引付衆・引付奉行人」、同氏編『九州中世史研究　第一輯』文献出版、昭和五十三年、一七三頁）。いまこれに従う。

(20) 注(19)所引、川添昭二氏論文、二二三～二二六頁、および付表。

(21) 『西源院本太平記』二七八頁。

(22) 「峯僧正」とは『太平記　巻三・四』に描かれる、笠置合戦で捕えられ長門探題北条時直に預けられた「前帝《（後醍醐）》之御外戚峯僧正《（後）》春雅」のことである。

(23) 注(11)所引の解説に、本書が元禄二年（一六八九）に前田綱紀の手に渡る以前は、京都東福寺に所蔵されたとあるが、このことは以上の推測を支えるであろう。

(24) 拙著『太平記の群像――軍記物語の虚構と真実――』（角川書店、平成三年）三〇〇～三〇一頁。

(25) 『西源院本太平記』一四頁。

(26) 注(15)所引、平泉澄氏著書、二九頁。

(27) 伊東正子氏「中世の御旗――錦の御旗と武家の御旗――」（『歴史評論』四九七、平成三年）。

(28) 『西源院本太平記』五九頁。

(29) 同右、一一六頁。

(30) 新撰古典文庫三『梅松論・源威集』（現代思潮社、昭和五十年）九四頁。

(31) 「錦の御旗」と同性格のものとして、「博多日記」三月十七日条にあらわれる、肥前国彼杵郡で挙兵した江串三郎入道の甥砥上四郎が旗に仕立てた「本庄ノ八幡宮ノ錦ノ戸帳」も注意される。

(32) 『日本国語大辞典　第二版　11』（小学館、平成十三年）「光物　ひかりもの」によると、「鬼火・妖怪・人魂など、光を出して恐れられるもの」とある。

(33)　注(14)所引、川添昭二氏著書、三六頁。
(34)　『日本国語大辞典　第二版　11』一一一三頁。
(35)　大内摩那子氏「花園院宸記の文学性」(『大阪府立大学紀要　人文・社会科学』第8巻、昭和三十五年)、次田香澄氏「花園上皇の思想と文学」(『二松学舎大学論集（昭和四十二年度）』昭和四十三年)。
(36)　石井紫郎氏『日本人の国家生活』(日本国制史研究Ⅱ、東京大学出版会、昭和六十一年) 第一章「合戦と追捕――前近代法と自力救済――」参照。
(37)　『増補続史料大成18　玉英記抄』文和二年五月十日条（八七頁）。
(38)　藤井崇氏「鎌倉期『長門探題』と地域公権」(『日本歴史』六八九、平成十七年) 参照。
(39)　拙稿「大塔宮護良親王令旨について」(小川信氏編『中世古文書の世界』所収、吉川弘文館、平成三年)――本書第一章第一節。
(40)　注(10)所引、拙稿参照。
(41)　「牛屎院文書」(『熊本県史料　中世編五』六八頁。『鎌倉遺文』四一巻三一九八三号)。
(42)　「三原文書」(『福岡県史料　第九巻』二四五頁)、『小郡市史　資料編　中世』(福岡県小郡市、平成十一年) 四七頁。『鎌倉遺文』には未収録。
(43)　拙著『南朝全史――大覚寺統から後南朝へ――』(講談社、平成十七年) 八〇～八四頁参照。
(44)　『鎌倉遺文』四一巻三二〇五九号。
(45)　中世の日田氏については、川添昭二氏「豊後日田氏について」(同氏『九州中世史の研究』所収、吉川弘文館、昭和五十八年、初出は昭和五十一年) がある。
(46)　ここの「三窪」について、注(13)所引の角川文庫『太平記（一）』付録は注で「薩摩国日置郡の武士か」とするが（五二一頁脚注一三）、これは筑後の「三原」のことではあるまいか。なお、太田亮氏『姓氏家系大辞典』第三巻（角川書店、昭和三十八年）は、この記事をふまえて「三窪」を「鎮西の豪族」として孤立的に立項しており（五七五九頁）、また地名として探すと、熊本県阿蘇郡一の宮町に「三窪郷」という中世の地名が認められるが（『角川日本地名大辞典四三　熊本県』角川書店、昭和六十三年、一〇一九頁）、阿蘇氏を除いて、この地域に後醍醐の討幕綸旨をうける勢力規模の土豪がいたとは考えられない。

（47）「梅松論」についての研究史は重厚だが、近年の研究ではとくに市沢哲氏「『梅松論』における建武三年足利尊氏西走の位置――もうひとつの多々良浜合戦・湊川合戦――」（『神戸大学史学年報』第十六号、平成十三年）および小秋元段氏『太平記・梅松論の研究』（汲古書院、平成十七年）があげられる。

【追記】注（16）に関連して、蟹江秀明氏「太平記に現われた菊池氏――その史実と文学性について――」（『東海大学紀要　文学部』第九輯、昭和四十三年）および砂川博氏「漢文日記に見る『太平記』」（『国文学　解釈と鑑賞』第五六巻八号、平成三年）があることを付記する。

あとがき

本書は筆者にとっては三冊目の論文集である。二冊目を出したのが平成三年（一九九一）であったから、かれこれ十五年ぶりの論文集ということになる。この間、いくつかの新書・選書のたぐいを刊行したが、本書におさめた論文のなかにはそれらの新書・選書を執筆するための柱となったものもある。

研究者の執筆スタイルとしては、読書界の要請に応じて、その時々のホットなテーマなどについて書くこともむろん重要ではあるけれども、それとは別にライフワークとでもいうべき年来の内発的なテーマに立ち向かうことを軽んずることはできない。本書に収めた論文は、そうした本来自らに課したテーマにかかる牛歩の研究成果である。もとよりその成果は豊かなものではない。

建武政権に始まった著者の中世日本への関心は、政治と文化の綜合に重心の一つがあったように思う。その後、南北朝時代、さらに鎌倉時代に関心が動き、いまはむしろ室町時代の前期あたりにもっとも関心を寄せているところである。これからは少し室町時代のことに目をむけてみようと考えている。そのためにも、鎌倉～南北朝時代中心の勉強にはいちおうの締めくくりをしておくことが必要に思われた。それが本書をまとめるに至ったきっかけである。

本書に収録した論文にはそれぞれの思い出や成立事情のようなものがあるので、それらのことについて少し述べておきたいと思う。

まず第一章について。第一節「大塔宮護良親王令旨について」は、平成三年（一九九一）に古稀を迎えられた小川信先生の賀を祝して出版された二冊の論文集、『中世古文書の世界』（吉川弘文館）および『日本中世政治社会の研究』（続群書類従完成会）のうち前者に収録されたものであり、当初は別の雑誌に寄稿する予定であったものを急遽こちらに回したという経緯がある。小川先生にお目にかかったのはたった一度で、それは昭和五十八年二月十二日（土曜日）の午後、霞ヶ関の教育会館で開かれた同先生の講演会場においてであったが、以降先生にはながく懇意にしていただき、大変ありがたかった。その小川先生も先年長逝された。哀悼にたえない。

第二節「令旨の書き止め文言」は、瀬野精一郎氏編『南北朝遺文九州編　第六巻』の月報に載せられたものである。そのころ筆者は『皇子たちの南北朝』（中央公論社）を書いていたこともあり、同巻が征西将軍宮懐良親王の令旨を多く収録することから、懐良親王の令旨の書き止め文言を大塔宮護良親王のそれと比較検討した結果を述べてみた。立脚する基盤や活動の時期・場所を異にする両親王であるが、両親王の発する令旨の文言・形式の相異はそれぞれの歴史的役割の違いをよく示している。

第三節「邦省親王の悲劇」は、『政治経済史学』誌の寄稿依頼を受けて執筆したもので、南北朝時代の傍流の一つの皇統の実態を探った一文である。これまで大覚寺統の研究では亀山―後宇多―後醍醐と続く本流に即した究明はある程度なされてきたが、その本流からはずれた傍流のありようについては目が向けられなかった。大覚寺統傍流は南北朝時代にあっては北朝の後塵を拝しつつ、出番を待っていた様子が明らかとなった。筆者にとってこの一文の執筆は、南朝・北朝の傍流宮家の末路に関心をよせる端緒となった。

第四節「赤松持貞小考」は、「室町殿」足利義持の近習赤松持貞の具体的動向をたどることによって、近習の役割を明らかにし、あわせて足利義持がめざした将軍専制の性格と限界とを考えようとしたものである。室町四代将軍足利義持の幕府運営は有力守護による連合政権的性格が強調されるむきもあったが、しかしやはり将軍専制への志向はきちんと模索されていた。

第五節「足利将軍の元服」は、足利義満から足利義教にいたる四代の室町将軍、それに義満によって天皇に擬されようとしたとされる足利義嗣を加えた全五人の室町幕府の枢要人物がどのような元服の仕方を採用したかということを通して、その元服の時点において、おのおのの立脚基盤というか支持母体がどのような勢力であったかを考えようとしたものである。元服の仕方が「公家の儀」であるか「武家の儀」であるか、また双方の折衷方式であるかは、多分にその元服の当事者を取り巻く生々しい政治事情を反映していると思われるからである。

続いて第二章。第一節「三宝院賢俊について」は、平成二年（一九九〇）三月の、川添昭二先生の九州大学退官を記念して刊行された二冊の論文集、『古代中世史論集』『近世近代史論集』（ともに吉川弘文館）のうち前者に掲載したものである。賢俊を取り上げたのは、昭和四十九年、先生の大学院演習で『園太暦』を読み、賢俊と出会ったことに発端する。思えば、政治と宗教との関係に関する筆者の興味と関心は、こういったところに芽生えたのかもしれない。当時住んでいた京都は日本文化の縮図というべき地で、このようなテーマについて思いをめぐらすのに絶好の場所であった。

第二節「日記に引用された文書とその性格」は、「黒衣の宰相」として著名な醍醐寺三宝院の満済の自筆日記「満済准后日記」の文中に引かれている多くの文書を抜き出し、その特徴を検討し、あわせてこの日記・記録の史料性に文書史料がどのような意味をもっているかを考えようとしたものである。この日記の特質は、引用された文書史料に負うところが大きいということがわかった。

第三節「五壇法の史的研究」は、九州大学の九州文化史研究所の依頼に応じて執筆したもので、当時筆者が勤務していた山口大学の同僚をメンバーとする「比較文化研究会」において本稿の構想を報告した。中世日本の政治に大きな影響を及ぼした密教勢力、それが世俗の世界と接触を持つ手段としての数々の祈禱修法、そのなかでも史料的に比較的恵まれている「五壇法」に即してその発生から消滅に至る経緯を長いスパンのなかで政治史との相互関連に留意しつつ通観してみた。その結果、「五壇法」は中世という時代に独特の祈禱修法であることが明らかとなった。

第四節「元亨三年十二月の『御産御祈』五壇法について」は、『鎌倉遺文研究』誌の要請に応じて執筆したもので、多くの事例を有する「五壇法」修法のなかで、とくに元亨三年十二月の「内親王（東宮邦良親王妃禖子内親王）御産御祈」五壇法の事例に即して、掘り下げたものである。この時の修法で「降三世法」を理性院御坊に担当させる後宇多上皇院宣がたまたま残存しているためにそのことが可能となった。そこでは、五壇法を行うさいの手順や五人の阿闍梨の選任の仕方など、いくつかの具体的なことがらをうかがうことができた。

第五節「室町時代の五壇法と護持僧」は、室町時代の護持僧の活動の特徴を、足利義持期と足利義教の時期に即して比較・対比的に検討したもので、その相異は両者の政治体制・政治手法に由来するであろうことを推測した。本稿は時野谷滋先生の依頼を受けて執筆したものであるが、先生は自ら雑誌『藝林』の編集をなされ、ときおり寄稿要請のハガキをいただいた。先生は研究教育の第一線を引退されたのちも、お仕事を多くの著書にまとめられ、現役時代と同様の旺盛な研究意欲をもち続けておられた。その先生が去る五月三日に長逝された。哀惜にたえない。

【資料】五壇法修法一覧は、第三節「五壇法の史的研究」を執筆するさいの基礎資料として作成したものである。そのとき作成した一覧表では特に足利義持・足利義教の時期のデータに漏れがあり、筆者は早急な補訂を痛感していた。そのような時、第五節に収めた「室町時代の五壇法と護持僧」を書く機会を与えられ、足利義持・

足利義教の時期に即してデータを集め直し、新たに一覧表を掲載した。本書に収めた【資料】五壇法修法一覧は、右に述べた二つの一覧表を合体させたものである。

最後に第三章。第一節「朝廷と幕府」は鎌倉時代の宮廷生活を描いた歴史物語『増鏡』における歴史過程を底流にして、鎌倉時代の朝廷と幕府との交渉の特質を両者の間に生起したいくつかのエポックに即して考察したものである。本稿は風間書房刊『歴史物語講座』の第七巻『時代と文化』に収録されたもので、歴史と文学との垣根を取り払った横断的研究である点に特色がある。筆者はかねてより国文学資料を歴史研究の文脈で読み解くことを心がけてきたが、本稿の執筆をとおして『増鏡』のおもしろさを改めて実感したことであった。執筆のお誘いをいただいた加納重文氏に深く感謝したい。

第二節「後醍醐天皇」は、平成十一年（一九九九）十月十六日に九州大学国際ホールで行われた、一九九九年度九州史学研究会大会での公開講演の原稿をもとにしたものである。その内容は、二〇〇〇年二月に中央公論新社から刊行した中公新書『後醍醐天皇』第六章とほぼ同じであるが、『九州史学』に登載するにさいして、前後を補充したり注を付けたりして、論文風に仕立て直した。

第三節「『太平記』と足利政権」は、汲古書院刊の『軍記文学研究叢書』の第八巻『太平記の成立』に掲載されたもので、中世文学と中世史学との協業の形で編成された。本稿の主題は、『太平記』に足利直義の影響をどの程度認めることが出来るかということであるが、足利直義を抜きにして『太平記』は語れないということが知られた。国文学との連携的な企画にお誘いいただいた編集部の方々の御好意には、深く感謝する次第である。

第四節「『太平記』に引かれた文書」は、『政治経済史学』誌の求めに応じて執筆した一文である。『太平記』の研究はいまや付け入る隙のないほど綿密になされているが、同書に引用された文書についての検討は同書研究の新たな一助になるのではとの考えから、そうした文書を抜き出し、『太平記』のストーリー展開のなかでそれら引用文書のもつ意味を検討してみた。その結果、『太平記』の史実性はこうした文書によって強力に支えられていることがわかった。なお平成四年（一九九二）十二月六日、山口大学会館で行われた山口史学会大会での公開講演では、「『太平記』の諸問題」と題して本稿で指摘したようなことを話した。

第五節「『博多日記』の文芸性と九州の元弘の乱」では、鎌倉幕府を倒壊に導く元弘の乱の実質的な口火は筑前博多で生起した「菊池合戦」によって切られたという事実をふまえ、その合戦が新しい時代の、これまでにないタイプの合戦であったこと、またこの事件の顚末を描く「博多日記」という記録は文芸史的にみれば『太平記』へと展開する軍記物語の発展史のうえに置いて考えてよいのではということを述べた。

この十五年の歳月をふりかえると、多くのできごとが走馬燈のように脳裏を駆けめぐる。その時々の思いもまた忘れがたく記憶に刻まれている。いまこうして自分の研究論文を一書にまとめられるのは望外の幸せといわねばならない。

本書に収めた論文を執筆するにあたっては、じつに多くの方々の恩恵をこうむっている。論文執筆の機会を与えて下さった方々の御芳志はまことに有り難い。それなくして本書の誕生はありえなかったろう。また執筆にさいしては、史料の閲覧や複写物の供与、図版掲載の許可などで、宮内庁書陵部、東京大学史料編纂所、国立公文書館内閣文庫、国立歴史民俗博物館など各史料所蔵機関のご高配を忝くした。

最後になったが、昨今の厳しい出版事情のなかで、本書の刊行を快諾された株式会社・思文閣出版の方々、なかんずく同社の林秀樹氏には深く感謝している。細かな校正・索引作成その他懇切で懸命な編集を担当していただいた同社新刊部の永盛恵さんには大変お世話になった。同社には、筆者の二冊目の論文集『鎌倉時代の朝幕関係』も出していただいた。重ね重ねの御厚意にあつく謝意を表したい。

ちちははに会いたく思う彼岸かな

平成十八年（二〇〇六）九月二十三日

著者しるす

◆成稿一覧◆

第一章　政治と文配

第一節　小川信編『中世古文書の世界』（吉川弘文館、平成三年七月）に同題で発表

第二節　瀬野精一郎編『南北朝遺文九州編　第六巻』月報（東京堂出版、平成二年十月）に同題で発表

第三節　『政治経済史学』三三二（平成六年二月）に同題で発表

第四節　『福岡大学人文論叢』三三―二（平成十三年九月）に同題で発表

第五節　『福岡大学人文論叢』三五―三（平成十五年十二月）に同題で発表

第二章　政治と宗教

第一節　九州大学国史学研究室編『古代中世史論集』（吉川弘文館、平成二年八月）に同題で発表

第二節　『福岡大学人文論叢』三三―三（平成十三年十二月）に同題で発表

第三節　『九州文化史研究所紀要』三九（平成六年三月）に同題で発表

第四節　鎌倉遺文研究会編『鎌倉遺文研究』七（吉川弘文館、平成十三年四月）に同題で発表

第五節　『藝林』五二―一（平成十五年四月）に同題で発表

【資料】『福岡大学人文論叢』三〇―一（平成十年六月）に同題で発表。本書収録にさいして補訂

第三章　政治と文芸

第一節　歴史物語講座刊行委員会編『歴史物語講座七　時代と文化』（風間書房、平成十年八月）に同題で発表

第二節　『九州史学』一二六（平成十二年八月）に同題で発表

第三節　『軍記文学研究叢書八　太平記の成立』（汲古書院、平成十年三月）に同題で発表

第四節　『政治経済史学』三〇〇（平成三年六月）に同題で発表

第五節　『福岡大学人文論叢』三七—四（平成十八年三月）に同題で発表

○旧稿を本書に再録するにあたって、旧稿の誤記・誤植等を必要最少限で補訂した個所がある。

◆著者略歴◆

森　茂暁（もり・しげあき）

1949年（昭和24）長崎県生まれ。72年九州大学文学部国史学科卒業。75年同大学院文学研究科博士課程中途退学。九州大学文学部助手、京都産業大学教養部助教授、山口大学教養部教授・同人文学部教授を経て、97年より福岡大学人文学部教授。文学博士（昭和60年・九州大学）。専攻は日本中世史。

著書『建武政権』（教育社、1980年）
『南北朝期　公武関係史の研究』（文献出版、1984年）
『皇子たちの南北朝』（中央公論社、1988年）
『鎌倉時代の朝幕関係』（思文閣出版、1991年）
『太平記の群像』（角川書店、1991年）
『佐々木導誉』（吉川弘文館、1994年）
『闇の歴史、後南朝』（角川書店、1997年）
『後醍醐天皇』（中央公論新社、2000年）
『満済』（ミネルヴァ書房、2004年）
『南朝全史』（講談社、2005年）

共編著『山口県史　史料編　中世』1～3（山口県 1996,2001,2004年）『防府天満宮神社誌　古文書編』（防府天満宮〈山口県防府市〉2003年）『若宮町誌　上巻』（福岡県若宮町〈宮若市〉2005年）

思文閣史学叢書

中世《ちゅうせい》日本《にほん》の政治《せいじ》と文化《ぶんか》

二〇〇六（平成十八）年一〇月三〇日発行

定価：本体九、〇〇〇円（税別）

著　者　森　茂暁

発行者　田中周二

発行者　株式会社　思文閣出版
京都市左京区田中関田町二－七
電話（〇七五）七五一－一七八一㈹

印刷・製本　株式会社 図書 印刷 同朋舎

ISBN4-7842-1324-4 C3021

索　　引

注1）本索引は、原則として本文所出の名辞を拾い、これを並べて作成したものである。したがって、引用史料・一覧表および注は対象外なので、適宜本文とあわせて参照されたい。
2）本索引において掲出する名辞は、比較的重要と思われるものに限定した。
3）人名索引中の女子名については、便宜上、音よみにしたがって配列した。
4）特に頻出する名辞(例えば幕府・室町将軍・朝廷・五壇法など)は、これを拾わなかった。

【事　項】

【人　名】

あ

い

う

え

け

こ

さ

【地名・荘園名・寺社名】

あ　行

か　行

【史料名・書名】

し

す

せ

そ

た

ち

つ

て

と

な

に

ね

の

は

ひ

ふ

【研究者名】